Knaur.

Im Knaur Taschenbuch Verlag sind bereits
folgende Bücher des Autors erschienen:
Gegen die Uhr
Das Medusa-Projekt
Die letzte Geisel

Über den Autor:
John J. Nance, geboren 1943, Reservepilot der US Air Force und Flugkapitän bei kommerziellen Fluglinien mit über 10 000 Flugstunden, ist heute ein
international bekannter Sicherheitsexperte des Luftverkehrs. Er ist Autor
verschiedener Bestsellerromane und Sachbücher, die alle das Thema Luft-
verkehr und Flugzeuge behandeln. Er lebt in University Place, Washington.
Weitere Infos auf der Webseite des Autors: www.johnjnance.com

John J. Nance

Tödlicher Gegenwind

Thriller

Aus dem Englischen von
Karin Dufner

Knaur Taschenbuch Verlag

Die amerikanische Originalausgabe erschien 2001 unter dem Titel
»Headwind« bei G. P. Putnam's Sons, New York.

Besuchen Sie uns im Internet:
www.knaur.de

Vollständige Taschenbuchausgabe September 2004
Knaur Taschenbuch.
Ein Unternehmen der Droemerschen Verlagsanstalt
Th. Knaur Nachf. GmbH & Co. KG, München
Copyright © 2001 by John J. Nance
Copyright © 2003 für die deutschsprachige Ausgabe
bei Scherz Verlag, Bern, München, Wien
Alle Rechte vorbehalten. Das Werk darf – auch teilweise – nur mit
Genehmigung des Verlages wiedergegeben werden.
Umschlaggestaltung: ZERO Werbeagentur, München
Umschlagabbildung: Zefa
Satz: Ventura Publisher im Verlag
Druck und Bindung: Clausen & Bosse, Leck
Printed in Germany
ISBN 3-426-62682-9

2   4   5   3   1

In Liebe und Hochachtung meiner Tante,
der Schwester meines Vaters gewidmet,
VIRGINIA NANCE MACCABE,
Veteranin der US-amerikanischen Streitkräfte,
die ihrem Land als weibliche Angehörige
der Marine der Vereinigten Staaten
im Zweiten Weltkrieg heldenhaft diente.

1

Flugsteig 35, Internationaler Flughafen Athen, Montag, 14:00

»Captain, ich glaube, du solltest besser mal hinten nach dem Rechten sehen!« Die Chefstewardess kam ins Cockpit gestürmt.

Flugkapitän Craig Dayton fuhr herum und bemerkte Jillian Walz' besorgte Miene.

»Was ist los?«, fragte er und stellte fest, dass sein Kopilot die Flugbegleiterin ebenfalls anstarrte.

Jillian schloss keuchend die Tür und bat den Kapitän mit einer Handbewegung um Geduld. Ein Polizeiauto näherte sich mit Blaulicht der Rampe des erst kürzlich eröffneten Flughafens und stoppte vor der Boeing 737.

»Wir stehen kurz vor einer diplomatischen Krise«, erwiderte Jillian. »Die Mitarbeiterin am Flugsteig –«

Sie wurde von einer Stimme aus dem Lautsprecher unterbrochen. »Flug Vier-Zwei, hier spricht die Flugbetriebsleitung.«

Der Kopilot griff zum Mikrofon. »Wir hören.«

»Sie müssen eine Weile am Flugsteig warten, Vier-Zwei.«

»Warum?«, gab der Kopilot barsch zurück; gerade war ein zweiter Streifenwagen an der Rampe eingetroffen.

»Vier-Zwei, das ist ein offizieller Befehl … äh … einen Moment bitte …«

Durch den Lautsprecher war Hintergrundgemurmel zu hören. »Äh … wir müssen einige Ihrer Passagiere aus der Maschine holen.«

Jillian nickte bestätigend und platzte dann heraus: »Craig, Präsident Harris soll verhaftet werden!«

Craig Dayton packte Jillian am Ellenbogen und sah sie fragend an. »Immer mit der Ruhe, Jillian. Und jetzt erklär mir mal, wovon du redest.«

Bei ihrem Start am Morgen in Istanbul hatten sie die aufregende Nachricht erhalten, ein ehemaliger Präsident der Vereinigten Staaten werde mit ihrer Maschine in der ersten Klasse von Athen nach Rom reisen.

Präsident Harris, der bei einem internationalen Kongress über den Hunger in der Welt eine Rede gehalten hatte, war mit einer hübschen Assistentin und einem angemessen finster dreinblickenden Geheimdienstagenten an Bord gekommen und hatte die Besatzung freundlich begrüßt. Harris war makellos gepflegt und trug einen gut sitzenden dunklen Anzug, der ihn größer wirken ließ als eins fünfundsiebzig; er entsprach genau dem Bild, das die Presse in Washington während seiner Amtszeit von ihm gezeichnet hatte: ein angenehmer, höflicher Mann.

»Ich … kenne die Frau am Flugsteig«, stammelte Jillian. »Sie war völlig aufgelöst und sagte, die griechische Regierung hätte einen Haftbefehl gegen ihn.«

»Warum?«

Jillian schüttelte den Kopf, dass ihr kastanienbraunes Haar flog. »Das wusste sie nicht.«

Der Kopilot Alastair Chadwick stieß einen Pfiff aus und wies auf die Rampe, wo inzwischen ein dritter und ein vierter

Streifenwagen mit blitzendem Blaulicht parkten. »Offenbar ist da was im Busch, Leute.«

»Dieses Flugzeug steht unter ausländischer Flagge«, verkündete Dayton. »Ohne meine Erlaubnis holt niemand einen Passagier raus.« Er forderte Jillian auf, die Cockpittür zu öffnen. Der Kopilot fasste ihn am Arm.

»Craig, sicher erinnerst du dich, dass ich in meinem anderen Leben in England als Anwalt zugelassen bin.«

»Ja, ich weiß.«

»Was hältst du dann von einer kostenlosen Rechtsberatung? Du bist amerikanischer Staatsbürger mit einer europäischen Arbeitserlaubnis und Boss eines deutschen Flugzeugs, das zurzeit auf griechischem Boden steht. Also bist du nicht der amerikanische Botschafter. Wenn du dich einmischst, riskierst du eine Festnahme.«

Gereizt schüttelte der Kapitän den Kopf. »Wir sind hier in Griechenland, Alastair. Hier gibt es schon seit ein paar Jahren so was wie Zivilisation – seit zwei oder drei Jahrtausenden, um genau zu sein.«

»Craig?« Chadwicks Griff um den Arm des Kapitäns wurde fester.

»Was ist denn noch?«

»Sei vorsichtig, okay? Zugegeben, er ist dein Präsident, aber du kannst ihn nicht schützen.«

»Nein?« Craig Dayton stemmte sich aus seinem Sitz hoch. »Wart's ab.«

2

Rom, Montag, 13:00

Die Präsidentensuite des Hotels Metropole im Zentrum von Rom genügte den Ansprüchen von Königen, Staatsoberhäuptern und Industriekapitänen, doch der gegenwärtige Bewohner hatte keinen Blick für die prächtige Ausstattung. Er brauchte nur ein drahtloses Telefon und genügend Platz, um im Zimmer auf und ab zu laufen.

»Verdammt, wo stecken sie bloß? Sie sind doch noch in Athen, oder?«

Sir William Stuart Campbell, gebürtiger Schotte und durch geschicktes politisches Lavieren Ritter des britischen Empire geworden, machte auf dem Absatz kehrt und marschierte auf die Terrassentüren zu, die auf die Via Veneto hinausgingen.

»Mister Kostombrodis!«, brüllte er. Sein gepflegter Akzent hätte einem Oxford-Dozenten alle Ehre gemacht, und tatsächlich hatte er diesen Posten im Laufe seiner Karriere als Jurist für eine Weile bekleidet. »Mein guter Mann, ich hatte den deutlichen, wenn auch offenbar falschen Eindruck, dass wir Sie beschäftigen, um diese Leute auf Schritt und Tritt zu beobachten, und das schließt auch den Moment ein, in dem sie das Gerichtsgebäude verlassen haben und zum Flughafen gefahren sind. Ist es wirklich so schwierig, Anweisungen zu befolgen?«

Eine besorgt wirkende junge Frau, die ein konservatives, streng geschnittenes graues Kostüm trug, betrat den Raum. Durch das riesige Zimmer hinweg bedachte sie den Ehrfurcht gebietenden, über eins neunzig großen Fachanwalt für internationales Recht mit einem ängstlichen Blick und blieb abwartend stehen.

»Und Sie sind praktisch sicher«, sagte Campbell in den Hörer, »dass unsere Leute eine bestätigte Kopie des Haftbefehls von Interpol in der Hand haben?«

Als Campbell sich umdrehte, bemerkte er die Sekretärin und bat sie mit einer Handbewegung um Geduld.

»Ja, ja, ich verstehe. Sobald Sie sich vergewissert haben, dass er tatsächlich aus dem Flugzeug geholt wurde, rufen Sie mich zurück. Haben Sie mich verstanden? Eigentlich spielt es keine Rolle, ob er in Athen oder hier in Rom festgenommen wird, doch es ist äußerst wichtig, dass meine Informationen immer auf dem neuesten Stand sind. Also kümmern Sie sich darum.«

Er schaltete das Telefon ab, klappte mit einer verächtlichen Geste die Antenne ein und rollte die Augen. Dann lächelte er die Frau an. Ja, Isabel?«

»Der Außenminister ist eingetroffen, Sir.«

»Bitte führen Sie ihn herein«, erwiderte Campbell. Sein markantes Gesicht verzog sich zu einem breiten Lächeln.

Ein kleiner, rundlicher Mann im dunklen Anzug eilte durch die hohen Flügeltüren in den Raum. Campbell ging ihm entgegen, ergriff seine rechte Hand und klopfte ihm dabei gleichzeitig auf die Schulter.

»Giuseppe, wie schön, dass Sie hier sind. Ich freue mich, Sie wieder zu sehen.«

Giuseppe Anselmo, der italienische Außenminister, lächelte gezwungen und nahm auf dem angebotenen Stuhl neben dem reich verzierten Sofa Platz. Lautlos erschien ein Kellner mit Kaffee und Tee in einem kunstvoll ziselierten Silberservice.

»Bitte machen Sie die Balkontüren zu und lassen Sie uns allein«, wies Campbell ihn an. »Und seien Sie bitte so gut, die Tür zu schließen.«

Nachdem der Kellner fort war, schüttelte Anselmo den Kopf, beugte sich vor und begann verschwörerisch zu flüstern.

»Giuseppe.« Lächelnd drohte Campbell mit dem Finger und tippte sich dann ans Ohr. »Tut mir leid, alter Junge, aber offenbar werde ich auf meine alten Tage ein bisschen taub. Dürfte ich Sie bitten, ein wenig lauter zu sprechen? Ich versichere Ihnen, dass uns hier niemand hört.«

»Ich sagte nur«, wiederholte Anselmo und rutschte auf die Stuhlkante, »dass uns das in eine ziemlich schwierige Lage bringt. Ganz inoffiziell natürlich.«

»Natürlich. Die Verpflichtungen, die aus einem Abkommen entstehen, sind häufig lästig. Wissen Sie eigentlich, worum es in der Klage von Peru gegen Harris geht?«

»Ja, Stuart, ich habe sie gelesen.«

»Ausgezeichnet. Dann ist Ihnen sicherlich klar, dass die peruanische Regierung einem dortigen Richter schwer wiegende Anklagepunkte vorgelegt hat, worauf dieser pflichtbewusst und dem Interpol-Verfahren folgend einen Haftbefehl ausstellte. Präsident Harris hat sich ein Verbrechen zu Schulden kommen lassen.«

Anselmo schüttelte den Kopf. »Wir glauben das nicht. Und ich denke, Ihnen geht es genauso.«

»Sehen wir den Tatsachen doch ins Auge, Giuseppe. Uns

ist bekannt, dass während Harris' Amtszeit einhundertdrei-ßig Kilometer von Lima entfernt eine Geheimdienstoperation stattfand. Außerdem sind wir darüber im Bilde, dass sich etwa dreiundsechzig Männer und Frauen in dem fraglichen Ge-bäude aufhielten und dass sie, ungeachtet dessen, was sie angeblich dort trieben, gefoltert und drei Tage später bei lebendigem Leibe verbrannt wurden.«

»Stuart, ich –«

»Einen Moment bitte. Lassen Sie mich ausreden. Darüber hinaus wissen wir, dass die amerikanische CIA einheimische Kriminelle mit der Durchführung der Aktion beauftragt hat und dass dieser Auftrag auf einem Geheimbefehl beruhte, den nur der Präsident der Vereinigten Staaten erteilen konnte.«

»Aber dafür haben Sie keine eindeutigen Beweise, Stuart!«

»Giuseppe, als Anwalt sind Sie gewiss darüber informiert, dass es sich auf den ersten Anschein ganz klar um einen Ver-stoß gegen das Abkommen zur Ächtung der Folter handelt. Der Haftbefehl ist gültig. Die Entscheidung darüber, ob die Beweise ausreichen, ist Aufgabe eines Gerichts. Übrigens liegt uns ein solcher Beweis vor, auch wenn ich jetzt noch nicht darüber sprechen möchte.«

»Warum vertreten ausgerechnet Sie diese Leute, Stuart?« An-selmo sah Campbell fragend an. »Sie haben eine gut gehende Kanzlei in Brüssel, die für die Hälfte aller wirklich erfolgrei-chen Unternehmen Europas tätig ist. Sie sind ein wohlhaben-der Mann. Warum also wollen Sie in einen Kreuzzug gegen die Vereinigten Staaten ziehen, den Sie nicht gewinnen kön-nen?«

»Betrachten Sie die Sache als Kreuzzug?« Campbell schmun-zelte.

»Ist es das etwa nicht?«

»Natürlich nicht! Giuseppe, mir geht es einzig und allein darum, dass sich in Bezug auf dieses Abkommen und die schrecklichen Verbrechen, die dadurch verhindert werden sollen, niemand auf der Welt über das Gesetz stellen darf. Kein Mensch darf der universellen Gerechtigkeit entgehen: kein Bauer, kein König, kein Präsident …«

»Bitte, Stuart! Sparen Sie sich Ihre Reden fürs Fernsehen auf«, zischte Anselmo. »Ich bin mir dessen bewusst, dass Sie an der Abfassung des Abkommens, der Verabschiedung und der Ratifizierung maßgeblich beteiligt waren. Ich kenne auch Ihre Rolle in den Bemühungen, die Auslieferung von Pinochet zu erreichen.«

»In dieser Sache bin ich der rechtliche Vertreter von Peru«, fiel Campbell ihm ins Wort, »und zwar, weil die Klage Hand und Fuß hat, sosehr dies unsere amerikanischen Freunde auch schockieren mag.«

»Aber Stuart … Peru? Kein Mensch wird das ernst nehmen.«

»Peru ist nicht das Thema, Giuseppe, sondern die Vereinigten Staaten. Sie und ich sind mit der amerikanischen Haltung hinlänglich vertraut: Die Amerikaner fühlen sich von internationalen Abkommen nur betroffen, wenn es ihnen in den Kram passt.«

»Ja, aber …«

»Muss ich Sie an die Kollision des amerikanischen Marineflugzeugs mit dem Seilbahnkabel erinnern?«

»Nein.«

»Oder an die Abfuhr, die Sie sich geholt haben, als Sie darum baten, einen Prozess nach italienischem Recht gegen den Piloten führen zu dürfen?«

»Natürlich weiß ich all das!«, erwiderte Anselmo stirnrunzelnd. »Das ist einer der vielen Gründe, warum unsere Regierung im letzten Jahr zusammengebrochen ist und wir Neuwahlen abhalten mussten. Es ist absolut überflüssig, mir das unter die Nase zu reiben.«

Campbell trank einen Schluck Kaffee, blickte schweigend durch die hohen Fenster zum blauen Himmel und wandte sich dann wieder seinem Gast zu.

»Ich wollte Ihnen nicht zu nahe treten, alter Freund«, erwiderte er in fließendem Italienisch. »Doch Tatsache ist, dass Sie nicht zögern würden, einen Haftbefehl gegen Slobodan Milosevic durchzusetzen, wenn ich als Vertreter der Vereinigten Staaten Rom um Hilfe gebeten hätte.«

»Hören Sie, Stuart …«, entgegnete Anselmo auf Englisch.

»Giuseppe, vor etwa einer halben Stunde haben sich meine Mitarbeiter beim Amtsgericht hier in Rom einen Haftbefehl unterzeichnen lassen, sodass die Polizei Präsident Harris sofort nach seiner Landung am Da-Vinci-Flughafen festnehmen kann. Der Richter ist bereit, gleich morgen eine Anhörung abzuhalten und über unseren Eilantrag auf Auslieferung an Peru zu entscheiden.«

»Was?«

»Das Flugzeug wartet schon.«

»Was soll das, Stuart?«

»Ich bin ein guter Anwalt und handle im Interesse meiner Mandanten. Was sonst?«

»Aber … Auslieferungsanhörungen dauern normalerweise Monate, wenn nicht sogar länger! Wie haben Sie es geschafft …«

»Selbstverständlich werden die Vereinigten Staaten Berufung

einlegen, doch wir werden fordern, Harris umgehend an Peru auszuliefern, damit ihm dort der Prozess gemacht werden kann. Wenn Ihre Regierung uns helfen könnte, bürokratische Verzögerungen zu verhindern, würden wir uns sehr freuen. Andernfalls werde ich gemäß des Abkommens verlangen, dass Harris in Italien vor Gericht gestellt wird.«

Anselmo schnaubte verächtlich und schüttelte den Kopf. »Jetzt geht Ihnen aber die Fantasie durch, Stuart. Oder glauben Sie allen Ernstes, Italien würde gegen einen amerikanischen Präsidenten wegen angeblicher irgendwo in Südamerika verübter Verbrechen ein Verfahren eröffnen?«

Campbell schüttelte langsam den Kopf, und seine Lippen verzogen sich zu einem Lächeln. »Nein, Giuseppe, und deshalb möchten Sie dieses Problem sicher nicht länger als nötig im Land haben. Und falls es dazu kommt, kann ich Ihnen helfen, damit es ganz schnell wieder verschwindet.«

»Verzeihung«, meinte Giuseppe, dessen Augen angesichts einer möglichen Rettung aus diesem Dilemma aufleuchteten. »*Falls?* Steht seine Reiseroute denn nicht fest?«

Stuart Campbell nickte. »Ich kümmere mich von Rom aus um die Sache. In diesem Augenblick wird Harris' Maschine bis zum Eintreffen der zuständigen Leute am Flughafen von Athen festgehalten. Wenn die Aktion Erfolg hat, sind Sie das lästige Problem los. Scheitern die Griechen jedoch, wird John Harris nach seiner Landung in Rom verhaftet.«

»Und was ist, wenn er sein Flugziel ändert?«, fragte Anselmo spöttisch.

Der Seniorpartner von Campbell, Chastane und McNaughton schmunzelte.

»Giuseppe, haben Sie je erlebt, dass ich unkalkulierbare Risiken eingehe? Für diesen Fall stehen meine Mitarbeiter, mit beglaubigten Kopien des Haftbefehls aus Peru und Mobiltelefonen ausgerüstet, in praktisch jedem europäischen Land bereit. Allerdings rechne ich damit, jeden Moment aus Athen eine gute Nachricht zu bekommen.«

Wie auf ein Stichwort begann das Telefon neben ihm zu läuten.

3

Internationaler Flughafen Athen,
Montag, 14:10

Gepäck und Passagiere befanden sich bereits an Bord, als sich sieben griechische Polizeibeamte im Jetway vor der Maschine EuroAir Flug 42 versammelten. Kapitän Craig Dayton erschien in der Tür des Flugzeugs.

»Spricht hier jemand Englisch?«, fragte er ruhig.

Einer der Polizisten drängte sich an der vor Schreck sprachlosen Mitarbeiterin des Bodenpersonals vorbei und brachte seine aufgeregt durcheinander redenden Kollegen mit einer Handbewegung zum Schweigen. Mit einem Blick auf die vier Streifen an den Schulterklappen des weißen Uniformhemdes wandte er sich an Dayton: »Herr Kapitän, wir haben Befehl … alle an Bord der Maschine festzuhalten. Die Regierungsbeamten mit den nötigen Papieren werden jeden Moment hier sein.«

»Was soll das?«, erkundigte sich Dayton.

Der Polizist schüttelte den Kopf. »Ich weiß es nicht. Meine Anweisung lautet nur, dafür zu sorgen, dass niemand das Flugzeug verlässt.«

»Wie lange wird es dauern?«, gab Dayton zurück.

»So etwa eine halbe Stunde.«

»Gut, dann mache ich Ihnen einen Vorschlag«, meinte Dayton. »Als Kapitän bin ich für diese Passagiere verantwortlich. Also schließe ich jetzt die Flugzeugtüren, damit alle an Bord bleiben, wie Sie es wünschen. Einverstanden?«

Nach kurzem Überlegen lächelte der Polizist und nickte. »In Ordnung.«

»Außerdem werde ich eines der Triebwerke anlassen, damit die Klimaanlage funktioniert.«

Der Polizist verzog besorgt das Gesicht. »Die Triebwerke anlassen?«

»Das muss sein, es ist Vorschrift. Wenn wir Passagiere an Bord haben, muss ein Triebwerk laufen. Reine Routine. Dienstanweisung.«

Der Polizist, der das letzte Wort nur zu gut kannte, grinste. »Okay.«

»Treten Sie bitte zurück«, meinte Craig. Er bediente einen kleinen Hebel, zog die Tür hinter sich zu und ließ den Verriegelungsmechanismus einrasten.

Dann beugte er sich vor und vergewisserte sich mit einem raschen Blick durch das Bullauge in der Tür, dass die Polizisten keinen Verdacht geschöpft hatten. Doch diese waren gehorsam zurückgetreten; offenbar glaubten sie wirklich, damit der Anweisung ihrer Vorgesetzten Genüge zu tun.

Craig drehte sich zu Jillian um und sah ihr eindringlich in die Augen.

»Pass auf! Du erklärst Präsident Harris jetzt, was passiert ist. Dann setzt du den Geheimdienstmann auf deinen Klappsitz. Er soll darauf achten, dass niemand am Türgriff rumspielt.«

»Was hast du vor, Craig?«

»Frag nicht. Beeil dich.« Als er ins Cockpit zurückkehrte und sich auf dem linken Sitz niederließ, bemerkte er Alastairs fragenden Blick.

»Klarliste zum Anlassen der Triebwerke«, knurrte Dayton.

»Ich könnte schwören, dass ich Probleme mit den Ohren habe«, erwiderte Alastair und zog die Augenbrauen hoch. »Oder habe ich gerade wirklich das Wort *Klarliste* gehört?«

»Ja, hast du. Die Klarliste bitte. Sofort! Wir verschwinden.«

Alastair schnappte nach Luft. »Verzeih mir, wenn ich dich auf etwas hinweise, alter Junge. Aber wir hängen immer noch am Jetway, und es ist kein Schleppfahrzeug da, um uns zurückzuschieben.«

Craig sah ihn an. »Genau darauf zähle ich ja, Alastair. Wir werfen jetzt die Triebwerke an und machen uns aus dem Staub.«

»Das ist wohl so ein typisch amerikanischer Alleingang.«

»Da hast du verdammt recht. Niemand wird während meines Dienstes einen amerikanischen Präsidenten verhaften.«

»Darf ich dich daran erinnern, dass das hier ein deutsches Flugzeug ist?«

Craig nickte und betrachtete die vordere Instrumententafel. »Ist mir auch schon aufgefallen.«

Als Alastair schwieg, wandte Craig sich zu ihm um. »Was ist?«

»Deinetwegen werden wir beide unseren Job verlieren.«

»Ich habe dir diesen Job beschafft, und ich sorge auch dafür, dass du ihn behältst. Ich führe das Kommando, und nur ich allein riskiere hier meinen Hals. Du hast lediglich meinem Befehl gehorcht. Also los. Klarliste bitte.«

Als Alastair die todernste Miene seines Kapitäns sah, griff er sofort nach der laminierten Klarliste und begann, die Punkte nacheinander vorzulesen.

Jillian Walz hatte umgehend den Geheimdienstmann informiert, der ihrer Bitte, ohne zu zögern, Folge leistete. Doch als sie Präsident Harris die Nachricht überbrachte, nahm dieser die Sache zu ihrem Erstaunen auf die leichte Schulter.

»Moment mal, Ms. Walz«, meinte er und beugte sich lächelnd vor. »Offenbar handelt es sich um einen Übersetzungsfehler, oder es will Sie jemand auf den Arm nehmen. Soweit ich weiß, habe ich in den letzten Tagen weder einen Krieg angefangen noch versucht, die griechische Regierung zu stürzen. Also gibt es gar keinen Grund, mich zu verhaften.« Er lachte leise.

»Sir«, meinte Jillian eindringlich. »Unserer Mitarbeiterin am Boden wurde mitgeteilt, dass man Sie festnehmen will. Sie sprach von einem Haftbefehl.«

Präsident Harris wechselte einen Blick mit seiner Begleiterin, der zweiunddreißigjährigen Sherry Lincoln, die seit vier Jahren seine Assistentin war. Bevor sie etwas erwidern konnte, wurde die sanfte Musik, die aus den Lautsprechern kam, von einem schnellen Rhythmus abgelöst, der besser zu einer Verfolgungsjagd in einem Actionfilm gepasst hätte. Ärgerlich hob Sherry Lincoln den Kopf, bevor sie ihren Arbeitgeber ansah.

»Was halten Sie davon, Sherry?«, fragte er mit einem Zwinkern. »Haben ein paar vergrätzte Demokraten zu Hause vielleicht ihre Verwandtschaft in der alten Heimat mobil gemacht? Es heißt zwar immer, man solle sich vor Griechen in Acht nehmen, die Geschenke bringen …«

»Sir«, unterbrach sie ihn mit ernster Miene. »Wenn es wirklich um einen Haftbefehl geht …«

»Tut es«, mischte sich Jillian ein. Sie nahm ein leises Pfeifen wahr: Das Hilfsenergieaggregat der 737 war angesprungen, ein kleiner Strahlmotor im Heck, der Elektrizität und gleichzeitig komprimierte Luft erzeugte, um die Triebwerke anzulassen.

Präsident Harris schüttelte den Kopf. »Aber Sherry! Unsere Verbündeten verhaften doch keine ehemaligen amerikanischen Präsidenten. Sie veranstalten nur Begrüßungsdinners und langweilen uns mit endlosen Reden zu Tode – eine viel wirksamere Strafe, wie ich meine. Außerdem genieße ich schließlich Amtsimmunität, nur für den Fall, dass ich während meiner Amtszeit vergessen haben sollte, irgendeinen Strafzettel zu bezahlen. Sollen sie nur kommen«, fuhr er beschwichtigend fort. »Ich spreche mit ihnen und kläre die Sache.«

Jillian unterbrach ihn mit einer Handbewegung. »Sir, der Kapitän wünscht, dass Sie sitzen bleiben und sich anschnallen. Ich werde Ihnen weiter Bericht erstatten.«

»Fliegen wir plangemäß ab?«, erkundigte sich John Harris.

Jillian schüttelte den Kopf. »Keine Ahnung.«

Als die beiden CFM-56-Triebwerke der 737 mit einem lauten Kreischen ansprangen, hielten sich die Polizisten die Ohren zu und zogen sich noch weiter zurück. Deshalb bemerkten sie nicht, dass sich der Rumpf der Maschine am Faltenbalg rings um die Tür der Boeing bewegte. Und da die Beamten den Zweck der Schubumkehrer nicht kannten, war die Tatsache, dass beide von ihnen aufgegangen waren, für sie ohne Bedeutung.

Doch als sie alle durch eine ruckartige Bewegung gegen die Wand des Jetway geschleudert wurden, erwachte ihr Argwohn. Der Einsatzleiter rappelte sich auf, eilte nach vorne und sah gerade noch, wie sich das Cockpit der 737 aus seinem Blickfeld entfernte. Es wirkte, als würde jemand den Jetway bewegen, aber als er nach links spähte, stellte er fest, dass das Flugzeug zu rollen begonnen hatte – ein Manöver, das in seinen Anweisungen nicht vorgesehen war.

»Vorsicht, Craig!«, hatte Alastair geschrien, als der Kapitän die Leistungshebel hochzog, sodass das Bugrad der 737 über den Bremsklotz holperte und die Maschine rückwärts rollte. Vor ihnen wurden Staub, Schmutz und ein paar Papierfetzen aufgewirbelt. Craig bemerkte die verdatterten Gesichter hinter der Glasscheibe des Wartebereichs, als die Menschen sich nach dem Geräusch umdrehten und sich vermutlich fragten, warum Flug 42 beschlossen hatte, früher als geplant und ohne Schleppfahrzeug zu starten.

Die Vorfeldmitarbeiter waren erschrocken stehen geblieben, als Craig die Triebwerke anließ. Doch auch sie hatten nicht mit der plötzlichen Rückwärtsbewegung gerechnet. Nun liefen sie hinter dem Flugzeug her und ruderten aufgeregt mit den Armen.

Die Gepäckluke der Maschine war zwar bereits geschlossen gewesen, aber rechts neben dem Flugzeug standen noch einige Gepäckwagen, die durch den Düsenstrahl der Triebwerke umgeworfen wurden.

Ein lauter Knall ertönte, als das Stromkabel am Bug abriss und zurückschnellte, sodass die Mitarbeiter auf dem Vorfeld beinahe davon getroffen worden wären. Dann hatte sich die 737 vom Jetway gelöst und hielt rückwärts und in atemberaubendem Tempo auf die Mitte der Rampe zu, die vom Cockpit her nicht einzusehen war.

»Craig, halt an!«, rief Alastair. »Wir wissen nicht, was hinter uns ist.«

»Da war nichts«, erwiderte Craig. Er stellte fest, dass sich einige verblüffte Polizisten aus dem Jetway beugten, während ihre Kollegen die Metalltreppe zur Rampe hinunterliefen, offenbar ohne zu wissen, wie sie das Flugzeug aufhalten sollten.

Die 737 rollte mit einer Geschwindigkeit von fünf bis sechs Knoten rückwärts. Craig schaltete die Schubumkehr aus und wartete eine schiere Ewigkeit ab.

»Finger weg von den Bremsen!«, warnte er. »Sonst kippeln wir auf dem Schwanz.« Dann schob er die Leistungshebel vor.

Langsam hielt die riesige Maschine in ihrer Rückwärtsbewegung inne und rollte stattdessen nach vorne. Craig steuerte die Maschine von der Rampe nach links zum Rollweg. Er bemerkte, dass das Bodenpersonal sie immer noch verfolgte und dass sich inzwischen auch einige Streifenwagen an ihre Fersen geheftet hatten, die jedoch einen Sicherheitsabstand hielten.

»Bitte den Tower um sofortige Startfreigabe«, befahl Craig. Alastair gehorchte und erhielt die erwartete Antwort: »EuroAir Vier-Zwei, bleiben Sie auf Position, Sir! Sie hatten keine Rollfreigabe.«

Ehe der Kopilot etwas erwidern konnte, drückte Craig auf den Funkknopf. »Negativ, Tower. Ich melde einen Notfall. Ich bitte um sofortige Startfreigabe für Startbahn Zwei-Sieben.«

Alastair schüttelte den Kopf. »Was?«

»Einen Notstart.«

»Soweit ich weiß, existiert so etwas nicht. Du wirst noch

dafür sorgen, dass wir beide den Pilotenschein verlieren. Komm schon, Craig, lass das.«

»Nein. Mach mit der Startklarliste weiter. Sobald wir die Startbahn erreichen, geht es los.«

»Craig«, entgegnete Alastair ernst. »Ich flehe dich an. Du kannst doch nicht ohne Starterlaubnis starten!«

»Haben wir die Freigabe der Flugsicherung?«

»Ja, aber keine Starterlaubnis, und das weißt du so gut wie ich.« Alastair blickte geradeaus und berechnete die Entfernung zum Ende der Rollbahn. Es war kein anderes Flugzeug zu sehen, und die Autos der Verfolger lagen weit zurück.

Craig drückte wieder auf den Funkknopf. »Tower? Bekomme ich jetzt meine Notstartfreigabe? Wir haben keine Zeit für Erklärungen. Es geht um Leben und Tod.«

»Äh … das ist wirklich sehr unüblich, EuroAir. Werden Sie entführt?«

»Ich kann nicht frei reden. Verstehen Sie?«

Ein viel sagendes Schweigen entstand, als der Fluglotse sich selbst die Antwort gab. Gewiss handelte es sich um eine Flugzeugentführung; etwas anderes kam nicht in Frage.

»Roger, Vier-Zwei. Sie haben sofortige Startfreigabe auf Startbahn Zwei-Sieben.«

»Die Klarliste ist komplett.« Alastair sah zu, wie Craig die 737 mit überhöhter Rollgeschwindigkeit vom Rollweg auf die Startbahn lenkte.

»Kraft an, automatische Vortriebsregler an«, sagte Craig. Er blickte am Kopiloten vorbei nach rechts und rechnete schon mit dem Anblick bewaffneter Verfolgerfahrzeuge, doch niemand versuchte sie am Start zu hindern.

Der kräftige Schub der Triebwerke drückte sie in ihre Sitze, als die Nadel des Geschwindigkeitsmessers auf der Anzeige nach oben wanderte.

Craig zog sanft am Steuerknüppel, sodass die Nase nach oben ging und die Maschine langsam von der Startbahn abhob. Bald hatte das Fahrwerk den Bodenkontakt verloren.

»Positive Steigrate. Fahrwerk einklappen.«

»Roger«, bestätigte Alastair. »Fahrwerk einklappen.« Er stellte den Hebel in die Aufwärts-Position und beobachtete die Lämpchen, die erst rot aufleuchteten und dann verloschen, bevor er den Fahrwerkshebel in die Aus-Position schob. Dabei dachte er an die vielen Schwierigkeiten, die sie sich gerade eingehandelt hatten. Die Unternehmensleitung von EuroAir würde außer sich sein. Schlimmstenfalls waren er und Dayton ihre Jobs los, und womöglich würde es sogar zu einer Anklage kommen. Er war Kopilot und britischer Staatsbürger. Warum hatte er sich wegen eines amerikanischen Präsidenten auf dieses Risiko eingelassen?

»Klappen eins, Fläche wechseln, N1, Zwei-Zehn, Kurs wählen.«

»Klappen … alles erledigt«, erwiderte Alastair. »Darf ich dich etwas fragen?«

»Ja, wenn du jetzt die Klappen hochstellst.«

»Klappen … oben. Gut. Wohin geht unsere Flucht?«

Craig sah den Kopiloten an. »Nach Rom, wie geplant. Ich werde meinen früheren Oberbefehlshaber wohlbehalten an seinem Zielort abliefern.«

4

Rom, Montag, 13:40

Die Nachricht, dass EuroAir 42 Athen überstürzt verlassen hatte, traf ein, als sich der italienische Außenminister gerade von Campbell verabschiedete. Nachdem Anselmo fort war, ließ Stuart Campbell seinen Wagen am Haupteingang vorfahren.

»Geben Sie allen wie geplant Bescheid, Isabel«, wies er seine Sekretärin auf dem Weg zum Aufzug an. »Und rufen Sie mich an, wenn Sie wissen, wann das Flugzeug voraussichtlich landet.«

Er nahm auf dem Rücksitz des nagelneuen Mercedes Platz. Insgeheim war er froh, dass das Drama nun doch in Rom seinen Abschluss finden würde. Die italienische Hauptstadt gefiel ihm viel besser als Athen, abgesehen davon, dass er kein Wort Griechisch sprach. Natürlich war es Pech für Anselmo. Giuseppe und die gesamte italienische Regierung würden unter den Druck der Vereinigten Staaten geraten, die sicher fordern würden, den Haftbefehl für ungültig zu erklären und die Auslieferung zu verweigern. Doch da das Auge der Weltöffentlichkeit auf Italien ruhen würde und den Europäern viel daran lag, sich gegen Amerika zu behaupten, würden sie nicht nachgeben.

Und selbstverständlich waren die Beweise unumstößlich.

Stuart Campbell schmunzelte, als er an die Schlacht vor Gericht dachte, auf die er sich schon seit fast zwei Jahrzehnten vorbereitete. Er konnte es kaum erwarten.

An Bord von EuroAir 42, achtzig Kilometer westlich von Athen

Sobald die 737 Reiseflughöhe erreicht hatte, läutete das Satellitentelefon im Cockpit. Die griechischen Behörden hatten die Einsatzzentrale von EuroAir in Frankfurt von der Entführung und den beim überstürzten Start entstandenen Schäden am Flugsteig in Kenntnis gesetzt.

»Stimmt das, Vier-Zwei? Werden Sie entführt?«, wollte der Telefonist wissen.

»Ich kann jetzt nicht reden«, erwiderte Craig. »Ich rufe Sie nach der Landung in Rom an.«

Diese Antwort stürzte den Mann in Verwirrung. Rom?

Warum entführte jemand ein Flugzeug, um die Besatzung zu zwingen, zum ohnehin geplanten Ziel zu fliegen?

Craig legte auf, bevor der Telefonist weitere unangenehme Fragen stellen konnte.

Dann griff er zum Bordmikrofon und drückte nach einem Blick auf Alastair auf den Knopf.

Meine Damen und Herren, hier spricht der Kapitän. Ich entschuldige mich für den plötzlichen und … ungewöhnlichen Start in Athen. Wir … konnten kein Schleppfahrzeug bekommen, und außerdem sollte der Flughafen geschlossen werden, was unsere planmäßige Ankunft in

Rom verhindert hätte. Also habe ich entschieden, ein bisschen früher loszufliegen. Tut mir leid, wenn ich Sie erschreckt habe. Das Gepäck, das Sie auf der Rampe gesehen haben, war übrigens nicht Ihres. Das befand sich bereits an Bord. Danke. Wir werden pünktlich in Rom landen.

Er wiederholte die Durchsage auf Deutsch und in passablem Französisch und legte das Mikrofon weg.

»Ich rede jetzt mit Harris«, meinte er.

Alastair zuckte zusammen und verzog gequält das Gesicht. »Ich mache mir wirklich Sorgen, Craig«, sagte er. »Rechtlich betrachtet, haben wir ganz schönen Mist gebaut.«

»Ich weiß.«

»Darf ich nach dem Grund fragen?«

»Dem Grund?«

»Genau«, entgegnete Alastair. »Warum hast du beschlossen, nur wegen eines Gerüchts und der Anwesenheit von ein paar Polizisten ein Flugzeug voller Passagiere zu gefährden und gegen ein halbes Dutzend Vorschriften zu verstoßen – wozu nicht zuletzt das Vortäuschen einer Flugzeugentführung gehört?«

»Ich habe nie behauptet, dass wir entführt werden. Das hat der Fluglotse gesagt.«

Alastair schüttelte den Kopf. Sein Gesicht rötete sich vor Zorn. »Lass die Haarspaltereien! Du hast ihm jedenfalls nicht widersprochen. Und wenn die rausfinden, dass wir nicht unter Zwang handeln, kriegen wir ordentlich Ärger.«

»Aber ich übe doch Zwang aus.«

»Und mich wird man als deinen Kopiloten ebenfalls zur Verantwortung ziehen. Warum dieser Zirkus, verdammt?«

»Ich bin Offizier der Air Force, Alastair.«

»Na und, das war ich auch, im Dienste der britischen Luftwaffe und der Königin. Aber deshalb verlangt keiner von mir, dass ich den Buckingham-Palast bewache.«

»Ich bin Reservist und als Offizier immer noch an meinen Treueeid auf den Präsidenten der Vereinigten Staaten gebunden.«

»Ich sage es dir ja nur ungern, Craig, doch der Herr in der Passagierkabine ist nicht mehr Präsident.«

»Das spielt keine Rolle. Einmal Präsident, immer Präsident.«

»Die in Frankfurt werden uns das nie glauben. Ist dir das klar? Wir sind eine neue Fluggesellschaft mit knappem Budget. Wenn unsere Chefs den Griechen nicht unsere Köpfe auf einem Pfahl übergeben, kriegen sie vermutlich nie wieder eine Landeerlaubnis in Athen. Wir beide können einpacken.«

Craig schüttelte nachdrücklich den Kopf. »Mach dir keine Gedanken. Wie ich schon sagte, war es ganz allein meine Idee.« Er stand auf, klopfte Alastair auf die Schulter und öffnete die Tür. »Bin gleich zurück. Halt die Stellung.«

»Wird gemacht«, erwiderte der Kopilot. »Ich werde es noch mal so richtig auskosten. Könnte das letzte Mal sein, dass ich in einem Cockpit sitze.«

Als Sherry Lincoln sah, wie sich die Cockpittür öffnete, sprang sie auf, um den Kapitän abzufangen. Sie stellte sich und Matt Ward, den Geheimdienstagenten, vor.

»Sie sind also Präsident Harris' Assistentin?«, fragte Craig.

»Eher Mädchen für alles«, erwiderte Sherry. »Wir möchten uns dafür bedanken, dass Sie uns rechtzeitig rausgeholt haben.«

Craig sah die beiden nacheinander an. »Sie wussten, was ich da tat?«

Matt Ward nickte. »Mir ist klar, dass eine 737 nicht aus eigener Kraft und rückwärts den Flugsteig verlässt, Captain. Außerdem hat Jillian uns von dem Haftbefehl erzählt.«

Jillian erschien neben ihnen. »Ich habe ihnen auch gesagt, dass du mal bei der Air Force warst, Craig«, erklärte sie.

Der Captain nickte und wies mit dem Kopf auf die Chefstewardess. »Es ist zwar ein deutsches Flugzeug, aber Jillian ist ebenfalls amerikanische Staatsbürgerin. Ms. Lincoln«, fuhr er fort, »wer genau könnte einen Grund haben, den Präsidenten verhaften zu lassen? Wie man uns mitteilte, befand sich eine Regierungsdelegation auf dem Weg zum Flughafen, um ihn festzunehmen, und das durfte ich nicht zulassen. Den Anlass hat man uns verschwiegen.«

Sherry holte tief Luft und schüttelte den Kopf. »Das weiß ich auch nicht genau, Captain. Doch ich habe den starken Verdacht, dass Sie sich gerade einen Orden verdient haben. Außerdem haben Sie gerade einen Zwischenfall verhindert, den man im Außenministerium als Schreckensszenario zweiter Ordnung für einen ehemaligen Präsidenten bezeichnet.«

»Zweiter Ordnung?«

»Erster Ordnung wäre eine Entführung. Das zweite ist ein Pinochet-Haftbefehl.«

»So wie bei dem chilenischen Diktator?«, erkundigte sich Craig.

»Genau. Der General, der angeordnet hat, tausende von Chilenen aus politischen Gründen zu foltern und zu ermorden.«

»Moment mal …« Grinsend hob Craig die Hand. »Was hat Pinochet denn mit Präsident Harris zu tun?«

»In den Achtzigerjahren«, erwiderte sie, »haben die meisten Länder ein Abkommen unterzeichnet, das die Anwendung von Folter durch Bedienstete irgendeines Staates ächtet, und zwar als Verbrechen, das auch über Landesgrenzen hinweg verfolgt werden kann. In anderen Worten ist es möglich, einen Verdächtigen auf der ganzen Welt festzunehmen und vor Gericht zu stellen. Pinochet war einer der ersten Prominenten, die gemäß diesem Abkommen angeklagt wurden.«

»Ich erinnere mich noch dunkel an diesen Fall«, entgegnete Craig.

Sherry hielt inne und sah auf die Uhr. »Wie lange ist es noch bis zur Landung?«

»Etwa eine Stunde und zwanzig Minuten«, antwortete Craig. »Aber sagen Sie mir bitte, was Sie mir über Pinochet erzählen wollten.«

»Gut, doch ich muss noch einige dringende Anrufe erledigen. Kurz zusammengefasst hat ein spanischer Richter einen Haftbefehl für den General ausgestellt. Er wurde festgenommen, als er sich in London in ärztliche Behandlung begeben wollte. Es dauerte ein Jahr, bis die britische Regierung beschloss, Pinochet nach Spanien auszuliefern, damit ihm dort der Prozess gemacht werden konnte.«

»Aber er wurde doch nach Chile zurückgeschickt«, wandte Jillian ein.

»Richtig«, stimmte Sherry zu. »Allerdings nur deswegen, weil er aus gesundheitlichen Gründen für verhandlungsunfähig erklärt wurde. Die britische Entscheidung, dass ein ehemaliges Staatsoberhaupt wegen seiner Verbrechen zur Verantwortung gezogen werden kann, also keine Amtsimmunität genießt, war ein großer Schritt vorwärts, führte jedoch zu einigen Problemen: Was geschieht, wenn finstere Mächte sie gegen Unschuldige einsetzen?«

»Meinen Sie jemanden wie Präsident Harris?«, fragte Craig.

»Genau. Was ist, wenn Land Y das Abkommen dazu missbraucht, anstatt einen miesen Diktator dingfest zu machen, ein harmloses Regierungsmitglied von Land X zu verfolgen, weil Land Y einen Groll gegen Land X hegt oder mit ihm im Krieg steht?«

»Aber wer war dieses Land Y in Athen? Die Griechen?«, fragte Craig.

Sherry sah Matt Ward an und zuckte die Achseln. »Das bezweifle ich. Ich habe keine Ahnung, von welchem Land die Initiative ausging. In der so genannten Staatenfamilie gibt es viele Länder, die uns immer noch hassen. Da ist Fidel nicht der Einzige.«

»Der größte Albtraum ist«, mischte sich Matt Ward ein, »dass jemand wie Saddam Hussein, Milosevic oder Ghaddafi mit einem Haftbefehl drohen könnte, und zwar unter der erfundenen Anschuldigung, vom Präsidenten genehmigte amerikanische Militärschläge wären mit Folter der Bevölkerung gleichzusetzen.«

Sherry nickte zustimmend und sah wieder auf die Uhr. »Gemäß diesem Abkommen, das die Griechen übrigens ratifiziert haben, hätte man John Harris theoretisch in Athen festnehmen und ausliefern können, damit er in Bagdad vor ein Scheingericht gestellt und gehängt würde.«

Jillian schlug die Hand vor den Mund. »Sie machen doch Witze!«

»Nein, die Bedrohung ist real. Gott sei Dank haben Sie rasch reagiert, Captain. Präsident Harris will es zwar nicht wahrhaben, aber ich wette, dass es dazu gekommen wäre, obwohl vermutlich nicht der Irak dahinter steckt.«

»Dann kann also jedes beliebige Land einen Haftbefehl ausstellen?«, fragte Craig.

»Richtig«, bestätigte Sherry. »Dazu ist jeder Richter in irgendeinem abgelegenen Winkel der Erde befugt. Davor ist niemand sicher, egal ob er John Harris, Jimmy Carter, George Bush oder Jerry Ford heißt.«

»Großer Gott!«, rief Craig aus.

»Auf diese Weise könnte man einen früheren US-Präsidenten ein oder zwei Jahre lang ins Gefängnis sperren, was für die Vereinigten Staaten ziemlich peinlich wäre.« Sie hielt inne und sah wieder auf die Uhr. »Ich muss telefonieren. Mein GSM-Mobiltelefon funktioniert während des Fluges nicht.«

»Mir geht es genauso«, meinte Matt Ward. »Meine Handys sind alle außer Betrieb.«

»Aber Sie können nach der Landung in Rom doch sicher rauskriegen, was hier gespielt wird?«, erkundigte sich Craig bei Sherry Lincoln. Er sah, wie sich ihre Miene verdüsterte, als sie sich eine Antwort zurechtlegte.

»Sie wollten doch nach Rom?«, hakte er nach.

Sherry wirkte verdattert und war bleich geworden.

»Tut mir leid … was ist?«, fragte sie.

»Sie wollten doch nach Rom, oder?«

Sie nickte und sah Matt Ward an. »Ja, aber … oh, mein Gott, ich hatte noch gar keine Zeit zum Nachdenken.«

»Worum geht es?«, fragte der Geheimdienstagent.

»Wenn in Griechenland ein Haftbefehl vorliegt«, erwiderte Sherry Lincoln, »könnte uns in Italien auch einer erwarten. Die Italiener haben den Vertrag ebenfalls ratifiziert.«

»Gibt es auch Länder, die nicht mit im Boot sind?«, wollte Craig wissen.

»Keine, wo wir hinfliegen sollten«, sagte Sherry. Sie wandte sich an Jillian. »Gibt es an Bord ein Satellitentelefon? Ich muss dringend telefonieren, und dazu brauche ich meinen Timer aus meiner Handtasche.

»Sie können jedes der Telefone in den Sitzen benützen«, antwortete Jillian. »Wenn sie kein normales Signal empfangen, schalten sie automatisch auf Satellit um. Aber … Moment … nehmen Sie einfach dieses hier.«

Als Sherry sich zum Gehen wandte, hielt Craig sie sanft am Arm fest.

»Warten Sie, Ms. Lincoln. Soll das heißen, dass er auch in Rom verhaftet werden könnte?«

»Nennen Sie mich Sherry. Ich weiß es nicht. Wie lange ist es noch mal bis zur Landung?«

»Etwa eine Stunde und zehn Minuten.«

»Sofern ich die richtigen Leute erreiche …« Sie zögerte und sah ihn seufzend an. »Ich befürchte, dass ich die Antwort bereits kenne. Wenn ein Land sich die Mühe macht, einen Haftbefehl für einen amerikanischen Präsidenten auszustellen, können Sie Gift drauf nehmen, dass es nicht so schnell aufgeben wird. Ja, sie werden auf uns warten.«

»Und Sie haben keine Ahnung, wer dahinter steckt?«

»Nein.«

»Vielleicht sollten wir tatsächlich woanders landen«, meinte Craig. »Natürlich müssen wir dabei an die übrigen Passagiere denken –«

»Wo könnten wir sonst hin?«, unterbrach ihn Sherry voller Hoffnung.

Craig schüttelte den Kopf. »Ich weiß nicht. Der Sprit reicht bis in die Schweiz oder nach Frankreich, vielleicht sogar nach Spanien oder nach Italien. Allerdings habe ich schon genug Probleme mit meiner Firmenleitung. Man glaubt, wir wären entführt worden. Wenn sie die Wahrheit rauskriegen, bekomme ich ordentlich Ärger.«

»Wirklich?« Wieder schüttelte sie den Kopf. »Oh, Mann! Aber eine Sache könnte dadurch einfacher werden.«

»Wie das?«

»Die Flugsicherung denkt also, wir wären entführt worden?«

»Ja, und mein Unternehmen auch.«

»Dann weiß Washington sicher schon davon.«

Als Jillian Sherry den Telefonhörer hinhielt, riss diese ihn ihr fast aus der Hand.

»Entschuldigen Sie, Mr. President.« Craig Dayton stand im Mittelgang.

»Ah, Captain. Ich weiß, Sie haben schon mit Sherry gesprochen, aber ich wollte mich auch noch dafür bedanken, dass Sie … dass Sie mich da rausgeholt haben.«

»War mir ein Vergnügen, Sir.«

»Ich bezweifle zwar, dass das nötig war, aber Sherry ist offenbar anderer Ansicht.«

»Sir, man sagte uns klipp und klar, eine Delegation sei mit einem Haftbefehl für Sie unterwegs zum Flughafen. Sieben Polizisten warteten im Jetway.«

John Harris biss sich auf die Unterlippe und sah Craig in die Augen.

»Wir hatten diese Befürchtung schon länger …«

Craig nickte. »Sie hat uns alles über Pinochet erzählt.«

»Wie viel Ärger haben Sie sich eingehandelt?«, erkundigte sich Harris.

»Zerbrechen Sie sich nicht den Kopf darüber, Sir.«

»Nein, ich kümmere mich darum. Und wenn man Ihnen einen Strick daraus drehen will, werde ich mein Bestes tun, um Ihnen zu helfen.«

»Danke, Mr. President.«

»Würden Sie mir gestatten, Sie und Ihre Besatzung heute Abend in Rom zum Essen einzuladen?«

Craig lächelte. »Wenn das klappt, Sir, wäre es mir eine Ehre.«

5

Weißes Haus, Montag, 8:05 Ortszeit

Die Nachricht, dass eine Linienmaschine mit einem ehemaligen Präsidenten der Vereinigten Staaten an Bord in Athen entführt worden war, traf fast gleichzeitig bei der Leitstelle der Luftfahrtbehörde FAA in Washington und bei der CIA am anderen Ufer des Potomac in Langley, Virginia, ein. Fünf Minuten später waren auch der militärische Abschirmdienst, das FBI und die Nationale Behörde für Aufklärung informiert.

Nun begann wie immer der interne Wettlauf, wer das Weiße Haus zuerst über die genauesten Fakten in Kenntnis setzen konnte. Der erste Anruf, der im Lagerraum des Weißen Hauses einging, kam aus Langley – ein Umstand, auf den der Mitarbeiter der CIA nicht wenig stolz war und mit dem er sich noch lange brüsten sollte.

Die Tagesinformationen für den Präsidenten waren bereits ausgedruckt und über Nacht von Langley ins Weiße Haus geschickt worden. Deshalb fasste man den Nachtrag rasch in ein paar Absätzen zusammen und überbrachte ihn per Eilboten der Sekretärin des Stabschefs, die ihn kurz nach Beginn der Acht-Uhr-Besprechung des Präsidenten mit dem Stabschef und der Pressesprecherin im Oval Office ablieferte.

»Was ist denn das, Jack?«, fragte der Präsident, als plötzlich Schweigen einkehrte.

Jack Rollins, Stabschef und früherer Senator von Maine, hatte seine Kaffeetasse weggestellt und studierte mit hochgezogenen Augenbrauen die Informationen. Dann stieß er einen Pfiff aus und reichte seinem Vorgesetzten das Blatt Papier.

»Offenbar hat es John Harris, der zurzeit in Europa herumreist und Reden hält, geschafft, sich entführen zu lassen.«

»Entführen?« Nachdem der Präsident den Bericht gelesen hatte, reichte er ihn an Diane Beecher, die Pressesprecherin, weiter. »Was halten Sie davon, Diane?«, fragte er.

»Ich denke …«, begann sie, »dass dieser Vorfall eine Menge Aufmerksamkeit vom kleinen Malheur des Vizepräsidenten heute Morgen ablenken wird. Am Abend wird es die wichtigste Meldung in allen Nachrichtensendungen sein, vor allem, wenn sich das Problem noch eine Weile hinzieht.«

»Und was halten *wir* davon?«, hakte der Präsident nach.

»Tja, Sir, ich denke, dass wir denken, wir sollten die Sache genau und mit großer Besorgnis im Auge behalten …«

»Richtig. Und weiter?«

»Und«, fuhr sie fort, »wir geben den betreffenden Behörden alle nötige Hilfestellung, um unseren ehemaligen Präsidenten wieder wohlbehalten nach Hause zu bringen.«

»Wir halten uns also bedeckt?«

»Ja, Sir, auch wenn das *Ihr* Lieblingssatz ist.«

»Er gefällt mir aber. Wenn Sie möchten, dürfen Sie ihn auch benützen.« Mit einem Schmunzeln wandte er sich an Rollins. »Und was denken Sie ganz privat, Jack?«

Der Stabschef schüttelte den Kopf. »Tja, Tatsache ist, dass wir diesem zu groß geratenen Pfadfinder eine Menge verdanken. Ihre Wahl zum Beispiel.«

»Moment mal«, protestierte der Präsident in gespielter Entrüstung. »Sie übertreiben. Dass die Republikaner nicht mehr rechtzeitig einen geeigneten Kandidaten auftreiben konnten, heißt nicht, dass ich nur als geringeres Übel gewählt worden bin, falls Sie das meinen.«

»Tja, Mr. President, wir müssen uns allerdings eingestehen, dass Sie nicht auf diesem Stuhl sitzen würden, wenn John Harris seiner eigenen Partei nicht so geschadet hätte. Immerhin hat er sich aus irgendeinem merkwürdigen Prinzip heraus geweigert, für eine zweite Amtszeit zu kandidieren, obwohl er in den Umfragen um achtundzwanzig Punkte vorne lag.«

Der Präsident runzelte die Stirn. »Daran will ich lieber gar nicht denken.«

»Meinetwegen, Sir«, erwiderte der Stabschef grinsend. »Das brauchen Sie auch nicht, die Geschichte wird es für Sie erledigen.«

Lachend blätterte der Präsident zur nächsten Seite um.

»Nichts für ungut, Jack. Halten Sie mich über Harris' Flug auf dem Laufenden. In dieser Notiz hier lese ich, dass die Entführung noch nicht bestätigt wurde. Hoffen wir, dass es falscher Alarm ist.«

An Bord von EuroAir 42, südöstlich von Mailand

Sherry spürte förmlich, wie ihr die Zeit durch die Finger rann. »Hallo?«, sagte sie erneut in den Hörer und fragte sich, wann die Telefonistin im Weißen Haus sich endlich wieder melden würde. Um durchgestellt zu werden, musste man bestimmte Kodewörter benutzen. Sherry besaß zwar alle Durchwahlnummern der wichtigen Mitarbeiter im Weißen Haus, die sie hin und wieder kontaktieren musste, doch sie konnte die Liste nicht finden, und nun hatte sie sich in ihrer Aufregung auch noch versprochen. Mit der einen Hand versuchte sie, die richtige Seite in ihrem Timer zu finden, während sie sich mit der anderen den Hörer ans Ohr hielt.

»Weißes Haus, Beschwerdestelle.«

»Beschwerdestelle? Oh, mein Gott, ich bin falsch verbunden worden. Könnten Sie mich bitte an den Lageraum durchstellen?«

»Wer spricht da bitte?«

»Ich bin Sherry Lincoln, Assistentin des ehemaligen Präsidenten John B. Harris. Beeilen Sie sich.«

»Tja, Ms. Lincoln, wenn Sie sich weiter so im Ton vergreifen, lege ich auf. Außerdem können wir nicht jeden x-Beliebigen mit dem Lageraum verbinden. Was möchten Sie dem Präsidenten denn sagen?«

Sherry rieb sich verzweifelt die Stirn. »Okay. Bitte geben Sie mir noch mal die Telefonzentrale des Weißen Hauses. Könnten Sie das tun? Ich bin falsch verbunden worden.«

Als sie das Freizeichen hörte, hätte sie am liebsten laut geflucht. Zum zweiten Mal wählte sie die lange Nummernkombination und wartete, bis sich die Telefonistin meldete.

»Hallo, bitte hören Sie mir zu. Es geht um einen internen Notfall, Kennwort Zulu. Der ehemalige Präsident John B. Harris möchte gerne Stabschef Jack Rollins sprechen. Bitte verbinden Sie mich sofort mit seinem Büro.«

»Ja, Ma'am. Einen Moment bitte.«

Fast eine Minute später meldete sich eine argwöhnische Frauenstimme.

»Büro Mr. Rollins.«

Kurz und bündig erklärte Sherry, wer sie war und dass sie sofort den Stabschef sprechen musste. Gleichzeitig fand sie endlich die Liste der Kodewörter, die sie sich einfach nicht merken konnte.

»Zur Verifizierung: Präsident Harris' Kodename ist ›Diakon‹, meiner ist … äh … ›Elster‹.«

Dreißig Sekunden später war Jack Rollins am Apparat. Nachdem er aufmerksam gelauscht hatte, stellte er rasch ein paar Fragen. »Also sind Sie nicht entführt worden?«

»Nein. Der Kapitän hat nur diesen Eindruck erweckt, um uns aus dem Schlamassel rauszuholen. Aus Athen, um genau zu sein.«

»Verstanden. Und jetzt fliegen Sie nach Rom?«

»Richtig. Der entscheidende Punkt ist nur, Mr. Rollins, ob wir unbehelligt dort landen können. Oder wird man dort wieder versuchen, Mr. Harris zu verhaften? Eine weitere wichtige Frage wäre, wer ihn festnehmen will und warum.«

»Keine Ahnung, aber wir werden es rauskriegen. Ist das Wort Haftbefehl ausdrücklich gefallen?«

»Ja, Mr. Rollins. Mehr weiß ich auch nicht. Vielleicht kann Ihnen die griechische Regierung die Antwort geben.«

»Ich bin wirklich ratlos. Hat er jemanden in Griechenland besucht?«

»Nein, wir waren nur auf der Durchreise von Istanbul und hatten nicht einmal vor, die Maschine zu verlassen.«

»Das heißt, dass es um ein internationales Problem geht. Gut. Wie kann ich Sie erreichen?«

»Ich muss Sie anrufen«, erwiderte Sherry. »Haben Sie eine Durchwahlnummer?«

42

Er gab ihr zwei Nummern und die seines Mobiltelefons. »Melden Sie sich in zehn oder fünfzehn Minuten wieder bei mir. Okay?«

»Wird gemacht. Ich danke Ihnen im Namen von Präsident Harris.«

»Keine Ursache.«

Jack Rollins legte den Hörer auf und dachte an sein Geplänkel mit dem Präsidenten vor einer halben Stunde. Endlich ging ihm ein Licht auf; er rief nach seiner Sekretärin, griff nach dem Telefon und drückte auf die Taste des Nummernspeichers.

Nach dem Telefonat eilte Sherry Lincoln zurück in die erste Klasse, wo Matt Ward gerade mit der Geheimdienstzentrale in Washington sprach. Er bat sie mit einer Handbewegung um Geduld und beendete das Telefonat.

»Was sagen sie?«, fragte Sherry.

»Wir sollen die Ruhe bewahren und uns an die Gesetze halten.«

»So was habe ich mir fast gedacht«, erwiderte sie.

Er verzog das Gesicht. »Die Angelegenheit ist wirklich heikel, Sherry. Ich bin nur befugt, ihn vor gewalttätigen Übergriffen zu schützen, nicht vor einer rechtmäßigen Verhaftung. Was haben Sie rausgekriegt?«

Sie setzte sich neben Matt und erklärte ihm rasch den Inhalt des Telefonats. »Ich soll in ein paar Minuten noch mal anrufen.«

»Wenn es sich wirklich um einen Haftbefehl handelt, können die auch nichts tun, oder?«

Sie zuckte die Achseln. »Keine Ahnung, Matt. Diese Frage kann vermutlich nur ein Anwalt beantworten.«

»Hat er denn einen?«

Sie starrte ihn an. »Nicht für solche Dinge. Glauben Sie, ich sollte ihm einen besorgen?«

»Kann nicht schaden. Vorausgesetzt, es kommt wirklich zu einer Verhaftung.«

Nachdem sie rasch den Präsidenten informiert hatte, wählte sie noch einmal Rollins' Nummer.

Der Stabschef meldete sich persönlich.

»Moment, Ms. Lincoln, ich bin gerade in einer Konferenz mit dem stellvertretenden Außenminister Rudolph Baker und Alex McLaughlin vom Justizministerium.«

Sie wiederholte die Namen laut, damit der Präsident sie verstehen konnte, und spürte plötzlich seine Hand auf ihrer Schulter. »Lassen Sie mich mit ihnen reden, Sherry«, sagte er. »Sie haben das großartig gemacht.«

John Harris griff nach dem Hörer. Die Männer am anderen Ende der Leitung erkannten seine sonore Stimme sofort.

»Also, Leute, was wird hier gespielt?«, fragte er.

»Mr. President, hier spricht Rudy Baker vom Außenministerium. Sir, ich habe gerade mit meinem Amtskollegen in Athen telefoniert. Der … nun, dieses Rechtsmittel –«

»Reden Sie nicht um den heißen Brei herum, Rudy!«, rief jemand dazwischen. »Es handelt sich um einen Haftbefehl, Mr. President. Ich bin Alex McLaughlin, stellvertretender Justizminister.«

»Danke, Mr. McLaughlin«, meinte John Harris. »Was wollten Sie gerade sagen, Mr. Baker?«

»Ja, Sir. Der Haftbefehl wurde von einem Gericht in Lima, Peru, ausgestellt, und zwar wegen einer von der peruanischen Regierung eingereichten Klage, genau genommen stammt sie vom momentanen Präsidenten Perus, Alberto Miraflores. Sie werden wegen Verstößen gegen das Abkommen zur Ächtung der Folter angeklagt … was war da genau los, Alex?«

»Mr. President, offenbar hat während Ihrer Amtszeit eine Razzia in einer Drogenfabrik in Peru stattgefunden, die ein ziemlich schlimmes Ende genommen hat.«

»Daran erinnere ich mich nur zu gut«, erwiderte Harris, dem die Fotos von verkohlten Leichen und einem ausgebrannten Gebäude noch deutlich vor Augen standen. »Es war ein tragischer Fehler. Langley hat ohne Genehmigung einen Kreuzzug unternommen und eine Horde Verbrecher angeheuert.«

»Und dafür will man Sie nun strafrechtlich belangen, Mr. President.«

»Das ist doch absurd, Alex.«

»Das ist es ganz sicher, Sir. Doch nach Aussage der griechischen Behörden steht genau das in dem Haftbefehl.«

»Sir, die Griechen scheinen ziemlich erleichtert zu sein, dass der Pilot Sie da rausgeholt hat«, meldete sich der stellvertretende Außenminister wieder zu Wort. »Sie hatten kein Interesse daran, Sie festzunehmen, Sie nach Peru auszuliefern oder Ihnen in Griechenland den Prozess zu machen. Allerdings betonte mein Amtskollege, ihnen sei juristisch betrachtet nichts anderes übrig geblieben, als den Haftbefehl durchzusetzen.«

»Und was ist mit Rom, meine Herren?«, erkundigte sich Harris.

In Washington herrschte viel sagendes Schweigen.

»Sir, der Anwalt der Peruaner hat den Haftbefehl heute Vormittag einem italienischen Amtsrichter vorgelegt und ihn bestätigen lassen«, erwiderte Baker. »Der italienische Außenminister sagt genauso wie die Griechen, dass ihm nichts anderes übrig bleiben wird, als Sie festzunehmen. Mit anderen Worten sollen Sie sofort nach der Landung verhaftet werden.«

»Ich verstehe«, entgegnete John Harris. »Meine Herren, diese Beschuldigungen sind barer Unsinn. Ich habe nichts dagegen, mich ein paar Tage in Rom aufzuhalten, solange Sie mir helfen, die Sache in Ordnung zu bringen. Ist das möglich? Kann das Außenministerium etwas für mich tun?«

»Sir«, antwortete Alex McLaughlin. »Lassen Sie mich offen sein, Mr. President. Man wird Sie vermutlich unter eine Art Hausarrest stellen. Ich bin sicher, dass niemand vorhat, Sie in eine Zelle zu sperren. Das haben die Briten nicht mal mit Pinochet gemacht. Doch dann wird zweifellos Folgendes passieren: Peru wird die italienischen Gerichte durch seine Anwälte auffordern lassen, Sie sofort an Peru auszuliefern. Wir hatten noch nicht die Zeit, uns eingehender mit den italienischen Auslieferungsgesetzen zu befassen, doch wie Sie vielleicht wissen, haben sie unter dem Abkommen zur Ächtung der Folter nur zwei Möglichkeiten. Es sei denn, Sie berufen sich auf Amtsimmunität, und diese Chance haben Ihnen die Briten nach der Pleite mit Pinochet ziemlich verbaut. Man kann Sie also entweder nach Lima schicken und dort vor Gericht stellen oder Ihnen in Italien den Prozess machen. Da Letzteres ziemlich unwahrscheinlich ist, wird man Sie mit einiger Sicherheit ausliefern. Und wir bezweifeln, dass Sie in Peru unter dem gegenwärtigen Regime eine faire Verhandlung kriegen.«

»Das sind ja schöne Aussichten, Leute. Dann möchte ich Sie mal was fragen: Der Kapitän dieses Flugzeugs ist zufällig Reservist der Air Force. Gibt es ein anderes Land in der Nähe, das ich statt Rom besuchen sollte, falls er einverstanden ist?

Ich möchte mich nicht drücken, aber ich habe auch keine Lust auf eine Begegnung mit Miraflores.«

John Harris hörte, wie Rudy Baker sich räusperte. »Äh, tja, wir hatten noch keine Zeit, uns die umliegenden Länder anzusehen. Doch ich glaube nicht, dass Sie an einem anderen Ziel, außer in den Vereinigten Staaten, sicherer wären.«

»Und freies Geleit zu einer unserer Botschaften kommt auch nicht in Frage?«

»Nur wenn Sie es schaffen würden, im Botschaftsgarten zu landen, was mit einem Düsenflugzeug nicht sehr empfehlenswert wäre. Und selbst dann stünden wir unter enormem Druck, Sie herauszurücken, und zwar basierend auf der Theorie, dass nicht einmal eine Botschaft Schutz vor diesem Abkommen bietet.«

»Und was würden Sie dann vorschlagen?«, erkundigte sich Harris. »Mr. Rollins, können Sie mir nicht aus der Patsche helfen?«

Am anderen Ende der Leitung wurde verlegen geseufzt.

»Mr. President«, sagte Jack Rollins, »wir werden weiter an der Sache arbeiten und sehen, was uns kurzfristig dazu einfällt. Vielleicht … vielleicht könnte Ihr Pilot das Tempo drosseln oder über Rom kreisen, damit wir Zeit gewinnen. Natürlich hängt das von Ihren Treibstoffvorräten ab.«

»Ich kümmere mich darum«, erwiderte Harris. »Um die momentane Lage zusammenzufassen, drohen mir in Rom eine Verhaftung und womöglich eine Auslieferung, wobei wir davon ausgehen müssen, dass die Lage in Paris, Genf, Berlin, Madrid oder sogar an einem abgelegeneren Ort wie Malta dieselbe ist?«

»Alle von Ihnen erwähnten Länder haben das Abkommen unterzeichnet, Sir«, entgegnete Baker. »Geben Sie uns zwanzig Minuten. Wir werden sämtliche Länder in Reichweite unter die Lupe nehmen.«

»Sehr gut, meine Herren.«

»Noch was, Mr. President. Präsident Cavanaugh verfolgt die Sache und ist sehr besorgt. Er bat mich, Ihnen das auszurichten und Ihnen zu sagen, dass wir alles tun, was gesetzlich in unserer Macht steht, um das Problem zu lösen.«

»Teilen Sie dem Präsidenten mit, ich bin ihm sehr dankbar.«

»Rufen Sie uns in fünfzehn Minuten an, Sir.«

»Wird gemacht.«

»Moment noch, Mr. President«, meinte Alex McLaughlin.

»Ja?«

»Äh … während wir noch daran arbeiten, möchte ich Ihnen nicht verschweigen, Sir, dass es … äh …«

»Raus mit der Sprache, Alex«, sagte John Harris freundlich.

»Okay. Sie brauchen einen Anwalt, Sir. Ab einem gewissen Punkt werden wir nichts mehr für Sie tun können. Sie sollten sich einen anerkannten Spezialisten für internationales Recht nehmen, der schnell eine Mannschaft zusammentrommeln kann. Offen gestanden bin ich nicht sicher, wie weit das Justizministerium gehen kann, um Ihnen unter die Arme zu greifen. Jedenfalls ist es uns leider nicht möglich, Ihnen einen Rechtsbeistand zu stellen.«

»Schon verstanden, Alex. Danke, dass Sie mich darauf hingewiesen haben. Ich hätte noch eine Frage an Sie.«

»Sir?«

»Wer vertritt denn Peru? Ist es ein Landsmann oder haben sie, wie ich vermute, einen Europäer angeheuert?«

»Das haben sie, Sir. Es ist ein Engländer, der in Brüssel praktiziert und maßgeblich an dem Entwurf des Abkommens beteiligt war.«

»Eigentlich ist er gar kein Engländer«, verbesserte ihn Harris, »sondern gebürtiger Schotte. Wir reden hier doch von Sir William Stuart Campbell, oder?«

»Ja, Sir.«

»Das hatte ich befürchtet.«

»Kennen Sie ihn persönlich, Mr. President?«

Nach einer langen Pause sagte John Harris: »Danke für den Tipp, Alex.«

Alex McLaughlin saß da, den Telefonhörer in der Hand, aus dem nur noch das Freizeichen kam. Er überlegte, warum Präsident Harris die Frage nicht beantwortet hatte.

Nachdem John Harris aufgelegt hatte, starrte er eine Weile gedankenverloren vor sich hin, bis er bemerkte, dass Sherry angespannt auf das Ergebnis der Unterredung wartete.

»Kurz zusammengefasst brauche ich einen Anwalt, und zwar auf der Stelle, Sherry.« Er berichtete ihr vom Inhalt des Gesprächs.

»Kennen Sie denn einen Spitzenanwalt für internationales Recht, Sir?«

Zu ihrer Überraschung schnaubte er höhnisch und nickte. »Früher einmal, vor langer, langer Zeit in einer fernen Welt. Der beste Mann auf diesem Gebiet, dem ich je begegnet bin, aber er hatte ein zu großes Herz.«

»Sir?«

Seufzend schüttelte er den Kopf. »Verzeihung. Alte Geschichten. Eigentlich stand er auf meiner Liste für das Kabinett, doch eine Berufung wurde unmöglich. Er hatte einen Fehler gemacht.«

»Wäre er bereit, Sie zu vertreten?«, fragte sie.

John Harris musterte sie lange. »Genau das war sein Problem, er war zu allem bereit.«

»Aber Sie könnten ihn doch trotzdem als Anwalt nehmen.«

»Nur wenn ich völlig übergeschnappt wäre. Wenigstens würden das die in Washington sagen.«

6

Internationaler Flughafen Leonardo Da Vinci, Rom, Montag, 14:20

In dem kleinen Konferenzraum der römischen Flughafenverwaltung herrschte gedrückte Stimmung. Die Männer stärkten sich mit Obst und Mineralwasser.

Sechs Polizisten sprachen mit zwei Zivilbeamten der Carabinieri, während drei Piloten in Uniform etwas abseits standen und zuschauten. Der Flughafenmanager stand mit einem Vertreter des italienischen Außenministeriums zusammen, und Sir William Stuart Campbell wies gerade hinaus auf die Rampe, wo vor kurzem ein Regenschauer niedergegangen war. Zigarettenrauch waberte durch den Raum, und die Aschenbecher drohten überzuquellen.

»Gibt es Neuigkeiten von der Flugsicherung?«, fragte Campbell den ranghöchsten Polizisten auf Italienisch.

Dieser schüttelte den Kopf. »Nichts, Signore. Der Pilot weigert sich, die Flugzeugentführung zu bestätigen, und der Transponder sendet nicht das entsprechende Signal ... aber wir behandeln es trotzdem als einen Fall von Luftpiraterie.«

»Ich kann Ihnen versichern«, erwiderte Campbell, »dass dem nicht so ist. Der Pilot hat sich dieses Märchen nur ausgedacht, um Athen ungehindert verlassen zu können.«

»Mag sein«, entgegnete der Polizist. »Doch wir sind bereit.«

Er bot Campbell eine Zigarette an, der allerdings höflich ablehnte.

»Nein, danke; ich rauche nur noch Zigarren. Und was haben Sie vor, falls die Maschine landet und zum Flugsteig rollt?«, fuhr Campbell fort.

»Dann werden meine Männer sie erwarten«, sagte der Polizist.

»Meine Herren«, wandte sich Campbell an den Flughafenmanager und den Vertreter des Außenministeriums. »Sind Sie in der Lage, die Herrschaften von Presse und Fernsehen zu bändigen?«

Der Flughafenmanager nickte eifrig. Er hatte eine säuerliche Miene und war so mager, dass sein zerknitterter grauer Anzug ihn umschlotterte. Nachdem er eine Wolke Zigarettenrauch ausgepustet hatte, antwortete er: »Wenn sie wirklich hier auftauchen, werden wir uns um sie kümmern.«

»Und wissen Ihre Leute, dass sie Präsident Harris anständig behandeln sollen? Keine Handschellen und keine Leibesvisitation?«

Ja, das ist klar.«

Der Vertreter des Außenministeriums wies mit dem Kopf auf das Fenster, durch das die Kuppel des Petersdoms zu sehen war. »Mr. Campbell, Minister Anselmo hat diese Einzelheiten schon geklärt. Sofern es sich wirklich nicht um einen Akt von Luftpiraterie handelt und es uns gelingt, den Präsidenten wohlbehalten aus der Maschine zu holen, werden wir ihn bis zur morgigen Anhörung in einem ausgezeichneten Hotel unterbringen.«

»Was ist mit der Besatzung des Charterflugzeugs?«, erkundigte sich Campbell.

»Wir haben für sie Zimmer in Flughafennähe reserviert«, erwiderte der Vertreter des Außenministeriums. »Sie stehen auf Abruf bereit, falls ein sofortiger Start notwendig wird.«

Campbell nickte ernst. »Tja, ich halte es für recht und billig, dass wir Mr. Harris die Möglichkeit geben, freiwillig auszureisen und den Medien auf diese Weise aus dem Weg zu gehen. Deshalb schlage ich vor, dass die Piloten sich sofort in ihre Maschine begeben, für den Fall, dass er sich für diese Alternative entscheidet. Ich werde diese Frage nach seiner Ankunft unter vier Augen mit ihm erörtern.«

»Wie dem auch sei«, fuhr der Flughafenmanager fort, »es heißt, sie hätten genug Treibstoff für einen Weiterflug nach Lissabon, wo Mr. Harris in eine Maschine nach Südamerika umsteigen könnte.«

»Nun, meine Herren«, sagte Campbell, »ich danke Ihnen. Da wir noch ein wenig Zeit haben, gehe ich jetzt ein bisschen frische Luft schnappen. Wir treffen uns am Flugsteig.«

Stuart Campbell verließ das Büro und stieg gemächlich die Treppe hinunter in den verhältnismäßig gut belüfteten Terminal. In der Haupthalle angekommen, holte er sein Satellitentelefon heraus und tippte eine Nummer in Übersee ein.

»Hallo, Stuart Campbell aus Rom. Ja, bei uns klappt alles bestens. Ich wollte Ihnen nur mitteilen, dass Mr. Harris voraussichtlich in einer halben Stunde landen wird. Nachdem wir ihm den Haftbefehl übergeben haben und die Polizei ihn festgenommen hat, melde ich mich wieder.«

Er lauschte aufmerksam und nickte immer wieder.

»Tja, ich habe Sie gewarnt, dass Sie sich auf ein internationales Mediengewitter und jede Menge Druck einstellen müssen. Wie ich annehme, sind Sie darauf vorbereitet.«

Er trat zur Seite, um einer Frau mit drei Kindern Platz zu machen.

»Ausgezeichnet. Vermutlich interessiert sich der Präsident sehr für die Sache. Bitte richten Sie ihm Grüße von mir aus.«

Er beendete das Gespräch, klappte das Telefon zusammen und steckte es in die Sakkotasche. Dann hielt er Ausschau nach dem nächsten Café, denn in Augenblicken wie diesen war seiner Ansicht nach dringend ein Espresso angesagt.

An Bord von EuroAir 42,
südöstlich der italienischen Küste

In dem Versuch, sich in dem winzigen Cockpit der 737 zur Seite zu drehen, schob Captain Craig Dayton seinen Sitz so weit wie möglich zurück.

Alastair hingegen saß in der korrekten Flugposition angeschnallt da. Er beobachtete den Autopiloten und die Instrumente, während er dem aufgeregten Gespräch zwischen Craig und den beiden Frauen an der Tür lauschte.

Jillian Walz hatte Sherry Lincoln mitgebracht, die dringend darum bat, die Landung in Rom so lange wie möglich hinauszuzögern.

»Wir können in der Warteschleife bleiben, wenn wir erst mal da sind, aber langsamer zu fliegen, würde nicht viel bringen«, erklärte Craig mit ein wenig erhobener Stimme, um die Hintergrundgeräusche zu übertönen. »Wir befinden uns schon über Italien, und bis Rom ist es nur noch eine halbe Stunde.«

»Aber Sie können doch für eine Verzögerung sorgen«, hakte Sherry nach.

Craig nickte und sah ihr in die Augen. »Das kann ich, und ich werde es auch tun.«

»Allerdings reicht der Treibstoff nicht ewig«, mischte sich Alastair ein.

Craig warf einen Blick auf die Treibstoffanzeige und berechnete rasch die ihnen noch verbleibende Menge. »Es genügt für etwa zwei weitere Stunden Flugzeit, was heißt, dass wir nicht mehr als fünfundvierzig Minuten kreisen sollten, falls wir möglicherweise noch weiterfliegen müssen.«

»Verzeihung«, unterbrach Alastair. »Weiterfliegen? Welches Ziel schwebt dir denn vor? Honolulu? Seattle vielleicht?«

»Lass die Witze, Alastair«, zischte Craig.

»Das wissen wir nicht«, erwiderte Sherry, ohne auf den kurzen Wortwechsel zu achten. »Vermutlich gibt es keine Alternative, aber … einige Leute in Washington suchen noch nach einer Möglichkeit.«

»Pardon«, ließ sich wieder Alastair vernehmen; er kümmerte sich nicht um den Versuch des Kapitäns, ihn mit einer Handbewegung zum Schweigen zu bringen. »Hoffentlich ist allen hier klar, dass wir dieses Flugzeug stehlen, falls wir damit anderswo hinfliegen.«

»Dessen bin ich mir bewusst«, entgegnete Craig.

»Captain, wir brauchen einfach mehr Zeit«, fuhr Sherry fort. »Soweit ich informiert bin, würde es möglicherweise sogar genügen, so lange zu warten, bis jemand von der amerikanischen Botschaft zum Flughafen kommt.«

»Wenn wir nicht weiter als bis nach Rom fliegen«, erklärte Craig, »könnte ich eine gute Stunde rausschlagen. Allerdings wird man dann eine Erklärung von mir verlangen.«

»Wobei wir nicht vergessen sollten«, ergänzte Jillian, »dass wir etwa einhundert zahlende Passagiere an Bord haben, die irgendwann heute in der Nähe von Rom landen wollen.«

»Ich weiß«, meinte Craig.

»Das bringt mich zu einem anderen Problem«, sprach Jillian weiter. »Für den Weiterflug nach Paris haben wir einen Imbiss an Bord, auf dem Flug nach Rom sollte nichts serviert werden. Falls du in die Warteschleife willst, sollten wir die Portionen jetzt schon ausgeben.«

Craig lachte kopfschüttelnd auf und nickte dann. »Das ist absurd«, flüsterte er.

»Endlich eine vernünftige Aussage«, zischte Alastair, der seinen Ärger kaum noch zügeln konnte.

»Also serviere, Jillian«, wies Craig sie an. »Ich mache gleich eine Durchsage und erkläre den Leuten den Grund der Verzögerung. Ich werde es auf eine Überlastung des Luftraums schieben. Außerdem sollten wir rausfinden, wer dringend einen Anschlussflug erwischen muss.«

»Okay.«

»Und Ms. Lincoln … Sherry?«

»Ja?«

»Sobald der Präsident oder der Geheimdienstmitarbeiter etwas erfährt, das mir bei der Planung weiterhilft, geben Sie mir bitte sofort Bescheid.«

»Keine Sorge, wird gemacht.«

»Mein Kopilot ist zwar ziemlich unhöflich, aber er hat recht. Ich habe unser beider Arbeitsverhältnis gefährdet, und ich denke, wir können nichts weiter tun, als die Landung zu verzögern.«

Als die beiden Frauen gehen wollten, hielt Craig Dayton Sherry zurück.

»Moment noch … hören Sie …« Er holte tief Luft und wechselte einen Blick mit Alastair, bevor er sie wieder ansah. »Sagen Sie mir einfach, was Sie brauchen, einverstanden? Um die beruflichen Konsequenzen für mich kümmere ich mich später. Ich kann ja behaupten, ich hätte Alastair k.o. geschlagen und ihn gefesselt.«

Sie lächelte verkniffen. »Auf mich macht er wirklich einen ziemlich überrumpelten Eindruck.«

»Das können Sie laut sagen!«, brummte Alastair. Nachdem Sherry und Jillian das Cockpit verlassen hatten, blickte er aus dem Fenster und verzog erstaunt das Gesicht. »Craig, das solltest du dir vielleicht mal anschauen«, meinte er.

Als Craig Dayton der Aufforderung folgte, bemerkte er zu seiner Überraschung neben der linken Tragfläche zwei Kampfjets mit dem Emblem der italienischen Luftwaffe, die sich von oben näherten, sodass sie nur vom Cockpit aus zu sehen waren.

»Du meine Güte!«

»Tornados«, stellte Alastair fest. »Vermutlich hat man sie aus Neapel geholt, weil wir angeblich entführt worden sind.«

Craig schüttelte den Kopf. »Wenn ich jetzt wirklich ein paar schießwütige Luftpiraten hier im Cockpit hätte, würde dieser Anblick sie bestimmt sehr beruhigen.«

Über den Funk meldete sich eine unbekannte Stimme, die Englisch mit starkem italienischem Akzent sprach. »EuroAir Vier-Zwei, bitte gehen Sie auf Frequenz eins fünfundzwanzig Komma drei.«

»Rate mal, wer das ist«, murmelte Alastair und gab die Frequenz in das zweite VHF-Funkgerät ein.

»Ich übernehme«, sagte Craig und drückte auf den entsprechenden Knopf. »Hier ist Vier-Zwei. Spreche ich mit dem Leittornado?«

»Richtig, Sir. Brauchen Sie Hilfe?«

»Negativ.«

»Haben Sie Kode Fünfundsiebzig-Einhundert durchgegeben?«, fragte der Kampfpilot, womit er auf den internationalen Kode für eine Flugzeugentführung Bezug nahm.

»Nein, aber ich kann dazu nichts sagen. Bitte bleiben Sie zurück und außer Sichtweite der Passagiere.«

»Roger.«

Die beiden Kampfflugzeuge stiegen wieder auf und verschwanden. Doch es bestand kein Zweifel, dass sie die 737 weiter verfolgen würden.

Als Sherry zu ihrem Platz zurückkehrte, war John Harris tief in Gedanken versunken. Erschrocken blickte er auf.

»Oh!«

»Alles in Ordnung, Sir?«

»Ja, natürlich.«

Sie erzählte ihm, was im Cockpit besprochen worden war.

»In ein paar Minuten müssen wir Washington zurückrufen«, meinte Sherry.

Harris nickte geistesabwesend und klopfte mit den Fingern auf die Armlehne des Sitzes. »Ich habe mir überlegt, welche guten Rechtsanwälte ich kenne, Sherry. Einige haben in meiner Regierung gearbeitet, andere standen für hohe Richterämter zur Diskussion, und bei manchen habe ich mir überlegt, ob sie fürs Justizministerium in Frage kämen. Im Oval Office und bei anderen Gelegenheiten bin ich den verschiedensten Juristen begegnet – guten und schlechten und auch dem Mann, dessen Namen ich eigentlich nicht aussprechen sollte.«

»Ja, Sir.«

»Während Sie weg waren, bin ich zu einem ziemlich beängstigenden Schluss gekommen. Der einzige Anwalt, dem ich absolut vertrauen kann, ist der, an den ich mich besser nicht wenden sollte.«

»Ich verstehe nicht, Mr. President«, meinte sie und bemerkte erstaunt das Lächeln, das plötzlich um seine Lippen spielte. Er betrachtete sie und schlug mit der Hand leicht auf die Armlehne, als wäre er zu einer Entscheidung gelangt.

»Sherry, wie erreiche ich eine Mitarbeiterin von der Telefonauskunft in den Vereinigten Staaten?«

»Die sind inzwischen fast ausgestorben, Sir, die Telefongesellschaft hat die meisten gefeuert. Heutzutage muss man sich mit einem Computer unterhalten. Welche Nummer brauchen Sie denn?«

»Die von der Telefonzentrale der University of Wyoming in Laramie.«

»Und wen möchten Sie sprechen?«

»Fragen Sie nicht, Sherry. Sie werden es früh genug erfahren.«

7

Laramie, Wyoming, Montag, 5:00

Die stellvertretende Fakultätsleiterin der University of Wyoming spähte mit einem Auge unter der Bettdecke hervor. Ihr Verdacht bestätigte sich: Es war tatsächlich schon Morgen. Als sie die kühle Luft im Zimmer einatmete, fiel ihr Blick auf eine Uhr und weitere vertraute Gegenstände, und ihr wurde klar, wo sie sich befand – und bei wem.

Jay! Beim bloßen Gedanken an ihn wurde ihr ganz warm ums Herz. Wie immer hatte er im Schlaf den Arm um sie gelegt; seine Hand umfasste ihre Brust.

Sie zog die Decke hoch und schlief wieder ein.

Als Dr. Linda Collins gegen halb sieben erneut aufwachte, roch es nach gebratenem Speck. Sie streckte sich genüsslich und hörte, wie Jay in der Küche unter großem Getöse ein köstliches Frühstück zubereitete.

Es ist ungerecht!, dachte sie kichernd, pustete sich eine blonde Haarsträhne aus dem Gesicht und setzte sich auf. *Er kann essen, was er will, ohne ein Gramm zuzunehmen.*

Der würzige Geruch von brennendem Holz stieg ihr in die Nase. Offenbar hatte er in seinem kleinen Wohnzimmer im Kamin ein Feuer angezündet. Sie beide hatten eine Schwäche für knisternde Kaminfeuer, besonders wenn sie mit dem duftenden Pinienholz geschürt wurden, das sie im Winter in Taos, New Mexico, kauften.

Linda stand auf und schlüpfte in einen grünen Morgenmantel aus Seide. Jay musste erst am späten Nachmittag das erste Seminar halten, und sie selbst hatte heute frei. Also stand ihnen nichts im Wege, die nächsten Stunden im Bett zu verbringen, natürlich erst nach dem Frühstück. Sie wusste, dass er beim bloßen Anblick ihres auseinander rutschenden Morgenmantels sie hochheben und zurück ins Schlafzimmer tragen würde. Er war ein unbeschreiblich guter Liebhaber, dem es nur darauf ankam, sie glücklich zu machen.

Lächelnd knabberte sie an ihrem Fingernagel und fühlte sich sexy und sehr dekadent. Dabei fragte sie sich, ob aus ihrer stürmischen Liebesaffäre, die schon sechs Monate dauerte, wohl je etwas Ernstes werden würde. Schließlich war sie schon zweiundvierzig, einmal geschieden und zu allem bereit.

Er hingegen schien sich noch nicht sicher zu sein.

Als Linda in die Küche kam, blieb sie verdattert stehen. »Jay?«

»Ja«, erwiderte er, ohne sich umzudrehen.

»Warum bist du schon angezogen, Schatz? Das Bett ist noch nicht zusammengebrochen.«

Er wandte sich um und lächelte sie an. Es war dasselbe traurige, hilflose Lächeln, von dem sie anfangs hingerissen war.

»Lass uns essen, Linda«, erwiderte er so ruhig wie immer. »Und dann müssen wir miteinander reden«, fügte er hinzu.

»Worüber denn?«

Sie ging zu ihm hinüber und wollte ihn auf den Mund küssen, aber er wich ihr aus.

»Nein … essen wir zuerst.«

Als sie ihn betrachtete, konnte er ihr nicht in die Augen sehen, und ihr wurde ein wenig mulmig. »Ich will nicht essen, sondern wissen, was los ist.«

»Linda, setz dich doch und …«

»Nein, verdammt«, zischte sie. »Wenn eine Frau aus dem Bett ihres Geliebten aufsteht und feststellt, dass er schon angezogen ist und ihr die kalte Schulter zeigt, interessiert sie sich nicht fürs Essen. Was soll das heißen, dass wir miteinander reden müssen? Warum willst du mich plötzlich nicht mehr küssen, sondern mit mir reden? Was ist passiert? Bist du sauer auf mich?«

»Nein, natürlich nicht.«

»Was ist es dann? Sag schon«, hakte sie nach. Sie wurde von Angst ergriffen.

»Jetzt?«, fragte er, offenbar in der Hoffnung, dass sie es sich doch noch anders überlegen würde.

»Jetzt!«, erwiderte sie mit Nachdruck, obwohl sie nicht sicher war, ob sie die Antwort wirklich hören wollte. Sie hatte diesen geistesabwesenden Blick bei ihm schon öfter erlebt, immer dann, wenn die Geister der Vergangenheit im Raum zu stehen schienen.

»Linda, ich … es fällt mir sehr schwer, aber ich muss Laramie verlassen.«

»Was? Warum? Hast du etwas Schreckliches getan, von dem ich nichts weiß?«

»Nein.«

»Jay! Sei doch vernünftig, Schatz! Die wollen dir eine unbefristete Stelle anbieten, und ich habe hier einen guten Posten. Ich möchte nicht wegziehen.«

»Ich werde eine Dozentenstelle an einem kleinen College in Kansas annehmen.«

Sie starrte ihn verdattert an. »Du hast dich beworben, ohne mir ein Wort zu sagen?«

»Ich wollte dir ja davon erzählen, Linda, aber …«

»Ist es eine juristische Fakultät? Wirst du Recht unterrichten?«, fragte sie mühsam beherrscht.

Er schüttelte den Kopf. »Geisteswissenschaften. Wirtschaftsrecht.«

Sie wich zurück und sah ihn zornig an. »Das lehrst du doch hier auch! Wenn du wieder als Anwalt untergekommen wärst …«

»In Texas kann ich praktizieren. Meine Suspendierung ist abgelaufen.«

»Ja … aber warum Kansas, wenn es keine juristische Fakultät ist? Ich möchte nicht umziehen, Jay, mir gefällt es hier …«

Sie schnappte nach Luft und schlug die Hand vor den Mund. »Oh, mein Gott, du … du willst mich loswerden, richtig?«, sagte sie und blickte ihn an.

»Nein, ich … so würde ich es nicht ausdrücken, Linda. Es ist nur, dass … es wird mir zu eng.«

»Ach?«, höhnte sie. »Zu eng? Und wie würdest du das genau definieren? So eng wie gerade eben? Körperlich betrachtet wüsste ich nicht, wie man das anders anstellen sollte.«

Er ließ den Kopf hängen. »Linda, ich habe dich sehr gern.«

»Warum tust du es dann?«

Eine halbe Ewigkeit starrte er auf den Fußboden und fuchtelte hilflos mit der rechten Hand, bevor er Linda erneut ansah.

»Weil ich ständig an sie denken muss, wenn ich dich in den Armen halte. Ich glaube, sie wird mich für immer verfolgen, und das will ich dir nicht antun.«

Sie riss den Morgenmantel vom Leib, warf ihn nach ihm und marschierte nackt ins Schlafzimmer, um ihre Sachen zu holen.

»Verdammt, Jay, du hast doch keine Ahnung!«, rief sie zornig durch die offene Tür. Dann kam sie wieder hereingestürmt, ihren Büstenhalter in der einen und ein kleines gerahmtes Foto in der anderen Hand. Es zeigte eine Frau auf einem Berghang. Ihr blondes Haar wehte im Wind, und ihre Augen hatten einen gehetzten Ausdruck, als sie über die Kamera hinweg in die Ferne blickte.

»Hier!«, zischte Linda und drückte ihm das Foto vor die Brust. »Es tut mir schrecklich leid, dass sie tot ist, Jay! Wirklich!« Inzwischen liefen ihr die Tränen übers Gesicht, und sie biss wütend die Zähne zusammen. »Aber weißt du was? Ob du es glaubst oder nicht, du lebst noch, und du hast eine Menge zu bieten! VERDAMMT!«

Sie machte kehrt und lief zurück ins Schlafzimmer. Ihre Stimme hallte von den Wänden wider. »Du bist nicht schuld an ihrem Tod, Jay. Du hast ihr alles gegeben, was du hattest. Doch für dein eigenes Leben trägst nur du allein die Verantwortung, und wenn du dich verweigerst, kann dir niemand helfen.«

Langsam näherte er sich der Schlafzimmertür. »Linda, bitte …«

Sie drehte sich um. »Verschon mich mit diesem Mist, Jay.« Sie zog Höschen und Jeans an, knöpfte ihre Bluse zu, stopfte den BH in ihre Tasche und schlüpfte in die Schuhe. »Hör zu, falls du irgendwann beschließen solltest, nicht dein restliches Leben weinend an ihrem Grab zu campieren, kannst du mich ja anrufen. Vielleicht stimmt die Nummer dann noch. Vielleicht aber auch nicht.«

»Ich brauche einfach mehr Zeit«, sagte er.

»Nein! Du musst dich auf etwas einlassen – auf das Leben nämlich. Auf eine Stadt und ein College. Womöglich auch auf ein armes Mädchen, das sich dir schon monatelang an den Hals wirft, dir das Bett wärmt und … und … dich liebt!« Vergeblich versuchte sie, die Tränen zu unterdrücken.

»Es tut mir so leid, Linda.«

»Mir auch«, erwiderte sie und wischte sich mit einem Papiertaschentuch übers Gesicht.

Als sie die Tür aufriss und sich noch einmal umdrehte, folgte er ihr.

»Auch wenn ich dich geliebt habe, Jay, kann ich nicht mit einem Geist leben. Vielleicht hätte ich mir einen Cowboy mit schlichtem Gemüt aussuchen sollen; der hätte mich wenigstens nur wegen des nächsten Rodeos sitzen lassen.«

Die Tür fiel knallend hinter ihr ins Schloss. Er hörte, wie sie draußen in ihren Firebird stieg und mit quietschenden Reifen losfuhr. In diesem Moment läutete das Telefon.

Langsam kehrte Jay in die Küche zurück und versuchte, nicht auf das Geklingel zu achten. Wie gerne hätte er jetzt Trost in der Flasche gesucht, doch er hatte für Alkohol einfach nichts übrig, denn der löste keine Probleme. Wenn man am Morgen aufwachte, war der Schmerz immer noch da – begleitet von einem lausigen Schädelbrummen.

Schließlich konnte er das Läuten nicht mehr ertragen und nahm den Hörer ab.

»Ja?«

»Jay? Jay Reinhart?«

Die Stimme erschien ihm vertraut. »Ja. Wer spricht da?«

»Ihr alter Seniorpartner und Brötchengeber. John Harris.«

Eine Flut von Erinnerungen stürzte auf ihn ein. »Mr. President? Was ist los …? Ich meine …«

»Ich bin schon lange nicht mehr im Amt, Jay. Nennen Sie mich doch bitte John.«

»Ja, Sir … John. Wie geht es Ihnen?«

»Das wollte ich Sie auch fragen. Ist mit Karen alles in Ordnung?«

Jay zuckte zusammen, als er den Namen seiner verstorbenen Frau hörte.

»Äh, nein, John … ist es nicht.«

»Was ist denn passiert?«

Er schluckte. Einerseits wäre es besser gewesen, John Harris zu schonen, doch andererseits bereitete es ihm Genugtuung, ihm die Wahrheit zu sagen. Es war wie ein Akt des Aufbegehrens gegen die Ungerechtigkeit, die es bedeutet hatte, sie zu verlieren. Denn inzwischen wusste er, welche Verlegenheit er mit dieser Antwort am Telefon auslöste.

»Karen ist tot. Sie ist vor einem Jahr gestorben.«

»Oh. Das tut mir leid, Jay. Das wusste ich nicht. Eine plötzliche Krankheit?«

Jay konnte sich nicht mehr zurückhalten, und er spürte, wie die Worte in ihm hochstiegen. »Nein, John, sie hat Selbstmord begangen.«

»Oh, nein!«

»Sie war zwar in Therapie, aber irgendwann …«

»Die jahrelangen Misshandlungen durch ihren ersten Mann«, meinte Harris.

»Ja.«

»Jay, verzeihen Sie mir, ich wollte kein Salz in offene Wunden streuen.«

»Sie konnten es ja nicht wissen. Heute ist sowieso nicht mein Tag.« Er holte tief Luft und zwang sich, die Augen zu öffnen. »Also, Mr. President, wo sind Sie gerade?«

»Ich stecke ziemlich in Schwierigkeiten«, erwiderte John Harris, schilderte ihm kurz die Lage und fragte, was er wegen des Haftbefehls unternehmen sollte, der ihn gewiss in Rom erwartete. »Ich möchte, dass Sie mich juristisch vertreten, Jay, falls Sie sich ein paar Tage freimachen können.«

»Sie wollen mich als Anwalt nehmen?«

»Genau.«

»Das letzte Mal haben wir uns im Oval Office unterhalten. Ich war gerade aus der Anwaltskammer von Texas ausgeschlossen und vom Richteramt suspendiert worden.«

»Das spielt doch jetzt keine Rolle mehr. In Italien sind Sie ohnehin nicht zugelassen. Wir können uns ja einen italienischen Juristen suchen, der Ihre Anweisungen ausführt, aber ich brauche Sie als Fachmann für internationales Recht. Sind Sie mit dem Fall Pinochet vertraut?«

»Natürlich. Ich halte mich immer auf dem Laufenden, obwohl ich nicht weiß, warum, denn schließlich werde ich nie wieder …«

»Wollten Sie gerade ›praktizieren‹ sagen?«

»Ja«, entgegnete Jay.

»Tja, hier ist Ihre Chance.«

»Das ist ein interessantes zeitliches Zusammentreffen.«

»Warum?«

»Vor einem Monat hat man mich benachrichtigt, dass meine Suspendierung abgelaufen ist und dass ich meine Zulassung zurückbekomme.«

»Gut.«

»Und falls ich es noch nicht erwähnt habe … John, ich bedaure es sehr, dass ich Sie so kurz nach Ihrer Wahl im Stich gelassen habe.«

»Wenn Sie mir jetzt helfen, sei Ihnen verziehen.«

Jay rieb sich die Stirn. Seine Gedanken überstürzten sich, und er hatte ein wenig Angst. Eigentlich musste er gleich ein Seminar vorbereiten, aber er hatte ja sowieso gekündigt. Außerdem hätte er die Sache mit Linda klären sollen, doch es war besser, wenn er sich von ihr trennte. Wieder als Anwalt arbeiten zu wollen war doch nur ein Wunschtraum, denn niemand in der Branche würde Respekt vor einem gefeuerten Richter haben.

»Okay«, hörte er sich trotzdem sagen. »Was soll ich tun?«

»Nein, Jay, die Frage lautet eher, was *ich* tun soll. Es handelt sich um eine äußerst heikle Situation, und das Justizministerium hat mir bereits mitgeteilt, dass man mir keinen Anwalt zur Verfügung stellen kann.«

»Gut. Zuerst muss ich ein bisschen nachdenken. Dann setze ich mich an den Computer, denn ich erinnere mich an einen Passus in der italienischen Strafprozessordnung, den ich noch mal überprüfen möchte.«

»Wie lange wird das dauern? Soll ich warten?«

»Ja. Fünf Minuten. Vielleicht auch nur vier. Bleiben Sie dran.«

»Ich rühre mich nicht von der Stelle, Jay. Aber vergessen Sie nicht, dass wir in einer knappen Viertelstunde über Rom sind, auch wenn der Pilot versprochen hat, die Landung noch fünfundvierzig Minuten hinauszuzögern.«

»Augenblick, John. Ich bin sofort zurück.«

Langsam legte Jay den Hörer weg und versuchte, seine Gedanken zu ordnen. Worum ging es? Was versuchte er den Idioten in seinen Seminaren, die die Wall Street erobern wollten, ohne eine Ahnung vom Rechtssystem zu haben, stets zu erklären? Zuerst musste man das Problem präzise definieren: Ein ehemaliger Präsident soll wegen Menschenrechtsvergehen verhaftet werden. Bei genauerer Betrachtung kam er zu demselben Schluss wie Sherry Lincoln – wenn in Rom ein Haftbefehl vorlag, galt dieser vermutlich in ganz Europa. Nur auf amerikanischem Boden konnte man eine Verhaftung verhindern und die nötigen Rechtsmittel einlegen.

Amerikanischer Boden, amerikanische Einflusssphäre, amerikanischer Militärstützpunkt.

Jay stürzte ins Schlafzimmer, schaltete den Laptop an und klinkte sich über das Computernetzwerk der Universität ins Internet ein.

Nachdem er den Suchbegriff »US-Militärstützpunkte« eingegeben hatte, erschien die entsprechende Liste. Er blätterte sie durch und stellte erstaunt fest, dass offenbar sämtliche amerikanischen Stützpunkte über eine eigene Webseite verfügten: die Luftwaffenbasis Ramstein in Deutschland, zwei Stützpunkte in Großbritannien, keiner in Frankreich, ein Marinestützpunkt in Spanien und …

»Ja«, sagte er zu sich, klickte den Namen an und druckte die Seite aus sowie auch die folgende, die einen Lageplan darstellte. Dann stürmte er zurück in die Küche zum Telefon.

»John, sind Sie noch dran?«

Die Leitung war tot. Jay legte auf und stellte fest, dass seine Hand zitterte. Im selben Moment läutete es wieder, und er griff nach dem Hörer.

»Mr. Reinhart?«

»Ja?«

»Hier spricht Brian von MCI Worldcom, Sir. Wie geht es Ihnen?«

»Lassen Sie mich zufrieden!«, zischte Jay und knallte den Hörer hin.

Er kannte die Telefonnummer des Präsidenten nicht. Wie rief man in einem ausländischen Flugzeug an, das sich am anderen Ende der Welt in der Luft befand – vor allem, wenn dieses angeblich gerade entführt wurde?

Das gibt es doch nicht!, murmelte er. *Was soll ich jetzt machen?*

Das Telefon blieb stumm. Jay sah auf die Uhr. Wenn John Harris recht hatte, war die Maschine nun im Anflug auf Rom. Was war, wenn der Pilot beschloss, nicht zu kreisen, sondern stattdessen zu landen? Das wäre ein schwerer Fehler.

Vielleicht erreiche ich ihn ja durch die Flugsicherung, überlegte Jay. *Nein, dann wäre mein Telefon ja besetzt.*

Er lief zurück ins Schlafzimmer und gab den Suchbefehl für den größten Flughafen Roms ein. In diesem Moment läutete wieder das Telefon.

Jay wollte schon aufspringen und in die Küche laufen, als ihm einfiel, dass er im Schlafzimmer neben dem Bett ja auch einen Anschluss hatte.

»Hallo?«

»Jay? John Harris hier. Tut mir leid, offenbar sind wir getrennt worden.«

»Gott sei Dank! Landen Sie bloß nicht in Rom! Stattdessen sollten Sie zum Marineflieger-Stützpunkt Sigonella auf Sizilien fliegen. Das ist eine gemietete Basis der U.S. Navy in der Nähe von Catania. In der Gegend von Mailand gibt es noch einen amerikanischen Stützpunkt namens Aviano, aber der ist zu bekannt. Ich glaube, Sigonella eignet sich besser.«

»Also auf amerikanischem Boden?«, fragte John Harris.

»Stimmt nicht ganz. Das trifft eigentlich nur auf Botschaften zu, aber so gewinnen wir wenigstens Zeit. Kann der Pilot das tun?«

»Keine Ahnung. Schließlich handelt es sich hier um eine Linienmaschine, und er hat sich schon genug Ärger eingebrockt, weil er mir geholfen hat.«

»Wie kann ich Sie erreichen, John, falls wir wieder getrennt werden?«, erkundigte sich Jay.

»Ich glaube, das geht nicht. Sie sollten die Leitung freihalten, damit ich Sie anrufen kann. Haben Sie zufällig einen Zweitanschluss?«

»Leider nein.«

Verzweifelt kratzte Jay sich am Kopf und überlegte, wie er einen dringenden Anruf erledigen sollte, ohne dass sein Telefon währenddessen besetzt war.

»Besitzen Sie ein Mobiltelefon?«, fragte John Harris.

Jay hätte sich ohrfeigen können. »Natürlich! Also halte ich diese Leitung frei und nehme mein Handy. Gibt es jemanden in Washington, mit dem ich reden sollte? Wenn ja, könnten Sie mir dann die entsprechenden Durchwahlnummern im Weißen Haus oder im Justizministerium nennen?«

»Ja, Augenblick. Ich übergebe an meine Assistentin Sherry Lincoln. Sie kann Ihnen alles über meine Kontaktleute im Außen- und Justizministerium erzählen und Ihnen die Durchwahlnummern im Weißen Haus diktieren. Ich spreche in der Zwischenzeit mit dem Kapitän.«

»Ausgezeichnet. Ich reserviere einen Platz in der ersten Maschine.«

»Tun Sie, was nötig ist, Jay. Ich bin einigermaßen vermögend und werde sämtliche Kosten übernehmen, außerdem Ihr Honorar in jeder beliebigen Höhe.«

Als Jay widersprechen wollte, war Sherry schon am Apparat. Er schrieb die Namen und Telefonnummern auf und bat sie dranzubleiben. Dann nahm er sein Mobiltelefon und hoffte, dass der Akku aufgeladen war. In der nächsten Viertelstunde würde er die Arbeit von mindestens einem ganzen Tag erledigen müssen.

8

An Bord von EuroAir 42, vierzig Kilometer südöstlich von Rom, Montag, 14:40

»Was willst du tun, Craig?«, fragte Alastair. »Du musst dich jetzt entscheiden.« Sein Finger schwebte abwartend über dem Funkknopf.

»Kreisen. Sag ihnen, wir bräuchten Zeit, um ein Problem abzuklären, aber verrate nicht, worum es geht.«

Während Alastair die Anweisung befolgte, machte Craig eine Borddurchsage, in der er die Schuld auf die italienische Flugsicherung schob.

Die Herkunft der einhundertachtzehn Passagiere an Bord spiegelte wider, dass sich das Europa des einundzwanzigsten Jahrhunderts zunehmend in einen Schmelztiegel verwandelte: Türken, Italiener, Griechen, Briten, Deutsche, Schweizer, Holländer, Spanier, Franzosen, ein Däne und eine vierundvierzigköpfige amerikanische Reisegruppe.

Bis auf zwei britische Passagiere war nur den Amerikanern bewusst, dass sich ein ehemaliger Präsident in der Maschine befand.

Einige Mitglieder der Gruppe waren während des Fluges in die erste Klasse gekommen, um ihr früheres Staatsoberhaupt zu begrüßen, und waren von Präsident Harris freundlich empfangen worden.

Nachdem der Präsident sein Gespräch mit Jay Reinhart beendet und Sherry Lincoln das Telefon gereicht hatte, erschien die Reiseleiterin neben seinem Platz.

»Mr. President?«

»Ja?«, erwiderte er, zwang sich zu einem leutseligen Lächeln und hielt der eleganten Frau, die er auf über sechzig schätzte, die Hand hin.

»Es ist eine Ehre, gemeinsam mit Ihnen an Bord zu sein«, stammelte sie. »Man fühlt sich fast wie in der Air Force One.«

Er lachte auf. »Das ist nicht zu vergleichen. In der Air Force One hat man viel mehr Platz. Ich habe Ihren Namen nicht verstanden.«

»Annie Jane Ford, Sir, aus Denver. Ich bin die Reiseleiterin der Gruppe dort hinten. Alles amerikanische Staatsbürger.«

Er drückte ihr leicht die Hand. »Bitte verraten Sie es niemandem, Annie, aber ich habe im Moment ein kleines Terminproblem; entschuldigen Sie mich deswegen bitte, ich muss mit dem Kapitän sprechen.«

»Aber natürlich. Verzeihung.« Sie machte ihm Platz, damit er aufstehen und ins Cockpit gehen konnte. Jillian, die ihn bemerkt hatte, öffnete ihm die Cockpittür.

John Harris legte dem Kapitän die Hand auf die Schulter und nickte Alastair Chadwick zu.

»Captain?«

»Ja, Sir?«

»Wo sind wir?«

»Wir sinken auf viertausend Meter, Mr. President, und nähern uns einem Wartepunkt südlich von Rom. Hier unten können

Sie in etwa fünfundvierzig Kilometern Entfernung die Stadt sehen.« Harris blickte in die Richtung, in die Craig Dayton deutete. »Haben Sie Nachricht aus Washington?«, fragte Craig schließlich.

»Captain, ich muss Sie um einen großen Gefallen bitten«, begann Harris und erklärte, dass sein Anwalt ihm geraten hatte, in Sigonella zu landen. »Kennen Sie den Stützpunkt?«, erkundigte er sich.

»Ja, Sir«, erwiderte Craig.

»Und … reicht der Treibstoff?«

»Das dürfte kein Problem sein«, entgegnete Craig und ließ mit diesen Worten Alastair zusammenzucken.

Der Präsident wandte sich an den Kopiloten. »Alastair Chadwick, nicht wahr?«

Alastair war überrascht, dass Harris sich seinen Namen gemerkt hatte. »Stimmt.«

»Sie sind Brite, richtig?«

»Ja.«

»Im Gegensatz zu Kapitän Dayton, der sich als Offizier der Air Force verpflichtet fühlt, einem ehemaligen Präsidenten zu helfen, sehen Sie eigentlich keinen Grund dazu. Und außerdem ist Ihr Job in Gefahr. Habe ich recht?«

»Leider ja, Mr. President«, meinte Alastair zögernd. »Tut mir leid, aber ich muss auch an mich denken.«

»Sie brauchen sich nicht zu entschuldigen. Allerdings stecke ich ziemlich in der Klemme, und ich würde mich sehr freuen, wenn Sie mir helfen könnten, in Sigonella anstatt in Rom zu landen. Ich versichere Ihnen, dass es sich bei meiner geplanten Verhaftung um Rechtsbeugung handelt. Auch wenn ich selbst vielleicht in dieser Sache parteiisch bin, würden Sie der internationalen Gerechtigkeit einen großen Gefallen tun, wenn Sie das Vorhaben der Peruaner vereiteln helfen. Doch selbstverständlich habe ich kein Recht, das von Ihnen zu verlangen.«

»Ich … verstehe«, entgegnete Alastair und drehte sich zur Instrumententafel um.

»Ganz unabhängig von Ihrer Entscheidung möchte ich Ihnen noch sagen, dass ich Ihre bisherige selbstlose Hilfe sehr zu schätzen weiß. Vielen Dank!« Harris klopfte Alastair und Craig auf die Schulter, salutierte, verließ das Cockpit und schloss die Tür hinter sich.

»Wir sind in der Warteschleife«, verkündete Craig, worauf Alastair einen Funkspruch an die Anflugkontrolle in Rom durchgab.

Die erste Kurve flogen sie schweigend. Der wie eine Rennbahn geformte Luftweg erschien vor ihnen auf dem Bildschirm des Navigationsgeräts für die Horizontallage.

Als das Bordtelefon läutete, griff Craig nach dem Hörer.

»Captain, hier spricht Ursula vom Heck. Wir haben hier hinten zwei Herren, die ihren Anschlussflug nach New York verpassen werden, wenn wir noch lange kreisen. Sie haben darauf bestanden, dass ich im Cockpit anrufe.«

»Sagen Sie ihnen, wir tun unser Bestes.«

»Und was genau heißt das? Jillian hat uns erklärt, warum Sie kreisen, doch die Herren sind ziemlich aufgebracht.«

»In ein paar Minuten wissen wir, wann wir landen, Ursula. Mehr brauchen Sie ihnen nicht zu sagen.«

»Sie sind nicht die Einzigen, die sich beschweren, aber ich werde sie damit hinhalten. Elle wird auch in die Mangel genommen.«

Craig hängte ein und betrachtete die Instrumententafel. Eine Weile herrschte Schweigen im Cockpit. Alastairs Finger trommelten auf das Steuerhorn, ein Muskel an seinem Kiefer zuckte. Offenbar dachte er angestrengt nach.

»Das, was wir hier treiben, ist beruflicher Selbstmord«, meinte er plötzlich. »Für uns beide.«

»Ich weiß.«

»Wir sind schon so gut wie gefeuert.«

»Ich zumindest. Ich kann immer noch behaupten, ich hätte dich dazu gezwungen.«

»Hör zu«, fuhr Alastair fort. »Ich weiß, ich wäre immer noch Anwalt, wenn ich dich nicht in jener Bar in Abu Dhabi getroffen hätte. Du hast mir eine ganze Nacht lang zugesetzt, dass ich mich bei einer Fluggesellschaft bewerben soll. Natürlich wäre ich gar nicht in die Lage gekommen, dir zuhören zu müssen, wenn du und dein mieser kleiner Rottenflieger mir nicht eine Woche zuvor mit einer F-15 das Zelt über dem Kopf weggepustet hättet.«

»Ach, das war ein Spaß. Ihr Jungs von der Royal Air Force habt einfach die Nase zu hoch getragen.«

»Zugegeben, lustig war es schon. Aber, verdammt, Craig, jetzt habe ich diesen Job, und ich liebe ihn. Das Fliegen gefällt mir viel besser als die Juristerei, das habe ich dir schon tausend Mal gesagt. Deshalb habe ich ja trotz deines E-Mail-Terrors so lange gebraucht, um meinen Abschied von der Air Force zu nehmen.«

»Nun mal im Ernst, Alastair. Was wäre, wenn ich dir befehlen würde, das Cockpit zu verlassen und dich in die Passagierkabine zu setzen?«

»Herr Wurtschmidt, unser hochverehrter Chefpilot, würde

mich trotzdem einen Kopf kürzer machen, weil ich nicht die Cockpittür eingetreten und dich k.o. geschlagen habe.«

»Da hast du wahrscheinlich recht.«

»Aber du wirst die Sache trotzdem durchziehen?«

»Ich weiß nicht, wie ich es ohne dich schaffen soll, Alastair, und dennoch ist es ausgeschlossen, dass ich lande und Harris den Peruanern ausliefere.«

»Wir sind nicht in Peru, sondern in Italien, das weißt du ganz genau. Die Peruaner werden sich anstrengen müssen, um ihn zu kriegen. Das hast du doch selbst gehört. Und außerdem liegt Sigonella auf Sizilien, und das ist auch italienisches Gebiet.«

»Habe ich überhaupt gesetzlichen Spielraum?«, fragte Craig. »Als Kapitän, meine ich. Was sagt denn der Anwalt dazu?«

Alastair Chadwick überlegte und sah seinen Freund an. »Genau genommen schon. Ich glaube, ich habe mich vorhin geirrt.«

»Als du mir erklärt hast, dass wir das Flugzeug stehlen würden?«

»Richtig, das war ein Irrtum«, erwiderte Alastair. »Internationale Konventionen sowie das deutsche Gesetz geben dem Kapitän eines Flugzeuges auf einem internationalen Flug absolute Entscheidungsfreiheit, sobald die Maschine sich in der Luft befindet. Das ist der springende Punkt: Wir haben die Entscheidung erst getroffen, als wir schon in der Luft waren.«

»Ausgezeichnet!«

»Allerdings, Craig, bedeutet das nur, dass sie uns nicht einsperren können. EuroAir wird uns trotzdem umgehend rausschmeißen, und das gefällt mir immer noch nicht. Wir beide werden nie wieder so einen guten Job kriegen.«

Craig seufzte. »Ich darf dich nicht dazu zwingen.«

»Nein.« Chadwick lachte spöttisch auf. »Das kannst du auch gar nicht!«

»Und das bedeutet«, fuhr Craig mit ruhiger Stimme fort, »dass diese so unglaublich wichtige und bahnbrechende Entscheidung, welche die Zukunft des internationalen Rechts prägen wird, nämlich die, ob eine Rechtsbeugung stattfinden wird oder nicht, ganz allein von dir abhängt. Das werden die Historiker zweifelsfrei feststellen. Wahrscheinlich werden sie es als ›Chadwick-Entscheidung‹ bezeichnen.«

»Ach, vielen Dank auch. Für einen Nicht-Katholiken kannst du einem ganz schöne Schuldgefühle einreden.«

»Wir haben den Stein nun mal ins Rollen gebracht, Alastair. Wenn wir jetzt in Rom landen, war unser kleines Theater in Athen für die Katz.«

»Wir? Was soll das immer mit diesem ›wir‹, Captain, Sir? Wenn ich mich richtig entsinne, habe ich dich angefleht, nicht zu starten.«

»Du sagtest, und jetzt zitiere ich: ›Starte nicht ohne Startfreigabe.‹ Wir hatten aber eine.«

»Allmählich verstehe ich, warum König Georg die gottverdammten Kolonien aufgegeben hat.«

»Das hat er nicht freiwillig getan. Wir haben Cornwallis besiegt.«

»Typisch Ami.«

»Typisch Brite.«

»Ach, verdammt, meinetwegen«, sagte Alastair nach einer Weile. »Ich bitte um Kursänderung nach Sigonella, wenn du mir eine halbwegs intelligente Begründung lieferst, die mir die Anflugkontrolle auch abkauft.«

»Danke, Alastair. Aber sage nicht Sigonella, sondern Neapel; ich will nicht, dass sie uns jetzt schon auf die Schliche kommen.«

»Und was ist der Grund?«, erkundigte sich Alastair.

»Das dürfen wir nicht verraten. Und das ist nicht einmal gelogen.«

9

Laramie, Wyoming,
Montag, 6:50 Ortszeit

Das Mobiltelefon zwischen linkes Ohr und Schulter geklemmt, wartete Jay Reinhart darauf, dass der stellvertretende Justizminister Alex McLaughlin wieder an den Apparat kam. Währenddessen griff er nach dem Haustelefon und hielt es sich ans rechte Ohr.

»Sind Sie noch dran?«

»Ich bin hier, Mr. Reinhart«, erwiderte Sherry Lincoln zu seiner Erleichterung.

»Ich bin noch nicht fertig. Warten Sie«, antwortete er und legte den Hörer wieder neben den Schreibblock, auf dem zwei Seiten bereits mit Notizen gefüllt waren.

»Mr. Reinhart?«, meldete sich McLaughlin.

»Am Apparat.«

»Tja, wir müssen schnell handeln. Ich bin froh, dass Präsident Harris Sie so kurzfristig verpflichten konnte.«

»Ich war selbst ziemlich überrascht«, entgegnete Jay und rieb sich die Stirn.

»Das Außenministerium versichert mir, dass man den Präsidenten bei der Festnahme mit Respekt behandeln und ihn in einem erstklassigen Hotel unterbringen wird. Erst morgen früh italienischer Zeit kommen dann die Probleme. Der An-

walt der Peruaner hat bereits für acht Uhr eine Auslieferungsanhörung anberaumen lassen. Wir haben niemanden vom
Justizministerium vor Ort in Rom. Und selbst wenn, wären
wir auf die Rolle des sachverständigen Beraters beschränkt.
Wir müssten eine Vertagung beantragen, um es einmal zivil-
rechtlich auszudrücken. Doch wie ich schon sagte, kann das
Justizministerium das, was Sie vorbringen werden, nur unterstützen, aber selbst keine Anträge stellen. Hat Ihre Kanzlei jemanden in Rom, der vor Gericht erscheinen und erst einmal
um Aufschub bitten kann?«

»Ich … habe keine Kanzlei, Mr. McLaughlin.«

Am anderen Ende der Leitung herrschte verdattertes Schweigen. »Sie haben keine … Sie arbeiten nicht für eine Kanzlei?«

»Nein.«

»Sie praktizieren allein?« McLaughlin traute seinen Ohren
nicht.

»Offen gestanden praktiziere ich zurzeit überhaupt nicht. Ich
unterrichte an der University of Wyoming.«

»Ich verstehe. An der juristischen Fakultät?«

»Nein, im allgemeinen Bereich.«

Wieder herrschte Schweigen. Dann hörte man, wie McLaughlin sich verblüfft räusperte. »Äh, ich frage Sie ja nur ungern,
Mr. Reinhart, aber sind Sie überhaupt Anwalt?«

»Ja, ich bin in Texas zugelassen.«

»Dürfte ich erfahren, was Ihr Fachgebiet ist?«

»Beruhigen Sie sich, Mr. McLaughlin. Ich bin Fachmann für
internationales Recht und habe lange praktiziert. Über die
neuesten Entwicklungen bin ich im Bilde, auch wenn ich in
den letzten Jahren … nun, nicht aktiv war.«

»Aha.«

»Ich bin mir über den Sachverhalt im Klaren und weiß genauso gut wie jeder andere, was in dieser Phase zu tun ist.«

»Verzeihen Sie, Mr. Reinhart, aber so geht das nicht. Präsident Harris braucht eine große Kanzlei, die überall in Europa Niederlassungen unterhält, sodass jemand innerhalb einer Stunde bei ihm sein kann. Ich bezweifle, dass es selbst der Air Force gelingen würde, Sie rechtzeitig von Laramie nach Rom zu bringen.«

»Nach italienischem Recht ist ein Antrag auf Vertagung eine relativ einfache Sache, Mr. McLaughlin«, erwiderte Jay ruhig. »Ich kann in einer halben Stunde einen Anwalt in Rom auftreiben.«

»Tja … das mag stimmen, doch außerdem ist ein Netzwerk alter Kontakte notwendig, persönliche Beziehungen und darüber hinaus ein Sekretariat und Assistenten.«

»Darüber bin ich mir im Klaren.«

»Mr. Reinhart, ich möchte Ihnen ja nicht zu nahe treten, Sir, doch das ist eine Nummer zu groß für einen einzelnen Anwalt.«

»Der Präsident hat mich gebeten, ihn zu vertreten, Mr. McLaughlin. Sie sprechen mit seinem Rechtsbeistand. Also unterhalten wir uns jetzt über das Wesentliche, damit ich die nötigen Anrufe tätigen kann.«

»Kennen Sie die Mitarbeiter der Botschaft in Rom?«

»Nein.«

»Sie kennen den amerikanischen Botschafter nicht?«

»Nein.«

»Kennen Sie unsere Kontaktperson beim internationalen Gerichtshof in Den Haag oder den amerikanischen Botschafter bei den Vereinten Nationen und seine Mitarbeiter?«

»Nein.«

»Wie zum Teufel, Mr. Reinhart«, fuhr McLaughlin, nun ein wenig lauter, fort, »wollen Sie dann nicht nur Präsident Harris' Freiheit schützen, sondern darüber hinaus auch noch die Interessen der Vereinigten Staaten in einer sehr heiklen und dringenden Angelegenheit wahren, und das, während Sie in einem Nest im gottverdammten Wyoming sitzen?«

»Per Telefon, per Fax, mit Logik und Fachwissen und deshalb, weil ich sein Anwalt bin. Wie viel Zeit wollen Sie noch mit diesem Herumgestreite vergeuden? Während wir uns hier unterhalten, fliegt der Mann über Rom und ist zwei Linienpiloten auf Gedeih und Verderb ausgeliefert. Ich würde Ihre Dienstlimousine darauf verwetten, dass am Flugsteig nebenan schon eine peruanische Maschine wartet, ein hübscher, kleiner Plan, um Harris gleich nach der Landung einzukassieren, während die örtliche Polizei in die andere Richtung schaut. Ich zweifle stark daran, dass John Harris je ein Hotel in Rom von innen sehen wird, geschweige denn, dass er es morgen zu der Anhörung schafft. Dann ist er sicher schon über dem Atlantik auf dem Weg zu einem Schauprozess in Lima.«

»Woher wissen Sie von dem Flugzeug? Das hat unser Geheimdienst eben erst gemeldet!«

»Logik, mein Herr. So würde ich es wenigstens machen, wenn ich Sir William Stuart Campbell wäre.«

»Kennen Sie ihn?«

»Ja. Und Sie?«, gab Jay ein wenig spöttisch zurück.

»Nein, bloß dem Namen nach.«

»Tja, Sir, ich kenne ihn nur allzu gut.«

»Haben Sie von einem Plan gehört, Präsident Harris zu verschleppen?«

»Das ist nur eine Theorie, die sich auch als falsch herausstellen könnte. Ich würde mich aber nicht darauf verlassen.«

»Das wäre Entführung, keine Auslieferung. Italien würde das niemals dulden. Man könnte Peru dafür zur Rechenschaft ziehen.«

»Möchten Sie sich mit Präsident Miraflores herumstreiten, während Präsident Harris in Lima im Gefängnis schmort? Ich würde lieber verhindern, dass es überhaupt so weit kommt.«

»Ja, natürlich. Entschuldigen Sie mich einen Moment …«

Jay hörte Stimmengewirr im Hintergrund. Als der stellvertretende Justizminister wieder an den Apparat kam, hatte seine Stimme einen kalten Unterton angenommen, der Jay nur zu gut vertraut war.

»Sagten Sie, Sie seien aus Texas, Mr. Reinhart?«

»Richtig. Und außerdem war ich eine Weile Bezirksrichter von Dallas County. Ich möchte Ihnen die Sache nicht unnötig erschweren. Im letzten Monat wurde meine Suspendierung aufgehoben. Und jetzt, verdammt, sprechen wir bitte über das Wesentliche, nämlich darüber, was wir unternehmen sollen, und zwar solange die Telefonverbindung zum Flugzeug noch steht. Denn da gibt es noch etwas Wichtiges, das Sie interessieren dürfte.«

»Und das wäre?«

»Er wird nicht in Rom landen. Also steht uns nicht nur ein juristischer, sondern auch ein diplomatischer Konflikt bevor.«

»Wo soll er denn landen, wenn nicht in Rom? Und woher wissen Sie das?« McLaughlins Ton war spöttisch und herablassend.

»Das sage ich Ihnen erst, wenn er wohlbehalten am Boden ist. Anwaltsgeheimnis.«

»Ich verstehe.«

»Außerdem rede ich an einem nicht abhörsicheren analogen Mobiltelefon mit Ihnen, sodass jeder uns belauschen könnte.«

»Oh«, meinte McLaughlin, »das klingt wenigstens mal vernünftig.«

»Wahrscheinlich landet er in fünfundvierzig Minuten. In der Zwischenzeit sollten Sie herausfinden, was das amerikanische Militär für Präsident Harris tun kann. Ich rufe Sie zurück.«

Nachdem Alex McLaughlin zugestimmt und aufgelegt hatte, klappte Jay das Mobiltelefon zu und ließ sich auf seinem einzigen Küchenstuhl nieder. Seine Hände zitterten, sein Mund war knochentrocken.

Herr im Himmel, jetzt habe ich gerade dem stellvertretenden Justizminister der Vereinigten Staaten Feuer unterm Hintern gemacht!

Eine Weile saß er da, um sich die nächsten Schritte zu überlegen. Er würde mit einigen Leuten sprechen und sie vielleicht sogar unter Druck setzen müssen: das Außenministerium, das Weiße Haus, möglicherweise den Stabschef und den amtierenden Präsidenten, die italienische Regierung, vielleicht Vertreter anderer Länder, nicht zu vergessen die Mitarbeiter des Justizapparats in Europa und dem Rest der Welt.

Und all das mitten aus dem »gottverdammten« Wyoming, wie McLaughlin es ausgedrückt hatte, nur mit einem Festnetzanschluss, einem Mobiltelefon und ohne jedes Personal. Jay wurde flau im Magen. McLaughlin hatte recht: Er würde es nie schaffen.

Er griff zum Hörer. »Ms. Lincoln, sind Sie noch dran?«

»Hier spricht John Harris, Jay. Wie weit sind wir?«

»Es tut mir leid, John, aber ich bin moralisch verpflichtet, Ihren Fall abzulehnen. Ich schaffe es einfach nicht.«

10

An Bord von EuroAir 42,
in Warteschleife südlich von Rom,
Montag, 14:50

»EuroAir Vier-Zwei, Ihre Bitte um Kursänderung ist abgelehnt. Sie müssen nach Rom fliegen, Sir.«
Craig Dayton sah Alastair Chadwick an und zog die Augenbrauen hoch.
»Was zum Teufel hat das zu bedeuten?«
Alastair schüttelte den Kopf. »Man hat mir noch nie eine Freigabe verweigert oder mir vorgeschrieben, wo ich zu landen habe. Zumindest nicht als Zivilpilot.«
Craig griff zum Mikrofon. »Rom Anflugkontrolle, wir bitten nicht, sondern wir teilen Ihnen mit, dass wir eine Freigabe nach Neapel brauchen. Verstanden?«
»Abgelehnt, Vier-Zwei. Das sind meine Anweisungen. Sie haben die Erlaubnis, die Warteschleife zu verlassen und den Flughafen Da Vinci anzufliegen, sobald Sie dies wünschen.«
»Und wenn wir stattdessen eine Freigabe nach Malta verlangen?«
»Äh … warten Sie, Vier-Zwei.«
Nach einer kurzen Pause meldete sich eine andere Stimme, offenbar ein Vorgesetzter. »Vier-Zwei, das Oberkommando der italienischen Luftwaffe weist Sie an, umgehend auf dem

Flughafen Da Vinci zu landen. Sind Sie bereit zum Landeanflug?«

»Überprüfen Sie das Signal, Rom«, zischte Craig. »Und dann wollen wir mal sehen, ob Sie mir weiter Vorschriften machen.« Er streckte die Hand nach der Transpondersteuerung auf der Mittelkonsole aus und stellte sie auf 7500 ein, den internationalen Kode für eine Flugzeugentführung.

»Jetzt schrillen da unten bestimmt gleich die Alarmglocken«, meinte Alastair. »Wir haben nicht nur den Rubikon überschritten, sondern außerdem die Brücke hinter uns abgebrochen.«

Er sah, dass Craig wütend den Kopf schüttelte. »Nicht zu fassen, diese Arroganz.«

Die Stimme des Fluglotsen klang nun um einiges vorsichtiger.

»EuroAir Vier-Zwei, wir haben Ihr 7500-Signal erhalten. Was wollen Sie?«

»Kurs auf Malta«, entgegnete Craig, nahm den Finger vom Funkknopf und wandte sich an Alastair. »So fliegen wir genau über Catania und Sigonella.«

Alastair nickte, und der Fluglotse erwiderte: »Roger, Vier-Zwei. Sie haben die Freigabe zum Weiterflug nach Malta. Steigen Sie und bleiben Sie auf Flugfläche Zwei-Acht-Null.«

»Wir verlassen die Warteschleife Eins Null Tausend auf Flugfläche Zwei-Acht-Null«, erwiderte Craig. »GPS-Kurs ist zwei-eins-vier Grad.«

Internationaler Flughafen
Leonardo Da Vinci, Rom

Das Getümmel am Flugsteig direkt vor ihm hatte Stuart Campbells Aufmerksamkeit erregt, als er sich dem Wartebereich näherte. Unzählige Polizisten liefen mit finsteren Mienen herum, sprachen in ihre Funkgeräte und blickten immer wieder zur Rampe hinaus, wo eigentlich die Boeing 737 hätte stehen sollen.

»Meine Herren, ist etwas geschehen, von dem ich noch nichts weiß?«, fragte Campbell den Flughafenmanager, der mit zwei Carabinieri zusammenstand.

»Sie sind in der Warteschleife«, begann der Flughafenmanager. »Doch jetzt weigern sie sich zu landen.«

»Was soll das heißen?«, erkundigte sich Campbell.

Einer der Polizisten nahm das Funkgerät vom Ohr und flüsterte dem Manager etwas zu.

Dieser riss entsetzt die Augen auf. »Was?«

»Sì«, antwortete der Polizist.

»Was ist?«, wollte Campbell wissen.

Der Manager schüttelte den Kopf. »Jetzt will der Kapitän nach Malta fliegen.«

»Das soll wohl ein Witz sein!«, rief Campbell mit einem ungläubigen Lächeln aus. »Damit löst er sein Problem auch nicht.«

Stuart Campbell holte sein GSM-Telefon aus der Tasche und wählte eine Nummer.

»Ja?«

»Captain Perez? Hier spricht Stuart Campbell. Haben Sie die Frequenz abgehört?«

»Ja, Sir. Vier-Zwei ist in der Warteschleife und hat um Freigabe nach Malta gebeten. Was sollen wir tun?«

»Starten Sie. Und wenn Sie wissen, wohin er will, bitten Sie um Freigabe für dasselbe Ziel. Verstanden?«

»Ja, Sir. Werden Sie uns begleiten, Mr. Campbell?«

»Das muss ich mir noch überlegen. Einen Moment bitte.«

Stuart Campbell wog die verschiedenen Möglichkeiten gegeneinander ab. Der italienische Haftbefehl, der auf dem von Interpol basierte, galt in ganz Italien und konnte per Fax auch an die Malteser Behörden übermittelt werden. Doch was war, wenn der Kapitän von EuroAir beschloss, sein Ziel noch einmal zu ändern und Marokko oder Spanien anzufliegen? Er würde sich sehr beeilen müssen, wenn er die 737 einholen wollte. Und außerdem würde die Koordination der Festnahme von einem Flugzeug aus um einiges schwieriger werden. Wie beim Schach musste er drei Züge im Voraus planen.

Er hielt sich das Telefon wieder ans Ohr. »Nein, Captain. Ich bleibe hier. Melden Sie sich bei mir, wenn Sie gelandet sind, wo immer das sein mag.«

An Bord von EuroAir 42

Eine Weile saß Präsident Harris schweigend und mit dem Telefon am Ohr da. Er fragte sich, ob seine Entscheidung richtig gewesen war, und beantwortete das mit einem Ja. Dann richtete er sich seufzend in seinem Sitz auf.

»Jay, ich möchte, dass Sie mir jetzt aufmerksam zuhören.«

Jay Reinhart klang müde und desillusioniert.

»Ja, Sir, ich höre.«

»Ich hatte schon immer eine gute Menschenkenntnis. Meine Erfolge als Präsident hatte ich hauptsächlich der Tatsache zu verdanken, dass ich die richtigen Leute ausgewählt habe.«

»Zum Glück stand ich nicht auf Ihrer Liste, ich hätte Ihnen die Statistik verdorben.«

»Nein, Jay, das stimmt nicht. Ganz im Gegenteil. Sie hätten großartige Arbeit geleistet, und wir beide wissen, dass der Grund für die Fehlentscheidung, die Ihnen solchen Ärger eingehandelt hat, eine Herzensangelegenheit war, nicht Habgier oder Ehrgeiz.«

Am anderen Ende der Leitung erklang ein kurzes Auflachen.

»Ehrgeiz war es ganz bestimmt nicht.«

»Nein, und wenn Sie nicht den Vorsitz in der Verhandlung gegen Karen geführt hätten, ehe ich meine Ernennungen bekannt gab, wären Sie der Anwalt des Präsidenten geworden. Vielleicht später sogar Justizminister.«

»Zu viel der Ehre, Sir.«

»Wie ich bereits sagte, bin ich ein ausgezeichneter Menschenkenner, und Sie sind der Alte geblieben.«

»Mr. President … John … das spielt jetzt keine Rolle. Ich kann nicht –«

»Jetzt aber Schluss«, fiel Harris ihm ins Wort. »Spitzen Sie die Ohren. Uns beiden ist klar, wie heikel die Lage ist, sowohl für mich persönlich als auch für unser Land und für jeden zukünftigen Ex-Präsidenten, der je ins Ausland reisen möchte. Ich will auf gar keinen Fall den Peruanern in die Hände geraten oder wegen dieses Haftbefehls festgenommen werden. Und diesen Auftrag habe ich Ihnen gewiss nicht erteilt, weil ich glaube, dass Sie scheitern werden. Allerdings mache ich mir, was die Schwierigkeiten angeht, die Ihnen noch bevorstehen, keine Illusionen. Außerdem ist mir klar, dass Sie im Gegensatz zu einer großen internationalen Kanzlei nicht über die nötigen Mitarbeiter verfügen. Weshalb also will ich Sie unbedingt als Anwalt? Zwei Gründe sprechen dafür, Jay. Erstens bin ich bereit, mein Leben einem Fachmann für internationales Recht namens Jay Reinhart anzuvertrauen, den ich vor vielen Jahren beschäftigte, als er noch ein junger Anwalt war. Und zweitens sagt mir ein Gefühl im Bauch, dass man Campbell, Miraflores und ihresgleichen nur einen Strich durch die Rechnung machen kann, wenn man sich an die Lehren von Sun Tsu hält.«

»Dem chinesischen Philosophen?«

»Ich bin nicht sicher, ob er wirklich Philosoph war, wenn man von seiner Theorie über den Krieg absieht. Doch der Mann war seiner Zeit um Jahrhunderte voraus, als er die Frage stellte, warum man einen Feind eigentlich nach dessen Regeln bekämpfen sollte. Jetzt eine große Kanzlei anzuheuern wäre genau das, was unser Freund Campbell erwartet. Und wir tun exakt das Gegenteil.«

»Sir …«

»Sie haben Ihre ethische Pflicht erfüllt, indem Sie mich darauf hingewiesen haben, welche Folgen es haben könnte, Sie als Anwalt zu nehmen. Hiermit teile ich Ihnen offiziell mit, dass ich bereit bin, das Risiko einzugehen und Ihre Warnungen in den Wind zu schlagen. Und nun will ich nichts mehr davon hören. Sie setzen sich jetzt sofort in Bewegung und schaffen mir dieses Problem vom Hals, verstanden?«

»Jawohl, Sir.«

»Ich rufe Sie in einer halben Stunde an und lasse mir Bericht erstatten.«

John Harris legte auf und schmunzelte. Wie gerne hätte er Stuart Campbells Gesicht gesehen, wenn dieser herausfand, wen der einst mächtigste Mann der Welt als Rechtsbeistand angeheuert hatte.

Sherry musterte ihren Arbeitgeber und riss ihn dann mit einer Frage aus seinen Gedanken: »Darf ich wissen, worum es gerade ging?«

Immer noch lächelnd, drehte John Harris sich zu ihr um. »Ich habe mir gerade einen Anwalt genommen.«

»Okay …«

»Und jetzt sitzt er in Wyoming und fragt sich, ob ich den Verstand verloren habe.«

»Aha. Und? Haben Sie den Verstand verloren?«

Kopfschüttelnd lachte Harris auf. Als er Sherry die Herausforderungen und Schwierigkeiten schilderte, mit denen Jay Reinhart zu kämpfen haben würde, und ihr von der Vergangenheit des Anwalts erzählte, verdüsterte sich ihre Miene.

»Er wurde in Texas vom Richteramt suspendiert?«, hakte sie nach.

»Vier Jahre lang war er ein sehr fähiger Richter. Das unterschied sich zwar sehr von seinen Aufgaben als Anwalt, war aber schon immer sein Traumberuf gewesen. Jay war verständnisvoll, gerecht und streng – ein Vorbild für jeden Richter. Doch eines Tages führte er den Vorsitz in einem Mordprozess. Es ging um eine schöne junge Frau, die von ihrem Mann schwer misshandelt worden war. Dieser Mann genoss hohes gesellschaftliches Ansehen, war beliebt und geschäftlich sehr erfolgreich; er schlug sie schon seit zehn Jahren. Eines Abends pustete sie ihm mit einer großkalibrigen Flinte das Licht aus, bevor er Gelegenheit hatte, sie wie jede Nacht durchzuprügeln und zu vergewaltigen. Der Oberstaatsanwalt, der ebenfalls seine Frau schlug, interessierte sich keinen Deut für die wahren Hintergründe, klagte Karen wegen vorsätzlichen Mordes unter strafverschärfenden Umständen an und forderte die Todesstrafe.«

»Um Himmels willen!«, rief Sherry aus.

»Kurz und gut, die Frau hatte kein eigenes Geld, denn dafür hatte der Ehemann schon gesorgt. Ihr Verteidiger war absolut unfähig, und Jay wurde schon beim Eröffnungsplädoyer klar, dass sie zweifellos in der Todeszelle landen würde. Diesen Gedanken konnte er nicht ertragen.«

»Aber welche Möglichkeit hat ein Richter in so einem Fall?«

»Gesetzlich betrachtet: gar keine. Aber Jay konnte nicht untätig mit ansehen, wie diese schöne, junge geschlagene Frau unschuldig hingerichtet wurde. Vergessen Sie nicht, dass es damals noch nicht als Notwehr akzeptiert wurde, wenn eine geprügelte Ehefrau ihren Peiniger auch in einer nicht akuten Bedrohungssituation tötet. Jedenfalls setzte Jay die emotional schwer verstörte junge Frau mit einer ungewöhnlich niedrigen Kaution, die er sogar selbst anonym hinterlegte, auf freien Fuß. Außerdem versuchte er – ebenfalls anonym –, einen besseren Anwalt für sie zu finden, doch das klappte nicht. Schließlich begann er, sich heimlich mit ihr zu treffen, um sie zu beraten und ihr dadurch das Leben zu retten. Und in dieser Zeit verliebte er sich bis über beide Ohren in sie.«

»Was geschah dann?«, fragte Sherry.

»Richter Reinhart wartete ab, bis der Prozess den Punkt überschritten hatte, an dem das Verfahren wegen der Gefahr einer doppelten Verurteilung kein zweites Mal aufgerollt werden durfte. Dann fing er an, die Verhandlung sehr geschickt zu manipulieren. Der Staatsanwalt und der Oberstaatsanwalt waren außer sich, als sie von den unerlaubten Kontakten erfuhren, und informierten die Medien. Die Sache entwickelte sich zu einem ausgewachsenen Skandal. Nachdem sich der Staub gelegt hatte, wurde Jay zwar nicht angeklagt, verlor aber seinen Posten als Richter und seine Anwaltszulassung, was in Texas ein ziemlich komplizierter Vorgang ist. Und das alles geschah ausgerechnet kurz nach meiner Wahl zum Präsidenten.«

»Und ist er mit ihr zusammengeblieben?«

»Er hat sie geheiratet«, erwiderte der Präsident und öffnete seinen Sicherheitsgurt. »Später hat er alles getan, damit sie die nötige Hilfe bekam. Die arme Frau befand sich in ständiger psychiatrischer Behandlung. Aber leider habe ich erfahren ... er hat es mir gerade erzählt ... dass sie sich letztes Jahr umgebracht hat.« Harris wollte aufstehen, als Sherry ihn am Arm berührte. Ihre Miene war besorgt.

»Sir, sind Sie sicher, dass Reinhart –« Er unterbrach sie mit einer Handbewegung.

»Meinen Sie, ob ich wirklich will, dass Reinhart mich verteidigt, ganz gleich, was man in Washington oder bei den Medien sagt? Ja, Sherry, ich bin ganz sicher.« Er erhob sich, wandte sich an einige männliche Mitglieder der Reisegruppe, alles ältere Herren, die gerade hereingekommen waren, und streckte ihnen freundlich lächelnd die Hand entgegen.

11

»So, und was sagen wir ihnen jetzt?«, fragte Alastair Chadwick, während die 737 auf fünftausend Meter stieg.

»Wem?«, gab Craig Dayton geistesabwesend zurück.

»Den Passagieren. Unseren Passagieren. Den Leuten, die in irgendeiner Form dafür bezahlt haben, dass wir sie in die Ewige Stadt verfrachten. Sizilien ist kein angemessener Ersatz, und sie werden den Unterschied früher oder später bemerken.«

Kopfschüttelnd sah Craig den Kopiloten an. »Keine Ahnung. Hast du einen Vorschlag?«

»Mir ist klar«, erwiderte Alastair, »dass derart drastische Maßnahmen bei amerikanischen Fluggesellschaften nicht üblich sind, aber wie wäre es mit der Wahrheit?«

»Das wäre wirklich mal was Neues«, stimmte Craig zu.

»Hab ich mir fast gedacht.«

»Dann leg mal los.«

»Kommt überhaupt nicht in Frage, Captain«, erwiderte Chadwick grinsend.

Craig Dayton holte tief Luft und griff nach dem Bordmikrofon.

In der ersten Klasse war Präsident Harris aufgestanden, um die vier männlichen Passagiere zu begrüßen. Sie alle waren, wie sie ihm stolz mitteilten, Veteranen des Zweiten Weltkriegs und befanden sich auf einer Europa-Rundreise, die mit der Einweihung einer neuen D-Day-Gedenkstätte enden sollte. Einer von ihnen, ein pensionierter Oberst der Army, hatte gerade mit einer Beschreibung der Tour begonnen, als er vom Bordlautsprecher unterbrochen wurde.

Meine Damen und Herren, hier spricht Ihr Kapitän. Ich bitte um Ihre Aufmerksamkeit. Zuerst einmal möchte ich Ihnen versichern, dass mit diesem Flugzeug alles in Ordnung ist ... wir haben keinerlei technische Probleme. Allerdings gibt es diplomatische und juristische Schwierigkeiten, was unsere Landung in Rom angeht. Wie einige von Ihnen sicher wissen, haben wir den ehemaligen Präsidenten der Vereinigten Staaten, John Harris, an Bord. Es ist unsere Pflicht als Fluggesellschaft und auch die meine als Kapitän, für die Sicherheit aller Passagiere zu sorgen, zu denen auch unser früheres Staatsoberhaupt gehört. Ich habe aus zuverlässiger Quelle erfahren, dass Präsident Harris bei einer Landung in Rom ernsthafte Gefahr drohen würde. Deshalb haben wir, trotz der Unannehmlichkeiten für diejenigen unter Ihnen, die pünktlich in Rom erwartet werden, beschlossen, der Sicherheit halber nach Süden zu fliegen, und zwar in die Nähe von Catania auf Sizilien zu einem Fliegerstützpunkt namens Sigonella. Nach unserer Landung in Sigonella werden wir dafür sorgen, dass Sie alle Rom oder Ihren eigentlichen Zielort er-

reichen. Ich entschuldige mich und bitte Sie um Ihr Ver-
ständnis.

Der Oberst a. D. hatte den Kopf zum Lautsprecher erhoben. Nun sah er den Präsidenten an. »Sir, darf ich fragen, worin diese Bedrohung besteht?«
Seine Begleiter rückten näher, um die Antwort zu verstehen, während die Durchsage auf Französisch und Deutsch wiederholt wurde.

Als Craig das Mikrofon weglegte, läutete das Bordtelefon.
»Captain, hier spricht Ursula im Heck. Könnten Sie bitte nach hinten kommen? Es gibt Ärger.«
»Was meinen Sie mit Ärger?«
»Einige Passagiere haben eine Stinkwut auf Sie.«
»Okay, danke.« Craig griff wieder nach dem Bordmikrofon.

Hier ist noch mal der Kapitän. Ich weiß, dass viele von Ihnen über meine Entscheidung verärgert sind, doch ich bitte Sie, auf Ihren Plätzen zu bleiben und Verständnis für mein Vorgehen zu haben. Nach unserer Landung werde ich zu Ihnen kommen und mir gerne Ihre Beschwerden anhören. Aber jetzt geht das nicht. Also machen Sie meinen Flugbegleiterinnen bitte keine Schwierigkeiten. Nicht sie haben die Entscheidung getroffen, sondern ich.

Wieder übersetzte er seine Durchsage so wortgetreu wie möglich, legte dann das Mikrofon weg und wandte sich an Alastair. »Vielleicht muss ich nach hinten.«

Nickend verglich Alastair die Luftfahrtkarte mit der Anzeige des Flugdatenrechners. »Es sind noch dreihundertachtzig Kilometer, Craig. Etwa eine halbe Stunde. Wollen wir Sigonella vorwarnen oder einfach so hereinschneien und gegen ein paar weitere Vorschriften verstoßen?«

»Ich glaube, wir halten besser den Mund, bis wir fast dort sind. Sonst geben wir nur irgendeinem Kommandanten die Gelegenheit, uns die Landeerlaubnis zu verweigern.«

»Also melden wir einen Notfall?«, erkundigte sich Alastair.

Grinsend schob Craig seinen Sitz zurück. »Das wäre doch nicht einmal gelogen.«

In diesem Augenblick öffnete Jillian die Cockpittür. »Craig, du solltest besser mal nach hinten kommen. Ursula und Elle sagen, dass die Leute allmählich ausrasten.«

Craig stand auf. »Wie das?«

»Ein paar Passagiere bestehen darauf, mit dir zu sprechen, und beschimpfen die Stewardessen.«

»Was für Landsleute sind es?«

»Spielt das eine Rolle?«, erwiderte Jillian erschrocken.

»Wenn ich mit ihnen reden soll, wäre es hilfreich zu wissen, in welcher Sprache.«

»Oh, natürlich. Sie schimpfen in zwei oder drei Sprachen.«

Kopfschüttelnd folgte er ihr aus dem Cockpit.

Laramie, Wyoming

Drei gelbe Notizblöcke lagen vor Jay auf der gekachelten Anrichte. Die Worte und Symbole bildeten ein noch unvollendetes impressionistisches Gemälde, das deutlich zeigte, wie angestrengt der Urheber nachgedacht hatte. Rasch trank Jay einen Schluck Orangensaft und verwarf die Idee, sich noch einen Kaffee aufzusetzen. Stattdessen starrte er auf den ersten Block, auf dem das Wort »Logistik« stand. Den Geruch nach verbrutzeltem Speck und angebrannter Sauce hollandaise nahm er gar nicht wahr.

Der Satz »Wo fahre ich hin?«, prangte in Schönschrift oben auf der Seite. Die Städtenamen London, Frankfurt, Genf, Stockholm und Paris hatte er wieder durchgestrichen, Rom ebenfalls. Danach waren die Namen der Fluggesellschaften zu lesen, die von Denver aus direkt nach Europa flogen, gefolgt von Abflugszeiten und diversen Buchungsnummern. Ein weiteres Problem war, den Flughafen überhaupt zu erreichen. Für gewöhnlich dauerte die Fahrt mit dem Auto zwei Stunden, doch da – viel zu spät für die Jahreszeit – ein Schneesturm die Straßen und Pässe der Schnellstraße U.S. 287 nach Colorado in eine Eispiste verwandelt hatte, würde Jay sicher viel länger brauchen.

Der zweite Block enthielt ein Diagramm der juristischen Problemstellung, zusammen mit einer Liste der Länder, deren Zivilprozessordnung Jay noch recherchieren musste: Italien, Frankreich, die Schweiz und Schweden. Das meiste würde er aus dem Internet herunterladen können, aber die Zeit wurde knapp. Ein Ausdruck des Abkommens zur Ächtung der Folter aus der Webseite der Vereinten Nationen lag neben den Notizblöcken auf der Anrichte; die Seiten wimmelten von roten Unterstreichungen.

Jay griff zum Telefon und wählte eine der Nummern, die Sherry Lincoln ihm gegeben hatte. Der dritte Notizblock war mit einer Fülle von Namen bedeckt, zu denen auch der von

Rudolph Baker, dem stellvertretenden Außenminister, gehörte. Als dieser sich meldete, hatte seine Stimme den argwöhnischen Tonfall, der normalerweise kommunistischen Staatschefs und irakischen Außenministern vorbehalten war.

»Mr. Reinhart, Alex McLaughlin vom Justizministerium hat gerade mit mir gesprochen, und ich muss sagen, dass mich Ihre Haltung bestürzt. Wären Sie bitte so gütig, mir zu erklären, warum Sie sich weigern, der amerikanischen Regierung zu verraten, wohin Präsident Harris' Maschine fliegt?«

»Das brauchen Sie erst zu wissen, nachdem das Flugzeug des Präsidenten gelandet ist, Sir«, entgegnete Jay. »Es sind keine Vorbereitungen nötig; genau genommen könnte eine Anmeldung im Voraus fatale Folgen haben, falls die Information durchsickert. Muss ich Sie daran erinnern, dass gegen den Mann ein internationaler Haftbefehl besteht?«

»Wohl kaum. Doch Ihre Vorsicht ist verspätet. Wir sind bereits darüber im Bilde, dass er nach Malta fliegt. Während wir uns hier unterhalten, werden die maltesischen Behörden informiert.«

Jay lachte leise. »Wenn Sie davon überzeugt sind, dass es Malta ist, tun Sie sich keinen Zwang an. In der Zwischenzeit würde mich interessieren, ob die Air Force im Mittelmeer ein Transportflugzeug mit großer Reichweite stehen hat. Eine Maschine, die den Präsidenten an Bord nehmen und ohne Zwischenstopp nach Nordamerika fliegen könnte.«

»Was meinen Sie mit ›Wenn Sie davon überzeugt sind‹?«, fragte Baker unvermittelt. »Fliegt er jetzt nach Malta oder nicht?«

»Ich will nicht um den heißen Brei herumreden, Mr. Baker, aber Sie werden mir in dieser Sache für etwa eine Stunde vertrauen müssen, sowohl dem Präsidenten zuliebe als auch wegen Ihrer eigenen Glaubwürdigkeit bei späteren Dementis.«

»Ich verstehe. Diese Antwort bedeutet für mich im Großen und Ganzen, dass er anderswo hinfliegt. Jetzt hören Sie mir mal gut zu, Mr. Reinhart. Sie überschätzen sich! Wenn Sie weiter an dieser Sache herumpfuschen, werden Sie Harris in große Gefahr bringen!«

»Nichts läge mir ferner.«

»Tja, wenn Sie ihn nach Marokko bringen wollen, begehen Sie einen großen Fehler. Dasselbe wäre in Gibraltar, Spanien, Portugal, Ägypten oder einem anderen Land in Reichweite der Maschine der Fall. Verglichen mit den gesetzlichen Komplikationen in diesen Ländern, wird Ihnen Italien wie ein kleines Paradies erscheinen. Außerdem ahnen Sie ja nicht, welche diplomatischen Verwicklungen Sie damit anrichten würden.«

»Nur mit der Ruhe, Mr. Baker. Er fliegt in keines dieser Länder. Und wenn ich mir nicht darüber im Klaren wäre, dass ich auf dem internationalen diplomatischen Parkett ein Amateur bin, hätte ich Sie nicht angerufen. Ich brauche Ihre Hilfe. Doch die wichtigste Frage ist, ob wir den Präsidenten nach seiner Landung von der Air Force evakuieren lassen können.«

»Was meinen Sie mit ›evakuieren‹? Wie soll ich das beantworten, ohne zu wissen, aus welchem souveränen Staat er ausgeflogen werden soll?«

»Gut, dann nehmen wir mal hypothetisch an, dass es uns gelungen ist, die diplomatischen Schwierigkeiten auszuräumen, die seiner Landung in irgendeinem Staat im Wege stehen –«

Er wurde von einem höhnischen Auflachen am anderen Ende der Leitung unterbrochen. »Suchen Sie ein Land auf diesem

Planeten, Mr. Reinhart … natürlich abgesehen von den Vereinigten Staaten … wo es keine diplomatischen Schwierigkeiten gibt. Schließlich haben wir es hier verdammt noch mal mit einem internationalen Haftbefehl zu tun. Ganz gleich, wo er auch landet, jemand wird ihn mit einer Kopie dieses Haftbefehls erwarten; man wird ihn festnehmen und unter Arrest stellen. Das wirkliche Problem ist der Auslieferungsantrag, und um den abzuschmettern, braucht man eine ganze Armee erfahrener Anwälte, jede Menge Recherche und –«

»Sir, jetzt reicht es!«, zischte Jay. »Ich bin sein Anwalt, völlig egal, ob Ihnen das passt oder nicht. Aber um eines klarzustellen: Ich habe versucht, den Fall abzulehnen, doch er hat es nicht zugelassen. Deshalb verschonen Sie mich freundlicherweise mit Ihren Vorträgen. Sie können ja später dem Präsidenten wegen seiner unklugen Entscheidung die Hölle heiß machen; bis dahin würde ich mich freuen, wenn Sie sich mit den wirklich dringenden Fragen beschäftigten. Wir müssen seine Verhaftung unbedingt verhindern, denn sonst haben wir keine Kontrolle mehr über die Situation. Also. Kann die Air Force oder die Navy ihn jetzt ausfliegen oder nicht?«

Am anderen Ende der Leitung herrschte Schweigen, während Baker sich eine Antwort überlegte. »Ich weiß nicht. Dazu müssten wir zuerst mit dem Pentagon sprechen und uns außerdem mit den diplomatischen und politischen Aspekten befassen. Möglicherweise fliegt er ja in ein Land, das eine derartige Evakuierungsmaßnahme nicht gestatten wird. Schließlich sprechen wir hier von souveränen Staaten. Eine Maschine der Air Force, die aus heiterem Himmel erscheint, um einen ehemaligen Präsidenten an Bord zu nehmen, könnte als Akt der Aggression verstanden werden. Aber ich werde mich kundig machen, ob es militärisch möglich wäre.«

»Gut.«

»Allerdings dürfen Sie nicht vergessen, Mr. Reinhart, dass einzig und allein Präsident Cavanaugh eine solche Rettungsaktion genehmigen kann.«

»Das ist mir klar. Doch angesichts dessen, was diese Bedrohung für jeden zukünftigen Ex-Präsidenten auf einer Auslandsreise bedeutet und welche Folgen Untätigkeit in diesem Fall hätte, sehe ich keinen Grund, warum er sich weigern sollte.«

Er erhielt keine Antwort.

Weißes Haus, Washington, D.C.

Von der Sekretärin des Präsidenten mit Argusaugen beobachtet, hatten sich Alex McLaughlin vom Justizministerium, Rudy Baker vom Außenministerium, der stellvertretende Direktor der CIA, der nationale Sicherheitsberater und ein Generalleutnant der Air Force zusammen mit dem stellvertretenden Stabschef im Oval Office versammelt. Zehn Minuten später rauschte der Präsident herein und zog sich einen Stuhl vor den Schreibtisch.

»Bitte nehmen Sie Platz. Wie weit sind wir mit Präsident Harris' Problem?«

Als der stellvertretende Direktor der CIA etwas erwidern wollte, kam der Präsident ihm zuvor.

»Wie ich Ihnen nicht verschweigen sollte, weiß ich, dass er nach Malta fliegt und dass die Besatzung der Linienmaschine, in der er sitzt, beschlossen hat, ihn zu beschützen. Ziemlich seltsam für eine deutsche Fluggesellschaft.«

»So seltsam ist das gar nicht, Sir«, wandte der General ein. »Der Kapitän der Maschine ist nämlich Reserveoffizier der Air Force. Er ist zwar nicht mehr im Dienst, fühlt sich seinem Land aber immer noch verpflichtet. Allerdings lebt er nicht in den USA, sondern in Frankfurt.«

»Wirklich?«, entgegnete der Präsident. »Das ist aber ein Glück.«

»Mr. President«, wandte Rudy Baker ein. »Ich habe Anlass zu der Vermutung, dass Malta nicht der Zielort ist.« Er schilderte sein Telefonat mit Jay Reinhart.

»Wann war das, Rudy?«, fragte der Präsident.

»Vor etwa fünfundzwanzig Minuten, Sir.«

Der Präsident nickte und bat mit einer Handbewegung um Ruhe. »Okay, und was zum Teufel ist mit diesem suspendierten Richter aus Texas, der Harris' Anwalt spielt? Was wissen wir über ihn?«

Alex McLaughlin berichtete von Reinharts Vergangenheit, doch der Präsident unterbrach ihn. »Schon gut, schon gut, ich verstehe. Aus irgendeinem unerfindlichen Grund hat sich Harris einen Glücksritter als Anwalt genommen, der ein Risiko darstellt. Und das heißt, dass wir die Fehler dieses Mannes wieder ausbügeln müssen.«

»Nein, Sir«, erwiderte McLaughlin und erklärte, aus welchen Gründen das Justizministerium im Hintergrund bleiben musste.

Rudy Baker gab Reinharts Bitte um Hilfe durch die Air Force oder die Navy weiter. Anschließend mutmaßte der stellvertretende Direktor der CIA, in welchen Ländern Harris wohl

landen könnte. Und dann erläuterte der nationale Sicherheitsberater die möglichen außenpolitischen Folgen für die Vereinigten Staaten, falls es zu einem langwierigen Gezerre über
Harris' Auslieferung nach Peru kommen sollte.

»Gut«, sagte Präsident Cavanaugh schließlich. »Offenbar
können wir keine konkreten Maßnahmen planen, bevor er
nicht irgendwo gelandet ist.«

Alle nickten.

»Tja, General, Sie meinten, er könnte nur noch zwei Stunden
in der Luft bleiben. Also treffen wir uns in zwei Stunden wieder.« Er sah den stellvertretenden Stabschef an. »Ist das
möglich?«

»Ja, Sir. Wir verlegen Ihre Termine.«

»Und die Presse weiß noch nichts?«

»Nichts Genaues, Sir. Die Agenturen haben eine mögliche
Flugzeugentführung gemeldet, doch bis jetzt sieht niemand
eine Verbindung zu Harris.«

»Ein Wunder. Normalerweise erfahren wir erst von einem
Vorfall, wenn CNN eine Livereportage bringt.«

Als die Männer das Oval Office verließen, eilte der Air-Force-
General zu einem abhörsicheren Telefon im Nebenraum. Er
wählte eine Nummer, trommelte mit den Fingern auf die Tischplatte und wartete darauf, dass sich jemand meldete.

»Joe? Ich gehe gleich runter in den Lageraum. Holen Sie den
AMC-Kommandoposten in Scott an eine abhörsichere Leitung und lassen Sie die Einsatzleitung eine Aufstellung sämtlicher C-17, C-5 oder C-141 und auch der Gulfstreams aus
Andrews machen, die in einem Radius von achthundert Kilometern rings um Italien stationiert sind und die wir für eine
Evakuierung aus dem Mittelmeerraum nonstop bis in die Ver-

einigten Staaten benutzen könnten. Identifizieren Sie die Maschinen und die Besatzungen, wenn möglich noch in der Luft, und halten Sie sich bereit, ihnen weitere Befehle zu erteilen. Möglicherweise brauchen wir Treibstoff, also sollten Sie auch ein paar Tanker aufscheuchen.«

Er lauschte und nickte und blickte dabei zur Tür, um sicherzugehen, dass niemand mitgehört hatte.

»Das Ganze muss schnell gehen, Joe. Wie ich es sehe, bleibt dem Präsidenten nichts anderes übrig, als Harris da rauszuholen. Allerdings steht die Navy auch auf seiner Liste, und ich möchte verhindern, dass die blauen Jungs uns die Sache vor der Nase wegschnappen. Die wären begeistert, wenn sie Harris mit dem Hubschrauber zu einem Flugzeugträger schaffen und gleich die Medien einfliegen könnten, damit die ihn während der ganzen Fahrt nach Norfolk interviewen.«

Wieder lauschte der General und nickte.

»Also leiten Sie alles in die Wege, okay? Sobald wir wissen, wo Harris steckt, muss eine Maschine der Air Force im Anflug auf dieselbe Landebahn sein. Ich möchte dem Präsidenten die Lösung seines Problems auf einem silbernen Tablett servieren.«

12

An Bord von EuroAir 42,
Montag, 15:40

Besorgt beobachtete Alastair die Kondensstreifen, die ein in großer Höhe und etwa achtzig Kilometern Entfernung fliegender Airbus 340 hinter sich herzog. Die Wölkchen aus kristallisiertem Wasserdampf hoben sich deutlich vom leuchtend blauen Himmel im Südosten ab.

Bestimmt hinterlassen wir auch einen Kondensstreifen, dachte Alastair. *Wohl kaum die beste Methode, um sich unbemerkt davonzustehlen.*

Da der Kondensstreifen noch Minuten nach dem Vorbeifliegen der Maschine zu sehen war, konnte jeder – in der Luft oder am Boden – ihn bis zu seinem Ursprung zurückverfolgen. Auch wenn die italienische Flugsicherung genau wusste, wer sie waren und wo sie sich befanden, löste der Gedanke an diese so deutlich nachvollziehbare Spur in Alastair Unbehagen aus.

Er überprüfte noch einmal den Radar, um sich zu vergewissern, dass die Kumuluswolken, die sich direkt vor ihnen über Sizilien auftürmten, keine Gewitter ankündigten. Doch bis auf ein paar Regenschauer, die auf dem Farbbildschirm hinter Catania und dem Ätna sichtbar waren, schien das Wetter auf ihrer Seite zu stehen. Dann kontrollierte er die Flughöhe. Sie

hielten eine stete Flugfläche von Zwei-Acht-Null, die Fluggeschwindigkeit betrug Mach 0.72, also zweiundsiebzig Pro-
zent der Schallgeschwindigkeit.

Als Alastair an seine berufliche Zukunft dachte, krampfte
sich ihm der Magen zusammen, weshalb er im Geiste lieber
die immer länger werdende Liste von Gründen durchging,
warum es ohnehin besser war, EuroAir den Rücken zu kehren. Das Geld spielte für ihn keine Rolle. Er verfügte über
beträchtliche Ersparnisse und hatte außerdem Zugang zum
Vermögen seines Vaters. Allerdings hatte er noch nie eine
Kündigung erhalten und war sehr stolz darauf – ein Umstand,
der sich vermutlich bald ändern würde.

Die Cockpittür wurde aufgeschlossen. Als Alastair sich umdrehte, kam Craig herein, schwang sich geschickt auf den
linken Sitz und rollte die Augen. Seine Miene war ernst.

»Ich nehme an, die Eingeborenen proben den Aufstand«,
meinte Alastair.

»Was? Oh. Das ist wohl ein Fall von britischem Understate-
ment.« Craig lächelte gequält.

»Spann mich nicht auf die Folter«, sagte Alastair.

»Etwa ein Dutzend Leute da hinten würden mir wahrscheinlich am liebsten eines mit der Notfallaxt überbraten. Verpass-
te Flüge, versäumte Termine, eine geplatzte Hochzeit … ich
habe den Überblick verloren.«

»Überrascht dich das etwa?«

»Eigentlich nicht. Ich bin eben kein sehr guter Diplomat. Wo
sind wir?«

Alastair fasste es kurz zusammen und erklärte ihm dann seine Bedenken wegen des Kondensstreifens. »Ich weiß nicht,
warum es mich so stört.«

»Aber ich«, erwiderte Craig und blickte nach links, während er mit der rechten Hand den Wahlknopf auf der Instrumententafel des Autopiloten bediente. Er drehte die Kurssteuerung nach links, bis die 737 eine Linkskurve von fünfunddreißig Grad flog.

»Was hast du vor?«, fragte Alastair. »Die Flugsicherung wird diese Kurve bestimmt bemerken und wissen wollen, was wir da treiben.«

»Sag ihnen noch nichts.«

Nun flog die Maschine mehr als fünfundvierzig Grad links vom ursprünglichen Kurs. Als Craig rückwärts schaute, stellte er fest, dass sich der Kondensstreifen viele Kilometer hinter ihnen erstreckte – und dass ein anderes Flugzeug denselben Kurs hielt. »Aha!«

»Was ist, Craig?«

»Hab ich's mir doch gedacht: Wir werden verfolgt.«

»Von wem?«

»Wahrscheinlich ist es ein Charterflugzeug, das kurz nach uns in Richtung Malta gestartet ist.«

»Sind wir nicht ein wenig paranoid? Wenn die Maschine wirklich nach Malta will, hat sie einen guten Grund, hinter uns zu fliegen.«

Craig schüttelte den Kopf. »Es wäre doch nicht dumm, ein Flugzeug in Bereitschaft zu haben, wenn man jemanden nach Peru entführen will. Ich könnte mich irren, aber ich bin sicher, dass er uns verfolgt.«

»Und was tun wir jetzt?«, erkundigte sich Alastair. »Ich bezweifle, dass sie Raketen an Bord haben. Doch es ist ein bisschen schwierig, eine 737 zu verstecken, die einen achtzig Kilometer langen Kondensstreifen hinter sich herzieht.«

»Irgendwelche Gewitterzellen in diesen Wolken?«, fragte Craig und deutete auf die Kumulusberge, die sich in etwa fünfzehn Kilometern Entfernung vor ihnen auftürmten.

»Nein. Ich habe nur ein bisschen Regen gesehen.«

»Und das genau über unserem Ziel«, murmelte Craig und beugte sich über den Radarschirm. »Gut. Such die Frequenz des Towers in Sigonella.«

»Und was, wenn ich fragen darf, hast du vor, oh Captain, mein Captain?«

»Nur ein kleines F-15-Manöver.«

»Ich verstehe. Aber vergiss nicht, alter Junge, dass dieser kleine Vogel nicht ganz so wendig ist wie die mit Technik voll gestopften F-15, die du früher geflogen hast«, sagte Alastair.

»Klar ist er das«, erwiderte Craig und starrte auf die Wolken, in die sie gleich hineinfliegen würden.

Flugverkehrskontrollzentrale Rom

Der für EuroAir 42 zuständige Fluglotse drückte seine Zigarette aus und zwang sich zur Konzentration. Da ihm einige Vorgesetzte unablässig über die Schulter blickten, beobachtete er angestrengt den sich in südlicher Richtung über den Bildschirm bewegenden Datenblock der entführten Maschine, ständig in Angst, irgendeine Vorschrift missachtet zu haben. Die plötzliche Linkskurve hatte ihm Sorgen bereitet, doch er hatte der Versuchung widerstanden, sich bei den Piloten nach dem Grund zu erkundigen. Niemand konnte wissen, was sich da oben tat. Vielleicht würde sich der Entführer, der womöglich eine Pistole oder eine Bombe besaß, ja von einem falschen Wort im falschen Moment provoziert fühlen. Zum Glück befand sich die Maschine noch in der Luft, was vermutlich hieß, dass es im Cockpit nicht zu einem Kampf gekommen war. Der Fluglotse erinnerte sich an die Boeing 767, die vor einigen Jahren während eines heftigen Handgemenges im Cockpit unweit der Seychellen ins Meer gestürzt war. Hoffentlich würde ihnen heute ein derart dramatischer Zwischenfall erspart bleiben.

Der Datenblock der Boeing 727 nach Malta hatte sich wegen der unerwarteten Kurve der EuroAir 42 auf einen drei viertel Kilometer angenähert. Der Abstand zwischen den beiden Jets lag jedoch noch im Bereich des Erlaubten.

EuroAir 42 überquerte gerade die Küstenlinie von Sizilien, als der Datenblock zu blinken begann. Der Computer zeigte in Ermangelung aktueller Informationen die letzten Daten von Position und Höhe an. Der Fluglotse wartete darauf, dass der Transponder der Maschine seinem Computer die neuesten Daten übermittelte – doch nichts geschah. Stattdessen leuchtete ein Warnsignal auf, das ihm sagte, dass keine Daten des Flugzeugs mehr empfangen wurden.

»Was ist los?«, fragte einer der Vorgesetzten wichtigtuerisch, was dem Fluglotsen sauer aufstieß.

»Ich habe seinen Transponder verloren«, erwiderte er knapp.

Er griff zum Mikrofon. »EuroAir Vier-Zwei, Flugsicherung Rom. Wir haben Ihren Transponder verloren, Sir.«

Keine Antwort.

Der Fluglotse versuchte es noch einmal.

»Hier! Da ist ein Radarschatten!«, rief der Vorgesetzte.

Es war tatsächlich ein schwaches Bild zu sehen, das sich allerdings nicht in einer geraden Linie bewegte. Außerdem befand es sich rechts des ursprünglichen Kurses, verschwand und tauchte dann wieder auf, als der Fluglotse den Polarisationsregler des Bildschirms betätigte. Plötzlich erschienen über dem gesamten Gebiet Regenechos, und er schaltete wieder zurück. Der Radarschatten, falls es überhaupt einer gewesen war, schien umgekehrt zu sein und in einer spiralförmigen Bewegung nach unten zu trudeln.

Unwillkürlich hielt der Fluglotse den Atem an. Es war nicht normal, dass ein Jet plötzlich auf diese Weise absackte, ohne eine Meldung durchzugeben, auch nicht, dass der Datenblock einfach verschwand. Was er sah, wies darauf hin, dass die Maschine in der Luft auseinander gebrochen war.

Oh, mein Gott, dachte er und stellte sich eine Explosion im Cockpit vor. *Sie stürzen ab.*

Marineflieger-Stützpunkt Sigonella, Sizilien

Vor zehn Minuten waren aus Südwesten die erwarteten Regenschauer herangezogen, sodass der ansonsten malerische Anblick des Ätna im Norden und der Großteil der Ost-West-Landebahn nicht mehr zu sehen waren. Die beiden Fluglotsen von der U.S. Navy im Tower hatten schadenfroh zugesehen, wie ihre Kameraden mit klatschnassen Uniformen über die Rampe zum Terminal liefen. Auf der Rampe selbst, unterhalb des Towers, stand eine viermotorige P-3 Orion, die militärische Version einer Lockheed Electra. Die Besatzung war offenbar von Bord gegangen, um die Annehmlichkeiten der Gegend zu erkunden. Daneben parkte eine doppelmotorige E-2

Hawkeye, die gerade von der *Kennedy* eingetroffen war, einem Flugzeugträger, der zurzeit im Mittelmeer patrouillierte. Die Piloten hatten eben die Triebwerke abgeschaltet, als es zu regnen begann, und warteten nun darauf, die Maschine verlassen zu können. Der für die Towerfrequenz zuständige Fluglotse bemerkte, dass der Regen nachließ und dass sich die Tür des Flugzeugs öffnete. Automatisch hob er den Feldstecher, als am östlichen Ende der Landebahn plötzlich Anflugbefeuerungen aufblitzten.

»Wer zum Teufel ist das?«, fragte er seinen Kameraden. Im selben Moment sprang das Funkgerät an.

»Sigonella Tower, EuroAir Vier-Zwei im Landeanflug auf Landebahn Zwei-Sieben für Notlandung.«

Der Fluglotse griff nach dem Mikrofon und ging im Geiste die Vorschriften durch, die die Flugzeugbesatzung durch ihre Meldung in letzter Minute vermutlich verletzt hatte. Dann jedoch hielt er sich vor Augen, dass es sich schließlich um einen Notfall handelte – alles andere war unwichtig.

»Äh, EuroAir Vier-Zwei, Sie haben Freigabe zur Landung auf Landebahn Zwei-Sieben, Wind Zwei-Vier-Null bei Sieben, Böen bis Fünfzehn, Höhenmesser Zwei-Neun-Acht-Acht, Regenschauer über dem Flugfeld dauern an. Landebahn ist nass.«

»Roger«, war die einzige Antwort. Ein britischer Akzent, wie der Fluglotse feststellte. Er fragte sich, was in aller Welt eine Linienmaschine aus Rom ausgerechnet hierher verschlagen haben mochte.

Der Fluglotse wandte sich wieder an seinen Kameraden. »Ist was über ihn durchgegeben worden?«

»Nein, kein Wort.«

»Ruf die Flugsicherung in Rom an, damit sie wenigstens wissen, dass er es geschafft hat.«

Darauf erkundigte er sich: »Äh, brauchen Sie Hilfe, Vier-Zwei?«

»Nein«, erwiderte der Pilot knapp.

»Kontaktieren Sie die Boden … Nein, bleiben Sie dran. Wo möchten Sie parken?«

»Welche Rampe untersteht der U.S. Navy?«

Der Fluglotse zögerte. Warum sollte jemand das wissen wollen? Der Pilot der 737 hielt geradewegs auf die geparkte P-3 zu.

»Sir, es handelt sich hier um einen Navy-Stützpunkt. Sie rollen gerade zur Passagierrampe. Haben Sie überhaupt eine Befugnis?«

»Jetzt haben wir sie«, erwiderte eine andere Stimme, die eindeutig amerikanisch klang.

Der Fluglotse griff zum Notfalltelefon und drückte nach kurzem Zögern auf den Knopf, um den Sicherheitsdienst zu alarmieren. Die 737 rollte rasch hinter der P-3 weiter und wendete, um zwischen der Orion und dem Terminal hindurchzufahren. Als sie stehen blieb, berührte die Spitze der rechten Tragfläche praktisch das Gebäude.

»Sigonella Tower, EuroAir Vier-Zwei. Bitte hören Sie gut zu. Niemand außer dem Kommandanten dieses Stützpunktes darf sich der Maschine nähern. Haben Sie verstanden?«

»Vier-Zwei, ich werde die Bitte weitergeben. Doch wie ist Ihre Situation, Sir? Wenn Sie ein Problem haben, erklären Sie mir, worum es geht. Brauchen Sie in irgendeiner Form Hilfe?«

Sein Kamerad hatte auf der anderen Leitung telefoniert.

Plötzlich ließ er den Hörer sinken und riss entsetzt die Augen auf. »Rom sagt, der Vogel sei entführt worden. Man dachte, er wäre vor ein paar Minuten in der Luft explodiert.«

»Mein Gott!«, japste sein Kollege und drückte gleichzeitig heftig auf den Alarmknopf, um den gesamten Stützpunkt zu mobilisieren.

13

Rom, Montag, 16:15

Als offensichtlich wurde, dass John Harris nicht auf dem internationalen Flughafen Da Vinci landen würde, war Stuart Campbell zu seinem provisorischen Büro im Hotel im Zentrum von Rom zurückgekehrt, um abzuwarten, welches Ziel EuroAir 42 nun ansteuern würde. Vom Rücksitz seines Autos aus mobilisierte er seine Mannschaft in Brüssel, ließ sich einen kurzen Überblick über das maltesische Rechtssystem geben und sorgte dafür, dass der junge Anwalt, den er zu der Insel geschickt hatte, wirklich mit dem Haftbefehl am Flughafen bereitstand. In seiner Suite bestellte er Kaffee, starrte auf die Uhr und fragte sich, warum er das Gefühl hatte, etwas versäumt zu haben.

Mit dem Kaffee kam auch die Nachricht, dass EuroAir 42 einen verzweifelten Fluchtversuch unternommen hatte und in Sigonella gelandet war.

»Was?«, brüllte Campbell, sodass der Flughafenmanager, der es auch gerade erst erfahren und sofort angerufen hatte, erschrocken zusammenzuckte. »Soll das ein Witz sein?«

»Nein, Signore. Sigonella ist ein Stützpunkt der U.S. Navy auf Sizilien«, erklärte der Mann.

»Das weiß ich«, erwiderte Campbell und versuchte vergeblich, ein leises Lachen zu unterdrücken.

Sehr schlau, Harris, dachte er. *Auch wenn es dir natürlich nichts nützen wird. Doch unter diesem Druck war es ein kluger Schachzug. Ich frage mich, wie du den Piloten dazu überredet hast.*

Kurz kam ihm der absurde Gedanke, der ehemalige amerikanische Präsident könnte eine Linienmaschine entführt haben, und er grinste noch breiter. Aber das war ganz bestimmt nicht die Antwort.

Er bedankte sich bei dem Flughafenmanager, legte auf und rief seine Sekretärin.

»Isabel, lassen Sie den Wagen vorfahren, ich muss zurück zum Flughafen. Meine Piloten sollen sich bereithalten, um nach Sizilien zu fliegen.« Er reichte ihr ein Blatt aus seinem Notizblock, das die nötigen Informationen enthielt. »Rufen Sie Minister Anselmo an und sagen Sie ihm, ich warte, falls er oder einer seiner Leute mitkommen möchte. Und bitten Sie ihn, den Kommandanten der Carabinieri auf Sizilien zu informieren. Er soll mich in Sigonella treffen. Außerdem besorgen Sie mir eine diplomatische Genehmigung oder was immer nötig ist, damit mein Flugzeug dort landen kann. Auch das Charterflugzeug braucht eine Landeerlaubnis für den Stützpunkt. Wenn der Pilot des Charterflugzeugs anruft … ein gewisser Kapitän Perez … stellen Sie ihn sofort ins Auto oder auf mein Mobiltelefon durch.«

Sie stenografierte seine Anweisungen mit. »Sonst noch etwas, Sir?«

»Das wäre im Augenblick alles. Sagen Sie dem Fahrer, ich bin in fünf Minuten unten. Ach ja –, zuerst rufen Sie noch die amerikanische Botschaft hier in Rom an und verbinden mich mit dem Marineattaché.«

Sein Mobiltelefon läutete, und er klappte es auf, während Isabel losging, um die Botschaft anzurufen.

»Mr. Campbell, hier spricht Kapitän Perez.«

»Ja, Captain. Wo sind Sie? Hoffentlich schon in Sigonella.«

»Nein, Sir«, erwiderte der Pilot und erklärte, dass er und die Flugsicherung in Rom vor knapp zehn Minuten den Kontakt zu EuroAir 42 verloren hatten.

»Wo sind Sie dann?«

»Ich kreise in der Nähe von Sigonella. Sie lassen mich nicht landen.«

»Geduld, Captain. In etwa zehn Minuten kriegen Sie die Landeerlaubnis. Sie stellen die Maschine an der Ihnen zugewiesenen Stelle ab und warten. Ich bin unterwegs. In etwa anderthalb Stunden treffe ich in einem Lear-Jet 35 ein und parke neben Ihnen.«

Als er gerade das Telefon zuklappte, erschien Isabel und meldete, der Attaché sei nicht zu erreichen.

»Stellen Sie das Telefonat ins Auto durch, falls Sie ihn noch vor meinem Abflug erwischen, Isabel«, entgegnete Campbell.

Er griff nach seinem Aktenkoffer und eilte zur Tür. Offenbar braute sich hier ein Problem zusammen. Die Angelegenheit schien komplizierter zu sein, als er zunächst angenommen hatte. Sigonella befand sich zwar auf italienischem Boden, doch er würde jede Menge juristische und diplomatische Hürden überwinden müssen. Schließlich war er britischer Staatsbürger, vertrat ein südamerikanisches Land und versuchte, italienisches Recht auf einem geleasten amerikanischen Militärstützpunkt durchzusetzen, um einen ehemaligen US-Präsidenten mit einem internationalen Haftbefehl festnehmen zu lassen.

Seine Achtung vor seinem Gegner stieg.

An Bord von U.S. Air Force C-1770042, Rufzeichen »REACH 70042«

Die Kommandantin von Reach 70042 wusste wie alle Piloten der Flugbereitschaft der Air Force genau, was zu tun war, wenn während des Flugs ein unerwarteter Befehl zur Kurs-änderung eintraf. Schließlich bestand immer die Möglich-keit, dass es sich bei dieser Anweisung, selbst wenn sie über einen Satelliten-Funkkanal oder eine sonstige sichere Leitung kam, um ein Täuschungsmanöver handelte. Das war auch der Grund, warum der Anrufer eine Reihe von Fragen aus ei-ner kodierten Liste beantworten musste, die regelmäßig mo-difiziert wurde. Fielen diese Antworten zufrieden stellend aus, gehorchte die Besatzung dem Befehl und änderte den Kurs.

Die Besatzung von Reach 70042 hatte nicht mit dem Funk-spruch des Flugbereitschafts-Kommandopostens auf dem Luftwaffenstützpunkt Scott in Illinois gerechnet. In einer na-gelneuen Boeing/Douglas C-17 Globemaster III flogen sie auf Flugfläche Vier-Eins-Null, und zwar auf einem Non-Stop-Routineflug von Spanien nach Daharan in Saudi-Ara-bien. Kommandantin Ginny Thompson hatte peinlich lange gebraucht, um die geheime Liste aus der Knöcheltasche ihres Overalls zu kramen, die richtige Tabelle zu finden und die passenden Kodes abzufragen. Deshalb flogen sie schon an der südöstlichen Küste von Italien entlang, als sie die Bestätigung erhielt.

»Sie stimmen«, verkündete sie. »Der Befehl ist also echt.«

»Und das bedeutet?«, fragte der Kopilot, ein Oberleutnant.

»Geben Sie die Kennung für den Marineflieger-Stützpunkt Sigonella ein und besorgen Sie uns eine neue Freigabe. Der Befehl lautet, auf der Stelle und so schnell wie möglich hinzufliegen. Ich glaube, es sind nur etwa hundertsechzig Kilometer.«

»Fast. Einhundertsechsundfünfzig, um genau zu sein«, erwiderte der Kopilot.

»Bill, gehen Sie nach hinten und informieren Sie die Besatzung«, wies Major Thompson ihren Kopiloten an. »Und wecken Sie sie auf.«

»Habe ich vorhin richtig gehört?«, fragte der Oberleutnant. »Sagte er ›ehemaliger DV-Kode 1 Abholung‹?«

»Ich glaube, das habe ich auch verstanden. Aber das kann doch nicht stimmen!«

»Ein DV 1 ist ein früherer Präsident der Vereinigten Staaten, richtig?«

»Ja«, entgegnete sie. »Jedenfalls sollen wir uns für einen sofortigen Start bereithalten. Sorgen Sie dafür, dass unseren Männern das klar ist.«

»Roger.«

»In zwanzig Minuten sind wir da«, fügte sie hinzu und fragte sich gleichzeitig, mit was für einem Notfall sie es wohl zu tun hatten.

Handelte es sich um einen früheren Staatschef mit gesundheitlichen Problemen, also um einen Krankentransport? Wenn ja, hätte man sie eigentlich informieren müssen, denn es würde einige Zeit dauern, bis die Besatzung die Kabine entsprechend vorbereitet hatte. Nein, überlegte sie weiter, das ergab keinen Sinn. Wahrscheinlicher war, dass jemand anderes als ein Ex-Präsident auf dem schnellsten Weg und außerdem kostenlos nach Hause wollte.

Das mit dem DV-Kode musste ein Missverständnis sein.

Laramie, Wyoming

Die Warterei war eine Qual, doch endlich rief John Harris an und meldete, sie seien auf Sizilien gelandet.

»Ausgezeichnet«, erwiderte Jay.

»Was jetzt?«, erkundigte sich der Präsident freundlich.

»Tja, jetzt spreche ich mit dem Weißen Haus. Versucht jemand auszusteigen oder an Bord zu kommen?«

»Nein«, antwortete Harris. »Die Türen sind geschlossen, und wir haben eine Menge äußerst erboster Linienpassagiere an Bord. Aber zurzeit laufen die Triebwerke noch, und niemand rührt sich von der Stelle. Und so weit ich sehe, kommt auch niemand näher.«

»John, ganz gleich, was Sie tun, verlassen Sie auf keinen Fall das Flugzeug, bis ich es Ihnen sage. Okay?«

»Gut, ich habe verstanden.«

»Es ist ein Vabanquespiel. Die Italiener würden zwar ohne zu zögern eine geleaste Militäreinrichtung betreten, aber sie werden sich hüten, jemanden von Bord eines ausländischen Flugzeugs zu holen. Falls die Telefonverbindung abbricht, melden Sie sich bitte alle fünf Minuten bei mir.«

Jay legte den Telefonhörer zurück auf die Anrichte, griff nach dem Mobiltelefon und wählte die Nummer des Lageraums im Weißen Haus.

»Hier ist Jay Reinhart«, sagte er, als sich eine Männerstimme meldete. »Ich möchte gerne –«

»Einen Moment bitte, Sir.«

Nach ein paar Piepsern in der Leitung war eine andere Männerstimme zu hören.

»Mr. Reinhart?«

»Ja.«

»Ich bin Generalleutnant Bill Davidsen, stellvertretender Stabschef der Air Force. Ich habe gebeten, Sie sofort zu mir durchzustellen, falls Sie anrufen.«

»Danke, General. Ich möchte Ihnen mitteilen, dass Präsident Harris auf dem Marineflieger-Stützpunkt Sigonella auf Sizilien gelandet ist und sich zurzeit an Bord der Linienmaschine aufhält.«

»Ja, das wissen wir, Mr. Reinhart. Wir haben die Information vor zehn Minuten von der italienischen Flugsicherung erhalten.«

»Außerdem möchte ich Ihnen sagen, General, dass ich Präsident Harris auf der anderen Leitung habe«, fuhr Jay fort. »Ich habe ihm geraten, in der Maschine zu bleiben. Ich denke, ich sollte mich mit dem Kommandanten des Stützpunktes absprechen.«

»Mr. Reinhart, wir haben bereits alles in die Wege geleitet. Eine C-17, die sich in knapp hundertsechzig Kilometern Entfernung befand, wurde nach Sigonella umgeleitet. Wir brauchen immer noch die Genehmigung von Präsident Cavanaugh, aber wir planen, Präsident Harris von der Zivilmaschine in die C-17 umsteigen zu lassen, wenn diese in etwa zwan-

124

zig Minuten landet. Dann werden wir ihn schnellstmöglich rausholen und auf direktem Weg in die Vereinigten Staaten fliegen.«

»Gott sei Dank, General!«, rief Jay aus und atmete erleichtert auf. »Das sind wunderbare Nachrichten!«

»Mr. Reinhart, das Beste ist, wenn ich jetzt mit Präsident Harris persönlich spreche. Könnten Sie mich mit ihm verbinden?«

»Äh, nein, dazu habe ich die Ausrüstung nicht. Doch ich kann ihn bitten, Sie unter dieser Nummer anzurufen.«

»Ausgezeichnet. So schnell wie möglich.«

»Aber, General, als sein Anwalt muss ich Ihnen noch einmal die Tatsache vor Augen halten, dass ein internationaler Haftbefehl gegen ihn vorliegt. Und es gibt einflussreiche Leute, die versuchen werden, ihn durchzusetzen. Also muss ich auf dem Laufenden bleiben und mich weiter an den Gesprächen beteiligen. Ist es möglich, eine Konferenzschaltung einzurichten, nachdem ich aufgelegt habe und er Sie anruft?«

»Ja, Mr. Reinhart. Sobald er sich meldet, schalten wir Sie wieder zu.«

Jay gab dem General seine Privatnummer, erläuterte John Harris den Plan und unterbrach beide Verbindungen. Dann saß er da, starrte auf sein Festnetztelefon und überlegte, wie lange das Einrichten einer Konferenzschaltung wohl dauern mochte. Falls der Präsident es schaffte, in die C-17 umzusteigen, bevor Campbell einen italienischen Beamten dazu bringen konnte, ein Eindringen auf ein von den Amerikanern geleastes Gelände zu genehmigen, war er in Sicherheit. Die Italiener würden es in einer diplomatisch so verworrenen

Situation niemals wagen, eine Maschine der Air Force am Start zu hindern.

Wieder sah er auf die Uhr. Der General hatte gesagt, dass das Transportflugzeug der Air Force in zwanzig Minuten eintreffen würde. Dann würde es vielleicht weitere fünf Minuten dauern, zur Rampe zu rollen und die Tür zu öffnen. Sein Herz klopfte, und er wünschte sich eine Kamera herbei, die Bilder von der Rampe ins Internet übertrug. Das Warten war eine Qual.

Vielleicht ist in einer Dreiviertelstunde alles vorbei, hielt Jay sich vor Augen.

Zum ersten Mal seit einer Stunde stand er auf, holte sich Orangensaft aus dem Kühlschrank und dachte daran, wie schön es gewesen wäre, jetzt den Kamin anzuzünden und sich mit einer Zigarre davor zu setzen – ein Vergnügen, das er sich nur noch selten gönnte.

Als er den Kühlschrank schloss, fiel sein Blick auf die offene Schlafzimmertür. Er erinnerte sich an Lindas wütenden Aufbruch und wurde von Schuldgefühlen ergriffen. War es wirklich nötig gewesen, sie so zu kränken? Ihm schien es, als wären einige Tage seitdem vergangen. Wenn der Präsident erst einmal wohlbehalten in der Luft war, würde er sie vielleicht besuchen und ihr erklären, wie er es wirklich gemeint hatte.

Gott sei Dank werden wir es schaffen, ihn da rauszuholen! Nicht auszudenken, was sonst passieren würde.

Er malte sich eine panische Flucht quer durch Europa aus, eine endlose Reihe von Tagen, an denen man nicht weiter als bis zum nächsten Morgen dachte. Die dann nötigen umfangreichen Recherchen und das harte Pokern mit Harris' Gegnern waren Stoff für einen Albtraum von unbeschreiblichem

Ausmaß. Nun musste er sich nicht mehr vormachen, dass er diesem Fall gewachsen war. Und dass sie die Sache noch nicht ganz ausgestanden hatten, war etwas, über das er sich jetzt besser nicht den Kopf zerbrechen wollte.

Er setzte sich auf den Küchenhocker und starrte auf das Telefon, das weiterhin stumm blieb.

14

Es war im Weißen Haus nicht üblich, den Präsidenten bei einer wichtigen Besprechung zu stören, eine Regel, die Stabschef Jack Rollins selbst aufgestellt hatte.

Doch es musste auch Ausnahmen geben.

Vor der Tür des Kabinettssaals blieb Rollins zögernd stehen. Aus dem Stimmengewirr schloss er, dass drinnen heftig debattiert wurde. Es handelte sich um die letzte Gelegenheit, das Parlament unter Druck zu setzen, damit es den Haushaltsplan verabschiedete; der Präsident verfügte als Einziger über das nötige Charisma dazu, und außerdem gab es viele, die ihm einen Gefallen schuldeten. Seit einer halben Stunde bearbeitete er nun schon zwölf verärgerte, wankelmütige Kongressabgeordnete, doch da sich die Krise im Fall Harris zuspitzte, musste jetzt gehandelt werden.

Jack Rollins öffnete die Tür und trat leise neben den Präsidenten.

»Entschuldigen Sie, meine Herren«, sagte Cavanaugh zu den Anwesenden, als er Rollins bemerkte. Dieser flüsterte ihm ins Ohr: »In der Sache Harris gibt es neue Entwicklungen. In zwanzig Minuten müssen wir eine wichtige Entscheidung treffen.«

»Einen Moment bitte«, wandte sich der Präsident an die Abgeordneten und ging, eine Hand auf Rollins' Schulter gelegt, zur Tür. »Muss das unbedingt jetzt sein?«, fragte er.

»Ich glaube schon. Die Air Force hat bereits eine Rettungsaktion eingeleitet, braucht aber Ihr Okay.«

»Warum kann ich die Genehmigung nicht gleich hier erteilen?«

»Das würde ich nicht tun, Mr. President«, widersprach Jack Rollins. »Es gibt noch einige ungeklärte Punkte.«

Cavanaugh nickte. »Gut. Zehn Minuten.«

»Soll ich Sie holen lassen?«

»Nein, Jack. Ich muss zuerst dieses Gespräch beenden. Ich komme, so schnell ich kann.«

Rollins schlüpfte hinaus, während der Präsident sich erneut seinen Besuchern widmete.

Wieder drängten sich im Oval Office die besorgten Berater und starrten auf die Uhr. General Davidsen stand, einen Telefonhörer am Ohr, neben Jack Rollins am Schreibtisch des Präsidenten. Pressesprecherin Diane Beecher und Sicherheitsberater Roger Villems saßen auf einem Sofa; ihnen gegenüber hatten sich der stellvertretende Justizminister und der stellvertretende Außenminister niedergelassen.

Am Kamin stand, tief in Gedanken versunken, das neueste Mitglied der Regierung. Michael Goldboro, Cavanaughs Assistent für nationale Sicherheitsfragen, hatte sämtliche Berichte gelesen und das Abkommen zur Ächtung der Folter studiert, bevor er auf besondere Bitte des Präsidenten hierher geeilt war. Er war ein zurückhaltender Mann mit wachem, argwöhnischem Blick, hatte lange Zeit als Professor in

Georgetown gelehrt und eine lange Liste anerkannter Bücher und Abhandlungen über die Geschichte und die Zukunft staatsmännischen Handelns veröffentlicht. Präsident Cavanaugh schätzte ihn sehr, obwohl die Absolventen der Eliteuniversitäten in der momentanen Regierung sowie die Anhänger der Demokraten fanden, dass er Henry Kissinger, der früher einmal dieses Amt innegehabt hatte, nicht das Wasser reichen konnte. Goldboro wusste von dieser Ablehnung und überlegte sich deshalb genau, mit wem er sich anlegte.

General Davidsen nahm den Hörer vom Ohr und winkte Jack Rollins herbei.

»Die Zeit wird allmählich knapp, Jack.«

»Das brauchen Sie mir nicht zu sagen.«

»Die C-17 steht auf der Rampe und wartet, doch der Kommandant des Stützpunkts, ein Hauptmann der Navy, teilt mir mit, eine Delegation aus Catania stehe vor dem Tor. Ein Amtsrichter, einige Polizisten und ein Vertreter der Carabinieri seien auch dabei. Außerdem berichtet er, man habe ihn unter Druck gesetzt, einen Privatjet und eine unbesetzte Chartermaschine, beide aus Rom, landen zu lassen.«

Rollins nickte. »Ist alles zum Umsteigen bereit?«

»Präsident Harris steht parat. Ich habe gerade mit ihm gesprochen. Unsere Mannschaft wird die Triebwerke anwerfen und starten, sobald er an Bord ist. Sie haben beide Maschinen mit Sicherheitsleuten der Navy umzingelt, doch niemand versucht, gewaltsam … Moment mal.«

Der General hielt sich wieder den Hörer ans Ohr, lauschte und drehte sich dann zu Rollins um.

»Jetzt stellen sie Forderungen, Jack. An Bord des Privatjets befindet sich ein Vertreter des italienischen Außenministeriums. Er verlangt, dass der Kommandant des Stützpunkts sich raushält und die 737 mit allen Passagieren, einschließlich des Präsidenten, den italienischen Behörden übergibt.«

»Wer befehligt den Stützpunkt?«

»Hauptmann Swanson.«

»Bittet er um Anweisungen?«

»Noch nicht. Er hat ihnen mitgeteilt, dass dieser Stützpunkt unter den Zuständigkeitsbereich der U.S. Navy fällt und dass jeder Versuch, ihn unbefugt zu betreten, mit Waffengewalt beantwortet wird.«

»Starke Worte.« Er drehte sich zu der Sitzgruppe um, wo Rudy Baker sich gerade angeregt unterhielt.

»Rudy, dürfte ich Sie um Hilfe bitten?«, fragte Rollins.

»Der Stützpunktkommandant ist nicht befugt, der italienischen Polizei den Zutritt zu verwehren«, erwiderte Baker, nachdem General Davidsen ihm die Lage geschildert hatte. Inzwischen hatte Alex McLaughlin sich zu ihnen gesellt.

»Was soll das heißen, er hat nicht das Recht, sich zu weigern?«, erkundigte sich der General.

»Es geht hier nicht um amerikanischen Boden, meine Herren, sondern um italienischen«, entgegnete Baker stirnrunzelnd.

»Es ist ein geleaster Stützpunkt, Mr. Baker«, sagte der General.

»Geleast schon, aber dennoch italienischem Recht unterstellt. Lassen Sie mich mit ihm reden«, meinte Baker und nahm den Telefonhörer vom General entgegen.

»Hauptmann Swanson, wenn die Italiener darauf bestehen, den Stützpunkt zu betreten, dürfen Sie sie nicht daran hindern.«

Er lauschte aufmerksam und schüttelte den Kopf. »Nein, Hauptmann, jetzt hören Sie mir zu. Sie sind gesetzlich nicht dazu berechtigt, dieses Gelände abzusichern, als wäre es amerikanisches Territorium. Falls Ihre Befehle anders lauten, handelt es sich um einen Irrtum. Wenn Sie auf Ihrem Standpunkt beharren, werden Sie uns in große diplomatische Schwierigkeiten mit den Italienern bringen.«

Baker sah Jack Rollins an und verdrehte die Augen, bevor er dem Kommandanten ins Wort fiel. »Ich … ich … Verzeihung, Hauptmann, darf ich auch mal was sagen? Danke. Ich weiß, dass ich nicht Ihr direkter Vorgesetzter bin, okay? Aber ich versuche, Ihnen den Ernst der Lage klarzumachen. Die Italiener haben uns dieses Gelände nicht abgetreten, sondern nur vermietet. Vor allem Sie sollten das Streitkräfteabkommen mit Italien kennen, da es Ihre Aufgabe ist, sich daran zu halten. Wenn Sie so weitermachen, sorgen Sie höchstens dafür, dass wir rausgeschmissen werden und den Stützpunkt schließen müssen. Man muss die Sache mit Takt behandeln.«

Rudy Baker lauschte und nickte. »Gut. Wir informieren Ihren Vorgesetzten. Aber bis dahin vergessen Sie bitte nicht, dass Sie auf einem Drahtseil balancieren.«

Er senkte den Hörer und fasste zusammen, was ihm berichtet worden war: »Er sagt, er lässt sie nach NAS-Eins, das ist ein Teil des Stützpunkts, der etwa sechs Kilometer vom Flugbetrieb entfernt ist. Doch nach NAS-Zwei, wo die Rampe und das Flugzeug sich befinden, dürfen sie nicht. Angeblich sind die Italiener damit einverstanden, NAS-Zwei nicht ohne seine Zustimmung zu betreten.« Baker hob den Telefonhörer. »Hauptmann Swanson, bitte bleiben Sie dran.« Dann gab er dem General das Telefon zurück und wandte sich an Jack Rollins und Alex McLaughlin. »Falls wir Harris da rausholen wollen, sollten wir das sofort tun. Ansonsten manövrieren wir uns in eine Zwickmühle. Wenn wir Präsident Harris jetzt in den Air-Force-Jet setzen und starten, können wir uns hinterher immer noch dafür entschuldigen, dass wir nicht um Erlaubnis gebeten haben. In zehn oder zwanzig Minuten jedoch wird man jede Rettungsaktion als direkten Affront gegen die Souveränität Italiens werten. Und ich wette meinen Schreibtisch darauf, dass sie uns sofort den Leasingvertrag für den Stützpunkt kündigen.«

»Wir brauchen die Genehmigung des Präsidenten«, wandte Jack Rollins ein. »Oder ist jemand anderer Meinung?«

»Außerdem sollte jemand, wenn nicht sogar der Präsident selbst, den Oberkommandierenden der Navy informieren, damit dieser Cowboy in seine Schranken gewiesen wird«, fügte Baker hinzu.

»Entschuldigen Sie, Sir«, sagte General Davidsen spitz und hielt die Hand über den Hörer, »doch ich bin der Ansicht, dass Hauptmann Swanson die Dinge großartig im Griff hat und sich in dieser schwierigen Situation wacker schlägt.«

Seufzend hob Rudy Baker die Hand. »Entschuldigen Sie, General. Ich habe mich unglücklich ausgedrückt.«

Eine Assistentin der Pressesprecherin kam herein und flüsterte ihrer Chefin etwas ins Ohr. Sofort stand Diane Beecher auf und schaltete den Fernseher links neben dem Schreibtisch des Präsidenten ein.

»Ich bitte um Ruhe. Jetzt haben die Medien Wind von der Sache bekommen«, rief sie.

Verschiedene Archivaufnahmen von Präsident Harris und alte Berichte aus seiner Amtszeit liefen in einem Kasten über den Bildschirm, während der Nachrichtensprecher von der mutmaßlichen Entführung, der unsicheren Lage und neuen

Informationen aus einer Quelle in Rom berichtete, wonach gegen Präsident Harris ein Haftbefehl erlassen worden sei.

Wir senden jetzt live per Satellit Bilder des italienischen Fernsehens ... offenbar stellt die Aufnahme die Boeing 737 der EuroAir dar, in der sich der ehemalige Präsident John Harris befindet. Die Maschine, von deren Entführung ursprünglich ausgegangen wurde, steht zur Stunde auf einem amerikanischen Navy-Stützpunkt namens Sigonella auf Sizilien.

Man konnte deutlich die C-17 der Flugbereitschaft neben einer P-3 Orion sehen; auf der anderen Seite war die 737 zu erkennen.

»Ist ja großartig!«, murmelte Jack Rollins. »Unsere hübsche kleine Geheimaktion in Farbe.« Er winkte seine Sekretärin heran, die in diskretem Abstand gewartet hatte.

»Sagen Sie dem Präsidenten, dass ich ihn sofort hier brauche. Die Lage spitzt sich zu, und wir müssen eine Entscheidung fällen.«

An Bord von EuroAir 42, Marineflieger-Stützpunkt Sigonella, Sizilien

Eine fahrbare Treppe war zum Vordereingang der 737 gerollt worden. Nachdem der Kommandant darum gebeten hatte, an Bord kommen zu dürfen, gab Craig die Erlaubnis, die Tür zu öffnen.

Hauptmann Swanson und Craig Dayton besprachen sich kurz

an der Tür. Dann wurde der Navy-Offizier in die erste Klasse geführt und Präsident Harris vorgestellt.

John Harris, der immer noch den Telefonhörer in der Hand hielt, reichte diesen an Sherry weiter und erhob sich, um Swanson zu begrüßen und zu erfahren, wie der Kommandant die Lage einschätzte.

»Wird man mich daran hindern, in die C-17 umzusteigen?«, fragte er ruhig.

Hauptmann Swanson schüttelte den Kopf. »Wir haben es mit zwei Gruppen zu tun. Die eine kommt aus Catania und erhält ihre Anweisungen telefonisch aus Rom. Die andere ist etwas kleiner und in einem Lear-Jet aus Rom eingetroffen. Bei einem der Passagiere handelt es sich, wie ich glaube, um einen Mitarbeiter des italienischen Außenministers. Der andere Mann ist ziemlich groß, ein ziviler Anwalt, der, wie es heißt, Peru vertritt.«

»Das ist bestimmt Stuart Campbell.«

»Richtig. Ich habe sie in mein Büro im anderen Teil des Stützpunkts gebracht, den wir NAS-Eins nennen. Sie werden dort bewacht.«

»Anderer Teil des Stützpunkts?«

»Er befindet sich etwa sechs Kilometer entfernt, dazwischen liegt italienisches Gebiet, wo Schafe grasen. Campbell und der Vertreter des Außenministeriums streiten erbittert über ihre Zuständigkeiten. Campbell denkt, er könne hier einfach reinstürmen und Sie aus dem Flugzeug holen. Die Italiener sind der Ansicht, sie dürften während der Dauer des Leasingvertrages kein Gebiet betreten, das wir als Sicherheitszone eingestuft haben, also den Flugbereich. Ich persönlich finde, dass sie nicht das Recht haben, überhaupt einen Fuß auf irgendeinen Teil des Stützpunkts zu setzen, solange ich es nicht erlaube. Und das habe ich nur getan, weil mich das Weiße Haus unter Druck gesetzt hat. Zu guter Letzt, Sir, beharrt der italienische Vertreter darauf, dass Campbell, selbst wenn er richtig liegt und die Rampe betreten darf, nicht berechtigt ist, sich Zutritt zu einem ausländischen Flugzeug zu verschaffen.«

»Offen gestanden haben sie das Recht«, sagte der ehemalige Präsident. »Dass ein Flugzeug im Ausland registriert ist, ist rechtlich unbedeutend, wenn es auf fremdem Boden steht. Vielleicht wollen die Italiener die Sache ja verschleppen, damit ich Zeit habe zu verschwinden.«

»Auf diesen Gedanken bin ich auch schon gekommen, Mr. President. Und wenn das stimmt, sollten wir uns umso mehr beeilen.«

»Einverstanden. Mit allem Respekt, Hauptmann Swanson, möchte ich Ihren Stützpunkt lieber ein andermal besichtigen. Was tun wir jetzt?«

»Tja, Sir, wir warten nur noch auf die offizielle Genehmigung aus dem Weißen Haus. Wenn Sie erst mal an Bord sind, wird niemand versuchen, die C-17 zu stoppen. Ich könnte Sie sofort zur Maschine bringen lassen, allerdings hatte ich gerade ein ziemlich unangenehmes Gespräch mit einigen Leuten im Weißen Haus. Also sollten wir wahrscheinlich lieber abwarten, um sicherzugehen, dass sie den ganzen Papierkram erledigt haben.«

»Es fehlt nur noch Präsident Cavanaughs Genehmigung«, verkündete Sherry, die immer noch den Hörer am Ohr hatte. »Es kann nicht mehr lange dauern. Er ist auf dem Weg ins Oval Office, um grünes Licht zu geben.«

Über das kleine Funkgerät an seinem Gürtel wurde der Hauptmann verlangt.

»Hier Swanson. Schießen Sie los«, meldete sich der Kommandant.

»Sir«, begann eine aufgeregte Stimme, »vor dem Haupttor von NAS-Zwei steht eine Wagenkolonne. Zwei der Autos wollen rein, angeblich sind es Fahrzeuge der italienischen Behörden.«

»Was für Fahrzeugtypen?«

»Äh … Sir, zwei sind Militärjeeps, einer sieht aus wie ein Subaru, und zwei sind offenbar gepanzerte Mannschaftswagen.«

»Wer stellt die Forderung?«

»Mr. Campbell in Ihrem Büro. Und am Haupttor sagen sie dasselbe.«

Der Offizier überlegte eine Weile und erinnerte sich an die Worte des stellvertretenden Außenministers. Er hob das Funkgerät.

»Okay, hören Sie. Lassen Sie einen Jeep vom Sicherheitsdienst zum Haupttor kommen, der die Leute nach NAS-Eins eskortieren soll, und zwar zum Parkplatz vor meinem Büro. Woanders fahren die nicht hin. Aber durchsuchen Sie die Leute zuerst auf Waffen, auch die Soldaten in den Mannschaftswagen. Alle Waffen, die sie bei sich haben, müssen entladen werden.«

»Aye, aye, Sir.«

Der Hauptmann senkte das Funkgerät, trat hinaus auf die Treppe und winkte einen Leutnant zu sich, der die Stufen heraufgeeilt kam.

»Jerry, wie groß sind Sie?«

»Eins dreiundsiebzig, Sir.«

»Gut. Bleiben Sie hier.«

Er kehrte zum Platz des Präsidenten zurück. »Sir, wie groß sind Sie?«

»Eins fünfundsiebzig, Hauptmann. Warum?«

»Ich möchte etwas ausprobieren. Könnten Sie mir kurz Ihr Sakko leihen?«

»Ich frage besser nicht nach dem Grund.«

»Noch nicht.«

»Was passiert jetzt mit diesen Fahrzeugen?«, erkundigte sich Präsident Harris.

»Ich weiß nicht genau, Sir«, erwiderte Swanson. »Aber es könnte mehr sein als eine Machtdemonstration. Das werde ich schon noch rauskriegen.«

15

Marineflieger-Stützpunkt Sigonella,
Büro des Kommandanten, Montag, 17:55

Stuart Campbell stand in einer Ecke von Hauptmann Swansons Büro und blickte aus dem Fenster auf den einige Kilometer entfernten Flugbereich. Am Satellitentelefon sprach er mit dem Geschäftsführer der Fluggesellschaft EuroAir in Frankfurt.

»Nein, Herr Niemann, ich versuche nicht, Ihnen vorzuschreiben, wie Sie Ihr Unternehmen führen sollen, aber Sie haben eindeutig ein Problem. Sie müssen Ihre Piloten anweisen, sofort sämtliche Passagiere aussteigen zu lassen. Außerdem sollten Sie sie warnen, dass es ernsthafte Folgen hat, einen Mann zu schützen, der inzwischen vor dem Gesetz auf der Flucht ist – was wir übrigens hauptsächlich dem Verhalten Ihrer Besatzung zu verdanken haben.«

Der Anruf in Frankfurt war zwar nur ein Versuchsballon, aber es konnte ja nicht schaden, ein wenig Druck auszuüben.

»Dazu haben wir keine Zeit, Herr Niemann. Sie müssen den Befehl telefonisch von Frankfurt aus erteilen. Wenn Sie erst herfliegen, ist es zu spät.«

Es ist zwecklos, dachte er und beendete das Gespräch so freundlich wie möglich. Als ein Beamter der Carabinieri hereinkam, drehte er sich um.

»Signor Campbell?«, fragte der Mann auf Italienisch.

»Sì, Stuart Campbell«, erwiderte dieser und stellte fest, dass Giuseppe Anselmos Stellvertreter nicht dabei war.

»Ich habe die Anweisung, Ihnen zu helfen, Signore«, erklärte der Mann und spulte rasch die Liste der Männer und Ausrüstungsgegenstände herunter, die am Tor des Flugplatzes bereitstanden. »Man hat meinen Leuten gesagt, dass sie hierher kommen und nicht zum Flugplatz fahren sollen.«

»Major, ich möchte, dass Sie den Fahrern befehlen, langsam auf das Gelände von NAS-Zwei zu fahren und sich zum Flugbereich zu begeben, ohne auf die Proteste der Navy zu hören. Ignorieren Sie die Navy einfach; ich versichere Ihnen, dass man nicht auf Sie schießen wird. Und wenn Sie einen Zaun niederwalzen müssen, lassen Sie sich davon nicht abhalten.«

»In Ordnung.«

»Vor dem Flugbereich selbst befindet sich wieder ein Tor. Fahren Sie nicht hinein, sondern warten Sie dort auf weitere Anweisungen. Außerdem …«

Er nahm ein zweites Mobiltelefon aus seinem Aktenkoffer und reichte es dem Major.

»Bitte gehen Sie ran, wenn es läutet. Ich gebe Ihnen dann neue Instruktionen.«

Der Major nickte und zog sich zurück. Im nächsten Moment betrat ein finster dreinblickender Mann in einem gut geschnittenen Nadelstreifenanzug den Raum.

»Was hat das zu bedeuten, Mr. Campbell?«, erkundigte sich Giuseppe Anselmos erster Stellvertreter.

»Tja, Mr. Sigerelli, ich habe die Carabinieri gebeten, die Angelegenheit zu beschleunigen und die Anweisung der Navy, zu dieser Seite des Stützpunkts zurückzukehren, zu missachten. Stattdessen sollen sie vor dem Flugbereich Posten beziehen.«

»Mr. Campbell, ich muss Ihnen mitteilen, dass ich gerade nebenan mit meiner Regierung telefoniert habe.«

»Ja, Sir, das weiß ich. Ich habe heute Morgen mit Giuseppe gesprochen und bin mir darüber im Klaren, dass er von Rom aus Regie führt.«

»Sind Sie auch darüber informiert, dass der Befehl, den Flugbereich dieses Stützpunktes nicht zu betreten, von Mr. Anselmo und der Führungsebene unserer Regierung kommt?«

»In der Tat, und ich habe nicht die Absicht, dagegen zu verstoßen, bis ich Sie alle davon überzeugen kann, dass Sie den Leasingvertrag mit den Vereinigten Staaten völlig falsch deuten. Dieser Stützpunkt und der Flugbereich sind Ihr Eigentum.«

»Das entspricht nicht der derzeitigen Position der italienischen Regierung, Mr. Campbell. Bitte erteilen Sie italienischen Beamten keine Befehle, ohne sich zuvor mit mir abzusprechen.«

»Wie Sie möchten. Wenn Sie nichts dagegen haben, würde ich gerne persönlich mit Giuseppe reden.«

»Bitte sehr!«, sagte Sigerelli und wies auf den Flur. »Tun Sie sich keinen Zwang an.«

Die Versuchung, im Lageraum anzurufen, wurde allmählich unerträglich, dann endlich läutete das Telefon. Jay griff danach und hörte zu seiner Erleichterung Sherry Lincolns Stimme.

»Mr. Reinhart, ich habe eine Verbindung zu Feldwebel Jones im Lageraum. General Davidsen wurde ins Oval Office gebeten. Feldwebel Jones bleibt am Apparat und ich ebenfalls, wenn Sie Ihre Leitung freihalten.«

Jay schaltete den kleinen Fernseher auf der Anrichte an, stellte CNN ein und erkannte zu seinem Erstaunen den Flugbereich von Sigonella auf dem Bildschirm.

Am Telefon waren Stimmengewirr und Geräusche zu hören.

»Was ist los, Sherry?«, fragte Jay.

»Der Präsident spricht noch mit dem Kommandanten des Stützpunktes. Außerdem schleppen sie das Flugzeug weg, das zwischen uns und der C-17 steht.«

»Ich sehe es gerade im Fernsehen«, sagte er. »Und ich beobachte noch etwas, Sherry. Der Kameramann hält auf eine Reihe von … Fahrzeugen, die auf der einen Seite des Flugbereichs warten. Sie befinden sich noch außerhalb, stehen aber offenbar an einem Tor.«

»Was für Fahrzeuge?«, erkundigte sie sich.

»Gepanzerte Mannschaftswagen, Jeeps und noch ein paar andere. Hat jemand versucht, den Präsidenten zu überreden, das Flugzeug zu verlassen und zum Beispiel in die Offiziersmesse zu gehen?«

»Nein.«

»Ich kann die Markierung nicht lesen, aber ich bin sicher,

dass sie nicht hier sind, um ihm beim Umsteigen in die C-17 zu helfen.«

Als der Kameramann im Hubschrauber des Nachrichtensenders das Bild näher heranholte, erkannte Jay einige Soldaten, die sich offenbar mit dem Schloss des Tores abmühten, welches sie von der 737, der C-17 und dem Präsidenten trennte.

»Okay, Sherry, jetzt wird es ernst. Ich würde empfehlen, Harris sofort an Bord der C-17 zu bringen, bevor die Autos den Flugbereich erreichen.«

»Moment bitte«, sagte sie. Kurz darauf war sie wieder am Apparat.

»Der Kommandant des Stützpunkts möchte auf eine Bestätigung aus dem Weißen Haus warten. Seine Männer bewachen den Rand des Flugbereichs.«

»Sherry, falls dort wirklich jemand Wache steht, ist im Fernsehen nichts zu sehen. Niemand schreitet gegen die Soldaten am Tor ein. Ich habe den Eindruck, dass die Maschine gestürmt werden soll. In diesem Fall kommen sie entweder an Bord und holen John raus, oder sie umzingeln das Flugzeug, damit er nicht in die C-17 umsteigen kann. Wenn er sich jedoch bereits an Bord der C-17 befindet, sind sie machtlos. Bitte, er muss schleunigst raus!«

»Verstanden.«

»Feldwebel Jones, sind Sie noch dran?«, fragte Jay.

»Ja, Sir«, erwiderte eine Stimme in zackigem Ton.

»Können Sie General Davidsen an den Apparat holen?«

»Er ist im Oval Office, Sir. Augenblick.«

Eine knappe Minute später meldete sich der General.

»Hier spricht Jay Reinhart, General. Wir haben ein Problem.«

Er schilderte in knappen Worten, was er am Zaun beobachtet hatte. »Können Sie nicht selbst die Genehmigung erteilen, Präsident Harris sofort in die C-17 umsteigen zu lassen?«

»Moment bitte, Mr. Reinhart«, erwiderte der General. Im Hintergrund wurde eilig konferiert.

»Okay«, sagte Davidsen schließlich. »Es sieht folgendermaßen aus: Präsident Cavanaugh ist auf dem Weg ins Oval Office, um sein Okay zu geben. Und wir müssen noch ein paar Sekunden warten, bis er hier ist.«

»Vielleicht haben wir diese Sekunden nicht mehr, General. Haben Sie zufällig die Berichte von CNN gesehen?«

»Ja, bei uns läuft der Fernseher, ich kenne die Aufnahme, Mr. Reinhart, aber sie haben das Tor noch nicht durchbrochen. Also haben Sie Geduld.«

An Bord von EuroAir 42, Marineflieger-Stützpunkt Sigonella, Sizilien

Wie versprochen war Craig Dayton in die zweite Klasse zurückgekehrt, um die aufgebrachten Passagiere zu beruhigen. Die Wut drohte auf die erste Klasse überzugreifen und das kurz bevorstehende Umsteigen des Präsidenten zu gefährden. Deshalb sicherte Geheimagent Matt Ward den Durchgang zur ersten Klasse, denn er machte sich zunehmend Sorgen, drei der am meisten erbosten Fluggäste, alles europäische Männer, könnten sich ausgerechnet dann auf ihn stürzen, wenn er den Präsidenten zur C-17 begleiten musste. Er beobachtete den Kapitän, der langsam den Gang entlangschritt, die Leute beschwichtigte und ihnen die Lage erklärte, ohne irgendwelche Einzelheiten preiszugeben. Allerdings schien diese Strategie nicht zu funktionieren.

Entnervt schob Craig sechs oder sieben Männer beiseite, die aufgestanden waren, und stampfte zurück zum vorderen Teil der Maschine, wo am Spant ein kleines Bordmikrofon hing.

Meine Damen und Herren, hier spricht Kapitän Dayton. Bitte schauen Sie nach vorne. Ich stehe hier im vorderen Teil der Kabine. Ich möchte, dass Sie mir gut zuhören. In den nächsten zwanzig bis dreißig Minuten werden wir im Mittelpunkt einer größeren diplomatischen Krise zwischen der italienischen Regierung und der der Vereinigten Staaten stehen. Vielleicht haben Sie die Hubschrauber der Nachrichtensender bemerkt, die über uns schweben. Wie man mir gesagt hat, kommen Sie gerade im Fernsehen, und die ganze Welt sieht Ihnen zu. In ein paar Minuten wird Präsident Harris in den großen Jet der Air Force umsteigen, der dort neben uns steht. Anschließend können Sie alle die Maschine verlassen, und wir werden uns mit der Frage beschäftigen, wann wir Sie nach Rom zurückfliegen oder direkt an Ihren Zielort bringen können. Doch niemand rührt sich von seinem Platz, bis der Präsident von Bord ist. Denjenigen unter Ihnen, die wütend und aufgebracht sind, kann ich nur sagen, dass es die Angelegenheit auch nicht beschleunigt, wenn Sie mich, die Flugbegleiterinnen oder andere Passagiere anschreien. Denen, die geduldig und verständnisvoll reagieren, gilt mein aufrichtiger Dank. Wir versuchen, das Problem so schnell wie möglich zu lösen.

Craig legte das Mikrofon weg und stellte zu seiner Erleichterung fest, dass die meisten sich wieder setzten. Nachdem er sich vergewissert hatte, dass alles einigermaßen unter Kontrolle war, kehrte er in die erste Klasse zurück. Dort bemerkte er zu seiner Überraschung, dass Präsident Harris im Cockpit verschwand. Alastair stand an der Tür.

»Jemand hat ihn auf unserem Satellitentelefon im Cockpit angerufen«, erklärte Alastair. »Ein Typ namens Campbell.«

Harris ließ sich auf dem Sitz des Kopiloten nieder.

»Nun, Stuart, Sie sind offenbar ein viel beschäftigter Mann«, meinte er.

»Und Sie, Mr. President, haben sich in den letzten Stunden als erstaunlich gerissen entpuppt.«

»Warum rufen Sie mich an? Eigentlich ist es Sitte, dass ein Anwalt seine Kontakte auf die Anwälte der Gegenseite beschränkt.«

»Mir war nicht klar, dass Sie die Zeit hatten, sich einen Anwalt zu nehmen. Natürlich werde ich mich mit ihm und seiner Kanzlei in Verbindung setzen, allerdings nur der Höflichkeit halber. Schließlich geht es hier um einen Straftatbestand, Mr. President, und ich vertrete lediglich den Kläger, also Peru. Übrigens sollten Sie wissen, dass ich schlagkräftige Beweise habe. Deshalb habe ich Sie angerufen – nur um Ihnen persönlich mitzuteilen, dass Sie die Sache nicht auf die leichte Schulter nehmen sollten.«

»Wovon reden Sie, Stuart?«

»Wir wissen, dass Sie im Oval Office waren, als der Befehl für die Razzia gegeben wurde, und zwar gleich nach den ersten Ermittlungsergebnissen der CIA. Außerdem wissen wir, dass der Versuch unternommen wurde, vorzutäuschen, an

146

besagtem Tag hätte niemand aus Langley einen Fuß ins Weiße Haus gesetzt. In Wahrheit jedoch war ein hochrangiger Mitarbeiter der CIA anwesend, und Sie haben ihn mit der Weitergabe des Befehls beauftragt.«

»Ich habe niemals, weder direkt noch indirekt, den Befehl zu einer Razzia erteilt«, zischte John Harris. »Und ich habe nicht vor, mich mit Ihnen auf eine Diskussion über diesen bodenlosen Unsinn einzulassen. Meiner Ansicht nach erübrigt sich ein weiteres Gespräch.«

»Das finde ich keineswegs. Ich kenne Sie als Staatsmann, John, und es ist unter Ihrer Würde, vor diesem Prozess davonzulaufen. Da Sie keinen Stabschef mehr haben, der Sie daran erinnert, übernehme ich diese Aufgabe gern.«

Harris lachte leise. »Jetzt wollen Sie mir wohl ein schlechtes Gewissen einreden, damit ich mich der peruanischen Justiz ans Messer liefere. Verschonen Sie mich, Stuart, dazu müssten Sie mich inzwischen zu gut kennen. Erwarten Sie etwa, dass ich mich in einem Schauprozess gegen an den Haaren herbeigezogene Anklagepunkte verteidige? Vor einem Diktator in Lima, der geschworen hat, mich hinrichten zu lassen? Verschwenden Sie nicht Ihre Zeit.«

»Wir sind in Italien, Mr. President, und ich verlange, dass Sie sich der italienischen Justiz stellen und es einem italienischen Gericht überlassen, zu entscheiden, ob und wann Sie nach Lima ausgeliefert werden. Ich kann Ihnen versichern, dass Peru trotz des miserablen Rufs seines Präsidenten und seiner Gerichte ein zivilisiertes Land ist, das sich an internationale Gesetze und das fragliche Abkommen hält – was mehr ist, als man von den Vereinigten Staaten behaupten kann. Der John Harris, den die Welt kennt … der Moralist und Staatsmann …

würde das Richtige tun und diese kleine Fluchtaktion abblasen. Denn diese ist unter der Würde des vielleicht einzigen
amerikanischen Präsidenten, der je eine Wiederwahl abgelehnt hat. Übrigens fand ich Ihr Engagement für eine einmalige sechsjährige Amtszeit schon immer bewundernswert und
historisch bahnbrechend.«

»Ich sehe keinen Sinn in diesem Gespräch, Sir William, und
Ihre doppeldeutigen Komplimente interessieren mich nicht.
Sie sind ein zu guter Anwalt, um mit italienischen Gerichten
schachern zu müssen. Sie hatten alles geplant, aber nicht
damit gerechnet, dass ich Ihnen entwischen würde.«

»Sie sind mir noch nicht entwischt. Sie sind noch hier, ganz in
meiner Nähe.«

»Provozieren Sie keinen diplomatischen Konflikt, Stuart.
Den können Sie nämlich nicht gewinnen. Vor fünfzehn Jahren haben Sie es auch nicht geschafft, und Sie werden wieder
scheitern.«

»Das ist Schnee von gestern. Für einen Republikaner, der
einen demokratischen Präsidenten um Hilfe bittet, sind Sie
ganz schön großspurig. Sicher wissen Sie, dass Ihre Hoffnung
in Präsident Cavanaugh enttäuscht werden wird.«

»Für gewöhnlich sehen es amerikanische Präsidenten nicht
gern, wenn ihre Amtsvorgänger misshandelt, verhaftet oder
in Schauprozessen vorgeführt werden. Guten Tag, Stuart. In
Zukunft setzen Sie sich bitte mit meinem Anwalt Mr. Reinhart in Verbindung.« Er gab ihm die Nummer in Wyoming
und hängte ein. Dann stand er auf und kehrte sichtlich erbost
an seinen Platz zurück.

»Was ist passiert?«, fragte Sherry.

Doch statt ihr zu antworten, ließ er die Ereignisse, die zu dem tragischen Zwischenfall in Peru geführt hatten, im Geiste noch einmal Revue passieren.

»In ein paar Minuten ist es so weit«, riss Sherry ihn aus seinen Gedanken.

Seufzend rieb er sich die Augen. »Hoffentlich, Sherry. Ich will unbedingt hier raus.«

16

Präsident Jake Cavanaugh kam ins Oval Office gestürmt und wies die Pressesprecherin an, den Fernseher leiser zu stellen.

»Also gut, meine Damen und Herren. Was muss ich wissen, bevor wir Harris da rausholen?«

Jack Rollins fing den Blick des Präsidenten auf und deutete auf den Bildschirm.

»Schauen Sie sich das an, Sir. Die ganze Welt kann es in Farbe mitverfolgen.«

Der Präsident drehte sich mit verschränkten Armen zum Fernseher um. »Welcher Sender ist das? CNN?«

»Leider ja.« Rollins schilderte ihm rasch die Lage.

Der Präsident musterte die Anwesenden.

»Ist denn niemand aus Langley hier?«

»Der Direktor befindet sich gerade auf dem Weg von New York hierher. Ich habe nicht darauf bestanden, dass sie seinen Stellvertreter schicken«, erwiderte Rollins.

»Die CIA muss sich so schnell wie möglich mit der Angelegenheit befassen.« Cavanaugh sah Jack Rollins an und wies kopfschüttelnd auf den Fernseher. »Anscheinend brauchen wir das Nationale Amt für Aufklärung nicht, schließlich liefert CNN uns ja die Bilder.«

»Die Welt hat sich verändert«, meinte Rollins.

»Was sagen die Italiener?«, wandte sich der Präsident an den stellvertretenden Außenminister Rudy Baker.

»Sir, sie haben eine offizielle Anfrage an unseren Außenminister gerichtet und bitten um Erlaubnis, den Flugbereich betreten zu dürfen, um den Haftbefehl zuzustellen und die Festnahme durchzuführen. Interessanterweise gibt die italienische Regierung vor, laut Leasingvertrag nicht dazu berechtigt zu sein. Da das nicht den Tatsachen entspricht, wollen sie uns vermutlich helfen, Zeit zu gewinnen. Offenbar möchten sie mit diesen Leuten auch nichts zu tun haben.«

»Das ist wirklich eine nette Gesellschaft«, brummte der Präsident. »Wir handeln uns also keine Schwierigkeiten mit Rom ein, wenn wir Harris da rausholen?«, erkundigte er sich.

»Nein, Sir, keine nennenswerten.«

»Ist der Außenminister im Bilde?«

»Ja, Sir. Zurzeit fliegt er über irgendeine gottverlassene Ecke von Australien. Doch ich habe ihm die Lage eingehend geschildert, und er glaubt ebenfalls, dass die Italiener uns die Zeit geben wollen, Harris aus Italien rauszuschaffen. Das heißt zwar nicht, dass Rom nicht ein großes Gezeter anstimmen und uns eine Weile in der Öffentlichkeit die Hölle heiß machen wird, doch unser Stützpunkt ist dadurch nicht in Gefahr.«

Der Präsident nickte. Im selben Moment stieß Diane Beecher, die an seinem Schreibtisch saß und weiter den Bildschirm beobachtete, einen Schreckensschrei aus. »Ein Fahrzeug kommt durch das Tor!«

Der Präsident drehte sich zum Fernseher um. »Offenbar aber nur eines. Vielleicht ein Dienstwagen?«

»Könnte sein, Sir«, erwiderte Beecher. »Die übrigen Fahrzeuge stehen immer noch da.«

»Was soll ich tun, Jack?«, fragte der Präsident seinen Stabschef.

»Die erste Möglichkeit wäre, dass Sie den Befehl erteilen, ihn sofort da rauszuholen. Zweitens könnten wir die Italiener unter Druck setzen, damit sie das Abkommen ignorieren und ihn mit einer gecharterten Maschine ausfliegen lassen, denn Linienmaschinen landen dort nicht. Die dritte Option wäre, seine Verhaftung abzuwarten, offiziell nichts zu unternehmen und dann dafür zu sorgen, dass dieser Haftbefehl durch die tatkräftige Unterstützung des Justiz- und des Außenministeriums außer Kraft gesetzt wird. Und viertens könnten wir auch einfach die Hände in den Schoß legen und der so genannten Gerechtigkeit ihren Lauf lassen.«

»Die vierte Alternative ist Unsinn, Jack.«

»Sie wollten sämtliche Möglichkeiten hören; außerdem haben wir dieses Gespräch schon einmal geführt, Sir.«

»Bringt es uns irgendwelche Vorteile, wenn wir auf Zeit spielen und verhandeln?«, wandte sich der Präsident an die anderen. »Hat jemand einen Vorschlag?«

Seufzend schüttelte Rudy Baker den Kopf. »Nein, Mr. President.«

»Also habe ich nur zwei Möglichkeiten: ihn zu retten oder es bleiben zu lassen.« Schweigend starrte Präsident Cavanaugh an die Wand, bevor er wieder Jack Rollins ansah. »Wie soll ich vorgehen?«

»Was meinen Sie damit, Sir? Um ihn rauszuholen?«

»Ja. Was sollte ich in diesem Fall tun?«

»Geben Sie mir einfach grünes Licht, Mr. President«, meldete sich General Davidsen zu Wort, als plötzlich vom anderen Ende des Raumes eine Stimme zu hören war.

»Einen Moment noch, Mr. President.«

Der nationale Sicherheitsberater Michael Goldboro war von seinem Platz neben dem Kamin aufgestanden. Der Präsident und der General drehten sich verdattert um. »Die Zeit wird knapp, Sir«, sagte Davidsen.

Der Präsident bat ihn mit einer Handbewegung um Geduld und sah Goldboro auffordernd an.

»Was gibt es, Mike?«

»Es wäre ein Fehler, Mr. President«, meinte Goldboro ruhig. Das allgemeine Stimmengewirr verstummte, als alle Anwesenden sich aufmerksam zu Goldboro umwandten.

»Erklären Sie mir das bitte«, erwiderte der Präsident.

»Überlegen Sie mal, welche Botschaft wir der Welt übermitteln würden, wenn wir Präsident Harris einfach in einer Maschine der amerikanischen Air Force aus dem Verkehr ziehen. Damit würden wir zu verstehen geben, dass das Abkommen zur Ächtung der Folter nur für Augusto Pinochet und vielleicht Saddam Hussein gilt, aber nicht für ein amerikanisches Staatsoberhaupt.«

»Das ist doch albern!«, setzte General Davidsen an, doch der Präsident brachte ihn mit einem scharfen Blick zum Schweigen.

»Der ganze Haftbefehl ist albern, Mike«, entgegnete der Präsident. »Wir retten einen amerikanischen Präsidenten vor einer an den Haaren herbeigezogenen Anklage.«

»Ist das dem Rest der Welt auch bekannt, Sir? Ist das auf der Basis dieses auch von uns unterzeichneten Abkommens vorgeschriebene Verfahren abgeschlossen worden, und zwar mit dem Ergebnis, dass dieser Haftbefehl jeglicher Grundlage entbehrt? Ich weiß, dass das eine rhetorische Frage ist, doch wir dürfen sie nicht vernachlässigen.«

»Genau bei diesem gesetzlichen Verfahren liegt ja der Hund begraben, Mike«, antwortete der Präsident und stemmte die Hände in die Hüften. »Dass die Peruaner irgendeinen obskuren einheimischen Richter dazu bringen konnten, ein vage als Haftbefehl bezeichnetes Dokument, eigentlich eher ein Todesurteil, zu unterzeichnen, das Präsident Miraflores vermutlich eigenhändig aufgesetzt hat, rechtfertigt in keiner Weise den Gebrauch eines Rechtsmittels, welches ursprünglich dazu gedacht war, die Welt vor wirklichen Folterknechten und Mördern zu schützen.«

»Mr. President«, fuhr Goldboro mit ruhiger Stimme fort und sah den Präsidenten an. »Der Rest der Welt, insbesondere die Drittweltstaaten, betrachten uns Amerikaner als arrogant. Diese Wahrnehmung hat uns jahrzehntelang jede Menge Schwierigkeiten eingebracht, angefangen bei Wirtschaft und Handel bis hin zu unseren Versuchen, den Menschenrechten mehr Geltung zu verschaffen. Diese Fehleinschätzung beruht vor allem darauf, dass wir die mächtigste Wirtschaftsnation der Erde sind. Doch einiges haben wir uns selbst zuzuschreiben, und zwar wegen der Monroe-Doktrin und zu vieler überflüssiger Eskapaden der CIA in der Vergangenheit.«

»Mr. President, wir haben wirklich keine Zeit für dieses Geplänkel«, sagte General Davidsen.

»Es reicht, Bill!«, fuhr der Präsident den General an. »Wann ich dieses Geplänkel, wie Sie es nennen, beende, müssen Sie schon mir überlassen.«

Davidsen runzelte die Stirn, aber er nickte. »Jawohl, Sir.«
Der Präsident wandte sich wieder an die übrigen Anwesenden. »Ich möchte alles hören, was jeder von Ihnen zu dieser Sache anzumerken hat. Ich bin mir der möglichen Folgen bewusst, doch ich finde immer noch, dass wir es tun müssen. Bitte fahren Sie fort, Mike.«

»Gut, Sir. Mir liegt genauso viel wie Ihnen daran, Präsident Harris, den ich sehr schätze, da rauszuholen. Aber wenn Sie General Davidsen grünes Licht für die Rettungsaktion geben, schüren Sie nur den unterschwelligen Verdacht anderer Nationen, dass die Vereinigten Staaten sich nicht geändert haben. Man wird sich an die Zeit erinnern, als wir noch den Sturz von Regierungen planten, hin und wieder einen missliebigen ausländischen Staatschef umbrachten und aller Welt wirtschaftliche und moralische Vorschriften machten. Meiner Ansicht nach können wir es uns nicht leisten, diese Auffassung zu bestätigen, ganz gleich, ob wir uns nun richtig oder grundfalsch verhalten. Mr. President, unabhängig davon, ob es legal ist, dürfen wir keinen arroganten Eindruck erwecken. Ein solcher Eindruck im Zusammenhang mit dieser Rettungsaktion wird uns in vielerlei Hinsicht zurückwerfen. Die Welt braucht unsere Führungsrolle, aber wenn wir egoistisch und rüpelhaft handeln und internationales Recht nach unserem Gutdünken auslegen, gefährden wir ernsthaft unsere Position. Es geht hier um ein gesetzliches Verfahren, das wir gebilligt haben und das allein bestimmt, ob dieser Haftbefehl zu Recht besteht; wir können das nicht entscheiden, indem wir den Betreffenden mit einer C-17 ausfliegen.«

»Es handelt sich eindeutig um Rechtsbeugung«, merkte der stellvertretende Justizminister Alex McLaughlin an. »Um eine Lücke im Gesetz, die bei der Ratifizierung niemandem aufgefallen ist.«

Michael Goldboro schüttelte den Kopf. »Dass wir überhaupt zu juristischen Haarspaltereien greifen, um unser Vorhaben zu rechtfertigen, ist auch schon wieder Arroganz. Wenn wir als Verfechter internationalen Rechts gelten wollen, ist es unsere Pflicht, die entsprechenden Grundsätze hochzuhalten. Wie gehen wir denn in unserem eigenen Rechtssystem vor? Wenn ein Gesetz schlecht ist oder Verfahrensfehler auftreten, ändern wir etwas daran und beschließen nicht einfach, besagtes Gesetz zu ignorieren oder dagegen zu verstoßen. Und genauso müssen wir uns auch an internationales Recht halten.«

»Mr. President«, sagte Jack Rollins, »am Tor wird es zunehmend unruhig. Ich glaube, jetzt ist unsere letzte Chance.«

Der Präsident wandte sich an General Davidsen. »Wie ist die Lage, Bill?«

»Der Mannschaftswagen ist in Position, um Präsident Harris abzufangen, Sir. Die übrigen Fahrzeuge könnten sich jeden Moment der Rampe nähern. Jack hat recht.«

»Mike, wie könnte man das Problem lösen?«, fragte der Präsident seinen Sicherheitsberater. »Wäre der Gerechtigkeit gedient, wenn wir Harris ans Messer liefern? Beeilen Sie sich. Wir haben keine Zeit für Diskussionen.«

»Man müsste das Abkommen durch einen Passus ergänzen, der bei jedem Haftbefehl eine Voranhörung vorschreibt, in der man schnell und nach geltender Gesetzeslage entscheidet, ob die Anklagepunkte gültig und stichhaltig sind. Jedes Land könnte eine derartige Anhörung nach nationalstaatlichem Recht durchführen, vorausgesetzt, dass rechtsstaatliche

Prinzipien eingehalten werden. Wenn die Beweise nicht ausreichen und die Anklage niedergeschlagen wird, ist der Betreffende, zum Beispiel ein früherer Staatschef, in ein paar Wochen wieder auf freiem Fuß.«

»Vor der 737 landet ein Helikopter mit italienischem Militäremblem«, meldete Diane Beecher.

Präsident Cavanaugh nickte. »Also gut. Erst holen wir ihn da raus, dann erklären wir der ganzen Welt unsere Gründe, und zu guter Letzt setzen wir uns für diese Ergänzung des Abkommens ein.«

»Mit welcher Berechtigung, Mr. President?«, gab Goldboro zurück. »Sobald er an Bord der C-17 italienischen Boden verlässt, haben wir unseren moralischen Vorteil verspielt und werden nicht mehr in der Lage sein, das Abkommen zu verändern. Es wird wieder mal so aussehen, als hätten die mächtigen Vereinigten Staaten das Gesetz in die eigene Hand genommen.«

»Verzeihung, Mr. President, darf ich etwas hinzufügen?«, fragte General Davidsen.

Der Präsident nickte.

»Sir«, begann Davidsen, »wir haben es mit einer angenommenen Gesetzeslücke im Abkommen zu tun. Und nun schlägt Mr. Goldboro mehr oder weniger vor, unser früheres Staatsoberhaupt zu opfern, um einen Präzedenzfall zur Änderung des Vertragstextes zu schaffen. Sie müssen entschuldigen, Sir, aber das ist doch Quatsch.«

»Okay, Bill«, meinte der Präsident.

»Nein, Sir, mit allem Respekt, aber lassen Sie mich bitte ausreden. Wenn die Italiener dieses Problem loswerden wollen, was offensichtlich der Fall ist, werden sie einen Weg finden,

Harris nach Lima abzuschieben, wenn wir nichts unternehmen – dann haben wir ein gewaltiges Problem mit der Öffentlichkeit am Hals und womöglich noch das Spektakel, dass ein amerikanischer Präsident vor einem Erschießungskommando steht oder den Galgen besteigt. Es ist wirklich absurd, sich von der Vorstellung Bange machen zu lassen, dass irgendein Drittweltland das als Arroganz auslegen könnte.«

»Alex? Rudy? Glauben Sie, es ist möglich, diplomatischen Druck auf Italien auszuüben, damit John Harris nicht außer Landes geschickt wird, bevor wir die Gründe für den Haftbefehl von einem ordentlichen Gericht überprüfen lassen können?«

»Ich verstehe die Frage nicht, Sir«, erwiderte Alex McLaughlin.

»Ich auch nicht«, schloss sich Rudy Baker an.

»Okay, dann noch einmal. Die größte Gefahr ist, dass Harris Hals über Kopf nach Lima verfrachtet wird. Und ich bin der Ansicht, dass das nicht passieren darf.«

Alex McLaughlin schüttelte den Kopf. »Es ist ziemlich unwahrscheinlich, dass die Italiener sich so verhalten werden. Allerdings haben sie ihre Richter genauso wenig im Griff wie wir unsere.«

»Nach Auffassung des Außenministeriums wollen die Italiener uns zurzeit helfen«, meinte Baker. »Der Himmel weiß, wie sehr man sie in den nächsten Stunden, Tagen oder Wochen unter Druck setzen wird. Wenn Sie auf Nummer sicher gehen wollen, haben Sie die größten Chancen, wenn Sie Harris sofort in die C-17 umsteigen lassen.«

Der Präsident drehte sich schweigend um, während General

Davidsen zum Telefonhörer griff und auf ein Nicken wartete. Jake Cavanaugh holte tief Luft, sah seinen Stabschef an und zuckte die Achseln.

»Das Schlimme an diesem Job ist, dass es so oft zu einem falschen Ergebnis führt, wenn man das Richtige tut. Und wenn man einen Fehler macht, sind die Folgen noch verheerender.«

»Sir?«, fragte Jack Rollins.

»Mike hat recht, was unsere Rolle in der Welt angeht. Für Frieden kann man nur sorgen, wenn man seine Führungsposition verantwortungsbewusst ausfüllt.«

Er schüttelte den Kopf.

»Ich kann es nicht tun.«

»Sir?« General Davidsen blieb der Mund offen stehen.

Der Präsident atmete noch einmal tief ein und wandte sich an den General.

»Lassen Sie die C-17 sofort starten. Ohne Präsident Harris. Rudy? Kümmern Sie sich darum, dass unser Botschafter die Italiener umgehend von dieser Entscheidung in Kenntnis setzt. Er soll auch meine persönliche Bitte um eine baldmögliche Aufnahme der Verhandlungen übermitteln, damit wir unserem ehemaligen Staatsoberhaupt im Rahmen der Gesetze beistehen können. Ich möchte innerhalb der nächsten Stunde mit den Italienern sprechen. Außerdem bestellen Sie den italienischen Botschafter her. Diane? Sie und Jack bleiben bitte noch ein bisschen, damit wir uns überlegen können, was wir den Medien mitteilen. Wer hat Verbindung mit Präsident Harris? Ich möchte es ihm persönlich erklären.«

»Leitung vier, Sir«, verkündete der Stabschef.

»Mr. President«, begann General Davidsen, »sind Sie wirk-

lich sicher? Ich meine, bevor wir der C-17 Startbefehl geben ...«

Präsident Cavanaugh sah dem General in die Augen und legte
ihm die Hand auf die Schulter.

»Ja, Bill, ich bin sicher.«

17

Marineflieger-Stützpunkt Sigonella, Büro des Kommandanten, Montag, 18:20

Da Stuart Campbell den Livebericht vom Flugfeld in Sigonella nicht am Fernseher verfolgen konnte, rief er sein Büro in Brüssel an, um sich die Ereignisse telefonisch schildern zu lassen.

Er lauschte aufmerksam, als sein Partner ihm die Vorgänge rings um die Boeing beschrieb.

Ohne Vorwarnung hatte die C-17 die Triebwerke angelassen und war weggerollt. Nun rätselte Stuart Campbell, ob es John Harris vielleicht gelungen war, sich unbemerkt an Bord zu schleichen.

»Haben Sie jemanden von einer Maschine zur anderen gehen sehen?«

»Ja, wie ich bereits sagte. Zwei Mechaniker, einige uniformierte Polizisten und noch ein paar Leute. Aber es sind immer so viele Personen aus der C-17 gekommen, wie zuvor eingestiegen waren.«

»Haben Sie eine Videoaufnahme gemacht?«

»Ja.«

»Spulen Sie das Band zurück und schauen Sie es sich genau an. Vielleicht hat Harris ja mit jemandem die Kleider getauscht und sich auf diese Weise verdrückt.«

Einige Minuten verstrichen.

»Äh, Stuart, ich sage es ja nur ungern, aber auf dem Band ist ein Mann zu sehen, der versucht, sich zwischen zwei Navy-Offizieren zu verstecken.«

»Ist es Harris?«

»Er ist etwa genauso groß und trägt ein Sakko, doch die Hose ähnelt eher einer Navy-Uniform.«

»Mein Gott!«, rief Stuart Campbell aus.

»Sie sind von der 737 direkt zum Air-Force-Jet gegangen, und ... nur die beiden Männer in Uniform sind wieder rausgekommen. Ich fürchte, er war es.«

»Es muss aber nicht so sein.«

»Vielleicht nicht.«

»Verdammter Mistkerl!«, zischte Campbell. Während er sich das Hirn nach einer Lösung zermarterte, fiel sein Blick auf seinen Notizblock. »Ich dachte wirklich, es sei unter seiner Würde, sich so einfach aus dem Staub zu machen.«

Auf dem Block stand der Name Jay Reinhart zusammen mit einer Telefonnummer in den Vereinigten Staaten. »Gut, ich danke Ihnen. Ich melde mich bald wieder.« Er beendete das Gespräch und wählte die Nummer. Am anderen Ende der Leitung wurde sofort abgehoben. »Hallo?«

»Spreche ich mit Mr. Reinhart?«

»Ja. Wer ist da?«

»Ich glaube, wir kennen uns nicht, Sir, aber man sagte mir, Sie seien der Anwalt des früheren Präsidenten John Harris.«

»Stimmt«, lautete die argwöhnische Antwort. »Und mit wem habe ich das Vergnügen ...?«

»Stuart Campbell, Anwalt der peruanischen Regierung, Mr. Reinhart. Ich muss auf der Stelle mit Präsident Harris in der

737 sprechen. Vor einer Weile habe ich ihn angerufen, da ich nicht wusste, dass er sich einen Anwalt genommen hatte … ich habe am Satellitentelefon mit ihm geredet … Jetzt müsste ich noch einmal etwas mit ihm erörtern, selbstverständlich können Sie mithören. Ich glaube, ich habe eine schnelle und einfache Lösung, um eine sofortige Auslieferung nach Lima zu verhindern.«

»Im Augenblick ist es nicht möglich, mit ihm zu telefonieren, Mr. Campbell.«

»Warum denn das? Vor einer Viertelstunde ging es doch auch. Ich könnte ja darum bitten, ihn persönlich aufsuchen zu dürfen, aber …«

»Haben Sie den Start der C-17 gesehen, Sir?«

»Ja«, erwiderte Campbell leicht irritiert.

»Tja, da ich die Telefonnummer der Maschine nicht kenne, kann ich Ihnen nicht weiterhelfen.«

»Wollen Sie damit andeuten, dass sich Präsident Harris an Bord der C-17 befindet? Niemand hat gesehen, wie er die Boeing verließ.«

»Erstaunt Sie das, Mr. Campbell? Es handelt sich schließlich um den ehemaligen Präsidenten der Vereinigten Staaten, der unter Bewachung des Geheimdienstes steht. Nach der Landung der C-17 in den USA können wir möglicherweise die von Ihnen gewünschte Besprechung anberaumen. Doch im Moment wäre sie nicht sehr sinnvoll, selbst wenn sie möglich wäre.«

»Ich verstehe.«

»Könnte ich bitte Ihre Telefonnummer haben, Mr. Campbell, für den Fall, dass ich Sie erreichen muss.«

Während Stuart Campbell ihm die Nummer diktierte, dachte

er an die unangenehme Aufgabe, die vor ihm lag, nämlich der peruanischen Regierung mitzuteilen, dass er gescheitert war. Nachdem er das Telefon abgeschaltet und weggesteckt hatte, ging er geistesabwesend zum Fenster, um sich seine Alternativen zu überlegen.

Er hatte keine.

Harris war ihm entwischt und stand unter dem Schutz der Air Force. Ihm blieb nur noch die Möglichkeit, den Haftbefehl einem amerikanischen Gericht vorzulegen, wo man ihn endlos hinhalten würde. Nach jahrelangen ermüdenden und letztlich vergeblichen Bemühungen würde wieder einmal bewiesen werden, dass dieses Abkommen nicht für einen amerikanischen Präsidenten galt, solange die Vereinigten Staaten über so viel militärische Macht verfügten.

Tja, alter Junge, da bist du wohl ordentlich reingelegt worden.

Als der stellvertretende Außenminister hereinkam, drehte Campbell sich um.

»Mr. Sigerelli, ich glaube, unsere Aufgabe ist hiermit beendet. Vermutlich wollen Sie die Carabinieri jetzt abziehen. Ich habe nichts dagegen.«

Laramie, Wyoming

Jay zwang sich zur Ruhe. Wenn das Telefon wieder läutete, würde John Harris am Apparat sein.

Das klappt niemals!, dachte er. Doch als Campbell ihm diese unerwartete Gelegenheit eröffnet hatte, waren die Worte wie von selbst aus seinem Mund gekommen, sorgfältig zurechtgelegt, sodass sie weder bestätigten noch abstritten, dass der Präsident sich an Bord der C-17 befand.

Es war ein ziemlicher Schreck für Jay gewesen, am Telefon plötzlich Campbells dunkle, sonore Stimme zu hören, die ihm nur allzu gut vertraut war. Schmunzelnd dachte er daran, dass Campbell seinen Namen offenbar nicht erkannt hatte. Oder war das Absicht gewesen, um ihn zu beleidigen? Nein, überlegte er weiter, zu viele Jahre waren seitdem vergangen, eine zu große Entfernung lag zwischen ihnen, als dass Campbell sich noch an einen unbedeutenden amerikanischen Anwalt hätte erinnern können.

Jay fragte sich, ob selbst John Harris noch wusste, dass Campbell und er sich einmal auf dem juristischen Schlachtfeld gegenübergestanden hatten. Vermutlich nicht, und im Augenblick war es auch nicht wert, diese frühere Begegnung zu erwähnen.

Jay stand auf, sah auf die Uhr und fragte sich, ob er es riskieren durfte, eine Telefonleitung zu blockieren und sein Seminar um drei abzusagen. Er musste so schnell wie möglich nach Europa, auch wenn er die Details der Reise noch gar nicht geplant hatte – kein Wunder, da sich die Ereignisse derart überstürzten.

An Bord von EuroAir 42, Marineflieger-Stützpunkt Sigonella, Sizilien

Nachdem Präsident Cavanaugh sich noch einmal entschuldigt und seine Hilfe zugesichert hatte, ließ John Harris den Hörer sinken. Seine Miene war wie versteinert.

»Was ist los, Sir?«, fragte Sherry Lincoln, die wusste, dass er mit dem Weißen Haus gesprochen hatte.

John Harris holte tief Luft und lächelte verkniffen. »Ich hätte mir denken können, dass es nicht so einfach ist.«

»Sir?«

Er erzählte ihr von Cavanaughs Entscheidung und schüttelte den Kopf, als er sah, wie sich Wut und Entsetzen auf dem Gesicht seiner Assistentin abzeichneten. »Es ist ihm sicher nicht leicht gefallen, Sherry. Aber er musste es tun, denn es gibt wichtigere Dinge, als mir zu helfen.«

»Das ist doch albern!«

»Es ist aber so.« Er reichte ihr den Hörer.

Durch die offene Tür der 737 hörten sie das Anspringen von Triebwerken. Im linken Fenster bemerkte Sherry eine Rauchwolke, die aus dem rechten Außenmotor der C-17 kam. Sie fühlte sich wie eine Schiffbrüchige, die hilflos mit ansehen muss, wie das rettende Segel am Horizont verschwindet. Da ihr Name nicht auf dem Haftbefehl stand, hätte sie jederzeit nach Hause fliegen können. Doch Mitgefühl und Loyalität verboten es ihr, Präsident Harris im Stich zu lassen, und so saß sie ebenso fest, als wäre sie selbst die Gesuchte gewesen. Irgendwo da draußen gab es ein schwarzes Loch mit dem Namen Lima, das sie alle zu verschlingen drohte.

Craig Dayton kam in die erste Klasse.

»Mr. President, ich habe es gerade erfahren.«

Harris nickte. »Sie fliegen ohne mich ab, Captain.«

»Was soll ich tun, Sir?«, fragte Craig verdattert.

John Harris schüttelte den Kopf. »Ich wünschte, ich könnte es Ihnen sagen.«

»Eigentlich wollte ich meine Passagiere aussteigen lassen, sobald Sie von Bord sind«, meinte Craig.

Inzwischen war auch der Kommandant des Navy-Stützpunkts erschienen. Auch er war bereits informiert und hatte dieselbe Frage.

»Mr. President, ich habe keine klaren Befehle aus Washington oder von meinem Vorgesetzten. Ich überlege, was ich unternehmen soll.«

»Kommen sie näher?«, erkundigte sich Harris.

Hauptmann Swanson schüttelte den Kopf. »Sie halten sich weiterhin außerhalb des Flugbereichs auf. Das Auto, das gerade eingetroffen ist, war meins. – Sir, wie ich es sehe, stecken wir momentan in einer Pattsituation. Wenn die Italiener ihre Meinung nicht ändern, werden sie sich von der Rampe fern halten. Und dieser Campbell …«

»William Stuart Campbell, weltweit anerkannter Spitzenanwalt aus dem Vereinigten Königreich, Ritter des britischen Empire und ein sehr ernst zu nehmender Gegner.«

»Schon verstanden. Falls die Italiener nicht einknicken, wird er nichts unternehmen, solange Sie hier bleiben.«

»Meinen Sie, in diesem Flugzeug?«

»Ja, Sir.«

»Aber es ist doch eine Linienmaschine. Kapitän Dayton muss seine Passagiere zurück nach Rom bringen. Gibt es hier auf dem Stützpunkt keinen Ort, wo ich in Sicherheit wäre?«

Der Hauptmann schüttelte besorgt den Kopf. »Nein … Sir. Ich könnte Sie natürlich jederzeit im Quartier des Admirals unterbringen, doch dieses befindet sich nicht auf dem Flugfeld, sondern auf dem anderen Stützpunkt, NAS-Eins. Sie müssten durch italienisches Territorium fahren, wo wir nichts zu sagen haben. Nur hier auf dem Flugfeld und auf der Rampe kann ich Sie beschützen.«

»Kapitän Dayton«, wandte sich Harris an Craig. »Was ist, wenn ich die Flüge der Passagiere aus eigener Tasche bezahle und dieses Flugzeug von EuroAir chartere?«

»Chartern ...«, wiederholte Craig und überlegte, was man wohl in Frankfurt von diesem Plan halten würde.

»Ja, chartern. Natürlich zu einem angemessenen Preis. So hätten wir in den nächsten Stunden wenigstens einen sicheren Aufenthaltsort. Hauptmann Swanson, könnte ich abfliegen, wenn ich diese Maschine und die Besatzung miete?«

»Darüber habe ich noch nicht nachgedacht, Mr. President. Die Frage ist, ob die Italiener versuchen würden, Sie aufzuhalten, wenn Sie hier rausrollen.«

»Was schlagen Sie vor?«

»Momentan weiß ich nicht, was ich Ihnen raten soll, Sir. Schließlich geht es um Ihre Freiheit.«

Craig eilte zurück ins Cockpit, wo Alastair gerade beobachtete, wie die C-17 um die Ecke des Terminals verschwand.

»Verbinde mich sofort per Satellitentelefon mit Frankfurt.«

»Was? Wollen wir uns jetzt unserem Chefpiloten zu Füßen werfen?«

»Nein, wir chartern den Vogel selbst.«

»Wie bitte?«

»Verbinde mich einfach.«

Laramie, Wyoming

Das Fernsehen hatte in seinem Livebericht aus Sigonella gezeigt, wie die C-17 in einen traumhaften Sonnenuntergang
hineinflog. Die Medien wussten, dass sich John Harris an
Bord der 737 befunden hatte und dass nur ein paar Mechaniker und Navy-Soldaten an und von Bord gegangen waren.
Obwohl keine Aufnahme John Harris beim Verlassen der
Boeing zeigte, mutmaßte der Nachrichtensprecher in Atlanta,
er könne angesichts der drohenden Verhaftung geflohen sein.
Plötzlich hatte Jay eine Idee. Er griff zum Mobiltelefon und
wählte die Nummer des Lageraums im Weißen Haus. Wahrscheinlich arbeitete man schon an einer Presseerklärung, er
hatte also nicht viel Zeit.

18

Schon beim ersten Läuten wurde abgehoben.

»Mr. Reinhart? Jay? Hier ist Sherry Lincoln.«

»Gott sei Dank, Sherry. Ich muss Ihnen eine Menge erzählen und habe das Weiße Haus in der anderen Leitung. Wo ist der Präsident?«

»Der sitzt neben mir. Warum?«

»In der ersten Klasse?«

»Ja.«

»Wer auf dem Stützpunkt weiß außerdem, dass er noch da ist?«

»Ich … was soll das heißen?«

»Wer weiß es? Wer hat ihn gesehen? Er ist doch nicht etwa vor die Tür gegangen?«

»Nein. Also außer der Besatzung und den Passagieren haben ihn noch Hauptmann Swanson und ein paar seiner Untergebenen zu Gesicht bekommen. Das dürften alle sein.«

»Ist Swanson noch da?«

»Ja, er telefoniert.«

»Bitten Sie ihn, niemandem zu verraten, dass sich der Präsident noch in der Maschine befindet. Und verstecken Sie ihn.«

»Wen? Den Präsidenten? Ich verstehe nicht.«

»Ja, verstecken Sie den Präsidenten. Wissen die Passagiere, dass er an Bord ist?«

»Schon, aber … keine Ahnung.«

»Jetzt hören Sie mir bitte gut zu. Hat ihn irgendein Passagier gesehen, seit die C-17 gestartet ist?«

»Er war die ganze Zeit über auf seinem Platz, der Vorhang zur Touristenklasse ist geschlossen, und außer uns ist hier niemand. Warum?«

»Bitte bringen Sie den Präsidenten weg … vielleicht in die vordere Bordküche. Es ist doch eine 737?«

»Ja.«

»Dann bringen Sie ihn in die vordere Bordküche, ohne dass die Passagiere in der Touristenklasse ihn bemerken, schließen Sie den Vorhang und bitten Sie den Captain, sämtliche Fluggäste aussteigen zu lassen. Haben Sie eigentlich ein Mobiltelefon, damit ich Sie anrufen kann, während Sie auf dem Boden sind?«

»Ja, natürlich. Das habe ich ganz vergessen. Ich schalte es gleich ein.« Während sie in ihrer Tasche kramte, diktierte sie ihm die Nummer.

»So, Jay. Aber ich weiß immer noch nicht, was Sie vorhaben.«

»Tun Sie einfach, was ich Ihnen sage. Und holen Sie den Navy-Kommandanten ans Telefon. Außerdem muss die Besatzung unbedingt für sich behalten, dass der Präsident noch an Bord ist.«

Sherry legte das Telefon weg und machte sich auf die Suche nach Hauptmann Swanson.

»Warum?«, fragte dieser, nachdem sie ihm alles erklärt hatte.

»Keine Ahnung. Sein Anwalt will es so. Moment bitte.«

Sie streckte den Kopf durch die halb offene Cockpittür.

»Der Anwalt des Präsidenten bittet Sie, keinem Menschen zu verraten, dass Mr. Harris noch an Bord ist. Sie haben es doch niemandem gesagt?«

»Nein«, erwiderte Craig. Auch Alastair schüttelte den Kopf. Als Sherry gehen wollte, hielt Craig sie am Ärmel fest. »Augenblick. Ich bin gerade dabei, diese Maschine zu chartern, wie Präsident Harris es wollte.«

»Bitte unternehmen Sie noch nichts«, antwortete Sherry, schlüpfte hinaus und schloss die Tür hinter sich.

Seufzend schüttelte Craig den Kopf, griff zum Mikrofon und teilte dem Flugdienstleiter mit, er werde sich in ein paar Minuten wieder melden.

»Das war verdammt schlau!«, rief Alastair plötzlich aus. »Weil sie den Präsidenten nicht an Bord der C-17 bringen konnten, haben sie einfach nur so getan, damit die Männer mit dem Haftbefehl wieder verschwinden.«

»Nur so getan …«

»Ja, genau. Er ist nicht mehr da und hat sich vor aller Augen davongeschlichen. Wahrscheinlich könnten wir jetzt zurück nach Rom fliegen, um unsere Passagiere abzuladen, ohne dass ihn jemand bemerken würde. Natürlich werden sie uns die Hölle heiß machen, doch das ist eine andere Geschichte.«

»Aber die Passagiere …«

»Die haben wahrscheinlich gar nichts mitgekriegt. Er ist weg. Und wir tun so, als hätten wir von nichts gewusst. Einfach genial!«

»Mr. Rollins? Hier spricht Jay Reinhart. Haben Sie den Medien gegenüber schon erwähnt, dass Präsident Harris Sigonella nicht verlassen hat?«

Kurz herrschte Schweigen am anderen Ende der Leitung.

»Nein, wir arbeiten noch an der Presseerklärung. Warum?«

»Ich … ich glaube, ich verstehe, warum Präsident Cavanaugh beschlossen hat, Präsident Harris nicht rauszuholen.«

»Er hat gute Gründe, Mr. Reinhart, obwohl ich Ihnen ganz im Vertrauen sagen muss, dass ich auch enttäuscht war, weil es nicht geklappt hat.«

»Es könnte immer noch funktionieren.«

»Nein, an der Entscheidung ist nicht zu rütteln, und die Maschine –«

»Das weiß ich«, unterbrach ihn Jay. »Aber ein paar Stunden lang können wir noch davon profitieren, indem wir die Gegenseite in dem Glauben wiegen, dass er an Bord der C-17 war.«

»Sprechen Sie weiter.«

»Ich habe mit dem Anwalt der Peruaner gesprochen. Er hat mich sofort nach dem Start der C-17 angerufen, in der Annahme, dass Präsident Harris sich an Bord befand. Ich habe ihn darin bestätigt, ohne es direkt auszusprechen. Nun sieht es so aus, als würden Campbell und die italienischen Polizisten, die die Festnahme durchführen wollten, abziehen. Solange sie davon ausgehen, dass Präsident Harris fort ist, habe ich Gelegenheit, eine Flucht ohne Einsatz des Militärs zu arrangieren.« Er erläuterte den Plan, die 737 zu chartern, und war erfreut über Rollins' unmittelbare Reaktion.

»Der Präsident hat die Sache hauptsächlich deshalb abgebla-
sen, Mr. Reinhart, weil er befürchtete, dass sie missverstanden werden könnte. Wahrscheinlich wird er gegen dieses
kleine Versteckspiel nichts einzuwenden haben, solange wir
alles im Nachhinein klarstellen.«
»Vielen Dank. Was werden Sie ihm sagen?«
»Ich weiß noch nicht. Aber ich sollte jetzt Schluss machen
und die Presseerklärung stoppen. Während wir hier reden, ist
sie schon auf dem Weg in den Presseraum.«

An Bord von EuroAir 42

Schwer ließ sich Sherry Lincoln in ihren Sitz fallen. In ihrem
Kopf drehte sich alles, und sie war gleichzeitig besorgt und
voller Hoffnung. Als sie zum Telefon griff, um Jay um Geduld zu bitten, während sie den Präsidenten informierte, hörte
sie, dass er auf der anderen Leitung sprach. Die Kosten für
all diese Telefonate würden astronomisch sein, doch Harris
konnte es sich leisten. Also drehte sie sich zum Präsidenten
um und erklärte ihm Jay Reinharts Vorschlag und die bereits
in die Wege geleiteten Schritte.
»Soll das ein Witz sein?«, fragte er mit zweifelnder Miene.
»Ganz und gar nicht. Warum?«
Schmunzelnd strich er sich übers Kinn. »Vermutlich gewinnen wir auf diese Weise Zeit, Sherry. Aber der Haftbefehl gegen mich besteht weiter. Außerdem dürfen wir die anderen
Passagiere nicht vergessen.«
»Die Passagiere werden von Bord gebracht, sobald wir Sie in
der Bordküche versteckt haben.«

»Warum verkrieche ich mich nicht einfach im Cockpit?«

»Auch in Italien haben die Journalisten Teleobjektive, und Ihr Gesicht würden sie sogar durch die Frontscheibe eines Cockpits erkennen.«

»Guter Einwand.« Er blickte kurz über seine linke Schulter. »Soll ich sofort verschwinden?«

Sherry erhob sich und spähte ebenfalls nach hinten. Dann nickte sie. »Los, Sir. Wenn Sie drinnen sind, stellen Sie sich mit dem Rücken zum Vorhang, für den Fall, dass jemand einen Blick riskiert.«

»Ich informiere Matt und lasse ihn Posten beziehen.«

Rasch stand der Präsident auf, ging zur Bordküche und winkte Matt Ward zu sich.

Jillian war bei ihren Kolleginnen in der Touristenklasse geblieben, um die aufgeregten Gemüter zu beruhigen. Nachdem Craig ihr am Bordtelefon die Lage geschildert hatte, verließ er das Cockpit, um mit Hauptmann Swanson zu sprechen.

»Wir müssen die Leute aus der Maschine schaffen. Den Präsidenten haben wir in der Bordküche versteckt.«

»Gleich neben der Rampe steht unser Terminal«, erwiderte Swanson. »Dort können sie sich ein paar Stunden aufhalten, bis Sie wissen, wie Ihre Gesellschaft weiter vorgehen will.«

»Ist es möglich, dass ein paar Ihrer Männer das Gepäck ausladen?«

»Klar, ich kümmere mich darum.«

»Wann kann ich die Leute aussteigen lassen?«

»Sofort, wenn Sie möchten.«

»Also in fünf Minuten.«

»Einverstanden«, entgegnete Swanson.

»Danke, Hauptmann«, antwortete Craig und wandte sich zum Gehen. Doch der Offizier legte ihm die Hand auf die Schulter.

»Hören Sie. Es geht darum, den Präsidenten zu schützen. Solange ich keine anders lautenden Befehle bekomme, helfe ich Ihnen, so gut ich kann. Aber ich muss Sie warnen ... schließlich weiß ich, dass Sie früher bei der Air Force waren.«

»Das bin ich immer noch, Sir. Ich bin Major und Pilot der aktiven Reserve. Das ist eigentlich der Grund, warum ich mich heute Morgen verpflichtet fühlte, etwas zu unternehmen. Ich durfte den Präsidenten nicht im Stich lassen. Wahrscheinlich werde ich deshalb meinen Job verlieren.«

»Das tut mir leid. Doch ich empfinde Hochachtung vor Ihrem Pflichtgefühl, Major. Allerdings muss ich Sie darauf hinweisen, dass mein Vorgesetzter mir auch den Befehl erteilen könnte, beispielsweise das Flugzeug zu beschlagnahmen. Wenn es gesetzlich zulässig ist, muss ich den Befehl ausführen.«

»Ich verstehe, Sir.«

Craig kehrte zu Sherry Lincolns Platz zurück. »Können wir die Passagiere jetzt aussteigen lassen?«

Sie nickte. »Aber ich möchte Sie um einen Gefallen bitten. Wenn wir die Maschine chartern, wäre es besser, wenn nicht der Präsident, sondern sein Team als Kunde auftritt. Teilen Sie Ihrer Gesellschaft mit, wir werden das Geld entweder telegrafisch anweisen oder mit American Express bezahlen.«

»Ich rufe an, doch es geht um eine Menge Geld, Sherry. Vielleicht dreißig-, vierzig- oder gar fünfzigtausend Dollar, abhängig davon, wie lange es dauert und wohin wir fliegen.«

»Kein Problem.«

»Wir müssen uns noch überlegen, was wir mit den Passagieren machen, nachdem sie ausgestiegen sind.«

»Keine Ahnung. Können Sie nicht ein zweites Flugzeug chartern und sie nach Rom zurückbringen? Die Kosten dafür würden wir natürlich auch übernehmen.«

Craig seufzte auf und senkte den Kopf. »Mal schauen. Ich telefoniere mit der Fluggesellschaft, wenn alle von Bord sind. Wie geht es jetzt weiter, Sherry? Wohin kann er noch fliegen?«

»Ich weiß nicht.«

»Ich dachte, hier wären wir sicher, weil es sich um einen US-Stützpunkt handelt. Sind Sie sich übrigens darüber im Klaren, dass wir es mit dieser Maschine nicht bis in die Vereinigten Staaten schaffen?«

»Ja.«

»Wir könnten nach Island und von dort aus nach Kanada fliegen. Vielleicht würde es auch von Island aus zum alten Air-Force-Stützpunkt Loring in Maine klappen. Doch Island ist ebenfalls Ausland, und wenn jemand Wind davon bekommt, dass der Präsident an Bord ist, stehen wir wieder ganz am Anfang.«

Sherry schüttelte den Kopf. »Ich habe keine Ahnung, wie es weitergehen soll. Sein Anwalt plant buchstäblich von Minute zu Minute, während wir uns das Hirn zermartern, was als Nächstes geschehen könnte. Ich weiß ja nicht einmal, ob man uns hier starten lassen wird.«

Craig schmunzelte und wies mit dem Daumen auf die vordere Tür. »Hauptmann Swanson hat mir gesagt, dass die Carabinieri vom Stützpunkt abgezogen sind und dass Campbell schon unterwegs zu seinem Lear-Jet ist. Ich weiß nicht, warum, aber sie haben den Köder geschluckt.«

Auf dem Weg ins Cockpit blieb Craig an der Bordküche stehen, um nach dem Präsidenten zu sehen. Als Matt Ward ihn erkannte, trat er einen Schritt zurück.

»Ist alles bereit?«, fragte Craig.

»Ja.«

»Jillian kommt nach vorne und hilft Ihnen, den Vorhang und die Küche abzuschirmen.«

»Gut«, erwiderte Ward. »Ich warte drinnen.«

Craig betrat das Cockpit. Nachdem er Platz genommen und Alastair alles erklärt hatte, griff er zum Bordmikrofon.

Meine Damen und Herren, hier spricht der Kapitän. Ich habe Ihnen zugesichert, dass Sie aussteigen können, sobald die C-17 gestartet und unser Problem gelöst ist. Jetzt ist es so weit. Bitte nehmen Sie alle Ihre persönlichen Sachen mit und verlassen Sie die Maschine durch den vorderen Ausgang. Ich komme in ein paar Minuten in den Warteraum, um Ihre Fragen zu beantworten und Ihnen mitzuteilen, wie Sie Ihren Zielort erreichen können.

Craig wiederholte die Durchsage auf Französisch und Deutsch und schloss dann die Tür zum Cockpit ab.

»Verbinde mich bitte noch einmal mit der Fluggesellschaft, Alastair. Jetzt chartern wir uns nämlich selbst.«

19

Marineflieger-Stützpunkt Sigonella,
Rampe Flugbereich,
Montag, 18:40

Für einen eins neunzig großen Mann bedeutete das Einsteigen in einen Lear-Jet Modell 35 stets eine kleine Herausforderung. Doch Stuart Campbell ließ sich elegant in einen der Ledersitze gleiten und klappte ein Tischchen aus. Aus dem Augenwinkel sah er, dass das Militärfahrzeug, das ihn von NAS-Eins hierher gebracht hatte, in sicherem Abstand stehen geblieben war.

Er wollte schon nach dem Satellitentelefon greifen, hielt aber plötzlich inne.

Du bist voreilig, du Idiot!, schoss es ihm durch den Kopf.

Campbell beugte sich vor und verschränkte nachdenklich die Finger auf der Tischplatte. Der Schock, dass es den Amerikanern offenbar gelungen war, Harris zu retten, hatte ihn ganz vergessen lassen, dass er keinerlei Bestätigung dafür hatte.

Ist der alte Mistkerl etwa immer noch in der 737?, fragte er sich. Wahrscheinlich nicht, aber es war besser, mit dem Anruf in Lima zu warten, bis er sich Gewissheit verschafft hatte.

Der Kapitän des Lear-Jet kam gerade herein, als Campbell aufstand und aus der Maschine sprang.

»Sie und Gina bleiben hier, Jean-Paul«, sagte er und lächelte die Kopilotin an, die außerdem Jean-Pauls Frau war. »Ich bin gleich zurück.«

Sobald seine Füße den Asphalt berührten, setzte sich das Militärfahrzeug in Bewegung und näherte sich dem Lear-Jet. Campbell war sicher, dass der Fahrer den Befehl erhalten hatte, ihn keinen Moment aus den Augen zu lassen.

An Bord von EuroAir 42, Marineflieger-Stützpunkt Sigonella, Sizilien

Als die einhundertachtzig Passagiere die Treppe hinunter und über die Rampe trotteten, ging über Sigonella gerade die Sonne unter und tauchte den Gipfel des Ätna im Nordosten in einen märchenhaften Schein. Alle Hubschrauber waren verschwunden. Die beiden Helikopter der konkurrierenden italienischen Fernsehsender hatten dem Ort des Geschehens den Rücken gekehrt, sobald die Chefredakteure erfahren hatten, dass die amerikanische Mission abgeschlossen und der Präsident auf dem Rückweg in die Vereinigten Staaten war – eine Geschichte, die von einer nicht genannten Quelle im Weißen Haus in verschiedenen Interviews lanciert wurde. Zwar hatte der Informant nicht bestätigt, dass sich John Harris im Jet der Air Force befand, doch dass man nach der Ankunft der C-17 in Washington einen offiziellen Empfang plante, stand offenbar fest. Selbstverständlich erwähnte niemand das kleine Detail, dass das Empfangskomitee nur aus einem untergeordneten Mitarbeiter des Weißen Hauses und einem Steward bestand, die die Aufgabe hatten, die erschöpfte Besatzung auf dem Luftwaffenstützpunkt Andrews zu begrüßen. Das daraus

resultierende Missverständnis wurde von den Medien weltweit verbreitet: »*Verhaftung eines amerikanischen Ex-Präsidenten durch Rettungsaktion der Air Force vereitelt!*« Eine
Folge dieser Schlagzeile war, dass die Reporter rasch das
Interesse an den gestrandeten Passagieren von Flug 42 verloren.

Im Cockpit beobachtete Kapitän Craig Dayton die aussteigenden Passagiere, während er darauf wartete, dass der Flugdienstleiter von EuroAir ans Telefon kam. Er sah diesem Ge-
spräch mit Bangen entgegen.

»*Was* wollen sie?«, fragte Flugdienstleiter Helmut Walters,
der sein Büro in Frankfurt hatte.

»Zwei Dinge, Sir. Erstens möchten sie diese Maschine für
mindestens zwei Tage chartern und zweitens die Kosten für
ein anderes Charterflugzeug übernehmen, das die Passagiere
hier abholt und zurück nach Rom bringt. Außerdem tragen sie
sämtliche Kosten, die durch diese Flugplanänderung verur-
sacht werden.«

»Kapitän Dayton, Sie nennen das eine Flugplanänderung?
Bei uns weiß niemand, was Sie da treiben. Wurden Sie entführt?«

»Nein.« Seufzend rieb Craig sich die Stirn und überlegte, wie
er sich ausdrücken sollte.

»Vorhin in Rom dachte die Flugsicherung, Sie wären abgestürzt. Wir glaubten dasselbe. Moment … ich schalte den
Raumlautsprecher ein. Der Chefpilot ist ebenfalls hier. Wir
alle wollen wissen, was Sie vorhaben.«

»Gut, es geht um Folgendes«, begann Craig. »In Athen sah
es aus, als würden wir entführt oder angegriffen werden. Ich
hatte keine Ahnung, ob es sich um die Folgen eines Staats-

streichs in Griechenland oder um ein versuchtes Attentat auf den ehemaligen amerikanischen Präsidenten handelte.«

Er hörte erstauntes Stimmengewirr.

»Herr Kapitän, Sie hatten die Anweisung, am Flugsteig zu warten. Aber Sie sind gestartet und haben beim Rückwärtsrollen eine Menge Schaden angerichtet«, tadelte der Flugdienstleiter.

»Außerdem sind durch die herumfliegenden Gegenstände vermutlich die Triebwerke beschädigt worden«, ergänzte der Chefpilot. »Ganz zu schweigen davon, dass Rückwärtsrollen gegen sämtliche Vorschriften verstößt.«

»Meine Herren«, erwiderte Craig. »Was würden Sie sagen, wenn ich geblieben und es zu einem Blutbad gekommen wäre und wenn ich dabei unsere Passagiere und die Maschine verloren hätte? Vergessen Sie nicht, dass ich nicht wissen konnte, ob jemand die Frau vom Bodenpersonal mit einer Waffe bedrohte.«

»Doch das war nicht der Fall, Kapitän Dayton?«, fragte der Flugdienstleiter.

»Nein, aber im Nachhinein lässt sich das immer leicht feststellen, Herr Walters. Jetzt können Sie mir natürlich unter die Nase reiben, dass in Wirklichkeit gar keine Bedrohung bestand. Ich jedoch fühlte mich damals ernsthaft bedroht. Ich trug die Verantwortung und musste eine Entscheidung treffen. Und ich bin lieber übervorsichtig, als einen fatalen Fehler zu machen. Hätte ich mich anders verhalten sollen? Die Passagiere wären damit sicher nicht einverstanden gewesen.«

Am anderen Ende der Leitung wurde es still. Craig vermutete, dass er seinen Vorgesetzten mit seinen Argumenten kurzfristig den Wind aus den Segeln genommen hatte.

»Tja, Herr Kapitän, warum sind Sie dann nicht in Rom gelandet, sondern mit sämtlichen Passagieren an Bord nach Sizilien geflogen und haben die Flugsicherung in Rom in dem Glauben gelassen, dass Sie abgestürzt sind?«

»Aus demselben Grund, Sir. Die Leute, die uns in Athen an den Kragen wollten, lauerten uns offenbar auch in Rom auf, und zwar aus Motiven, die ich auf einer nicht abhörsicheren Leitung auf keinen Fall erörtern möchte.«

Craig bemerkte, dass Alastair neben ihm mühsam ein Lachen unterdrückte.

»Ich war absolut überzeugt davon, dass allen an Bord Gefahr drohte. Für Sigonella habe ich mich entschieden, weil es ein amerikanischer Stützpunkt ist. Schließlich hatte ich einen ehemaligen amerikanischen Präsidenten an Bord, der von Unbekannten gejagt wurde. Deshalb bin ich zu dem Schluss gekommen, dass meine Passagiere, zu denen übrigens auch eine vierundvierzigköpfige amerikanische Reisegruppe gehört, dort am sichersten sind. Und wollen Sie wissen, warum ich plötzlich gesunken bin und den Transponder abgeschaltet habe? Weil wir nämlich von einer anderen Maschine und einigen Kampfflugzeugen verfolgt wurden, die ich gerne abhängen wollte. Ich hatte keine Lust, mich beim Landeanflug abschießen zu lassen, wenn ich am verwundbarsten bin und zudem weder Raketen noch andere Waffen an Bord habe.«

Bei dem Wort »Raketen« konnte Alastair nicht mehr an sich halten. Er hielt sich die Hand vor den Mund und lachte leise vor sich hin. Als Craig ihn ansah, hätte er auch beinahe losgelacht.

»Reden Sie von einem Abschuss, Kapitän Dayton? Warum in

aller Welt sollte jemand Sie abschießen wollen?«, stammelte der Flugdienstleiter verdattert.

»Dayton«, donnerte der Chefpilot, »das ist zweifellos der größte Unsinn, den ich je von einem Flugkapitän gehört habe!«

»Als Sie mich eingestellt haben, meine Herren, wussten Sie, dass ich ein erfahrener Pilot bin, der viele tausend Stunden am Steuer hoch technisierter Militärflugzeuge verbracht hat. Wie ich mich erinnere, Herr Wurtschmidt, sagten Sie sogar selbst, dass Ihre Gesellschaft das sehr zu schätzen wüsste. Als Kampfpilot bin ich sehr sensibel für Bedrohungen aus der Luft, von deren Existenz Sie nicht einmal etwas ahnen. Und falls ich überreagiert habe, dann erklären Sie mir bitte, wer uns verfolgt hat und warum.«

»Tja ... das wissen wir nicht ... es ist noch zu früh, um –«

»Hören Sie«, meinte Craig, »Sie können mich auch noch später rausschmeißen oder mir eine Tapferkeitsmedaille verleihen. Im Augenblick sollten wir lieber darüber sprechen, was wir jetzt tun müssen, solange wir noch Zeit und eine Besatzung haben. Können diese Leute die Maschine nun chartern oder nicht? Bevor Sie antworten, möchte ich Ihnen noch eine Nummer in Washington geben.«

»Was für eine Nummer?«

Craig diktierte die Nummer und nannte den Namen. »Das ist der Stabschef des Weißen Hauses. Das Gespräch wird vertraulich behandelt. Die Vereinigten Staaten von Amerika bitten uns offiziell um Hilfe.«

»Aber ... ich dachte, Sie hätten gesagt, die Kosten würden per Kreditkarte oder Überweisung beglichen. Soll das heißen, dass die amerikanische Regierung uns chartern will?«

»Nein. Das Team von Präsident Harris. Herr Walters, haben Sie Erfahrung mit Geheimdienstoperationen oder in Sicherheitsfragen?«

»Nein.«

»Dann vertrauen Sie mir. Es gibt Gründe, gewisse Dinge mit der eigenen Kreditkarte, per Scheck oder per Anweisung zu bezahlen, und die sind manchmal politischer oder sicherheitstechnischer Natur. Mehr kann ich Ihnen auf einer nicht abhörsicheren Leitung nicht sagen.«

Wieder wurde in Frankfurt geschwiegen. Auch im Cockpit herrschte bis auf das Surren der Klimaanlage und das gedämpfte Lachen von Alastair Stille.

»Tja«, meinte Walters schließlich. »Wissen Sie, wohin sie fliegen wollen?«

»Noch nicht. Vielleicht möchten sie auch hier bleiben. Nennen Sie ihnen einen Pauschalpreis.«

»Also gut. Wir melden uns wieder. Das ist höchst ungewöhnlich.«

»Bitte, meine Herren. Rufen Sie zuerst die Nummer im Weißen Haus an.«

»Das werden wir. Danke, Herr Kapitän. Und ... Sie haben recht. Wir überlassen es Ihrem Urteilsvermögen, die Sicherheitslage einzuschätzen; etwas anderes wollten wir nie andeuten. Wenn Sie wieder hier sind, werden wir uns ausführlich unterhalten, aber ... in Ordnung. Wir akzeptieren Ihre Erklärung.«

»Danke, Sir«, erwiderte Craig so demütig wie möglich.

Nachdem er aufgelegt hatte, sah er seinen Kopiloten mit gespielt unschuldiger Miene an, während Alastair in brüllendes Gelächter ausbrach.

»Das«, keuchte Alastair, »war der allerkomischste Schwachsinn, den ich je gehört habe!«

»Wie bitte?«, fragte Craig mit einem breiten Grinsen auf den
Lippen und versuchte vergeblich, empört das Gesicht zu verziehen.

»Nicht abhörsichere Leitung! HAH!« Alastair drohte Craig
mit dem Finger. »Raketen? Mein Gott, du hast wirklich Ta-
lent zum Märchenerzähler, Dayton!«

»Was man bei der Air Force nicht alles so lernt!«

Laramie, Wyoming

Jay Reinhart war zu dem Schluss gekommen, dass er zu Präsident Harris fliegen musste, wenn dieser nicht in die Vereinigten Staaten kommen konnte.

Und zwar schnell.

Etwas anderes kam nicht in Frage. Am Telefon waren seine
Möglichkeiten beschränkt, und die Schlachten, die vor ihm
lagen, musste er persönlich auf der anderen Seite des Atlan-
tiks ausfechten. Und das hieß, dass er nun das würde tun müssen, was er am meisten verabscheute: In mörderischer Geschwindigkeit durch den Himmel rasen, und zwar in einer
überfüllten Aluminiumröhre, die man gemeinhin als Flugzeug bezeichnete.

Okay, sagte er sich. *Ich muss hinfliegen. Es wird schon nichts
passieren. Ich habe keine andere Wahl.*

Flugangst war eine Phobie, die er schon sein ganzes Erwach-
senenleben lang zu vertuschen und zu überwinden versuchte – allerdings mit wenig Erfolg. Er hatte Kurse besucht, sich

hypnotisieren lassen und mit Pflastern, Tabletten und trösten-
den Worten experimentiert. Doch es lief immer wieder auf die
schlichte, nicht zu unterdrückende Angst hinaus, den Boden
unter den Füßen zu verlieren.

Eins nach dem anderen, hielt er sich vor Augen. Zuerst einmal musste er ein Land finden, in das er den Präsidenten schicken konnte, sofern man ihm überhaupt gestattete, Sigonella
zu verlassen. Italien eignete sich nicht unbedingt als Austra-
gungsort für die Schlacht. Erstens sprach Jay kein Italienisch,
und zweitens basierte das dortige Rechtssystem auf dem na-
poleonischen Zivilrecht, das sich stark von dem in Großbritannien und den USA gültigen allgemeinen Recht unterschied, sodass sich ein amerikanischer oder britischer Durch-
schnittsanwalt in den dortigen Gerichtssälen wie ein Fisch auf
dem Trockenen fühlte. Selbst diejenigen unter ihnen, die so
versiert im internationalen Recht waren wie Jay, gehörten
nicht der örtlichen Anwaltskammer an und mussten sich deshalb von einem dort ansässigen Anwalt vertreten lassen, ohne
wirklich zu verstehen, was der eigentlich tat.

Obwohl Jay mit der unterschiedlichen Gesetzeslage in den
diversen europäischen Ländern vertraut war, hatte er sich nie
die Zeit genommen, sich um eine Zulassung im Ausland zu
bemühen. Sogar in Großbritannien würde er sich einen dortigen Anwalt nehmen müssen, weil es ihm nicht gestattet war,
selbst vor Gericht aufzutreten.

Ich fange es ganz falsch an, überlegte er weiter. *Zuerst muss
ich dafür sorgen, dass ich überhaupt dort ankomme.*

Die kurzen Pausen zwischen den wichtigen Telefonaten hatte
er mit der Suche nach einem Direktflug von Denver nach Europa verbracht. Es gab nur einen, eine neue Verbindung mit

United Airlines, die jeden Tag nonstop nach London flog. Alle anderen legten irgendwo an der Ostküste eine Zwischenlandung ein.

»Ganz gleich, wohin Sie fliegen, John, von London aus kriege ich einen Anschlussflug«, hatte er dem Präsidenten beim letzten Telefonat versichert. »Doch ich werde etwa zehn Stunden lang schlecht zu erreichen sein.«

»Buchen Sie auf jeden Fall erste Klasse, Jay«, hatte der Präsident ihn angewiesen. »Und nur bei einer Gesellschaft, die Satellitentelefone hat.«

»Das kostet aber viele tausend Dollar mehr«, erwiderte Jay, der nach einem Vorwand suchte, Touristenklasse zu fliegen, weil man dort näher am Heck untergebracht war als in der ersten. Beim bloßen Gedanken, vorne in einem Flugzeug zu sitzen, drehte es ihm den Magen um. Trotz aller gegensätzlicher Beteuerungen eines befreundeten Piloten war Jay nämlich überzeugt davon, dass einem Passagier hinten in der Maschine weniger geschehen könne.

»Ich fühle mich sehr wohl in der Touristenklasse.«

»Das kommt nicht in Frage. Ich möchte, dass Sie auch über dem Atlantik einsatzbereit sind. Also erste Klasse.«

»Wenn Sie darauf bestehen«, antwortete Jay und fühlte sich, als wäre er gerade zum Tod durch einen Flugzeugabsturz verurteilt worden.

»So, und jetzt reden wir über die Zukunft. Wie sieht Ihre Strategie aus?«, fragte John Harris.

»Ich wünschte, ich hätte eine«, entgegnete Jay. »Im Augenblick versuche ich immer noch abzuschätzen, wie lange man uns dieses kleine Versteckspiel noch abkaufen wird. Wahrscheinlich bleibt uns Zeit, bis die C-17 in Andrews landet.

Aber was dann? Die 737 kann nicht genug Treibstoff aufnehmen, um es ohne Zwischenlandung über den Atlantik zu schaffen. Also werden Sie, selbst wenn wir die Maschine samt Besatzung chartern können, wieder außerhalb von amerikanischem Gebiet landen müssen. Und das heißt, dass Campbell mit seinem Haftbefehl und den örtlichen Behörden mit Sicherheit sofort dort aufkreuzt.«

»Was ist, wenn wir niemandem sagen, wo wir landen? Kann Campbell so schnell reagieren?«

»Die Piloten müssen einen Flugplan einreichen, John. Und ich habe keine Zweifel, dass Campbell in diesem Moment davon erfährt.«

»Aber, Jay, wenn alle glauben, dass nur noch meine Mitarbeiter an Bord sind und dass ich verschwunden bin, wird es niemanden mehr interessieren.«

»Doch, die Medien. Sicher wird das Flugzeug auf dem Luftwaffenstützpunkt Andrews von Reportern erwartet, und die werden sehen, dass Sie nicht aussteigen. Dann ist die Katze aus dem Sack.«

»Und wenn man dafür sorgt, dass die Maschine in einen der Hangars der Air Force One rollt, wo sie vor Blicken geschützt ist? Während meiner Amtszeit war ich öfter dort, Jay. Diese Hangars sind riesig.«

»Sie haben einen wichtigen Punkt vergessen«, sagte Jay. »Cavanaugh hat beschlossen, Sie nicht zu retten, da die Vereinigten Staaten international als Heuchler dastünden, wenn sie sich nicht an ein so wichtiges Abkommen halten würden.«

»Ich weiß. Er hat es mir erklärt, und ich kann es ihm nicht zum Vorwurf machen.«

»Wenigstens war er einverstanden, die Medien eine Weile an

der Nase herumzuführen, um uns aus der Patsche zu helfen. Doch mehr kann er wahrscheinlich nicht tun, denn dieses Täuschungsmanöver, um Ihren wirklichen Aufenthaltsort zu verschleiern, ist politisch ziemlich riskant.«

John Harris seufzte auf. »Schon gut. Ich habe versucht, es zu verdrängen. Er muss der Welt eindeutig demonstrieren, dass er den Haftbefehl anerkennt.«

»Ich habe ein bisschen durch die Sender geschaltet, John. Die Medienhetze und die Unterstellungen haben bereits begonnen. Cavanaugh droht Gefahr, dass der Schuss gleich doppelt nach hinten losgeht. Ich glaube, wir können vom Weißen Haus nicht viel erwarten, ehe diese Angelegenheit nicht vor Gericht ist. Sicher sind viele Amerikaner empört, weil er Sie nicht rausgeholt hat. Doch wenn die Medien dahinter kommen, dass das Weiße Haus mit faulen Tricks arbeitet, wird ein großes Gezeter angestimmt. Sie werden dem Präsidenten vorwerfen, er persönlich habe das alles geplant, um Ihnen bei der Flucht vor der internationalen Justiz zu helfen. Und die Opposition wird lauthals verkünden, dass er den Mut nicht hatte, die Sache richtig anzugehen und die Air Force einzusetzen. Ganz gleich, was er tut, er wird den Vorteil, den es ihm gebracht hat, Sie nicht zu retten, wieder verlieren. Seien Sie auf der Hut. Sobald es sich herumspricht, dass Sie noch in Sigonella oder sonst irgendwo in Europa sind, wird Campbell mit dem Haftbefehl auf der Matte stehen. Ich bin sicher, dass er in jedem Land seine Leute hat.«

»Bestimmt haben Sie recht, Jay«, erwiderte Harris. Es dauerte eine Weile, bis er mit müder Stimme weitersprach. »Allmählich frage ich mich, ob es nicht das Klügste wäre, das günstigste Land auszusuchen und mich dort den Behörden zu stellen. Schließlich ist es eine internationale Angelegenheit, und ich unterstütze die Grundidee des Abkommens.«

»Tja …«

»Als Campbell mich vorhin im Flugzeug anrief, meinte er, es sei unter meiner Würde, vor dem Haftbefehl zu fliehen. Jay, vielleicht liegt er ja richtig.«

»Ich weiß nicht, John. Wenn ich sicher wäre …«

»Wir sollten uns erkundigen, welches Land das Auslieferungsverfahren nicht beschleunigen würde, und uns mit einer Verhaftung dort abfinden. Mir ist mulmig bei dieser Sache, Jay, weil immer die Möglichkeit besteht, dass ein Richter verrückt spielt und Campbells Antrag absegnet. Und wenn es ihm gelingt, mich nach Lima zu schaffen, werde ich, wenn überhaupt, lange nicht zurückkehren können.«

Jay schloss die Augen und überlegte angestrengt. »John, es ist zu riskant, wenn Sie sich stellen. Und Sie sind kein Heuchler, wenn Sie versuchen, sich einer nicht berechtigten Verhaftung zu entziehen. Schließlich ist uns klar, dass der Haftbefehl jeglicher Grundlage entbehrt, oder? Ich frage Sie ja nur ungern …«

»Natürlich«, erwiderte Harris leise. »Natürlich tut er das.«

»Tja, Sie kennen ja Campbell. Verdammt, John, er hat dieses Abkommen praktisch eigenhändig verfasst. Ich wette jeden Betrag darauf, dass er bereits in allen Einzelheiten geplant hat, wie man das Auslieferungsverfahren in einem halben Dutzend Ländern beschleunigt – wenn nicht gar in allen. Der Mann ist dafür berühmt, dass er immer ein paar Schritte im Voraus denkt. Und das bereitet mir die größte Sorge. Sie könnten ein Jahr irgendwo hinter Gittern sitzen und trotzdem nach Lima geschickt werden.«

»Nur wenn ein Richter den Haftbefehl anerkennt, und ich glaube nicht, dass das in einem demokratischen Rechtsstaat geschehen wird. Denken Sie darüber nach, Jay, ob ich mich stellen soll oder nicht. Setzen Sie sich in ein Flugzeug und kommen Sie her. Aber denken Sie darüber nach, denn … Ich bin nicht sicher, ob Davonlaufen der richtige Weg ist.«

»Einverstanden.«

»Vielleicht käme Großbritannien in Frage. Ich könnte dorthin fliegen und mich stellen. Pinochet haben sie mit Samthandschuhen angefasst, auch wenn sie ein Jahr später vorübergehend dazu bereit waren, ihn nach Spanien auszuliefern. Schließlich ist das englische Rechtssystem die Mutter des unsrigen – bis auf die überkandidelten Perücken natürlich.«

»Die haben mir eigentlich immer gut gefallen, John. Sie verleihen der Angelegenheit eine Würde, die sie eigentlich nicht hat.«

Der Präsident seufzte tief auf. »Das ist das Schlüsselwort, finden Sie nicht?«

»Sir?«

»Würde. Ich möchte mich nicht würdelos verhalten, Jay, ganz gleich, wie groß meine Angst auch sein mag. Selbst nach Beendigung seiner Regierungszeit haftet einem amerikanischen Präsidenten die Würde seines Amtes an. Und ich gebe mir alle Mühe, das nicht zu vergessen.«

20

Marineflieger-Stützpunkt Sigonella, Passagierterminal, Montag, 19:45

In der letzten Stunde hatte Edwin Glueck nacheinander mit verschiedenen männlichen Mitgliedern seiner Reisegruppe gesprochen.

Vor zwanzig Jahren hatte er seinen Abschied als Brigadegeneral der U.S. Army genommen, und trotz seiner neunundsiebzig Jahre war er geistig noch voll auf Zack.

Joanie, mit der er seit sechsundzwanzig Jahren verheiratet war, saß in einer Ecke des Terminals und plauderte mit der Reiseleiterin, um sie abzulenken. Sie war zwar schon neunundsechzig, aber immer noch sehr attraktiv.

Als Joanie seinen Blick auffing, lächelte sie ihm zu und nickte fast unmerklich, um ihm mitzuteilen, dass sie alles im Griff hatte. Edwin fand, dass sie eine außergewöhnlich scharfe Auffassungsgabe besaß. Niemand hatte bemerkt, dass er beim Aussteigen einen kurzen Blick durch den Vorhang zwischen der ersten Klasse und der Touristenklasse geworfen hatte – das hieß, niemand bis auf Joanie. Ihr war sofort klar gewesen, dass etwas im Busch war.

»Ich sollte dich wohl besser nicht fragen, was du vorhast«, flüsterte sie ihm zu, während der Kapitän verkündete, dass das Warten nun vorbei sei und man die 737 verlassen könne.

»Nein«, erwiderte er. »Aber ich verrate es dir trotzdem. Präsident Harris ist noch an Bord dieser Maschine!«

Da sie diesen überzeugten Tonfall bei ihm kannte, glaubte sie ihm aufs Wort. Natürlich irrte er sich auch gelegentlich, doch wenn der General – wie seine Enkelkinder ihn nannten – sich mit einem Problem befasste, konnte man sich darauf verlassen, dass er meistens richtig lag.

»Hast du ihn gesehen?«

»Nein.«

»Warum bist du dann so sicher?«

»Vertrau mir.«

»Das tue ich doch immer.«

Beim Aussteigen hatte der General ein Stolpern vorgetäuscht, als sie die vordere Bordküche passierten, und dabei geschickt mit dem Fuß den Vorhang beiseite geschoben. Der kurze Blick hatte seine Vermutung bestätigt: zwei Paar Männerschuhe in einem Bereich der Maschine, der eigentlich dem Personal vorbehalten war – drei weiblichen Flugbegleitern.

Zwei Männer in der Bordküche. Wenn es nicht die Piloten sind …

Als er die Treppe betrat, bückte er sich und strich sein Hosenbein glatt, um ins Cockpit spähen zu können.

Die beiden Piloten waren an ihren Uniformhemden eindeutig zu erkennen.

Keiner der Männer, die zur C-17 hinübergegangen sind, sah ihm ähnlich. Also ist er noch hier, er versteckt sich, und das heißt, dass er in großer Gefahr schwebt.

Wortlos stieg der General die Treppe hinunter und steuerte auf den Terminal zu. Doch in seinem Kopf entstand bereits ein Plan.

Hauptmann Swanson war gerade im Passagierterminal eingetroffen, als er erfuhr, dass der Anwalt der Peruaner doch nicht
sofort abfliegen würde.

Der Anruf des Fahrers, Stuart Campbell sei wieder auf
der Rampe erschienen und zu ihm in den Wagen gestiegen,
brachte den Kommandanten des Stützpunktes Sigonella arg
aus dem Konzept.

»Das soll wohl ein Witz sein. In fünf Minuten bin ich da und
kümmere mich persönlich um ihn«, erwiderte er dem Fahrer.
Er hätte sich ohrfeigen können, weil er nicht im Tower nach-
gefragt hatte, ob der Lear-Jet mit Campbell an Bord tatsächlich gestartet sei.

Offenbar war das nicht der Fall.

Swanson sprang in seinen Wagen und überlegte kurz, was
er nun tun sollte. Dann griff er zum Telefon, wählte die Nummer des Fahrers und erteilte dem Mann eine Reihe von Anweisungen.

»Ich muss an Bord der EuroAir-Maschine, Hauptmann«, verkündete Campbell, als Swanson aus seinem Wagen kletterte.
»Warum, Mr. Campbell?«, fragte Hauptmann Swanson. »Ich
dachte, die Angelegenheit hier hätte sich inzwischen erledigt. Vorhin habe ich Sie reingelassen, weil Sie in Begleitung
einer italienischen Delegation waren, die laut Abkommen das
Recht hatte, den Stützpunkt zu betreten. Verfügen Sie denn
jetzt über eine offizielle Genehmigung?«

»Nicht, dass ich wüsste«, entgegnete Campbell freundlich.
»Falls Präsident Harris sich in dem Flugzeug der Air Force
befand, habe ich offiziell keinen Grund mehr, um hier zu
sein.«

»Was meinen Sie mit ›falls‹?«

»Ich bitte Sie lediglich um einen Gefallen und um Ihre Mitarbeit, Hauptmann.«

»Ich habe schon verstanden, dass es sich um eine Bitte handelt. Aber was ist der Grund dafür?«

»Sie sind ein kluger Mann, Hauptmann – sonst hätten Sie ja nicht die kleinen Adler auf den Schulterklappen. Sie wissen, dass Sie es mit einer hochrangigen internationalen Rechtssache zu tun haben und dass ich über jeden Schritt und jedes Ereignis im Bilde sein muss.«

»Wovon reden Sie, Sir? Ich bin sehr beschäftigt.«

»Ich muss mich durch persönlichen Augenschein davon überzeugen, Hauptmann, dass Harris nicht länger an Bord der 737 ist. So einfach ist das.«

Swanson bemühte sich um eine unbewegte Miene, doch ein kleiner Muskel zuckte an seiner Wange. »Ich verstehe«, erwiderte er so ruhig wie möglich.

»Haben Sie ein Problem mit meiner Bitte, Hauptmann?«, erkundigte sich Campbell zuckersüß.

»Ja, Sir. Da gibt es wirklich eines. Meine Vorgesetzten sind gar nicht glücklich darüber, dass ich Sie und die Italiener überhaupt auf den Stützpunkt gelassen habe. Ich werde Ihre Bitte auf dem üblichen Dienstweg weiterleiten.«

»Ich kenne Ihren Vorgesetzten persönlich, Hauptmann. Möchten Sie, dass ich ihn anrufe?«

»Ich bin durchaus selbst in der Lage, mich mit meinen Vorgesetzten in Verbindung zu setzen, Mr. Campbell«, entgegnete Swanson und bereute sofort seinen scharfen Ton. »Ich schlage vor, Sie steigen ein, und wir fahren in mein Büro. Dort können Sie warten, während ich telefoniere. Steht die

Maschine noch an ihrem Platz, nachdem ich grünes Licht bekommen habe, begleite ich Sie gerne selbst an Bord.«

Schmunzelnd neigte Stuart Campbell den Kopf zur Seite. »Hauptmann, mit Verzögerungstaktiken macht man sich verdächtig. Insbesondere bei mir. Falls der Präsident wirklich fort ist, stört es doch niemanden, dass ich an Bord gehe und mich vergewissere. Dann werde ich Sie auch sofort in Ruhe lassen.«

»Sir, ich sagte gerade –«

»Hauptmann Swanson«, fiel Campbell ihm ins Wort, »wir beide wissen, dass Sie dazu befugt sind, diese Entscheidung eigenmächtig zu fällen. Das heißt, dass Sie einfach Ja oder Nein sagen können. Sie haben meinem Flugzeug und der Chartermaschine einen Platz so weit hinten an der Rampe wie möglich zugewiesen, um uns im Auge zu behalten. Das ist Ihr gutes Recht. Doch dass Sie jetzt einen solchen Eiertanz aufführen, bedeutet, dass Sie nicht selbst entscheiden wollen. Und das wiederum weist darauf hin, dass für Sie viel mehr auf dem Spiel steht als ein Rüffel wegen einer Fehlentscheidung. Offenbar täuschen Sie und Washington vor, dass Präsident Harris abgeflogen ist, obwohl er sich noch hier befindet. Ansonsten würden Sie mich schließlich zu der Maschine bringen.«

»Das ist absurd, Mr. Campbell. Nichts als leere Vermutungen und Hirngespinste.«

»Hauptmann, rein gesetzlich ist es überflüssig, irgendeine Genehmigung einzuholen. Es sieht fast so aus, als müsste ich wieder jemanden vom italienischen Außenministerium herbemühen.«

»Meinetwegen, dann beenden wir jetzt dieses Gespräch und

fahren los, Mr. Campbell«, entgegnete Swanson und drehte sich zu seinem Wagen um.

Campbell verzog erstaunt das Gesicht. Er lächelte breit.

»Ausgezeichnet! Zum Flugzeug?«

»NEIN, Sir!«, stöhnte Swanson entnervt auf und wandte sich zu ihm um. »Wie ich bereits sagte, fahren wir jetzt zu meinem Büro auf NAS-Eins.«

Stuart Campbell sah dem Marineoffizier in die Augen. »Hauptmann, bei Ihrer Ehre als amerikanischer Offizier: War Präsident Harris an Bord der C-17 oder nicht?«

»Ich kann nicht –«

»Schluss jetzt!«, brüllte Campbell so laut, dass Swanson zusammenzuckte. »Ihr Verhalten ist verdächtig. Ich verlange jetzt eine klare Aussage von Ihnen: Ist er an Bord der C-17 oder noch irgendwo auf diesem Stützpunkt? Wenn Sie antworten, dass er fort ist, verlasse ich mich auf Ihr Ehrenwort und fliege sofort ab.«

»Sir …«, stammelte Swanson. Er zögerte gerade lang genug, dass Campbell den inneren Konflikt erkannte. »Präsident Harris' Aufenthaltsort ist Militärgeheimnis. Ich bin nicht befugt, Ihnen oder sonst jemandem dazu Mitteilung zu machen.«

Stuart Campbell nickte langsam. Ihm entging nicht, dass Swansons Atem schneller geworden war.

»Tja, Hauptmann, ich verstehe. Präsident Harris ist also noch hier.«

»Das habe ich nicht gesagt.«

»Doch, haben Sie. Laut und deutlich.«

Swanson schüttelte wütend den Kopf. »Steigen Sie in den Wagen, Mr. Campbell. Sofort! Entgegen aller Vernunft werde ich gegen die Vorschriften verstoße und Sie zu der Maschine bringen. Und dann, Sir, will ich Ihr selbstzufriedenes Gesicht nie wieder auf meinem Stützpunkt sehen. Kapiert?«

»Wie Sie möchten, Hauptmann«, erwiderte Campbell, der bemerkt hatte, dass Swansons Funkgerät gut sichtbar am Armaturenbrett hing. Der Kommandant würde also keine Chance haben, die Piloten der EuroAir zu warnen.

Marineflieger-Stützpunkt Sigonella, Passagierterminal

Ein junger Marinepolizist bewachte die Tür, die zur Rampe und zur Boeing 737 führte. Nur ein Junge in einer schneidigen Uniform, wahrscheinlich höchstens neunzehn oder zwanzig Jahre alt, dachte General Ed Glueck. Er beobachtete ihn eingehend, um zu sehen, wie es um seine Intelligenz bestellt war, und kam dann langsam näher. »Junger Mann?«

»Ja, Sir?«, erwiderte der junge Soldat, ein wenig erschrocken, weil er von einem Passagier angesprochen wurde.

»Ich möchte, dass Sie sich den Rang auf diesem Ausweis ansehen«, sagte der General und reichte ihm die graue Identitätskarte des Verteidigungsministeriums, die ihn als Brigadegeneral a. D. auswies.

Die Augen des jungen Mannes weiteten sich vor Erstaunen. »Jawohl, Sir, General. Was … kann ich für Sie tun?«

Der General steckte den Ausweis wieder ein, warf einen Blick auf die umherschlendernden Passagiere und wandte sich dann in verschwörerischem Ton an sein Gegenüber.

»Ich muss zurück ins Flugzeug.«

Der junge Soldat schnappte nach Luft und erstarrte in Ratlosigkeit; wegen seiner mangelnden Erfahrung wusste er nicht, welcher Befehl nun Vorrang hatte.

Der Mann war immerhin General – allerdings im Ruhestand.

»Sir, ich … das darf ich nicht …«

Der General beugte sich vor und flüsterte: »Es geht hier um Fragen der nationalen Sicherheit, mein Sohn, und wir haben beide keine Zeit, uns eine Genehmigung von oben zu holen. Wenn Ihr Hauptmann hier wäre, würde ich mich an ihn wenden. Doch ich muss sofort rüber. Jetzt ist einer der Momente, für die Sie ausgebildet wurden, eine Situation, in der Sie den Mut beweisen müssen, richtig zu handeln, ohne Ihre Vorgesetzten zu fragen.«

»Aber, Sir …«

»Ich bin unbewaffnet, und meine Frau Joanie steht gleich da drüben. Selbstverständlich würde ich nie ohne sie verschwinden, und ich führe wirklich nichts Böses im Schilde.«

»Ja, Sir, aber meine Befehle –«

»Ich als ranghöherer Offizier gebe Ihnen die Erlaubnis. Wussten Sie nicht, dass ein General immer im Dienst ist?«, schwindelte er, obwohl ihm klar war, dass nur Fünf-Sterne-Generale nicht in den Ruhestand geschickt wurden, und die waren seit General Omar Bradleys Tod vor einigen Jahrzehnten ausgestorben.

»Wirklich, Sir?«

»Öffnen Sie einfach die Tür. Ich bin in zehn Minuten zurück. Ich möchte nur mit dem Kapitän des Flugzeugs sprechen. Wenn Ihr Hauptmann Einwände hat, erkläre ich ihm alles. Schließlich habe ich einen höheren Rang als er.«

»Stimmt.«

Der junge Mann nickte, schluckte, sah sich im Raum um und drehte dann langsam den Türknauf hinter sich um. Edwin Glueck schlüpfte in die feuchtkalte Nachtluft hinaus.

Bis zum Flugzeug war es nicht weit, und Edwin Glueck war gut in Form, sodass er die Distanz im Laufschritt zurücklegte. Die vordere Tür der Boeing war geschlossen, und er klopfte leise an.

Als ein Mann, sicher ein Geheimdienstmitarbeiter, durch den Türspalt spähte, schob er seinen Ausweis hinein. Nach kurzer Beratung wurde die Tür geöffnet, und der Mann gab ihm den Ausweis zurück.

»Was können wir für Sie tun, General Glueck?«, fragte er.

»Ich möchte den Kapitän sehen.«

»Warum?«

»Weil ich weiß, dass der Präsident noch an Bord ist. Ich kann einen ganzen Terminal amerikanischer Militärveteranen zu seinem Schutz abstellen.«

21

Laramie, Wyoming,
Montag, 11:45 Ortszeit

Der letzte Direktflug nach Europa, der heute vom internationalen Flughafen in Denver starten würde, ging in knapp drei Stunden ab. Doch Jay Reinhart saß noch immer in seiner Küche in Laramie, zweihundertvierzig Straßenkilometer vom Flughafen entfernt.

»Es muss doch noch eine andere Möglichkeit geben«, sagte er am Telefon zu der Frau vom Reisebüro.

»Nein, und ich bezweifle, dass Sie den Flug noch erwischen können. Wegen des Schneesturms ist die U.S. 278 auf dem Pass gesperrt, und wie ich höre, ist auf der Schnellstraße südlich von Cheyenne die Hölle los.«

»Was ist mit Chicago? Könnte ich vielleicht dort abfliegen? Oder … Atlanta?«

»Klar, doch die Transatlantikflüge starten wahrscheinlich alle erst morgen früh. Das heißt, dass Sie morgen am späten Nachmittag ankommen würden.«

»Dallas?«

»Dasselbe. Ich habe nicht einmal einen Anschlussflug nach Denver für Sie. Darf ich Ihnen einen Vorschlag machen?«

»Schießen Sie los.«

»Chartern Sie eine Maschine, die Sie zum internationalen Flughafen in Denver bringt. Selbst eine Cessna könnte es in einer Stunde schaffen.«

»Chartern …«

»Ja, Sir. Das ist zwar nicht billig, aber wenn Sie heute wirklich noch den letzten Flug erreichen wollen, ist das Ihre einzige Chance.«

Der Gedanke, elf Stunden in einem Jumbojet verbringen zu müssen, war schon schlimm genug gewesen. Als Jay sich nun einen Absturz in einer kleinen Maschine ausmalte, wurde ihm flau im Magen.

»Mr. Reinhart?«

»Was ist?«

»Haben Sie verstanden?«

»Äh …« Er schluckte. »Ja, ja. Entschuldigen Sie. Und das ist wirklich die einzige Möglichkeit?«

Er bedankte sich, zerrte das Telefonbuch aus dem Schreibtisch und schlug die Seite mit den Chartergesellschaften auf. Dabei versuchte er sich davon abzulenken, dass er im Begriff war, dafür zu bezahlen, sich in ein kleines Flugzeug sperren zu lassen, das ganz sicher bei der ersten Gelegenheit abstürzen würde.

Reiß dich zusammen! Andere Leute tun so was täglich!

Doch von den drei Chartergesellschaften im Telefonbuch konnte ihm keine helfen.

»Tut mir leid, Sir, aber unsere Vögel sind heute alle unterwegs.«

»Oh, könnten Sie mir dann jemanden in Denver empfehlen, der mich abholt?«

»Das haben wir vor einer Stunde schon für einen anderen

Kunden versucht, Mr. Reinhart. Wir haben keine Ahnung, ob jemand noch Kapazitäten frei hat. In Aspen findet eine Großveranstaltung für die oberen zehntausend statt. Alle Charterflugzeuge in der Umgebung sind ausgebucht.«

»Ich zahle das Doppelte«, hörte Jay sich sagen. Ihm schwindelte fast bei dem Gedanken, seinen eigenen Untergang so großzügig zu finanzieren.

»Tut mir leid.«

Jay legte auf.

Seine Gedanken überschlugen sich. Es musste doch einen Weg geben! Keine Zeit, um mit dem Auto zu fahren, keine Charterflugzeuge, keine Inlandflüge, aber …

Plötzlich fiel ihm ein Gespräch mit einem seiner Studenten ein. Einem gewissen David soundso. Er war Privatpilot und besaß ein eigenes Flugzeug. Sie hatten eine freundschaftliche Debatte über das Thema geführt, ob Menschen überhaupt fliegen sollten; Jay hatte natürlich die Gegenposition vertreten. Nun fragte er sich, ob man diesen David mit seinem Flugzeug vielleicht mieten konnte. Er war sogar bereit, zu Kreuze zu kriechen, wenn er nur rechtzeitig in Denver eintraf.

Verdammt! Wie hieß er noch mal mit Nachnamen? David … David … Carmichael! Genau!

Er wählte die Nummer der Universitätsverwaltung und fragte unter einem Vorwand nach David Carmichaels Nummer.

»Schon in Ordnung, Professor«, erwiderte die Dame am Telefon und diktierte ihm zwei Nummern.

Bei der ersten ging niemand ran. Als er die Mobilfunknummer eingab, meldete sich der Student, der gerade auf dem Weg zu einem Seminar war. Jay schilderte ihm seine verzweifelte Lage.

»Äh, ich weiß nicht, Professor Reinhart. Das Wetter ist heute nicht gerade optimal.«

»Ist es zu schlecht zum Fliegen?«

»Tja … nicht ganz. Aber ich habe ein Seminar.«

»Was ist, wenn ich das für Sie regle? Ich kann Ihnen gar nicht sagen, wie wichtig es ist, David. Es geht buchstäblich um das Leben eines amerikanischen Präsidenten.«

»Das haben Sie mir bereits erklärt. Toll! Okay, solange der Wetterbericht nicht zu schlecht …«

»Besitzen Sie noch ein eigenes Flugzeug?«

»Ja. Es ist für den Instrumentenflug ausgerüstet, und ich habe die nötige Ausbildung. Aber man sollte trotzdem vorsichtig sein.«

»Ich verstehe. Hören Sie, ich möchte Sie ja nicht drängen, aber es ist meine letzte Chance, rechtzeitig in Denver zu sein. Tun Sie mir den Gefallen?«

»Ich glaube, ich bin berechtigt, Passagiere mitzunehmen … Ich bin zwar ein paar Wochen nicht mehr geflogen, doch ich denke, in einer Stunde ist alles bereit.«

»Was halten Sie von vierzig Minuten? Ich zahle Ihnen jeden Preis.«

»Geld kann ich nicht annehmen, Sir, außer für den Treibstoff. Ich bin nur Privatpilot, kein berufsmäßiger.«

»In Ordnung. Können Sie in vierzig Minuten fertig sein?«

»Sie möchten zum internationalen Flughafen in Denver?«

»Ja.«

»Dann beeile ich mich besser. Ich muss den Wetterbericht überprüfen und einen Flugplan anmelden. Wo kann ich Sie erreichen, Professor?«

»Treffen wir uns einfach vor Ort, David.«

Der junge Mann zögerte kurz. »Oh. Okay.« Carmichael erklärte ihm, wo sein Flugzeug warten würde.

»Also bis später, Professor.«

Der Gedanke, in seinen Anzug zu schlüpfen, ohne vorher zu duschen oder sich zu rasieren, war Jay gar nicht recht, doch die Zeit wurde knapp. Er warf ein paar Socken, Unterhosen und Hemden in einen Koffer, hakte seine Morgentoilette in zehn Minuten ab, stürmte hinaus in die Garage und sprang ins Auto.

Carmichael erwartete ihn an der Tür des Privatterminals. In der einen Hand hielt er einen grünen Kopfhörer, in der anderen eine kleine Tasche. Jay zwang sich, nicht auf die besorgte Miene des jungen Mannes zu achten.

»Das Triebwerk wird gerade mit einem fahrbaren Heizgerät aufgewärmt«, verkündete David.

»Ich weiß nicht, was das bedeutet«, erwiderte Jay. »Gibt es Probleme?«

»Nein«, entgegnete Carmichael. »Aber mein Flugzeug hat seit einer Woche in der Kälte gestanden, und so springt das Triebwerk besser an.«

»Okay. Ist es ein Jet?«

David Carmichael zog erstaunt die Augenbrauen hoch. »Ein Jet? Das wäre schön.«

»Was dann?«

»Eine Cessna 172, Professor. Eine einmotorige Propellermaschine mit vier Plätzen. Was haben Sie denn gedacht?«

»Ich … kenne mich nicht mit Privatflugzeugen aus«, stieß Jay hervor, während sich sein Magen auf Erbsengröße zusammenzog.

»Professor«, meinte Carmichael zögernd, als er Jay Reinharts Todesangst bemerkte. Er legte ihm die Hand auf die Schulter. »Die Cessna 172 ist ein ausgezeichnetes, stabiles Flugzeug und außerdem das einzige, dem es je gelungen ist, erfolgreich die sowjetische Luftabwehr zu durchdringen.«

»Entschuldigung, wie bitte?«, stammelte Jay.

Carmichael schüttelte schmunzelnd den Kopf. »Damals in den Achtzigerjahren ist so ein Spinner aus Deutschland mit einer 172 nach Russland geflogen und auf dem Roten Platz gelandet. Die gesamte sowjetische Luftwaffe hat es nicht geschafft, ihn abzuschießen.«

»Oh, ja, ich glaube, ich erinnere mich daran«, sagte Jay und warf einen Blick auf den winzigen Hochdecker, der vor ihm auf der Rampe stand. Plötzlich wurde ihm klar, dass David Carmichael von dieser Maschine sprach, die kaum groß genug für einen Passagier wirkte. Eigentlich war es ein Wunder, dass überhaupt der Pilot darin Platz hatte.

»Ist das Wetter okay?«, fragte er.

»Tja …«, meinte David. »Wir müssen nach einem Instrumentenflugplan fliegen und werden die ganze Zeit in den Wolken sein. Aber ich denke, das macht nichts. Unterhalb von viertausend Metern ist keine Vereisung vorhergesagt, also dürfte es nicht allzu schlimm werden, solange wir nicht in Turbulenzen geraten.«

»Was meinen Sie mit ›Vereisung‹?«

»Bei Vereisung kann ich nicht fliegen, weil ich keinen Gummischlauchenteiser habe.«

»Gummischlauch … was?«

»Gummiteile an den Vorderkanten der Tragflächen, die sich aufblasen, damit das Eis abfällt.«

»Oh.«

»Der Flug wird etwa eine Stunde dauern.«

Jay sah auf die Uhr. Er wollte unbedingt an etwas anderes denken als an den Flug, der vor ihm lag. »Dann sollten wir besser starten.«

David Carmichael nahm ihn am Arm. »Professor, geht es wirklich um Leben und Tod? Haben Sie keine Zeit, mit dem Auto zu fahren oder einen anderen Flug zu nehmen?«

Jay schüttelte den Kopf.

Carmichael klang besorgt, doch Jay zwang sich, nicht darauf zu achten. Er musste bei seinem Entschluss bleiben, denn die Vorstellung, dass John Harris Stuart Campbell in die Hände fallen könnte, war schlimmer als seine Flugangst. Bestimmt reagierte David nur so, weil er gesehen hatte, wie blass Jay geworden war. Ein Pilot würde niemals starten, wenn Gefahr bestand.

David Carmichael seufzte und blickte zwischen dem Flug-zeug und seinem Passagier hin und her. »Professor, vielleicht sollten Sie zuvor noch auf die Toilette gehen.«

Jay sah ihn argwöhnisch an.

»Warum?«, stieß er hervor.

»Weil es an Bord keine Toilette gibt; das Flugzeug ist zu klein«, erklärte Carmichael geduldig.

»Klar«, hörte Jay sich sagen. »Ich … bin gleich zurück.«

An Bord von EuroAir 42,
Marineflieger-Stützpunkt Sigonella, Sizilien

Der Anruf auf dem Satellitentelefon hatte alle überrascht; Craig wusste im ersten Moment nicht, wie er reagieren sollte.

»Was war das?«, fragte Alastair, nachdem Craig aufgelegt hatte.

»Jemand vom Sicherheitsdienst der Navy, der mir mitgeteilt hat, dass Hauptmann Swanson auf dem Weg hierher ist. Mit diesem Anwalt Campbell.«

»Zu unserem Flugzeug?«

»So hörte es sich wenigstens an.«

»Ach du meine Güte. Ich sage Bescheid.« Alastair wollte gerade aufstehen und die Tür öffnen, als Matt Ward und General Glueck hereinkamen.

»Agent Ward, wir haben ein Problem«, sagte Alastair und blickte fragend auf den alten Herrn.

Ward stellte den pensionierten Offizier rasch vor und erklärte, dass er seine Hilfe angeboten habe. »Um was für ein Problem geht es denn?«, fügte er hinzu.

Nachdem Alastair das Telefonat geschildert hatte, starrte Ward ihn entsetzt an. Dann stürmte er in die erste Klasse. Ein paar Sekunden später war er wieder zurück.

»Okay, wir müssen annehmen, dass Campbell Swanson gezwungen hat, ihn hierher zu bringen, weil er sich vergewissern will, ob der Präsident noch an Bord ist.«

»Wenn das stimmt«, erwiderte Alastair, »wird er das gesamte Flugzeug und die Toiletten durchsuchen wollen.«

»Kann man einen Mann irgendwo an Bord verstecken?«, fragte Ward, obwohl er die Antwort schon kannte.

»Ja. Nein. Nicht hier oben, aber … wenn wir es schaffen, dass niemand uns beobachtet, und wenn der Präsident sich ganz klein macht, könnten wir ihn im Elektronikkasten hinter dem Bugrad unterbringen.«

»Wie groß ist der?«

Inzwischen war Craig aus dem Cockpit gekommen und lauschte dem Gespräch.

»Es ist zwar ziemlich eng, aber der Platz müsste reichen«, entgegnete Alastair. »Wir müssen uns beeilen. Beim Reinklettern könnte man ihn sehen. Wenn die Luke allerdings erst mal zu ist, findet ihn niemand mehr.«

»General? Warten Sie bitte hier«, sagte Matt Ward und ging los, um den Präsidenten zu informieren.

John Harris hörte sich den Plan an und schüttelte den Kopf. »Nein, das mache ich nicht.«

»Aber, Sir, hören Sie«, protestierte Matt Ward. »Es ist zwar mein Job, Sie zu schützen, doch Sie müssen mir schon dabei helfen.«

»Haben wir dieses Thema nicht schon öfter erörtert, Matt?«

»Ja, Mr. President. Allerdings wird die Zeit knapp, und dieser Anwalt ist auf dem Weg hierher.«

»Ich werde mich nicht wie eine Ratte in einem Loch verkriechen«, erklärte Harris mit Nachdruck.

»Sir«, begann Sherry, doch Harris unterbrach sie mit einer Handbewegung.

»Nein! Wenn Campbell an Bord kommt, werde ich mit ihm sprechen. Hat er italienische Behördenvertreter bei sich?«

»Das wissen wir nicht, Mr. President«, erwiderte Ward. »Hören Sie, möchten Sie sich nicht wenigstens hinten in einer der Toiletten verstecken? Bitte machen Sie es ihm nicht zu leicht.«

John Harris überlegte. »Ich gehe in die hintere Bordküche und besorge mir einen Kaffee, Matt. Wenn der Mann die Maschine durchsucht, werde ich ihn dort empfangen. Aber ich weigere mich, mich wie ein Feigling zu verkriechen.«

»Das ist keine Feigheit, Sir, sondern falsche Eitelkeit.«

»Es reicht, Matt!«, zischte der Präsident. »Es ist Ihre Aufgabe, alles Nötige für meinen Schutz zu tun. Doch die Entscheidung, wie weit ich mich darauf einlasse, liegt ganz allein bei mir. Verstanden?«

»Ja, Sir.«

»Entschuldigen Sie, Mr. President«, erklang eine Stimme von hinten. Als Ward, Dayton und Chadwick sich umdrehten, erkannten sie den alten General, der den Wortwechsel mit angehört hatte. Er schüttelte dem Präsidenten die Hand.

»Ja?«

General Glueck stellte sich rasch vor. »Da draußen im Terminal warten dreiundzwanzig amerikanische Veteranen des Zweiten Weltkriegs, Sir. Sie alle sind bereit, diesem Mistkerl, der Sie bedroht, das Handwerk zu legen. Ich habe die Aufgaben bereits verteilt. Wenn jemand dem jungen Wachmann Befehl gibt, den Terminal zu öffnen, wird es garantiert niemand schaffen, Sie aus diesem Flugzeug zu holen.«

»Ist das Ihre ganze Reisegruppe, General?«

»Nein, nicht alle, Sir. Es sind auch Ehefrauen, Freundinnen, Söhne und Töchter dabei. Aber meine Männer sind instruiert und werden Ihnen, ganz gleich wo, Geleitschutz geben. Ich habe schon mit so etwas gerechnet.«

»Ich danke Ihnen, General.«

»Sie brauchen mir nicht zu danken, Sir. Es ist unsere Pflicht, den Präsidenten zu schützen. Und meiner Ansicht nach sind wir auch nach Ende Ihrer Amtszeit für Ihre Sicherheit verantwortlich.«

»Ich weiß das sehr zu schätzen.«

Matt Ward eilte, gefolgt von General Glueck, zur Tür, während der Präsident in den hinteren Teil der Maschine ging.

22

Flughafen Laramie, Wyoming,
Montag, 12:35 Ortszeit

Als Jay Reinhart aus der Flughafentoilette kam, traf telefonisch die Nachricht ein, dass EuroAir einverstanden war, die Boeing 737 an John Harris' Mitarbeiter zu vermieten. Sherrys Bitte nachkommend, tätigte Jay den Anruf, der nötig war, um vierzigtausend Dollar vom Konto des Präsidenten an EuroAir zu überweisen. Dann rief er Sherry zurück.

»Sie haben noch einen zweiten Jet gechartert, um die Passagiere nach Rom zurückzubringen«, berichtete er, als sie sich meldete. »Dafür verlangen sie noch mal fünfzehntausend.«

»Wann ist es so weit?«

»Das Flugzeug befindet sich, wie sie sagten, bereits in Sigonella. Es kann also gleich losgehen.«

»Gut. Und wie sieht es bei Ihnen aus, Jay?«

Einige zynische Bemerkungen über seinen unweigerlich bevorstehenden Tod bei einem Flugzeugabsturz lagen Jay auf der Zunge, doch im Augenblick war er nicht zum Scherzen aufgelegt.

»Ich starte jetzt nach Denver, wo ich noch einen Direktflug mit der United nach London erwischen kann. Hören Sie zu, Sherry. Ich habe gründlich nachgedacht. Ich möchte, dass Sie nach London kommen. Aber warten Sie, bis ich in Denver

und an Bord des Flugzeuges bin. Dann treffe ich die endgülti-
ge Entscheidung und rufe Sie an.«

»Warum London?«, fragte sie.

»Der Präsident wird es verstehen. Wir werden ihn dort den
Behörden übergeben und die Sache in England vor Gericht
ausfechten.«

»Halten Sie das wirklich für den besten Weg?«, erkundigte
sie sich.

»Nein«, entgegnete Jay, »ich bin mir nicht sicher. Deshalb
möchte ich noch ein paar Stunden darüber nachdenken. Allerdings sehe ich kaum eine Alternative. Es wird nicht lange
dauern, bis die ganze Welt weiß, dass der Präsident noch auf
Sizilien ist.«

Er beendete das Gespräch und eilte durch die Glastüren zu
David Carmichael in seiner kleinen Cessna hinüber. Vorsichtig kletterte er hinein und nahm rechts auf dem Sitz des Kopiloten Platz.

»Es ist ein Standard-Sicherheitsgurt, Professor. Sorgen Sie
nur dafür, dass er eng genug anliegt«, wies Carmichael ihn
an.

Die Instrumententafel vor ihm erschien Jay so geheimnis-
voll wie eine Abhandlung auf Sanskrit. Schalter, Hebel und
Anzeigen mit Informationen, die für Außenstehende ein
Mysterium waren, erstreckten sich vor ihm, und er zuckte erschrocken zusammen, als David ihm einen grünen Kopfhörer
reichte.

»Was ist das?«

»Setzen Sie ihn bitte auf und richten Sie das Mikrofon so ein,
dass es vor Ihrem Mund ist. Da ich eine Gegensprechanlage
habe, können wir uns so miteinander unterhalten.«

»Okay.«

David las Anweisungen von einer laminierten Liste ab, legte Hebel um und betätigte Schalter, bevor er das Triebwerk anließ.

Das Rütteln des Motors und das Zittern des kleinen Flugzeugs bestätigten Jays schlimmste Befürchtungen: Weder Menschen noch Cessnas waren für das Fliegen bestimmt. Wie konnte sich eine Maschine, die schon auf dem Boden so wackelte, überhaupt in der Luft halten? Jay schloss die Augen und erinnerte sich an das letzte Mal, als er sich zu einer Achterbahnfahrt hatte überreden lassen. Vom ersten Moment an hatte er sich absolut ausgeliefert gefühlt.

Karen war die Rattenfängerin gewesen, die ihn in dieses Ding gelockt hatte. Inzwischen war er überzeugt, dass sich ihre Todessehnsucht schon damals gezeigt hatte, obwohl ihm das in jenem Moment nicht klar gewesen war.

Wieder dachte er an Karen, und wie immer wurde er von Trauer und Schuldgefühlen ergriffen. Die nackte Angst, die er noch vor ein paar Sekunden empfunden hatte, war auf einmal wie weggeblasen.

»Fertig, Sir?«, erkundigte sich David und riss ihn aus seinem Tagtraum. Ein Zögern schwang in der Stimme des Piloten mit. Da Jay befürchtete, Carmichael könnte den Flug abblasen, wenn er sich unschlüssig zeigte, nickte er so nachdrücklich wie möglich. Allerdings war ihm klar, dass er damit niemanden hinters Licht führen konnte, am allerwenigsten sich selbst.

Marineflieger-Stützpunkt Sigonella, Sizilien

Hauptmann Swanson hatte Campbell auf einem Umweg zum Terminal gefahren. Endlich hielt er vor dem Gebäude und deutete auf die Tür.

»Wir gehen da durch. Aus Sicherheitsgründen benütze ich das Auto nur im äußersten Notfall auf der Rampe.«

Schweigend folgte Campbell dem uniformierten Kommandanten in den Terminal und durch die neugierigen und aufgebrachten Passagiere, die sich an der Tür zur Rampe drängten. Er ertappte sich dabei, wie er sich unauffällig nach dem ehemaligen Präsidenten umsah, kam aber zu dem Schluss, dass Harris nie versuchen würde, ihm auf diese Weise zu entwischen. Er hörte, wie hinter Swansons Wagen Busse vorfuhren und wie die Passagiere in einer Durchsage aufgefordert wurden, sich zum Einsteigen bereitzuhalten.

»Fliegen sie mit der anderen Chartermaschine?«, fragte Campbell, der sich an das kurze Gespräch erinnerte, das Swanson unterwegs am Funk geführt hatte. Offenbar hatte EuroAir dieselbe 727 gechartert, die er erst vor einer halben Stunde storniert hatte.

Meinetwegen, dachte Campbell. *Sollte Harris tatsächlich hier sein, ist es besser, wenn mir so wenig Passagiere wie möglich im Weg herumstehen.*

Auf Anweisung des Hauptmanns öffnete ein Soldat die Tür zur Rampe und ließ sie passieren.

Die Boeing 737 stand in etwa einhundertfünfzig Metern Entfernung da; der Bug wies noch nach Westen. Campbell folgte dem Offizier die Treppe hinauf. Swanson sagte ein paar

Worte durch die angelehnte Tür, die daraufhin geöffnet wurde. Einige alte Männer kamen heraus.

»Was wollen Sie, Hauptmann?«, erkundigte sich einer von ihnen.

»Dieser Mann muss an Bord, um die Maschine zu durchsuchen«, erwiderte Hauptmann Swanson ruhig, ohne etwas zu der Anwesenheit der Männer anzumerken.

»Und wer ist dieser Mann?«, fragte der alte Herr.

»Verzeihung«, gab Stuart Campbell streng zurück, »aber wer sind Sie?«

»Brigadegeneral Edwin Glueck, a. D., United States Army, Sir. Und dürfte ich jetzt Ihren Namen erfahren?«

Stuart Campbell zögerte, während er überlegte, was das wohl zu bedeuten hatte. Als er dem General die Hand hinhielt, schlug dieser nicht ein.

Campbell nannte dennoch seinen Namen.

»Wir haben diese Maschine gechartert, Mr. Campbell«, sagte General Glueck. »Wir befinden uns auf einer Gruppenreise, die unterbrochen wurde, und würden diese gerne fortsetzen.«

»Sie haben die Maschine gechartert …«

»Ja, Sir. Wir haben EuroAir angerufen und diese Maschine gechartert, da sie zurzeit nicht benutzt wird. Die übrigen Passagiere kehren mit einem anderen Flugzeug nach Rom zurück. Die Boeing hier gehört uns.«

»Ich verstehe. Tja, ich würde mich gern mal an Bord umsehen.«

»Warum?«

Campbell schmunzelte und betrachtete seine Schuhe. Allmählich ging ihm ein Licht auf. »Warum? Nun, Sir, wenn Sie wirklich ein General im Ruhestand sind, kennen Sie den

Grund. Ich muss mich vergewissern, dass sich John Harris, ehemaliger Präsident der Vereinigten Staaten, nicht in dieser Maschine befindet.«

»Mit welcher Befugnis, Mr. Campbell?«, entgegnete General Glueck. »Ich gebe zu, ich bin kein Anwalt ...«

»Aber ich«, mischte sich ein gebrechlicher Herr neben ihm mit erstaunlich kräftiger Stimme ein.

»Und wahrscheinlich sind Sie ebenfalls General«, höhnte Campbell.

»Nein, Sir. Ich bin Oberst a. D. vom juristischen Korps der Air Force. Und falls Sie nicht irgendeine entlegene gesetzliche Befugnis haben, die mir allerdings noch nie untergekommen wäre, erfüllen Sie hier keine offizielle Funktion und sind deshalb nicht berechtigt, an Bord zu kommen.«

Campbell lachte so herablassend wie möglich. »Also gut, meine Herren. Offenbar habe ich es hier mit einer Rentnerarmee zu tun. Sie alle sind auf einer irregeleiteten Mission und geben Ihrem Ex-Präsidenten Gelegenheit, sich hinter Ihren Röcken zu verstecken. Also werde ich halt die Behörden verständigen und einen offiziellen Haftbefehl vorlegen. Damit werde ich jeden niederwalzen, der es wagt, sich mir in den Weg zu stellen, und Harris trotzdem festnehmen.«

»Nein, das werden Sie nicht, Campbell«, zischte Hauptmann Swanson.

»Wie bitte?«

»Die Situation ist unverändert. Die Italiener dürfen die Rampe nicht betreten. Und ganz unabhängig davon, wer an Bord ist oder nicht, wird ohne meine Erlaubnis niemand in dieser Maschine verhaftet.«

»Ach, hören Sie doch auf damit, Hauptmann!«, stöhnte Stuart Campbell gereizt auf.

»Und weg von unserem Flugzeug«, fügte General Glueck hinzu.

Stuart Campbell wollte sich schon abwenden, drehte sich aber noch einmal zu Glueck um. »In Ordnung, General. Sie und Ihre Ehemaligen-Truppe können Ihren Präsidenten meinetwegen behalten, aber warten Sie ab –«

»Jetzt habe ich genug von Ihren Schmähungen, Stuart!«, ertönte eine kräftige Stimme, und John Harris trat aus dem Flugzeug. Höflich bahnte er sich einen Weg durch die Veteranen und baute sich vor Campbell auf. »Es sind tapfere, ehrenhafte Männer, die nicht mich schützen wollen, sondern die Würde meines Amtes. Wehe, wenn Sie sie noch einmal verspotten und beleidigen!«

»Aber, aber, John. Für einen Mann, der angeblich in einer C-17 tausende von Kilometern weit weg sein soll, machen Sie einen sehr präsenten Eindruck.«

»Wirklich witzig, Stuart. Wenn Sie geglaubt haben, dass ich fort bin, haben Sie sich eben geirrt.«

»Ach, natürlich. Und da ich jetzt eines Besseren belehrt bin, fangen wir das Spielchen eben wieder von vorne an.«

»Nein, Stuart. Sie werden sich jetzt in Ihr Flugzeug setzen und nach London fliegen. Dort treffen wir uns dann und werden uns vor einem britischen Gericht über diesen albernen Haftbefehl unterhalten.«

Kurz malte sich Erstaunen in Stuart Campbells Gesicht.

»Ich verstehe. Tja …«

»Sie sind doch noch britischer Staatsbürger, Stuart?«

»Selbstverständlich.«

»Ein ausgewanderter Schotte natürlich und ein treuer, gehorsamer Diener der Königin.«

»Wollen Sie alte Geschichten aufwärmen, John?«

»Sie sind da in eine schmutzige Sache verwickelt, Stuart, und werden dadurch dem Ansehen des Abkommens schaden, an dem Ihnen so viel liegt.«

»Nun, Mr. President, wir werden sehen. Mit Ihrem Vorschlag bezüglich London bin ich nicht einverstanden. Ich werde die italienischen Behörden wieder zusammenrufen, damit Sie sich hier vor Ort stellen können. Anschließend werden Sie von Italien aus nach Peru ausgeliefert, und je schneller Sie sich damit abfinden, desto besser für alle … auch für den Ruf des Präsidentenamtes.«

»Nur über unsere Leiche«, knurrte General Glueck. Die anderen Veteranen nickten zustimmend.

»Mr. Campbell«, mischte sich Swanson ein. »Die Besuchszeit ist vorbei. Ich werde Sie jetzt von meiner Rampe begleiten.«

Als Swanson Campbell am Ellenbogen nahm, riss dieser sich los. Er drehte sich noch einmal zu John Harris um und sah ihm kurz in die Augen. Dann jedoch fasste er sich wieder und sagte kein Wort. Er lief die Treppe hinunter und eilte entschlossenen Schrittes davon, sodass Swanson Mühe hatte, mit ihm Schritt zu halten.

Wütend stieg Campbell in seinen Lear-Jet, ließ sich in einen Sitz fallen, ohne seinen Piloten auch nur eines Blickes zu würdigen, und schlug ein kleines Notizbuch auf. Dann riss er das Satellitentelefon aus der Halterung und tippte rasch eine Nummer ein.

Während er wartete, trommelte er mit den Fingern auf den Klapptisch.

»Giuseppe? Stuart Campbell. Bitte hören Sie gut zu, alter Freund. Harris befindet sich doch noch in Sigonella, und ich habe einen Vorschlag für Sie.«

23

Flughafen Laramie, Wyoming,
Montag, 12:45 Ortszeit

David Carmichael warf einen Blick auf die Nummer der Startfreigabe des Towers, die er sich notiert hatte, und drückte auf den Funkknopf am kleinen Steuerhorn der Cessna.

»Roger, Flugsicherung erteilt Cessna Zwei-Zwei-Fünf Juliet November Startfreigabe nach Denver über Laramie UKW-Drehfunkfeuer. Beim Start auf viertausend steigen, Startfrequenz Eins-Zwei-Fünf-Komma-Neun, Signal Zwei-Sechs-Sechs-Neun.«

»Was hat das alles zu bedeuten?«, fragte Jay, der die Durchsage der Flugleitzentrale im Kopfhörer verfolgt hatte.

David bat ihn mit einer Handbewegung um Geduld, während er das Gespräch mit dem Tower beendete.

Dann änderte er die Frequenz und drehte sich zu Jay um.

»Das ist unsere Instrumentenflugfreigabe nach Denver«, erklärte er.

»Der Tower also?«

»Nein. Hier gibt es keinen Tower. Das war die Flugleitzentrale Denver. Wir starten allein und nehmen dann mit ihnen Verbindung auf.«

Zum fünften Mal überprüfte Jay den Sitz seines Sicherheitsgurts und zwang sich, an die praktische Frage zu denken, ob er das Flugzeug in Denver wohl noch erreichen würde. Wenn der Flug, wie David gesagt hatte, eine Stunde dauerte, würde er nur knapp neunzig Minuten Zeit haben, um vom Privatterminal zum allgemeinen Terminal zu laufen, ein Ticket zu kaufen und die geheimnisvollen Barrieren zu überwinden, welche die Fluggesellschaften zwischen ihren Passagieren und deren Flügen zu errichten pflegten.

Das Dröhnen des Triebwerks, das nun auf voller Kraft lief, holte Jay jäh zurück in die Gegenwart. Die kleine Cessna machte einen Ruck vorwärts und raste immer schneller die Startbahn entlang. Das Flugzeug ruckte und schwankte leicht auf seinem zierlichen Fahrwerk, bis David am Steuerhorn zog und die Maschine zu steigen begann. Rasch vergrößerte sich der Abstand zum Boden – nun gab es kein Zurück mehr.

David nahm Kurs auf Südwesten und brachte die Flügel auf Fläche. Die Welt jenseits der Frontscheibe wurde grau. Zunehmend besorgt sah Jay zu, wie Wiesen, Farmen und ein Güterzug unter ihnen verschwanden. Mit beiden Händen umklammerte er die Lehnen seines Sitzes, während er beobachtete, wie der Pilot sich an den beleuchteten Instrumenten auf der Instrumententafel zu schaffen machte und – geheimnisvollen Anweisungen folgend – verschiedene Schalter bediente.

»Bei diesem Wetter zu fliegen ist wohl eine Art schwarze Magie«, stieß Jay mit gepresster Stimme hervor. »Wie schaffen Sie das bloß – ohne etwas zu sehen, meine ich.«

David griff zum Funkgerät. »Denver, Flugleitzentrale, Cessna Zwei-Zwei-Fünf Juliet November, im Anflug aus Laramie, steigen auf viertausend Meter.«

Das Rütteln und Schwanken der kleinen Cessna bestätigte

Jays schlimmste Befürchtungen. Sosehr er John Harris auch beistehen wollte, hätte er sich ohrfeigen können, dass er den jungen Mann überredet hatte, nach Denver zu fliegen.

»Wir stehen doch nicht … auf dem Kopf?«

»Aber nein«, kicherte David.

»Ich kann das nicht feststellen. Die Instrumente sagen mir nichts.«

Jay wurde klar, dass er sich nur an eines klammern konnte – nämlich daran, dass David nicht im Geringsten besorgt zu sein schien.

»So schwierig ist das gar nicht«, meinte David und betrachtete ein Instrument direkt vor sich. Dann warf er einen Blick auf Jay und hob die rechte Hand vom Steuerhorn, um auf einen runden Schalter auf der Mitte der Instrumententafel zu deuten.

»Sehen Sie das da?«

»Ja, aber finden Sie es ratsam, die Hand vom Steuer zu nehmen?«

»Keine Angst, es ist alles in Ordnung. Dieses Instrument nennt man ADI, den künstlichen Fluglagedeviationsanzeiger. Früher bezeichnete man es als künstlichen Horizont. Und sehen Sie den kleinen Balken, der einem Flugzeug ähnelt?«

»Ja.«

»Ich halte dieses kleine künstliche Flugzeug parallel zu der Linie, die den Horizont darstellt – das ist meine Fluglage. Es ist fast, als würde man an einem klaren Tag fliegen, an dem der wirkliche Horizont sichtbar ist.«

Jay zwang sich, die Hände von der Sitzlehne zu nehmen, damit er sich vorbeugen und das fragliche Instrument betrachten konnte. Auf der kreisförmigen Anzeige erkannte er einen horizontalen Balken und das kleine künstliche Flugzeug. Allerdings war ihm immer noch rätselhaft, was man mit dem Schalter anstellen musste, damit es nicht zu einer Verschiebung kam.

»Gleichzeitig beobachte ich die Flughöhe, den Kurs und die Fluggeschwindigkeit, und dann klappt alles wie am Schnürchen«, fügte David hinzu.

Als die Cessna in eine Turbulenz geriet, spürte Jay, wie er nach oben gedrückt wurde. Im selben Moment änderte sich kurz das Geräusch des Propellers, und erneut krampfte sich sein Magen zusammen.

Als David sich wieder dem so genannten ADI zuwandte, kam Jay zu dem Schluss, dass es keine gute Idee war, ihn mit weiteren Fragen abzulenken. Also konzentrierte er sich auf den ihm bevorstehenden Rechtsstreit und das Problem, in welches Land man den Präsidenten ausfliegen sollte, sofern man ihm überhaupt gestatten würde, Italien zu verlassen.

»Denver Flugleitzentrale, Cessna Zwei-Zwei-Fünf Juliet November, im Anflug aus Laramie, steigen auf viertausend Meter«, sprach David wieder ins Funkgerät.

Immer noch keine Antwort, dachte Jay, dem es einfach nicht gelang, bei der Sache zu bleiben. »Alles in Ordnung?«, erkundigte er sich und hätte sich am liebsten auf die Zunge gebissen.

»Ja«, erwiderte David Carmichael und hoffte, dass sein Passagier nicht bemerkte, wie besorgt er war. »Offenbar sind wir noch nicht in ihrem Funkbereich.«

Er korrigierte die Leistungshebel und überprüfte die Flughöhe, während er auf dreitausend Meter stieg. So unauffällig wie möglich spähte er aus dem Fenster auf die Tragflächen, wo er zu seiner Erleichterung kein Eis feststellen konnte. Vermutlich war es draußen zu kalt zum Vereisen, aber er wusste nicht, wie es in der Umgebung von Denver damit aussah.

David holte tief Luft, sein Mund war völlig trocken. Sie hatten noch gut einhundertvierzig Kilometer zu fliegen. Außerdem musste er mit einer winzigen Maschine einen Instrumentenanflug auf einem der größten Flughäfen der Welt schaffen, und das bei einer Sichtweite von wahrscheinlich nur siebzig bis hundert Metern über dem Boden. Nervös dachte er an seine mangelnde Erfahrung, denn er hatte die Instrumentenflugberechtigung erst vor kurzem erworben und nur sechshundert Flugstunden hinter sich. Darüber hinaus war er seit fast zwei Monaten nicht mehr geflogen.

Carmichael, das war wirklich eine dämliche Idee, sagte er sich, während er noch einmal versuchte, Funkkontakt zum Tower aufzunehmen.

»Denver Flugleitzentrale, Cessna Zwei-Zwei-Fünf Juliet November, bitte melden Sie sich.«

Was hatte sein Fluglehrer ihm eingebläut? Das Wichtigste beim Fliegen war gesunder Menschenverstand, und davon hatte er nicht sonderlich viel an den Tag gelegt, als er, ohne über die Risiken nachzudenken, die Gelegenheit ergriffen hatte, sich bei einem Professor beliebt zu machen.

Es handelt sich um eine enorm wichtige Angelegenheit, hielt er sich dann vor Augen. *Sie ist es wert, dass man bis zum Äußersten geht.*

Doch wenn man beim Fliegen bis zum Äußersten ging, wurde es lebensgefährlich – insbesondere für Piloten, die ihre eigenen Fähigkeiten überschätzten.

David zwang sich, tief durchzuatmen und sich zu beruhigen,

aber seine Hand am Steuerhorn zitterte leicht. Außerdem wurde er den Gedanken nicht los, dass er etwas vergessen hatte.

Oh, mein Gott, habe ich die Instruktionen für Denver mitgenommen?

Für eine Instrumentenlandung brauchte man die richtigen Seiten aus einem Handbuch, die eine Vielzahl von Informationen über Frequenzen, Mindestflughöhen und Kurse enthielten sowie all die anderen Daten, ohne die ein Pilot einen Flughafen nicht sicher anfliegen konnte, wenn er den Boden vor der Frontscheibe erst auf den letzten paar hundert Metern sah.

Das Herz klopfte David bis zum Halse, als er sich umdrehte. Da die 172 nicht über einen Autopiloten verfügte, durfte er die Hände keine Sekunde vom Steuerhorn nehmen, doch die in braunes Leder gebundene Loseblattsammlung, in der sich auch seine Jeppesen-Instrumentenanflugkarten befanden, lag dort, wo er sie hingelegt hatte: auf dem Rücksitz. Als er danach griff, rollte die Cessna in eine steile Rechtskurve.

David richtete die Maschine wieder auf und hielt sie ruhig, während er mit der rechten Hand das Buch nach dem richtigen ILS-Anflug durchsuchte.

»Kann ich Ihnen helfen?«, hörte er Jay fragen.

»Alles in Ordnung«, log er.

Ein unerwarteter Windstoß drückte die Cessna leicht zur Seite, sodass David flau im Magen wurde. Er konnte sich ausmalen, was in Professor Reinhart vorging.

Vor ihnen lag gebirgiges Gelände. Die Mindestflughöhe in dieser Gegend betrug dreitausendsiebenhundert Meter, und zurzeit befanden sie sich erst im langsamen Steigflug auf drei-

227

tausendfünfzehn. Das Triebwerk lief auf Hochtouren, und die Berge vor ihnen waren knapp dreitausend Meter hoch.

Wieder funkte er Denver an, doch an Stelle einer Antwort hörte er nur statisches Knistern.

»Ich verstehe das nicht, am Boden hat es noch funktioniert«, stieß er hervor und bereute sofort, dass er seine Befürchtungen nicht für sich behalten hatte.

»Haben wir … äh … ein Problem?«, erkundigte sich Jay mit gepresster Stimme.

»Nein … kein richtiges … Ich … ich würde nur gerne Funkkontakt bekommen.«

Plötzlich war im Cockpit ein leises elektronisches Zirpen zu hören. David, der dieses Warnsignal nicht kannte, machte sich auf die Suche nach der Ursache und überprüfte Fluggeschwindigkeit und Instrumente.

Was ist das? Etwa eine Überziehwarnung? Triebwerk okay. Was zum Teufel soll das?

Als er aus dem Augenwinkel eine Bewegung bemerkte, drehte er sich um und stellte fest, dass sein Passagier ein kleines Mobiltelefon aus der Tasche geholt hatte. Jay deutete darauf und hielt es sich ans Ohr.

David widmete sich wieder dem ADI. Fast blieb ihm das Herz stehen, denn der künstliche Horizont stand nahezu vertikal, nicht horizontal, wie es eigentlich hätte sein sollen.

»Mein Gott!« Er riss das Steuerhorn nach links und bemerkte sofort, dass es die falsche Richtung gewesen war. Sie waren fast neunzig Grad nach links gerollt, und der Bug sackte ab. Die Flughöhe verringerte sich, als er das Steuerhorn nach rechts bewegte, den Horizont einrichtete und die Nase hochzog.

Dreitausenddreihundertdreißig! Hoch, verdammt! Elender
Mist! Reiß dich zusammen!
Seine kurze Orientierungslosigkeit hatte ihn über einhundertfünfzig Meter gekostet. Doch Professor Reinhart war mit seinem Telefonat beschäftigt und hatte offenbar nichts mitbekommen.
Gott sei Dank, dachte David. Der Professor war ohnehin
schon nervös genug.
David überprüfte die seit Laramie zurückgelegte Strecke. Sie
befanden sich zweiundzwanzig nautische Meilen vom Flugplatz entfernt und näherten sich der Bergkette, durch welche
die Schnellstraße U.S. 287 führte. Wieder sah er auf den Höhenmesser: dreitausendsiebenhundert. Sie stiegen sehr langsam. Obwohl sein Herz klopfte, regte er keine Miene. Während er weiter die Instrumente im Auge behielt, überlegte er,
ob sie umkehren sollten.
Nein, im Instrumentenflug kann ich nicht wenden. Ich habe
die Freigabe für Denver. Wenn ich keinen Funkkontakt zum
Tower kriege, ist es unmöglich, mir eine Freigabe für den
Rückflug nach Laramie zu besorgen. Außerdem ist der inter-
nationale Flughafen von Denver besser ausgestattet als der
Flugplatz in Laramie.

Es war eine ziemliche Herausforderung für Jay Reinhart gewesen, die Hände von den Sitzlehnen zu nehmen und zum
Mobiltelefon zu greifen. Doch sobald er Sherrys Stimme hörte, war er voll und ganz konzentriert.
»Ja, Sherry. Ich fliege gerade nach Denver. Es ist ziemlich
holprig. Was tut sich bei Ihnen?«
Sie berichtete ihm, dass sie das Flugzeug gechartert hatten.

Dann erzählte sie ihm rasch von Campbells Besuch und ihrer Vermutung, dass er eine erneute Attacke plane.

»Sollten wir nicht lieber verschwinden?«, erkundigte sie sich.

»Der Kapitän sagt, wir könnten jederzeit starten.«

»Noch nicht, Sherry. Ich weiß nicht, wohin ich Sie schicken soll.«

»Ich dachte, Sie hätten von Großbritannien gesprochen.«

»Stimmt, und wahrscheinlich wäre es auch das Beste. Aber ich muss noch ein paar Erkundigungen einziehen, und das geht in dieser kleinen Maschine nicht. Gibt es Grund zu der Befürchtung, die Italiener könnten es sich anders überlegen und die Rampe stürmen?«

Plötzlich war in der Leitung nur noch ein Knistern zu hören.

»Sherry, hallo?«

Noch mehr Geknister, dann ein Klicken und einige Piepser. Die Leitung war tot.

»Verdammte Mobiltelefone.«

David starrte auf die Instrumententafel, aber er nickte. »Eigentlich sollte man sie in der Luft sowieso nicht benutzen. Wahrscheinlich sind wir in einem Funkloch.«

»Immer noch kein Kontakt mit Denver?«, fragte Jay.

David schüttelte den Kopf und wies auf die Instrumententafel. »Ich wollte mein zweites Funkgerät einschalten, doch ich hatte total vergessen, dass es kaputt ist. Ich hatte schon letzten Monat vor, es zur Reparatur zu bringen. Allerdings wissen sie, dass wir hier sind. Sehen Sie das kleine Blinklicht auf dem Transponder?«

»Dem was?«

David wies darauf. »Diese kleine Tafel. Wenn der Radarstrahl der Flugsicherung uns streift, löst er diesen kleinen

Transmitter aus. Dieser übermittelt dem Fluglotsen dann unsere Flughöhe und Position. Das blinkende Licht bedeutet, dass sie uns auf dem Schirm haben, auch wenn ich nicht mit ihnen sprechen kann.«

»Da fällt mir aber ein Stein vom Herzen«, sagte Jay.

David kontrollierte die seit Laramie zurückgelegte Strecke. *Achtundsechzig Kilometer. Wir haben die Bergkette hinter uns.*

Er war ein wenig erleichtert.

Weißes Haus

Der Stabschef saß wie immer auf der Kante seines Schreibtisches. Seine Sekretärin und drei weitere Mitarbeiter drängten sich in dem kleinen Büro.

»Also wissen sie es bereits?«, fragte Jack Rollins.

Richard Hailey, stellvertretender Pressesprecher, sah seine Vorgesetzte Diane Beecher an, bevor er antwortete.

»Der italienische Außenminister wurde vor etwa zehn Minuten vom Anwalt der Peruaner davon in Kenntnis gesetzt, dass sich Präsident Harris noch an Bord der 737 befindet. Und wir rechnen damit, dass Campbell auch die Medien informieren und Harris und uns als Betrüger hinstellen wird.«

»Also«, meinte Rollins, »sollten wir besser mit ihnen reden. Diane?«

Sie nickte. »Ich habe in einer Viertelstunde eine Pressekonferenz angesetzt.«

»Die Version, auf die wir uns geeinigt haben?«

»Ja«, erwiderte sie. »Wir bedauern wirklich sehr, dass einige

Journalisten unsere frühere Verlautbarung offenbar missverstanden haben, der Empfang in Andrews sei für Präsident Harris bestimmt. In Wirklichkeit wollten wir nur der Flugzeugbesatzung für ihr entschlossenes Handeln danken. Der Präsident sei nicht an Bord, denn Präsident Cavanaugh sei zu dem Schluss gekommen, dass es nicht ratsam sei, bla, bla, bla.«

»Ob die das schlucken?«, erkundigte sich Rollins skeptisch.

»Das war doch hoffentlich eine rhetorische Frage?«, entgegnete Beecher. »Zumindest ist das unser offizieller Standpunkt.«

Der nationale Sicherheitsberater Michael Goldboro war lautlos hereingekommen.

»Jack«, meldete er sich zu Wort, worauf Rollins ihm zunickte. »Anscheinend hatte Campbell noch einen Plan B vorbereitet. Seine Leute haben sich einen italienischen Richter vom Kassationsgericht geschnappt. Das ist die italienische Entsprechung eines Obersten Gerichtshofs für Strafsachen. Der Richter ist zu Hause, und sie versuchen ihn zum Ausstellen einer Anordnung zu überreden, welche die Polizei gewissermaßen verpflichten würde, die Rampe in Sigonella zu stürmen und Präsident Harris zu verhaften.«

»Wie?«, fragte Rollins. »Das verstößt doch gegen irgendein Abkommen.«

Goldboro schüttelte den Kopf. »Der Außenminister hat den Passus nur uns zuliebe so gedeutet. Allerdings wissen alle, auch die Richter, dass der Leasingvertrag für den Stützpunkt – korrekt ausgedrückt, das Streitkräfteabkommen – nicht über die italienische Justiz erhaben ist. Die Sache mit dem Flugbereich ist nur ein fauler Trick. Falls diese Anordnung ausgestellt wird, kann die Polizei oder das Militär in Sizilien sofort an den Wachen der Navy vorbeimarschieren. Und wir haben nicht die Möglichkeit, sie daran zu hindern.«

»In anderen Worten übernehmen die Gerichte jetzt die Sache.«

»Richtig. Sobald die Anordnung ausgestellt ist, sind dem Außenministerium die Hände gebunden.«

»Weiß Harris davon?«

Goldboro warf einen Blick auf Diane Beecher, die bereits aufgestanden war.

»Tja, mich brauchen Sie wohl nicht mehr«, verkündete sie und verließ Rollins' Büro, bevor etwas gesagt werden konnte, das sie offiziell nicht hören wollte.

»Michael?«, hakte Rollins nach, als sie fort war.

»Wir müssen darüber sprechen, Jack. Ist es unsere Pflicht, Präsident Harris zu warnen, damit er verschwindet, solange das noch geht? Oder würde das auch eine Einmischung bedeuten, wie Präsident Cavanaugh sie für unangemessen hält?«

»Und Sie würden uns natürlich raten zu schweigen?«

»Jack, Sie wissen, was ich denke«, entgegnete Goldboro ruhig.

24

Der elektronische Datenblock der Cessna 225 JN war zwar deutlich auf dem Bildschirm zu sehen, doch die Zahlen gaben Anlass zu Besorgnis. Der für den in niedriger Flughöhe befindlichen Fort-Collins-Sektor zuständige Fluglotse warf wieder einen Blick auf die Daten, um sich zu vergewissern, dass die genehmigte Flughöhe tatsächlich dreitausendsechshundert Meter betrug.

Doch der Transponder der Cessna meldete dreitausenddreihundertsechzig Meter, Tendenz sinkend.

Erneut griff der Fluglotse zum Mikrofon und versuchte, den Piloten zu erreichen.

»Gibt's Probleme mit ihm?«, hörte er eine Stimme.

Als der Fluglotse sich umsah, stand sein Vorgesetzter hinter ihm. Er nickte. »Er kann mich nicht hören, obwohl ich alle seine Funksprüche empfange.«

»Teilweiser Ausfall des Funkgeräts«, knurrte der Vorgesetzte.

»Er ist auf dem richtigen Kurs, und die höchsten Berge hat er hinter sich, aber er hat ohne Freigabe angefangen zu sinken.«

»Sein Transponder steht jedenfalls nicht auf 7700«, stellte der Vorgesetzte fest, womit er den Notfallkode meinte. »Er hätte wenigstens die Probleme mit dem Funk signalisieren müssen.«

Wieder überprüfte der Fluglotse die Flughöhe auf dem hand-beschriebenen Stück Papier, das neben ihm lag. Bald würde er jemanden von der Anflugkontrolle in Denver verständigen müssen; eine Unmenge von Linienmaschinen mussten um die kleine Cessna herumgeleitet werden, damit kein Unglück geschah.

»Sagen Sie der Anflugkontrolle in Denver Bescheid«, wies der Vorgesetzte ihn an.

Der Fluglotse nickte und verzog das Gesicht, als er daran dachte, welches Tohuwabohu der Privatpilot auslösen würde. Unzählige große Maschinen würden tonnenweise Treibstoff verschwenden, nur weil ein einziger Pilot es versäumt hatte, vor dem Start die Funkgeräte zu kontrollieren.

Er blickte wieder auf den erleuchteten Datenblock neben dem Zielpunkt, der die Position der Cessna auf dem Computer-bildschirm darstellte.

Jetzt ist er runter auf dreitausend. Was ist da los? Was machen die da oben?

An Bord von Cessna 225 JN, fünfundneunzig Kilometer südöstlich von Laramie, Wyoming

»Was ist passiert, David?« Jays Ängste erreichten einen neu-en Höhepunkt, da David Carmichael immer wieder zur linken

Tragfläche, der Triebwerksverkleidung und der Frontscheibe hinüberspähte, die alle vereist waren.

Jay bemerkte, dass David den Leistungshebel so weit wie möglich nach vorne schob.

»Moment«, stieß David hervor und schaute wieder nach links.

Jay folgte seinem Blick und starrte auf die linke Strebe, die sich vom Rumpf bis zum unteren Teil der Tragfläche erstreckte und diese in Position hielt. Die Strebe war intakt, doch Jay bemerkte etwas auf der nach vorne gewandten Kante der metallenen Oberfläche.

Eis, schoss es ihm durch den Kopf. Vor seinen Augen wurde die Eisschicht dicker.

»Ich, äh …«, stammelte David, den Blick immer noch nach draußen gerichtet.

»Was ist?«

David drehte sich zu Jay um. »Damit habe ich nicht gerechnet. Es sammelt sich Eis an. Wir müssen weg hier.«

»Wie?«, erwiderte Jay, und ein kalter Schauder überlief ihn. »Umdrehen?«

David schüttelte den Kopf. »Zu spät. Wir haben den Pass schon überquert, und … der Boden unter uns befindet sich etwa zweitausend Meter über dem Meeresspiegel. Trotz voller Kraft sinken wir langsam.«

»Was … was meinen Sie mit ›sinken‹?«, stotterte Jay.

»Aufgrund des zusätzlichen Gewichts des Eises kann ich die Höhe nicht halten«, entgegnete David leise.

Das bisher stete, laute Dröhnen des Triebwerks ging plötzlich in ein abgehacktes Stottern über.

Als David an einem Knopf an der vorderen Instrumententafel

zog, wurde das Dröhnen wieder von einem ruhigen Brummen abgelöst.

»Was war das?«, stieß Jay hervor.

»Eis im Vergaser. Ich musste ihn nachheizen.«

»Und funktioniert er jetzt wieder?«

David nickte. »Aber klar … war nicht weiter weltbewegend.«

Sogar ich weiß, dass das gelogen ist, dachte Jay. In diesem Augenblick läutete sein Mobiltelefon wieder. Er griff danach und klappte es auf.

»Ja?«

»Jay? Hier ist Sherry Lincoln.«

»Ja … Moment, Sherry, wir haben hier oben ein Problem.«

»Was ist passiert?«, hörte er sie fragen, während er das Telefon vom Ohr nahm. Seine Gedanken und Gefühle wirbelten wild durcheinander. David hatte gesagt, dass sie sanken. Hieß das, dass sie abstürzen würden?

»David … was gedenken Sie jetzt zu tun?«

Der Pilot bat ihn mit einer Handbewegung um Geduld. Doch Jay bemerkte, dass Davids Hand zitterte.

»Ich … äh … Moment … warten Sie … einen Augenblick …«, stammelte er.

Jay zwang sich, nicht an diesen Albtraum zu denken und sich auf das Telefon, Sherry Lincoln und die Lage in Sigonella zu konzentrieren.

»Ja, Sherry«, meldete er sich wieder.

»Was ist passiert?«, wiederholte sie.

»Nichts von Bedeutung«, entgegnete Jay. »Bald sind wir in Denver. Was tut sich bei Ihnen?«

»Als wir vorhin getrennt wurden«, erwiderte Sherry, »hatten Sie mich gerade gefragt, ob es Anlass zu der Vermutung gebe, die Italiener könnten ihre Meinung ändern und uns auf die Pelle rücken. Es sieht so aus, Jay, dass wir starten und anderswo hinfliegen müssen. Campbell war ziemlich außer sich, als er davonstürmte. Und ich traue ihm alle möglichen Tricks zu. Was kann er sonst noch unternehmen?«

»Ich weiß nicht genau, Sherry. Aber eigentlich hat er nur die Chance, sich in Rom einen Richter zu suchen und eine Entscheidung von ihm zu verlangen, dass der Flugplatz ebenfalls unter italienische Zuständigkeit fällt.«

»Wie lange würde das dauern?«

»Normalerweise arbeiten italienische Gerichte nicht so schnell wie unsere. Doch Campbell ist ein bekannter Mann und hoch geachtet. Also könnte ein Richter ihn vielleicht sogar zu Hause empfangen.«

»Was sollen wir tun, Jay?«, drängte Sherry.

Jay schluckte und versuchte, die Vor- und Nachteile gegeneinander abzuwägen. Er war hin und her gerissen zwischen der Krise in Sizilien und dem Gedanken an seinen eigenen womöglich unmittelbar bevorstehenden Untergang.

»Gut, Sherry. Ich … muss noch ein paar Anrufe erledigen, um sicherzugehen, dass die Briten ihre Haltung zum Abkommen und zur Auslieferung nicht geändert haben. Bitten Sie den Piloten, einen Flugplan nach London anzumelden, aber warten Sie mit dem Start noch mindestens eine Stunde. Davor rufen Sie mich zurück. Wenn ich … wenn ich nicht rangehe, fliegen Sie nach London. Dort soll sich der Präsident gemäß dem Haftbefehl den dazu ordentlich ermächtigten Behörden stellen. Sofern die Zeit nicht reicht, tanken Sie auf und fliegen so weit in Richtung USA wie möglich; Kanada wäre eine Alternative.«

»Was meinen Sie mit ›wenn ich nicht rangehe‹?«, fragte Sherry, die seinen verängstigten Tonfall bemerkt hatte.

»Ach ... keine Sorge. Rufen Sie mich in einer Stunde an.«

Jay beendete das Gespräch, während sich David wieder an den Funkfrequenzknöpfen zu schaffen machte. Plötzlich blieb seine Hand über einem davon stehen. Jay sah, wie er den äußeren Ring des zweigeteilten Plastikknopfes berührte und ihn hin und her drehte.

»Ach, verdammt!«

»Was ist?«

»Flugleitzentrale Denver, Cessna Zwei-Zwei-Fünf Juliet November, hören Sie mich jetzt? Ich glaube, ich habe mein Problem mit dem Funk gelöst.«

Zu ihrer großen Erleichterung dröhnte eine Männerstimme in ihren Kopfhörern.

»Cessna, Zwei-Zwei-Fünf Juliet November, Flugleitzentrale Denver. Können Sie mich hören, Sir?«

»Ja! Dem Himmel sei Dank!«, stieß David hervor.

»Wir haben alle Ihre Funksprüche empfangen, Juliet November, aber offenbar konnten Sie mich nicht verstehen.«

»Ich ... irgendwie ist mir der Lautstärkeregler verrutscht, Sir. Entschuldigen Sie.«

»Ihre aktuelle Flughöhe beträgt dreitausenddreihundert Meter sinkend, Juliet November. Ihre genehmigte Flughöhe wäre dreitausendsechshundert.«

»Ich kann nichts dagegen tun, Denver! Es hat sich Eis angesammelt. Ich sinke nicht absichtlich.«

»Verstanden, Sir. Setzen Sie einen Notruf ab?«

»Ja! Ich bin auf voller Kraft und kann nicht auf Fläche bleiben ... und vor einer Minute hatte ich eine Überziehwarnung.« Davids Stimme klang einige Töne höher als gewöhnlich, was dem Fluglotsen nicht entgangen war.

»Okay, bleiben Sie ruhig, Zwei-Zwei-Fünf Juliet November, wir bringen Sie schon nach Hause. Sammelt sich weiter Eis an?«

»Ja! Ich muss von der Bergkette weg.«

»Verstanden, Sir. Fliegen Sie nach links auf einen radargeleiteten Kurs von eins-null-null Grad. Ich werde den Luftraum vor Ihnen freihalten und Sie nach Denver lotsen, und zwar für einen Instrumentenanflug auf Landebahn neun, links.«

»Roger. Ich sinke unter dreitausend Meter!«

»Okay, Sir. Sie haben noch einundvierzig Kilometer, die Geschwindigkeit ist mit einhundertzwanzig Knoten angezeigt, Sie sinken mit etwa siebzig Metern pro Minute. Es dürfte also nichts passieren.«

»Denver, es sammelt sich immer noch Eis an!«

Jay spürte, wie plötzlich ein Zittern durch die Maschine ging. David schob die Steuersäule nach vorne. Als sich die Nase senkte, wurden sie beide aus ihren Sitzen gehoben. Wieder wartete er, bis sich die Geschwindigkeit aufgebaut hatte, und zog dann langsam den Bug hoch.

»Was ... was war das?«, krächzte Jay.

»Wir haben überzogen. Ich muss schneller fliegen als normal, weil wir eine Menge Eis angelagert haben, das die Form der Tragfläche verändert.«

»Ist ja Klasse.«

David keuchte und starrte auf die Instrumententafel, als sich der Fluglotse aus Denver wieder meldete.

»Okay, Juliet November. Ich sehe, dass Sie plötzlich einige hundert Meter verloren haben. Alles in Ordnung?«

»Ich ... ich habe fast überzogen, Denver.«

»Ich heiße Bill, okay«, erwiderte der Fluglotse. »Und Sie?«

»Äh ... Dave ... David«, stammelte er.

»Okay, David, wir schaffen das. Ich bin auch Pilot. Halten Sie die Geschwindigkeit auf mindestens fünf Knoten oberhalb des Punktes, an dem der Vogel überziehen wollte. Wie ist Ihre Sinkrate?«

»Äh ... fünfundsiebzig Meter pro Minute ... so ungefähr.«

»Müsste immer noch funktionieren. Also, David, fangen Sie jetzt nicht an, irgendwelche Daten nachzuschlagen. Ich lese Ihnen die Frequenzen und alles, was Sie sonst noch für den Instrumentenanflug brauchen, vor. Sie haben doch hoffentlich eine Instrumentenflugberechtigung?«

»Ja, keine Sorge.«

»Gut. Ich möchte, dass Sie jetzt ganz langsam die ILS-Frequenz Eins-Eins-Zwei-Komma-Vier eingeben, und überzeugen Sie sich davon, dass es wirklich das Navigationsfunkgerät und nicht das für den Sprechfunk ist.«

»Schon geschehen«, erwiderte David, nachdem er rasch die Knöpfe betätigt hatte.

»Flughöhe, David?«

»Zweitausendachthundert. Sinkrate immer noch einhundert Meter pro Minute, Geschwindigkeit Eins-Fünfundzwanzig.«

»Sehr gut. Sie haben noch fünfunddreißig Kilometer, und jetzt gibt es zwei Möglichkeiten. Ich kann Sie auf dem Flughafen Centennial landen lassen, das ist etwa acht Kilometer südlich von Ihnen, oder auf dem Internationalen Flughafen von Denver. Nach Centennial müssten Sie es ohne Schwierigkeiten schaffen, aber das Instrumentenlandesystem funktioniert nicht, und es wird eine Wolkendecke auf einhundert Metern gemeldet. Also könnten die Bedingungen dort viel schlechter sein.«

»Okay.«

David warf einen Blick auf seinen Passagier und dachte daran, weshalb dieser überhaupt auf dem Flug bestanden hatte. Außerdem war es ziemlich gefährlich, sich in der Nähe der Rocky Mountains auf die Suche nach dem im Nebel versunkenen Centennial zu machen.

»Denver«, erwiderte er.

»Okay. Wie sieht es mit der Vereisung aus?«

David warf einen Blick auf die linke Tragfläche und kontrollierte durch die Frontscheibe die Triebwerksverkleidung, bevor er antwortete.

»Ja … ich glaube, sie nimmt nicht mehr zu. Aber das Eis schmilzt nicht.«

»Noch dreißig Kilometer, David. Ihre Flughöhe ist noch in Ordnung.«

»Okay.«

»Jetzt stellen Sie Ihren Kursgeber auf ILS ankommend, Kurs null-neun-null Grad.«

»Gut. Ist erledigt. Muss ich zur Anflugkontrolle von Denver wechseln?«

»Nein, David, ich bleibe die ganze Zeit über bei Ihnen. Die Anflugkontrolle in Denver hält Ihnen den Weg frei.«

»Tut mir leid!«

»Zerbrechen Sie sich darüber nicht den Kopf. Sie nähern sich dem Landekurssender.«

»Was ist ein Landekurssender?«, fragte Jay unwillkürlich.

»Diese Nadel da«, erwiderte David und wies auf das Navigationsgerät für die Horizontallage auf der vorderen Instrumententafel. »Wenn sie zur Mitte rutscht, heißt das, dass ich auf dem richtigen Kurs zur Landebahn bin.«

»Aha.«

Wieder fuhr ein Zittern durch die Maschine, und wieder drückte David die Nase nach unten und wartete ab, bis die Geschwindigkeit stieg, ehe er die Sinkrate reduzierte.

»Flughöhe, David?«

»Ich musste ein wenig sinken, um ein Überziehen zu verhindern. Zweitausendfünfhundert.«

»Gut. Sie haben noch zweiundzwanzig Kilometer. Da ich auch Cessna-Pilot bin, rate ich Ihnen, nicht die Klappen zu benutzen. Tun Sie nichts, was Ihren Luftwiderstand erhöhen könnte.«

»Verstanden«, erwiderte David. Das Herz klopfte ihm bis zum Halse, während er im Kopf nachrechnete und auf dem Sink- und Steiggeschwindigkeitsanzeiger die Sinkrate von knapp hundert Metern pro Minute beobachtete.

Flugverkehrs-Kontrollzentrum, Denver, Colorado

»Er wird es nicht schaffen, Bill«, sagte der Vorgesetzte.

Der Fluglotse nickte widerstrebend. Bei dem Gedanken, er könnte dem verängstigten Piloten die falschen Anweisungen gegeben haben, wurde er von kalter Furcht ergriffen. Allerdings gab es rings um den Flughafen von Denver nur freie Felder. Wenn die Cessna die Landebahn nicht erreichte, würde es ihr vielleicht gelingen, wohlbehalten auf einem davon zu landen.

Der Fluglotse schluckte und sah seinen Vorgesetzten an.
»Alarmieren Sie die Flughafenverwaltung, damit die Lösch-
züge bereitstehen, wir rechnen mit einer Landung in der Um-
gebung von Landebahn neun, links.«
»Okay.«
»Möglicherweise kommt er doch durch.«
Wortlos griff der Vorgesetzte nach dem Telefon und gab die
entsprechende Nummer ein.

25

Marineflieger-Stützpunkt Sigonella, Sizilien, Montag, 21:10

Der unerwartete Anruf des italienischen Außenministers erreichte Hauptmann Swanson an seinem Schreibtisch, wo er darüber nachgegrübelt hatte, wie sich die Lage auf seinem Flugplatz wohl entschärfen ließe.

»Ja, Sir?«

»Kommandant Swanson?«

»Hauptmann.«

»Mir soll es recht sein. Ich bin Giuseppe Anselmo. Dieses Telefonat hat nie stattgefunden.«

»In Ordnung, Sir. Was gibt es?«

»Ich werde mich kurz fassen. Mr. Campbells Vertreter haben einen unserer höchsten Richter zu Hause aufgesucht und ihn darum gebeten, unserer Auslegung des Leasingvertrages für Ihren Stützpunkt zu widersprechen, sodass Ihr Flugplatz ab sofort unter italienische Zuständigkeit fällt.«

»Ja?«, erwiderte Swanson, dem allmählich mulmig wurde.

»Der Richter denkt über dieses Ansinnen nach. Wir haben darauf genauso wenig Einfluss wie Sie über die Rechtsprechung in den Vereinigten Staaten.«

»Ja, Sir, ich verstehe. Werden Sie protestieren, wenn der Kapitän der Maschine Italien verlassen will?«

»Das ist eine diplomatische Frage, Hauptmann«, erwiderte Anselmo mit einem leisen Lachen. »Von einem Offizier hätte ich so viel Gerissenheit nicht erwartet. Ich will es einmal folgendermaßen sagen: Zurzeit würde eine Bitte um Startfreigabe für diese Maschine ganz regulär behandelt werden. In anderen Worten hat die italienische Regierung kein Interesse daran, den Flugverkehr in Sigonella zu blockieren oder anderweitig einzuschränken.«

»Aber … wenn der Richter anders entscheidet?«

»Dann müssen wir uns an das Gesetz halten. Auch wenn unsere Regierung jede richterliche Anordnung oder Entscheidung anfechten könnte, müssten wir sie bis zum Abschluss des Verfahrens akzeptieren.«

»Wie viel Zeit haben wir, Sir? Wann wird der Richter seine Entscheidung treffen?«

»Nicht vor übermorgen um die Mittagszeit. Er hat sich geweigert, die Angelegenheit zu beschleunigen, und einen Anhörungstermin anberaumt. Bis dahin bleibt alles beim Alten. Aber danach … wer weiß?«

»Verstanden. Vielen Dank.«

**An Bord von Cessna 225 JN,
sechsundneunzig Kilometer südöstlich von Laramie,
Wyoming**

David Carmichael musterte die Temperaturanzeige oberhalb der Instrumententafel und schüttelte den Kopf.

»Was ist?«, fragte Jay.

»Ich hatte gehofft, dass es aufwärmen würde, damit wir das

Eis loswerden. Doch stattdessen gibt es eine Temperaturinversion, und es wird kälter, während wir sinken.«

»Noch siebeneinhalb Kilometer, David«, meldete sich der Fluglotse.

David kontrollierte den Höhenmesser, der eintausendachthundertachtzig Meter anzeigte; die Sinkrate betrug stetige sechsundneunzig Meter. Wenn er versuchte, seinen Flugpfad ein wenig zu verlängern, indem er etwas Druck zurücknahm, riskierte er ein erneutes Überziehen, das zweifellos fatale Folgen haben würde. Er musste nur noch ein kurzes Stück in der Luft bleiben.

»Kann ich etwas tun?«, erkundigte sich Jay.

»Beten«, lautete die Antwort.

David starrte auf die Instrumententafel und zwang sich, die Angst niederzukämpfen, die ihn daran hinderte, die Antwort auf eine wichtige Frage zu finden. Konnte er noch etwas unternehmen, um die Leistung der Maschine zu steigern?

Moment mal! Er warf einen Blick auf den Gemischregler, den er kurz vor dem Start auf »mager« eingestellt hatte. Er hatte also noch ein wenig Spielraum.

Vorsichtig zog er an dem Knopf und beobachtete die zylindrische Temperaturanzeige, während er spürte, wie die Schubkraft leicht zunahm.

»Noch drei Kilometer, David«, meldete der Fluglotse in beruhigendem Ton.

Plötzlich ließ die Kraft des Triebwerks nach; David drückte leicht den Knopf des Gemischreglers und wartete mit angehaltenem Atem, bis die Kraft wieder zunahm. Als er gerade die Hand wegzog und noch einmal die Anzeigen kontrollierte, ertönte kurz die Überziehwarnung.

Einhundertzwanzig, und ich kann das Tempo nicht drosseln. Offenbar hat sich eine Tonne Eis angesammelt.

»Noch einen guten Kilometer, David. Ich bringe Sie direkt auf Mittellinie.«

»Roger.«

»Es ist eine große Landebahn. Sie müsste in etwa zwanzig Sekunden in Sicht kommen.«

Durch die Frontscheibe war nichts als Grau zu sehen.

»Kann ich wirklich nichts tun?«, fragte Jay.

»Doch«, entgegnete David. »Halten Sie Ausschau. Vor uns müsste gleich die Landebahn erscheinen.«

»Ich erkenne verschwommene Lichter!«, rief Jay.

Rote und weiße Punkte und ein heftiges Flackern waren kurz vor der Maschine zu sehen. Die Vorstellung, die Cessna in einem Gewirr stählerner Anflugbefeuerungen landen zu müssen, ließ David erschaudern. Doch er widerstand der Versuchung, das Steuerhorn zurückzunehmen – ein Manöver, das zu einem sofortigen Überziehen und zu ihrer beider Tod geführt hätte.

»Noch drei viertel Kilometer«, verkündete der Fluglotse.

Davids ganze Aufmerksamkeit galt dem Versuch, die Fluggeschwindigkeit konstant und die Maschine auf Mittellinie zu halten. Er betete, dass sie nicht mit den Gestängen der Anflugbefeuerungen kollidieren würden, die mit jeder Sekunde näher zu kommen schienen. Vor sich sah er nur die Anflugbefeuerungen, die nacheinander blinkenden Lichter, die ihn in die richtige Richtung führten.

Wir schaffen es nicht, schoss es ihm durch den Kopf, doch diesen Gedanken schob er sofort beiseite.

Im nächsten Moment hatten sie die Anflugbefeuerungen hinter sich gelassen, der Asphalt kam näher, die Landebahn war vor ihnen zu sehen. Als das Fahrwerk der 172 die Schwelle der Landebahn gerade passiert hatte, zog David das Steuerhorn zurück, um den Sinkflug abzufangen. Die Maschine erschauderte, die Tragflächen konnten sich nicht mehr in der Luft halten, die Räder waren noch wenige Zentimeter vom Boden entfernt.

Und plötzlich, nach einem unsanften Aufsetzen, rollten sie die Landebahn entlang!

Davids Füße ertasteten die Ruderpedale und drückten sie herunter. Er fragte sich, warum die Pedale zitterten, bis er merkte, dass es seine eigenen Füße waren.

Er lenkte die kleine Cessna in die nächste Abzweigung, als ihm der Fluglotse einfiel, der vermutlich Todesängste ausstand.

»Denver ... wir haben es geschafft. Wir sind auf der Landebahn.«

Das Funkgerät wurde eingeschaltet, doch statt einer Antwort hörten David und Jay nur Jubel im Hintergrund und ein erleichtertes Aufseufzen.

»Verstanden, David. Gut gemacht«, sagte der Fluglotse schließlich.

»Sie auch«, stieß David hervor. »Vielen Dank, Sir.«

»Keine Ursache. Biegen Sie bei der nächsten Möglichkeit ab und funken Sie die Anflugkontrolle Denver unter Eins-Eins-Neun-Komma-Zwo an, dann kriegen die ihren Flughafen zurück.«

An Bord von EuroAir 42,
Marineflieger-Stützpunkt Sigonella,
Sizilien

Sherry Lincoln, die oben auf der fahrbaren Treppe vor der Maschine stand, schaltete ihr Telefon ab und ließ den Blick über den Sternenhimmel schweifen. Sie war wegen des besseren Empfangs nach draußen gegangen, doch da es ziemlich abgekühlt hatte, erschauderte sie in der leichten Brise.

Sherry holte tief Luft; von den Ereignissen der letzten Stunden drehte sich ihr noch immer der Kopf. Jetzt war die Gelegenheit gekommen, das Schicksal selbst in die Hand zu nehmen und – abhängig von der Haltung der Briten – den Haftbefehl innerhalb weniger Tage für ungültig erklären zu lassen. Dank der italienischen Regierung konnten sie bis zum folgenden Tag warten und brauchten sich keine Sorgen zu machen, dass die Gegner zurückkommen könnten.

Sie dachte an die C-17, die irgendwo in der Dunkelheit, einige tausend Kilometer entfernt, über den Atlantik dahinflog und sich unaufhaltsam der amerikanischen Küste näherte – was für eine Verschwendung, da John Harris sich nicht an Bord befand! Sie fragte sich, was wohl in den Köpfen der Besatzungskräfte vorging. Soldatinnen und Soldaten litten viel stärker unter einer gescheiterten Mission, als Zivilisten sich das vorstellen konnten; sie hatten das Gefühl, dass ihre Existenzberechtigung in Frage gestellt wurde, wenn die Politik eine militärische Operation auf solche Weise unterband.

Das Vietnam-Syndrom werden wir wohl niemals los, schoss es ihr durch den Kopf, und mühsam unterdrückte sie ihren Zorn.

Die Worte, die der Präsident vor erst zwanzig Minuten an sie gerichtet hatte, ließen sie nicht mehr los: Der Aufenthalt in Großbritannien werde vielleicht lange dauern, weshalb sie sich besser beruflich umorientieren solle. »Unsinn«, hatte sie erwidert. »Ich bleibe bei Ihnen, ganz gleich wo, und ich werde für Sie da sein, so lange Sie mich brauchen.«

»Sie brauchen? Soll das ein Witz sein?«, hatte John Harris entgegnet. »Ohne Sie wäre ich restlos aufgeschmissen, Sherry.«

Ein Lächeln spielte um ihre Lippen, das jedoch verflog, als sie daran dachte, dass er sich bald einem ungewissen Schicksal würde stellen müssen, als prominente Schachfigur in einem internationalen Tauziehen. Dann kamen ihr Jay Reinharts Anweisungen in den Sinn, und sie eilte zurück in die Maschine, um den Präsidenten zu informieren.

»Jay wollte gerade in Denver in eine Linienmaschine steigen«, meldete sie. »Er sagte, er müsse noch etwa zwei Stunden lang Nachforschungen anstellen, bevor er uns grünes Licht für den Start nach London geben kann. Er ruft aus dem Flugzeug wieder an.«

»Okay.« John Harris nickte.

»Seine Stimme klang irgendwie seltsam; ich hatte den Eindruck, dass auf dem Flug nach Denver etwas vorgefallen ist, aber er wollte nicht darüber reden. Er hörte sich wirklich schlimm an.«

»Jay hasst es, zu fliegen. Wenn es ginge, würde er mit dem Zug nach London fahren.«

»Diesen Eindruck hatte ich auch.«

»Wo sind General Glueck und seine Leute?«

»Drinnen, Sir. Hauptmann Swanson hat für alle im Terminal

ein Essen servieren lassen. Man wird uns auch etwas bringen.«

»Haben Sie mitgekriegt, was diese Kerle gemacht haben, Sherry?«

Sie nickte. »Ja. Ich habe zwar nicht alles verstanden, aber –«

»Das ist wahre Vaterlandsliebe, Sherry. General Glueck hat alle überredet, auf den Rücktransport nach Rom zu verzichten.«

»Sir, aber bestimmt haben die Männer auch ihren Spaß daran. Ich denke, es ist ziemlich lange her, dass sie sich zuletzt gebraucht gefühlt haben.«

Er nickte langsam. »Guter Einwand. Darüber muss ich mir noch Gedanken machen. Eigentlich ist es mir gar nicht recht, dass sie uns begleiten wollen.«

Sherry sah ihn erschrocken an. »Moment mal. Die wollen mitkommen?«

»Ihre nächste Station war Rom, aber laut Glueck will die ganze Gruppe, auch die Reiseleiterin Annie Ford, bei uns bleiben. Sie haben sogar ihr Gepäck in die Maschine laden lassen, als die anderen abgeflogen sind. Stört Sie etwas daran?«

Sie lächelte. »Es ist Ihre Entscheidung, Sir, doch ich würde mir das noch mal überlegen. Nach dem Start können sie uns nicht mehr helfen.«

»Was mich angeht, ist es mir eine Ehre, sie an Bord zu haben, wenn sie darauf bestehen und wenn es sinnvoll ist. Ja, ich denke nochmals darüber nach. Was mir viel mehr zu schaffen macht, ist die Tatsache, dass wir bis morgen Nachmittag hier warten sollen.«

»Jay Reinhart besteht darauf, vor uns in London anzukommen und Vorbereitungen zu treffen.«

»Was für Vorbereitungen denn?«, fragte der Präsident. »Bestimmt hat Campbell seinen Haftbefehl schon einem Londoner Richter vorgelegt. Also werden wir bei unserer Landung gewiss erwartet.«

Sie schüttelte den Kopf. »Aber er will vor uns da sein, und das ist in elf Stunden.«

»Wie lange brauchen wir nach London?«, erkundigte er sich.

»Etwa anderthalb Stunden«, erwiderte sie. »Er sagt, wir sollten morgen so gegen sechzehn Uhr starten. Dann hat er fast den ganzen Tag Zeit, alles zu arrangieren.«

»Meine Übergabe an die britischen Behörden?«

»Das … ist seine Überlegung.«

»Es wäre immer noch möglich«, begann John Harris, »dass sich das britische Außenministerium dazu durchringt, einen Weg zu finden, um Stuart ein bisschen zu bremsen, damit wir auftanken und verschwinden können.«

»Ja, Sir, aber wohin?«, fragte Sherry und ließ sich neben ihm nieder. »Kapitän Dayton meint, wir könnten es nach Island oder vielleicht nach Kanada schaffen. Doch von London nach Hause geht es nicht ohne Auftanken. Dieses Modell 737 verfügt nicht über genügend große Treibstofftanks, und Campbell weiß das bestimmt. Also wird uns einer seiner Handlanger auch in Island erwarten, und London eignet sich gewiss besser als Schlachtfeld.«

»Weise Worte, Sherry«, entgegnete er und schwieg eine Weile. »Wenn Jay keinen genialen Einfall hat, um uns hier rauszupauken, fliegen wir nach London.«

»Der britische Premierminister würde Sie doch sicher niemals nach Lima schicken.«

»Ich kenne Maggie Thatcher und John Major, allerdings nicht

den augenblicklichen Amtsinhaber. Deshalb bin ich nicht sicher. Wir können uns lediglich darauf verlassen, dass dieser Kampf mindestens so lange dauern wird wie der von Pinochet, und der zog sich über ein Jahr hin.«

Internationaler Flughafen, Denver, Colorado

David Carmichael stand in der Tür eines der Privatterminals und beobachtete, wie eine 777 der United Airlines auf der Startbahn 17 R zum Start ansetzte.

Dann warf er einen Blick auf seine kleine Cessna 172, die, mit Bremsklötzen blockiert, vor dem Terminal stand. Inzwischen war das Eis auf Tragflächen und Frontscheibe geschmolzen. Der Bug der 777 hob sich majestätisch, der Rumpf der Maschine stieg mühelos in die Luft und verschwand schon im nächsten Moment im Nebel. Das gedämpfte Dröhnen der Triebwerke drang an Davids Ohr.

Er wusste, dass Professor Reinhart in diesem Flugzeug saß.

David drehte sich um und kehrte zurück in den Terminal.

Noch ein paar Minuten, dann geht es wieder, dachte er. Dann wollte er sich zu dem nahe gelegenen Hotel bringen lassen, wo er telefonisch ein Zimmer reserviert hatte, denn eine Mütze voll Schlaf hatte er bitter nötig. Am nächsten Tag würde er mit einem Mietwagen zurück nach Laramie fahren, falls der Himmel nicht wolkenlos klar war.

Er warf noch einen Blick auf sein Flugzeug und war fest entschlossen herauszufinden, was er falsch gemacht hatte, um sicherzugehen, dass so etwas nicht noch einmal geschah.

Zweifellos würde er bald von der Luftfahrtbehörde hören.

An Bord von United Airlines 958

Jay Reinhart schaltete den Computer ab und zog den Stecker des Modems aus dem an die Sitzlehne angebrachten Telefon. *Gott sei Dank, dass es moderne Kommunikationsmittel, Computer und Datenbanken gibt,* dachte er. Nachdem er knapp zwei Stunden lang die britischen Gerichtsentscheide im Fall Pinochet, die britische Zivilprozessordnung und das Abkommen zur Ächtung der Folter studiert hatte, war er zu einem raschen Schluss gekommen: Großbritannien war das richtige Land.

Jay holte tief Luft, lehnte sich in seinem Sitz zurück und fühlte sich nun, da er die Entscheidung getroffen hatte, um einiges entspannter. Als er aus dem Fenster blickte, wurde ihm schlagartig klar, dass sie sich in der Luft befanden, ohne dass er auch nur die Spur von Angst empfand.

Beim Start in Denver hatte sich kurz die altbekannte Panik gemeldet, war aber zu seinem Erstaunen sofort wieder verflogen. Dank des Unterschieds zwischen dem sanften Schwanken dieses fliegenden Wohnzimmers und den Ereignissen vorhin in David Carmichaels kleiner Cessna war die Angst gezähmt und hatte sich in eine Art Schicksalsergebenheit verwandelt. Er wusste, dass ihn das Fliegen nie wieder so in Panik versetzen würde, insbesondere nicht in der behaglichen Atmosphäre eines Luxusjets.

Ein Wunder!, dachte er. *Nach all den Jahren, die ich versucht habe, die Flugangst zu überwinden, hat mich ein Beinahe-Absturz in einer einmotorigen Rappelkiste kuriert.*

Doch eine Menge Arbeit lag vor ihm. Schließlich war sein Gegner einer der gerissensten Fachanwälte für internationales

Recht auf diesem Planeten, ein Mann, der schon seit dreißig Jahren nur für sein Metier lebte.

Stuart Campbells selbstbewusstes Lächeln stand Jay vor Augen, und er wurde von Aufregung ergriffen. Während des fast gescheiterten Fluges über das nebelverhangene nordöstliche Colorado hatte er kaum an ihn gedacht, doch nun spürte er wieder, wie sehr er sich vor ihm fürchtete. War es naiv, sich für London zu entscheiden? Oder noch schlimmer: War es eine Dummheit, mit der er Campbell in die Hände spielte?

Jay schloss die Augen und versuchte, den Gedanken zu verscheuchen. Er durfte sich nicht von seinen Ängsten leiten lassen, sondern musste nach logischen Gesichtspunkten handeln. Es ging nur darum, das Gesetz und das Rechtssystem jedes Landes zu verstehen und dann zu beurteilen, wo John Harris am wenigsten gefährdet war, während er, Jay, den Haftbefehl anfocht.

Jay griff nach dem Telefon und führte wieder seine Kreditkarte ein, bevor er Sherry Lincolns Nummer wählte. Sie hob nach dem zweiten Läuten ab.

»Fliegen Sie nach London, Sherry, und informieren Sie bitte den Präsidenten. Oder nein, ich denke, ich erkläre es ihm lieber selbst.«

Eine kurze Pause entstand, als sie mit John Harris sprach und ihm das Telefon reichte. Seinem warmen, freundlichen Tonfall war nicht anzumerken, unter welchem Druck er stand.

»John, ich muss Sie warnen«, begann Jay.

 »Schießen Sie los.«

»Es ist ziemlich unwahrscheinlich, aber … die momentane Regierung und der Premierminister hatten noch nie mit diesem Thema zu tun, und sie scheinen eine andere Auffassung zu vertreten als ihre Vorgänger.«

»Und das heißt?«

»Dass sie beschließen könnten, es sei ihre Pflicht, die Auslieferungsanhörung sofort durchzuführen, und zwar ohne Einschaltung des Oberhauses.«

»Halten Sie das für möglich?«

»Es wird vermutlich nicht dazu kommen, aber das ist der Grund, warum ich vor Ihnen eintreffen muss.«

»Und wenn Großbritannien auch nicht in Frage kommt, Jay?«

»Ich weiß nicht«, erwiderte Jay, doch im selben Moment fiel ihm eine weitere Möglichkeit ein. »Keine Ahnung, aber ich arbeite daran. Starten Sie nicht, bevor ich mich aus London melde. Das ist in etwa neun Stunden.«

»Sie haben eben gezögert«, sagte Harris. »Was denken Sie?«

Jay schnaubte durch die Nase. »Nur so eine Idee … völlig an den Haaren herbeigezogen; es ist noch zu früh, darüber zu reden.«

»Meiner Erfahrung nach, Jay, sind solche Ideen meistens die besten.«

26

An Bord von United Airlines 958,
Dienstag

Mit einem Ruck wachte Jay Reinhart auf seinem Platz in der ersten Klasse auf. Sein erstes Gefühl war Wut auf sich selbst, weil er drei Stunden lang geschlafen hatte, anstatt zu arbeiten. Die Flugbegleiterinnen waren bereits damit beschäftigt, ein köstlich duftendes Frühstück zu verteilen. Durch die Fenster fielen helle Sonnenstrahlen herein, und der Kaffee roch ungemein viel versprechend.

Jay warf einen Blick auf den kleinen Fernsehbildschirm an seinem Sitz, auf dem eine Karte ihren Flug über den Atlantik darstellte. Er las die verbleibende Zeit ab: eine Stunde und zehn Minuten.

Er setzte sich auf und rieb sich die Augen; er fühlte sich ausgesprochen schmutzig. Als er aufstand, um zur Toilette zu gehen, stellte er erstaunt fest, wie wackelig er auf den Beinen war. Doch Jay war fest dazu entschlossen, sich wenigstens einigermaßen ansehnlich herzurichten, ein Vorgang, der weniger als zehn Minuten in Anspruch nahm. Nachdem er sich ausgiebig der verschiedenen Duftwässer und anderer Toilettenartikel bedient hatte, die die Fluggesellschaft kostenlos zur Verfügung stellte, kehrte er zu seinem Sitz zurück und nahm dankbar die Tasse Kaffee und ein süßes Brötchen entgegen.

Dann holte er seine Schreibblöcke heraus und versuchte, sich auf die Planung der raschen Abfolge von Ereignissen zu konzentrieren, die er in London miteinander koordinieren musste. Er hätte sich ohrfeigen können, dass er diese Aufgabe nicht schon vor Stunden erledigt hatte, bevor der Zeitunterschied, der Schlafmangel und die trockene Luft in der Kabine ihn schläfrig gemacht hatten.

Zuallererst musste Jay in England einen Anwalt finden, der sich an seine Anweisungen halten und John Harris vertreten würde.

Aber wen? Er brauchte einen Juristen, der ihm dabei half, rasch herauszubekommen, bei welchem Amtsgericht Campbells Leute den Haftbefehl vorgelegt hatten. Außerdem musste er erfahren, welche Entscheidungen bereits getroffen worden waren und wie sich ein Auslieferungsverfahren in Großbritannien gestaltete. Weiterhin musste er wissen, ob Campbell sich bereits in der Stadt befand. Und er war dringend auf Tipps von einem gerissenen ortsansässigen Juristen angewiesen, zu welchen abwegigen Tricks Campbell greifen konnte – denn dieser plante sicher, das Verfahren abzukürzen und die zuständigen britischen Behörden zu überreden, Harris den Peruanern auszuliefern, nachdem die Gerichte die Sache abgehandelt hatten. Also war es wahrscheinlich das Beste, wenn er, Jay, sich an eine Kanzlei mit internationalen Verbindungen wandte.

Nein, Moment mal. Als Erstes musst du in Sigonella anrufen, erinnerte er sich und sah auf die Uhr. In Italien war es acht Uhr morgens, sieben Uhr in Großbritannien. Er musste telefonieren, bevor er sich auf den Weg in die Innenstadt machte, um sicherzugehen, dass nichts Unvorhergesehenes passiert war.

Anschließend werde ich mich mit der Regierung in Verbin-
dung setzen. Ich muss wissen, wie sie auf die Bitte reagieren
würde, einen ehemaligen amerikanischen Präsidenten zu ver-
haften und auszuliefern.

Dass Campbell ein hochrangiger Brite war, bedeutete einen
gewaltigen Nachteil für Jay. Campbell kannte die richtigen
Leute – ganz im Gegensatz zu ihm selbst. Wie konnte er diesen Rückstand rechtzeitig wettmachen, um alles Nötige in Erfahrung zu bringen?

Es geht nur ums Gesetz, dachte er. *Nicht um Politik. Die Ge-*
richte sind verpflichtet, ohne Ansehen von Campbells Person
zu urteilen.

Doch das war eine naive Hoffnung. Letztlich würden der britische Außenminister und die Haltung der Regierung Ihrer
Majestät bestimmen, ob Harris ausgeliefert wurde oder nicht.

Unauslöschlich eingebrannte Erinnerungen an das Parlament,
das Unterhaus und beinahe vergessene Kontakte zu britischen
Regierungsvertretern kamen ihm in den Sinn. Doch er musste
sich eingestehen, dass die alten Bekanntschaften inzwischen
eingeschlafen waren.

Wen rufe ich an? Wie um alles in der Welt durchdringe ich
dieses Labyrinth?

Er suchte die Liste der in London registrierten Fachanwälte
nach einem ab, der in Frage kam. Allerdings stieß er nur auf
drei Namen, und da es in London noch früher Morgen war,
musste er sich mit seinen Telefonaten gedulden.

John Harris fiel ihm ein, der im Flugzeug in Sigonella auf seinen Anruf wartete. War während der Nacht etwas geschehen?
Obwohl Jay wusste, dass er sich eigentlich nur von den gewaltigen Problemen ablenken wollte, die vor ihm lagen, gab

er der Versuchung nach und griff nach dem Telefon. Er wählte Sherry Lincolns Nummer und empfand ihre Stimme am anderen Ende der Leitung wie Musik. Sie versicherte ihm, alles sei noch beim Alten. Jay versprach, sie von London aus regelmäßig auf dem Laufenden zu halten, hängte ein, klappte seinen Laptop auf und verband ihn wieder mit dem Satellitentelefon. Während die Boeing 777 über Irland zum Landeanflug ansetzte, suchte er verzweifelt das Internet nach Kontaktanwälten ab. Plötzlich stand eine Flugbegleiterin neben ihm, stemmte in gespielter Empörung die Hände in die Hüften und wies ihn an, den Computer abzuschalten.

»Sonst explodieren wir auf der Stelle«, sagte sie. »Und da das dann allein Ihre Schuld wäre, würde ich nie wieder ein Wort mit Ihnen sprechen.«

»Wirklich? Ich meine das mit dem Explodieren.«

»Nein, das war nur ein Witz. Aber die Fluggesellschaft bringt uns Stewardessen diesen Unsinn bei, da sie uns alle für bescheuert hält. Dieser Laptop wäre nur eine Gefahr, wenn Sie damit einem der Piloten eine verpassen würden, was übrigens keine gute Idee wäre. Sie können ganz schön sauer werden, wenn man sie mit einem Computer angreift.«

»Ich werd's mir merken«, erwiderte Jay und zwang sich trotz seiner Erschöpfung zu einem Lächeln.

Er nahm die Landung kaum wahr und fragte sich, ob er vor lauter Schock, weil er dem Tod nur knapp von der Schippe gesprungen war, seine Flugangst endgültig verloren hatte.

Wahrscheinlich nicht. Bestimmt bin ich einfach nur so hundemüde, dass es mir egal ist.

Die britische Pass- und Zollkontrolle in Heathrows Terminal 3 brachte er im Handumdrehen hinter sich. Eine Viertelstunde später stand er vor dem Gepäckband und wäre am liebsten sofort in die Innenstadt gefahren. Doch das war ziemlich zwecklos, da er noch gar nicht wusste, wohin.

Bargeld!, fiel Jay ein. Ein paar Schritte entfernt entdeckte er einen Geldautomaten, wartete in der kurzen Schlange, steckte seine Kontokarte in den Schlitz und gab die Geheimzahl ein.

»Karte ungültig«, verkündete der Bildschirm.

Jay kramte die wenig benutzte VISA-Karte aus der Brieftasche.

»Fehlerhafte PIN-Nummer. Geben Sie korrekte PIN-Nummer ein«, hieß es in großen Buchstaben.

Er versuchte es noch einmal, doch offenbar hatte er die Nummer falsch im Gedächtnis behalten, denn der Automat weigerte sich erneut.

Er griff zur American-Express-Karte.

»Ihr Konto ist nicht an diesen Service angeschlossen.«

Jay klappte die Brieftasche auf und zählte die verbliebenen Dollarnoten: fünfzig Dollar. Das reichte kaum für ein Taxi, geschweige denn für seine sonstigen Vorhaben.

Ein Blick auf die Uhr sagte ihm, dass es kurz nach neun war. Er spürte, wie ihm die Zeit durch die Finger rann. Gleich in der Nähe befand sich eine Wechselstube, wo er die fünfzig Dollar in Pfund umwechselte und sich auch ein paar Münzen zum Telefonieren geben ließ. Dann rief er die drei Anwälte an, die er sich während des Fluges herausgesucht hatte.

»Es tut mir schrecklich leid, aber Mr. Thompkins übernimmt keine internationalen Fälle.«

»Ich bedaure wirklich, Mr. Reinhart, aber internationales Recht ist nicht mein Fachgebiet. Offen gestanden kann ich Ihnen auch niemanden empfehlen.«

»Mr. Blightstone ist die ganze Woche lang im Ausland.«
Jay schlug das Telefonbuch von London auf und durchkämmte die gelben Seiten nach Anwälten. Nachdem er sich die Nummern verschiedener Kanzleien notiert hatte, telefonierte er alle durch. Doch nur ein Anwalt konnte vielleicht etwas für ihn tun.

»Aber Mr. Smythe ist heute bis zehn Uhr außer Haus.«

»Schon in Ordnung«, erwiderte Jay. »Wenn Sie mir Ihre Adresse geben, bin ich um zehn bei Ihnen. Ich müsste auch Ihr Büro und Ihr Telefon benützen.«

Jay schrieb die Adresse auf und machte sich auf den Weg zum Ausgang, als er im Terminal einen Handyladen entdeckte. Rasch füllte er die nötigen Formulare aus und mietete mit seiner Kreditkarte ein Mobiltelefon. Anschließend kaufte er an einem Schalter, auf dem zu seiner Erleichterung die Logos der bekannten Kreditkartenfirmen prangten, ein Ticket für die Expressbahn in die Stadt.

Knapp zwanzig Minuten später stand er im Bahnhof Paddington, wo er die U-Bahn nahm. Als er in Holborne ausstieg, wurde er von kaltem Nieselregen empfangen. Jay knöpfte den Mantel zu und marschierte entschlossen in die Richtung, wo angeblich das Büro des Anwalts lag.

Wie man ihm gesagt hatte, war die Kanzlei nur knapp zwei Straßen vom Old Bailey, dem wichtigsten Kriminalgericht Londons, entfernt.

Doch nachdem er hin und her geirrt war und eine halbe Stunde verschwendet hatte, fragte er schließlich einen Polizisten nach dem Weg. Jays Haare waren tropfnass und seine Hosenbeine völlig durchweicht, als er dem Polizisten die Adresse auf dem Zettel zeigte.

»Ah, da liegt das Problem, Sir«, erwiderte der Polizist so fröhlich, dass Jay ihn hätte erwürgen können. »Das ist ganz hinten in dieser Straße links. Gehen Sie einfach hier entlang und biegen Sie am Viaduct Pub links ab. Sie können es nicht verfehlen.«

Auf einer blitzblanken Messingplakette an der Hausmauer stand der Name der Kanzlei, die sich im zweiten Stock befand. Das Gebäude war schon zur Zeit von Königin Viktoria ein Altbau gewesen, doch das Innere strahlte, wie Jay gehofft hatte, Modernität und Wohlstand aus und kündete von guten Beziehungen und Fähigkeiten, die ihm vielleicht nützlich sein würden.

Während die Empfangsdame die Sekretärin des Anwalts anrief, sah Jay auf die Uhr. Es war fast zehn.

»Er ist noch nicht da, Mr. Reinhart. Aber wir haben ein Büro für Sie, das Sie benützen können, bis Mr. Smythe eintrifft.«

Eine konservativ gekleidete junge Frau mit einem nachsichtigen Lächeln erschien und führte ihn in einen kleinen Raum neben der Bibliothek.

»Wie ich annehme, sind es alles Ortsgespräche?«, erkundigte sie sich.

»Ja, aber ich werde Ihnen ohnehin sämtliche Kosten ersetzen.«

»Selbstverständlich, Mr. Reinhart, doch Sie haben sicherlich Verständnis dafür, dass wir Mr. Smythes Zustimmung brauchen, bevor wir …«

»Bevor Sie mich als Mandanten betrachten? Ja. Ich bin Anwalt in den Vereinigten Staaten. Ich kenne die Regeln.«

»Gut, Sir.«

»Verfügt Mr. Smythe über Kontakte in der Regierung, insbesondere was internationale Angelegenheiten und das Einhalten von Abkommen betrifft?«

»Aber gewiss. Er war früher selbst Abgeordneter.«

»Ausgezeichnet. Ach, ich wollte Sie noch etwas fragen«, fügte Jay hinzu. »Ich muss sichergehen, dass kein Interessenkonflikt besteht. Sie sind nicht etwa Korrespondenzkanzlei von Sir William Stuart Campbell aus Brüssel?«

Das unverbindliche Lächeln der Frau wurde von einem breiten Grinsen abgelöst.

»Soll das ein Test werden?«, erkundigte sie sich.

»Wie bitte?«, gab Jay erschrocken zurück.

Ihre Miene wurde ernst. »Mr. Reinhart, wir betreuen Sir Williams sämtliche geschäftlichen Angelegenheiten in London. Ihm gehört sogar dieses Gebäude.«

»Ich ... ich dachte, er hätte eine eigene Kanzlei.«

»Das stimmt. Deshalb kümmern wir uns um die geschäftliche Seite. Gibt es da ein Problem?«

Der Regen hatte ein wenig zugenommen, als Jay wieder auf die Straße trat. Er duckte sich in einen Hauseingang und rief mit dem Mobiltelefon in der Kanzlei von Geoffrey Wallace an, die man ihm bei Smythe empfohlen hatte.

Es dauerte fünfzehn Minuten, bis Wallace an den Apparat kam und sich Jays abgekürzt vorgetragenes Anliegen anhörte. Er versicherte, er habe keinerlei Beziehungen zu Stuart Campbell.

»Faszinierend, Mr. Reinhart. Und ich befürchtete schon, es könnte ein langweiliger Tag werden.«

»Können Sie mir helfen?«

»Ich sehe nichts, was dagegen spräche. Soweit ich mich erinnern kann, hatte ich schon ein paar Jahrzehnte lang keinen amerikanischen Präsidenten mehr als Mandanten.«

»Wunderbar. Dann sage ich Ihnen, was Sie für mich tun können, bis ich da bin.«

Jay stellte Wallace eine Reihe von Fragen, zum Beispiel die, wie man Kontakt zu einem Mitglied der Regierung aufnehmen sollte.

»Da bin ich auch ziemlich ratlos«, erwiderte der Anwalt. »Aber ich kenne da einen Burschen im Außenministerium, bei dem wir vielleicht ansetzen könnten. Sie sollten sich mit ihm treffen, während ich alles andere erledige.«

»Wie komme ich dorthin?«

»Es ist gleich am St. James Park in der St. George's Street«, erklärte er. »Gleich neben dem Parlament. Am besten nehmen Sie ein Taxi. Der Fahrer wird den Weg kennen.«

Nachdem Jay dem Anwalt seine Mobilfunknummer gegeben hatte, beendete er das Gespräch.

Im nächsten Moment bemerkte er, dass er an einem Geldautomaten gelehnt hatte. Aus den Tiefen seiner Manteltasche förderte er einen Zettel zu Tage und überprüfte noch einmal die PIN-Nummer, die ihm im Zug vom Flughafen schlagartig eingefallen war. Er steckte seine MasterCard in den Schlitz, gab die Zahlen ein und hörte zu seiner Erleichterung, wie der Automat Zwanzig-Pfund-Noten abzählte.

Die Fahrt zu dem nichts sagenden Regierungsgebäude dauerte wegen des dichten Londoner Verkehrs fast dreißig Minuten. Als Jay das gewaltige Gebäude betrat, wurde er sich plötzlich seines wenig gepflegten Äußeren bewusst. Vor ihm erstreckte sich ein Irrgarten aus Hallen und Korridoren; er versuchte, sein Gepäck so lässig zu tragen, als sei es eine

Alltäglichkeit für ihn, zu Geschäftsbesprechungen mit einem Koffer zu erscheinen.

Er folgte einer wohl proportionierten Sekretärin in ein Büro.

»Geoffrey Wallace hat mir Ihren Besuch angekündigt«, sagte der für Abkommensfragen zuständige Staatsminister zu Jay, nachdem dieser sich vorgestellt und Platz genommen hatte. »Aber ich fürchte, ich kann Ihnen nicht direkt helfen. Selbstverständlich sind wir mit dem Fall Pinochet vertraut, doch ich persönlich habe keine Kontakte zum Büro des Außenministers, zum Oberhaus oder zu sonst jemandem in offizieller Funktion, der in dieser Frage etwas für Sie tun könnte.«

»Wenn Sie nichts für mich tun können, wer dann?«, fragte Jay zunehmend verzweifelt.

Der Staatsminister lächelte, neigte den Kopf zur Seite und verschränkte die Hände über seinem nicht unbeträchtlichen Bauch. Dann lehnte er sich in seinem Sessel zurück. »Ich könnte Sie mit Ihrem Anliegen durch sämtliche Ministerien hetzen, Mr. Reinhart …«

Jay beugte sich vor und stützte die Hände auf den Schreibtisch des Mannes.

»Hören Sie, das Problem wird bald in Ihren Luftraum geflogen kommen – und es handelt sich um ein sehr schwer wiegendes diplomatisches Problem mit weit reichenden außenpolitischen und rechtlichen Konsequenzen. Darüber hinaus wird es die amerikanisch-britischen Beziehungen möglicherweise stark belasten. Ich brauche Ihre Hilfe, um den oder die Menschen zu finden, die mir klipp und klar sagen können, wie die britische Regierung auf diesen Haftbefehl reagieren wird.«

Der Mann nickte nachdenklich. »Tja, Mr. Reinhart, Sie haben gerade sehr einleuchtend und sprachgewandt dargelegt, warum Ihre Fragen meinen Zuständigkeitsbereich so weit überschreiten, dass ich sie nicht zufrieden stellend beantworten kann.« Er wuchtete sich aus dem Stuhl hoch und umrundete mit ausgestreckter Hand seinen Schreibtisch. »Tut mir leid, ich kann nichts für Sie tun, alter Junge. Ich habe Präsident Harris übrigens immer bewundert. Ein Gentleman der alten Schule.«

»Mit wem soll ich dann sprechen?«

Der Mann seufzte. »Gut. Ich schreibe Ihnen vier Namen auf. Aber Sie werden wahrscheinlich nur Ihre Zeit verschwenden.«

»Das riskiere ich.«

Der Staatsminister griff nach einem Schreibblock und einem Stift, notierte die Namen und die Büroadressen, riss das Blatt ab und reichte es Jay.

Dieser bedankte sich und klapperte die ersten drei Büros ab, wo er allerdings auf dieselbe desinteressierte, ausweichende Haltung stieß.

Nun stand er wieder in einem Flur, las den vierten Namen an der Tür und kam zu dem Schluss, dass er endgültig genug hatte.

Also schlüpfte er ins nächstbeste Büro und bat um das interne Telefonbuch. Nachdem er eine Nummer abgeschrieben hatte, fragte er, ob er das Telefon benutzen könne.

Vermutlich war es absolut sinnlos … ein reiner Verzweiflungsakt … vielleicht auch Trotz.

Aber er war fest dazu entschlossen.

Jay wählte die Nummer und wartete.

»Büro des Premierministers«, meldete sich eine gebildet klingende Frauenstimme.

»Bitte hören Sie mir zu«, begann Jay. »Ich bin Jay Reinhart, Anwalt von Mr. John Harris, dem ehemaligen Präsidenten der Vereinigten Staaten von Amerika. Ich habe ein dringendes Anliegen an Sie, das die nationale Sicherheit der Vereinigten Staaten und Großbritanniens betrifft. Deshalb müsste ich Sie so bald wie möglich persönlich aufsuchen, um die Angelegenheit mit dem Premierminister oder einem seiner Stellvertreter zu erörtern.«

Wahrscheinlich werde ich nun ein langes Schweigen oder das Freizeichen zu hören bekommen, dachte er. Doch die Frau erwiderte freundlich: »Wir haben mit Ihrem Anruf gerechnet, Mr. Reinhart.«

»Wie bitte?«

»Gedulden Sie sich bitte einen Augenblick.«

Völlig verdattert stand Jay mit dem Hörer in der Hand da. Kurz darauf kam ein Assistent des stellvertretenden Premierministers an den Apparat und vereinbarte sofort einen Termin.

»Man sagte mir, Sie hätten mich erwartet«, meinte Jay verwirrt. »Darf ich fragen, wer mich angekündigt hat und warum?«

»Das würde ich lieber persönlich mit Ihnen besprechen, Mr. Reinhart. Ich habe kein großes Vertrauen in nicht abhörsichere Telefonleitungen.«

»Aber natürlich, ich verstehe. Wie komme ich zu Ihnen?«, erkundigte sich Jay, nachdem er erklärt hatte, wo er sich gerade befand.

»In fünf Minuten erwartet Sie ein Wagen vor dem Gebäude,

Mr. Reinhart. Es ist ein schwarzer Daimler. Der Fahrer heißt Alfred.«

»Vielen Dank«, erwiderte Jay, hängte ein und holte tief Luft. Eine Unmenge offener Fragen schwirrten in seinem Kopf herum.

27

In der Luft, acht Kilometer südlich von London, Dienstag, 11:45

Stuart Campbell kniete im Gang hinter den beiden Pilotensitzen seines Lear 35. Beim Anblick der roten Flecken auf dem Radarschirm verfinsterte sich seine Miene. »Ich habe keine Zeit für so was, Jean-Paul!«, sagte er zum Kapitän.

»Tut mir leid, Sir William«, erwiderte der Pilot. »Aber eine Sturmzelle bewegt sich direkt auf den Flughafen Luton zu. Es wäre zu gefährlich, dort zu landen. In Stansted gewittert es ebenfalls. Wenn Sie möchten, könnten wir über Luton in der Warteschleife fliegen, bis der Sturm vorbei ist.«

»Ich habe es eilig!«, rief Campbell verärgert. »Ich muss sofort nach Covent Garden. Wenn der Sturm weiter so langsam heranzieht, sind wir gelandet und im Auto, bevor es losgeht.«

»Sie vergessen die Böen, die einem Gewitter normalerweise vorangehen.«

»Ach, zum Teufel damit. Dann fliegen wir eben nach Heathrow.«

»Dafür haben wir keinen Slot.«

»Also sind wir gezwungen, auf Luton zu warten?«

»Ich fürchte schon.«

»Mein Gott, Jean-Paul, es sind nur noch acht Kilometer bis

zur Landebahn! Seien Sie also bitte so gut und versuchen Sie wenigstens einen Anflug.«

»Übernimm du das Steuer, Gina«, sagte Jean-Paul Charat leise auf Französisch zu seiner Frau, der Kopilotin.

Dann schob er seinen Sitz zurück, öffnete den Sicherheitsgurt und sah seinen Arbeitgeber an. »Sir William, könnte ich in der Kabine mit Ihnen sprechen?«

»Warum machen Sie nicht gleich hier den Mund auf?«, knurrte Stuart Campbell. Als er bemerkte, dass der Kapitän sich mit einem Nein nicht zufrieden geben würde, stand er auf, ging ihm voraus in die Kabine und nahm Platz. Sein Pilot war wütend.

»Ich möchte mich bei Ihnen entschuldigen, Jean-Paul«, begann er, doch der Pilot schüttelte den Kopf und ließ sich mit verkniffenem Mund Campbell gegenüber nieder.

»Das war ein sehr ernsthafter Vorfall, Sir William. Als Sie mich und Gina einstellten, haben Sie uns feierlich versprochen, dass Sie uns nie zwingen würden, wider unser besseres Wissen als Piloten zu handeln. Und genau das haben Sie gerade versucht.«

»Ich habe mich doch bereits entschuldigt, alter Junge. Es wird nicht wieder vorkommen.«

»Darauf müssen Sie uns Ihr Ehrenwort geben, Sir William. Ansonsten werden wir kündigen, sobald wir gelandet sind.«

»Ich schwöre«, erwiderte Campbell und hielt ihm die Hand hin. »Sie haben mein Wort, dass so etwas nicht mehr passieren wird.« Er wollte aufstehen. »Ich gehe und entschuldige mich auch bei Gina.«

Jean-Paul hielt ihn zurück und schüttelte ihm feierlich die Hand. »Nicht nötig, ich richte es ihr aus. Aber Sie müssen eine weitere Entscheidung treffen, Sir William. Unser Treibstoff reicht noch, um anderthalb Stunden zu kreisen. Wenn sich der Sturm bis dahin verzogen hat, können wir vielleicht landen. Eine andere Möglichkeit wäre, sofort nach Gatwick weiterzufliegen und Sie von einem Wagen oder einem Hubschrauber abholen zu lassen.«

»Dann also nach Gatwick«, erwiderte Campbell, ohne zu zögern.

»Gut. Und was ist mit dem Hubschrauber?«

»Nein, ein Auto genügt.«

Jean-Paul nickte. Als er aufstand, berührte Stuart Campbell ihn leicht am Arm.

»Jean-Paul? Ich weiß Ihre Professionalität und Ihre Vorsicht wirklich zu schätzen. Danke, dass Sie so um unsere Sicherheit besorgt sind.«

»Keine Ursache, Sir William«, entgegnete Jean-Paul ruhig und musterte seinen Arbeitgeber nachdenklich. »Diese Situation … mit dem amerikanischen Präsidenten, die geht Ihnen offenbar sehr nahe.«

»Richtig«, stimmte Campbell seufzend zu. »Es handelt sich um einen Präzedenzfall, der seine Kreise ziehen wird und große Bedeutung für die Entwicklung des internationalen Rechts hat.«

»Ich glaube außerdem, dass die Sache Ihnen persönlich wichtig ist«, fügte der Kapitän hinzu.

»Meinen Sie, ob ich eine alte Rechnung begleichen will? Das wird man mir sicherlich vorwerfen, aber die Wahrheit ist schlicht und ergreifend, dass John Harris schuldig ist, Jean-Paul … obwohl vielleicht nicht einmal er selbst es weiß.«

Stuart Campbell wartete, bis Jean-Paul ins Cockpit zurückgekehrt war, und griff dann zum Telefon. Nachdem er eine Nummer eingetippt hatte, meldete sich eine Männerstimme.

»Wie ist die Lage, Henri?«, fragte Campbell.

»Um vier Uhr haben wir einen Termin mit dem Richter im Amtsgericht in der Bow Street. Das ist das Gericht, das dem Gesetz nach über den Auslieferungsantrag entscheiden muss.«

»Henri, lassen Sie mich als Gedächtnisstütze noch einmal den Ablauf eines Auslieferungsverfahrens rekapitulieren. Zuerst bitten wir die Londoner Polizei, mit dem Haftbefehl von Interpol beim Amtsgericht vorzusprechen und einen britischen Haftbefehl zu beantragen.«

»Korrekt, Sir William. Und wenn wir den haben, nimmt die Polizei die Verhaftung vor. Inzwischen hat Peru offiziell die Auslieferung beim Außenministerium beantragt –«

»Ist bereits geschehen«, fiel Campbell ihm ins Wort.

»Wirklich?«

»Ja, letzte Woche. Sprechen Sie weiter.«

»Gut. Nach der Festnahme liegt es beim Außenminister, die so genannte Vollstreckungsanordnung zu unterzeichnen.«

»Das wird er schon.«

»Und … anschließend befassen wir uns mit der Anhörung vor dem Ausschuss, die sich einige Tage hinziehen kann. Bei Pinochet war das Gericht in der Bow Street eine ganze Woche beschäftigt.«

»Richtig. Aber da war ja auch eine Horde von Senioranwälten anwesend, die Amnesty International und die Spanier vertraten.«

»Tja, wenn wir das hinter uns haben und wenn gegen Harris entschieden wurde, könnte sein Anwalt bei der Berufungskammer ein Haftprüfungsverfahren beantragen.«

»Das er nicht kriegen wird.«

»Sir William, Harris sitzt doch noch auf dem Flugplatz in Sigonella fest. Besteht die Möglichkeit, dass die Italiener ihre Meinung ändern?«

Stuart lachte auf. »Nicht die geringste. Anselmo betet darum, dass sich Harris so schnell wie möglich aus dem Staub macht. Er ahnt nicht, dass ich dasselbe hoffe.«

»Bis jetzt wurde noch kein Flugplan angemeldet. Sind Sie sicher, dass sie nach London wollen?«

»Es ist John Harris' eigene Idee«, kicherte Stuart, »allerdings hat er das politische Klima offenbar falsch eingeschätzt.«

»Ein schwerer Fehler, würde ich sagen. Könnte er noch rechtzeitig dahinter kommen?«

»Ich denke nicht. In der Zwischenzeit befassen Sie sich weiter mit dem Plan, den ich Ihnen heute Morgen erklärt habe.«

»Sofort?«

»Ja, Henri. Sofort. Je eher wir sie aus ihrem Versteck treiben, desto weniger Zeit haben sie, sich etwas einfallen zu lassen. Rufen Sie an.«

Wohnsitz des Premierministers, London, England

Dass man ihn zur Downing Street Nummer 10 chauffierte, war wirklich eine erstaunliche Wendung der Ereignisse, dachte Jay Reinhart, als er aus dem Regierungsfahrzeug stieg und einem finster dreinblickenden Mann in grauem Anzug in einen kleinen Konferenzraum folgte, wo er auf den stellvertretenden Premierminister warten sollte. Und warum man mit seinem Anruf gerechnet hatte, war ihm noch viel rätselhafter. Vermutlich hatte das Weiße Haus seine Hände mit im Spiel. *Hoffentlich,* sagte sich Jay. *Hoffentlich wollen die Briten John Harris ebenfalls retten.*

Vielleicht würde es ihm ja gelingen, eine inoffizielle Abmachung zu treffen, damit die gecharterte 737 auf irgendeinem britischen Flughafen auftanken konnte, bevor sich die Gerichte einschalteten – vorausgesetzt, Stuart Campbell hatte seinen Haftbefehl noch nicht einem britischen Amtsrichter vorgelegt. Schließlich konnte man von den Briten nicht erwarten, dass sie die Entscheidungen ihrer eigenen Gerichte ignorierten.

Dass die Maschine die Vereinigten Staaten nicht erreichen konnte, ohne in Island oder Grönland aufzutanken, bedeutete weiterhin ein nicht von der Hand zu weisendes Problem. Jay fragte sich, ob es wohl möglich war, ein anderes Flugzeug mit größerer Reichweite zu chartern oder den Präsidenten in Heathrow einfach in eine reguläre Linienmaschine zu setzen. Wenn nicht, würden sie es vielleicht schaffen, ohne Zwischenstopp nach Kanada zu fliegen, obwohl sich die Reaktion der kanadischen Regierung ebenfalls schwer vorhersagen ließ. Auch sie hatte das Abkommen unterzeichnet.

Im nächsten Moment kam der stellvertretende Premierminister Anthony Sheffield, begleitet von zwei Assistenten, herein. Er schüttelte Jay freundlich die Hand und nahm auf der anderen Seite des Tisches Platz.

»Ich möchte nicht um den heißen Brei herumreden, Mr. Reinhart. Die Regierung Ihrer Majestät ist über Ihre Mission im Bilde, Mr. Harris vor den Konsequenzen des internationalen, von Peru ausgestellten Haftbefehls zu bewahren. Wir wissen, dass Mr. Harris sich zurzeit auf Sizilien befindet, und wir kennen auch die genauen Umstände seines Aufenthalts. Außerdem sind wir über die Haltung der italienischen Regierung informiert. Darüber hinaus haben wir erfahren, dass Sie, was unsere offizielle Position gegenüber dem peruanischen Haftbefehl betrifft, Erkundigungen eingezogen haben, um zu ermitteln, ob Mr. Harris in unserem Land in Sicherheit wäre.«

Jay nickte. »Das ist richtig.«

»Gut. Gewiss ist Ihnen als Anwalt bekannt, dass wir, unabhängig von unserer Haltung, nicht in der Lage sind, Einfluss zu nehmen. Wie Sie bestimmt wissen, sind die Gerichte bei uns ebenso unabhängig wie bei Ihnen in den Vereinigten Staaten. Es obliegt den Richtern, in dieser Sache zu entscheiden.«

»Tja, Sir, sofern sich in den letzten Wochen nichts drastisch geändert hat, hat der Außenminister immer noch das letzte Wort.«

»Ja, aber erst nach der Justiz.«

»Ist der Haftbefehl bereits einem Amtsgericht vorgelegt worden, Mr. Sheffield?«

»Das kann ich wirklich nicht sagen«, erwiderte Sheffield. »Doch ich denke, wir sollten davon ausgehen, dass es jeden Moment dazu kommen wird.«

»Meiner Ansicht nach wird die Haltung Ihrer Regierung und Ihr Engagement maßgeblich dazu beitragen, die Entscheidung des für diesen Fall zuständigen Richters zu beeinflussen.«

»Ich muss wiederholen, dass ich das stark bezweifle«, entgegnete Sheffield. »Beabsichtigen Sie, Präsident Harris heute Nachmittag hierher zu fliegen?«

»Ja«, antwortete Jay zögernd, »vorausgesetzt …«

»Vorausgesetzt, dass Sie unsere Position nicht als Bedrohung empfinden?«

»Ja.«

»Sie müssen verstehen, dass ich Ihnen nichts versprechen kann. Ich darf Ihnen gegenüber nicht einmal eine Andeutung fallen lassen, bevor der Premierminister nicht die Zeit hatte, die Angelegenheit zu überdenken. Natürlich haben wir uns mit dem Weißen Haus in Verbindung gesetzt.«

»Das habe ich mir fast gedacht.«

»Wie Sie sich sicher vorstellen können, sind wir untröstlich, dass ein Rechtsmittel gemäß einem von uns ratifizierten Abkommen, an das wir selbstverständlich gebunden sind, dazu benutzt wird, um gegen einen amerikanischen Ex-Präsidenten vorzugehen.«

Jay blickte Sheffield in die Augen und suchte zwischen den Zeilen dieser kühl formulierten Äußerung nach einer versteckten Botschaft.

»Sie können sich wohl denken, wie untröstlich erst Präsident Harris war«, entgegnete er. »Mr. Sheffield, ich möchte noch einmal betonen, dass dieser Haftbefehl nichts weiter als lächerlich und eine reine Schikane ist und dass er letztlich aus Mangel an glaubhaften Beweisen für nichtig erklärt werden wird. Bis dahin bitte ich Sie darum, dass Ihre Regierung nichts tut, um eine Abkürzung des Verfahrens und eine Beschleunigung der Auslieferung zu unterstützen. Schließlich fällt das unter den Zuständigkeitsbereich Ihres Außenministers und somit auch Ihrer Regierung.«

»Ich verstehe.«

»Darf ich dem Präsidenten mitteilen, dass er sich darauf verlassen kann?«

»Nein, Mr. Reinhart, das dürfen Sie nicht. Nur der Premierminister kann entscheiden, was wir in diesem Stadium unternehmen können und welche Informationen, wenn überhaupt,
an den Außenminister weitergeleitet werden, da es sich um
eine hauptsächlich juristische, nicht um eine politische Angelegenheit handelt. Wie kann ich Sie später heute Nachmittag
erreichen?«

Jay zögerte, doch dann fand er sich damit ab, dass Sheffield
sich nicht festlegen würde.

Dass sich die britische Regierung so von John Harris distan-
zierte, bereitete ihm Sorgen.

»Ich habe ein Mobiltelefon gemietet«, erwiderte er.

»Ausgezeichnet«, sagte der stellvertretende Premierminister
und bedeutete einem seiner Assistenten, die Nummer zu no-
tieren.

»Wo wohnen Sie, Mr. Reinhart?«

»Ich habe noch kein Hotelzimmer. Ich bin vom Flughafen aus
sofort hierher gekommen.«

»Ich lasse Ihnen gerne ein Zimmer reservieren und Sie ins
Hotel fahren.« Sheffield stand auf. »In ein paar Stunden rufe
ich Sie an.« Er wandte sich zum Gehen.

»Entschuldigen Sie, Mr. Sheffield.«

»Ja?«

»Sie haben vorhin angedeutet, Sie würden meine Frage beantworten, wenn ich hier sei: Warum hat das Büro des Premierministers mit meinem Anruf gerechnet?«

Sheffield lachte auf. »Ach, das! Tja, Mr. Reinhart, sagen wir
mal, man hat uns vorab mitgeteilt, dass Präsident Harris Sie
als Anwalt genommen hat. Außerdem wussten wir von Ihrer
Ankunft in Heathrow heute Morgen. Ein Anwalt in Ihrer

Position würde es doch nie versäumen, die Regierung Ihrer Majestät zu kontaktieren. Also …«

Ein offensichtlicher Seitenhieb.

Als Jay den Mann ansah, lief ihm ein kleiner Schauder den Rücken hinunter.

»Wer hat Sie informiert, Sir?«

»Es steht mir nicht frei, Ihnen das zu beantworten, Mr. Reinhart. Aber es spielt eigentlich im großen Zusammenhang keine Rolle, finden Sie nicht? Guten Tag, Mr. Reinhart.«

Er drehte sich um und ging hinaus, bevor Jay etwas entgegnen konnte.

An Bord von EuroAir, Marineflieger-Stützpunkt Sigonella, Sizilien

»Mr. President?«

Als John Harris die Augen aufschlug, sah er Sherry Lincoln vor sich stehen.

»Ja, Sherry?«

»Entschuldigen Sie, dass ich Sie geweckt habe.«

»Ich glaube, ich habe gar nicht richtig geschlafen. Wie spät ist es?«

Sie setzte sich neben ihn. »Kurz nach fünfzehn Uhr. Ich habe gerade mit Jay Reinhart telefoniert. Er erwartet einen Anruf aus dem Büro des britischen Premierministers. Bis morgen sind wir hier sicher, aber er traut der britischen Regierung nicht über den Weg. Deshalb sollen wir mit dem Abflug nach London bis morgen warten.«

»Ist ja prima! Noch eine Nacht in diesem Flieger.«

Lachend verdrehte sie die Augen. »Ich weiß! Und in der ganzen Maschine gibt es keine funktionierende Dusche.«

»Ist Swanson einverstanden?«

»Das ist ein anderer Grund, warum ich Sie gestört habe, Sir«, erwiderte sie. »Hauptmann Swanson ist auf dem Weg hierher. Vor zehn Minuten hat er angerufen und uns gebeten, die Piloten zu wecken, damit sie sich bereithalten. Den Grund hat er uns nicht verraten.«

Craig Dayton, der Swanson oben auf der Treppe erwartet hatte, brachte ihn sofort zum Präsidenten.

»Wir müssen Sie hier wegschaffen, Sir«, verkündete Swanson. »Offenbar hat Mr. Campbell einen Richter überzeugt, diese Rampe zu italienischem Hoheitsgebiet zu erklären. Jetzt können wir sie nicht mehr aufhalten.«

»Die Entscheidung sollte doch erst morgen fallen! Warum hat der Richter sich so beeilt?«

»Keine Ahnung, Mr. President. Aber man sagte mir, der Richter habe die Anordnung bereits unterzeichnet. Wenn mein Vorgesetzter und das Pentagon davon erfahren, wird man mir sicher befehlen, mich rauszuhalten, damit sie an Bord kommen und Sie festnehmen können.«

»Hauptmann«, meinte Harris, »wie haben Sie das erfahren?«

»Von einem Assistenten des italienischen Außenministers. Ich fürchte, ich habe den Namen vergessen.«

»Schon gut«, erwiderte Harris und rieb sich nachdenklich das Kinn. »Sind Sie sicher, dass der Mann die Wahrheit gesagt hat?«

»Ja, Sir. Er schien sehr gut informiert zu sein, was in seiner Position auch anzunehmen ist. Er hatte von Mr. Anselmo von meinem früheren Anruf gehört.«

»Gut.«

»Und die Telefonistin hat mir gesagt, der Anruf käme aus Rom.«

»Wie viel Zeit bleibt uns noch?«

»Keine Ahnung. Doch ich glaube, sie werden jetzt ziemlich schnell zuschlagen. Der Kommandant der örtlichen Carabinieri war in seiner Ehre gekränkt, weil er gestern unverrichteter Dinge abziehen musste.«

Craig Dayton hatte aufmerksam zugehört.

»Also starten wir?«, fragte er nun, an den Präsidenten gewandt. »Natürlich nur, wenn Sie es wünschen, Sir.«

»Sie können jederzeit losfliegen«, meinte Swanson. »Die Maschine wurde schon aufgetankt, oder?«

Craig nickte. »Ja, gestern am späten Abend. Aber, Hauptmann, ich muss wissen, ob ich Schwierigkeiten kriegen werde, wenn ich um eine Startfreigabe nach London bitte. Die kommt schließlich von Euro Control in Brüssel, und Rom könnte sie bitten, uns die Genehmigung nicht zu erteilen.«

»Das bezweifle ich«, entgegnete Swanson. »Allerdings würde ich Ihnen davon abraten, weiter zu warten und Roms Standhaftigkeit auf die Probe zu stellen. Und es gibt noch einen anderen Grund, warum Sie meiner Meinung nach schleunigst verschwinden sollten. Wir sind hier auf Sizilien und ... offen gestanden hat Rom hier ziemlich wenig zu sagen. Wer den Carabinieri ins Handwerk pfuscht, muss mit unvorhersehbaren Konsequenzen rechnen.«

»Was soll das heißen?«, fragte der Präsident.

»Vergessen Sie nicht, Sir, dass wir uns immer noch auf italienischem Gebiet befinden. Mir wäre es lieber, wenn Sie sich so schnell wie möglich aus dem Staub machen würden.«

Craig blickte zwischen John Harris, Sherry Lincoln und Matt Ward hin und her. Dann wandte er sich wieder an den Präsidenten.

»Mr. President?«

John Harris stützte das Kinn auf die Hand und dachte angestrengt nach. Dann holte er tief Luft. »Okay, Captain, ich bin bereit. Selbst wenn Jays Befürchtungen, was London angeht, berechtigt sind, nehme ich das Risiko lieber auf mich, als in Italien zu bleiben. Jetzt müssen wir nur noch ein weiteres Flugzeug chartern, um die Veteranen und ihre Familien zurück nach Rom zu bringen.«

»Ich kümmere mich darum, Sir«, erwiderte Swanson.

»Hauptmann, denken Sie, ich könnte zum Terminal gehen, um mit General Glueck und seiner Gruppe zu sprechen?«, erkundigte sich Harris.

»Ich lasse die Türen abschließen. Dann kann Ihnen nichts passieren.« Er griff zum Funkgerät und erteilte die entsprechenden Befehle. Dann begleitete er den Präsidenten zum Terminal und reichte ihm ein Mikrofon.

Meine Damen und Herren, darf ich um Ihre Aufmerksamkeit bitten? Ich wollte mich persönlich bei Ihnen bedanken, denn ich habe beschlossen, nach London zu fliegen, um dort gegen diesen juristischen Taschenspielertrick der Peruaner zu kämpfen. Ich weiß, dass Sie alle angeboten haben, mit mir zu kommen, doch Ihren Bemühungen ist es zu verdanken, dass sich das inzwischen erübrigt hat.

Wir werden ein weiteres Charterflugzeug bereitstellen, das Sie noch heute Abend nach Rom bringt. Ich möchte

*Ihnen noch einmal sagen, wie sehr ich Ihre Treue zu
dem Amt, das ich einmal bekleidet habe, Ihrem Land
und auch mir gegenüber zu schätzen weiß. Ihre Entscheidung, bei mir zu bleiben, anstatt das Flugzeug
nach Rom zu nehmen, hat etwas Wichtiges bewirkt. Ich
bin mehr als beschämt darüber, dass Sie Ihre wundervolle Rundreise unterbrechen mussten, um mir in der
Stunde der Not beizustehen.*

Die Zuhörer murmelten beifällig und applaudierten, bis der
Präsident mit einer Handbewegung um Ruhe bat.

*Bitte ... ich bin noch nicht fertig. Ich weiß, dass ... die
große Befürchtung herrscht, das Weiße Haus könnte
mich im Stich lassen. Doch dem ist nicht so. Präsident
Cavanaugh musste eine schwere Entscheidung fällen,
und er hat sich zu dem entschlossen, was für unser Land
das Beste ist. Ich beglückwünsche ihn dazu. Es wäre um
einiges einfacher gewesen, mit der C-17 davonzuflie-
gen, doch er war der Ansicht, wir würden damit den
Vereinigten Staaten und dem Ansehen meiner Person
schaden. Schließlich hätten wir uns einem internationalen Abkommen entzogen, an dessen Entwurf wir selbst
beteiligt waren. Präsident Cavanaugh hat recht.
Bevor ich mich verabschiede, möchte ich noch jedem
Einzelnen von Ihnen die Hand schütteln. Insbesondere
möchte ich General Glueck danken, der diese herzer-
wärmende Unterstützeraktion in die Wege geleitet hat.
Sie sollen wissen, dass Sie nicht nur mich persönlich
verteidigt haben, sondern auch das Recht jedes ehema-*

ligen Präsidenten, die Welt zu bereisen, ohne eine Ver-
haftung wegen frei erfundener Vorwürfe zu riskieren.
Da ich selbst Kriegsveteran bin ... wenn auch Angehöri-
ger einer ein wenig jüngeren Generation ... möchte ich
Ihnen sagen, wie viel mir Ihre Hilfe und Ihre Opfer be-
deuten.

Unter tosendem Beifall legte er das Mikrofon weg. General Glueck trat näher. »Sind Sie sicher, dass wir nicht mitkommen sollen, Sir? Ich habe die anderen befragt. Sie sind bereit.«

John Harris legte dem General die Hand auf die Schulter. »Nein ich schaffe das jetzt allein.«

»Fliegen Sie nach Hause, Mr. President. So schnell wie möglich. Bitte.«

Harris nickte. »Nur zu gerne, das können Sie mir glauben.« Er drückte Glueck die Hand und wandte sich dann an die anderen. Nachdem er allen ebenfalls die Hand geschüttelt und einige der älteren Veteranen umarmt hatte, folgte er dem Navy-Kommandanten, der ihn zurück auf die Rampe begleitete.

»Ich danke Ihnen vielmals, Hauptmann«, sagte er und reichte ihm die Hand. »Aber jetzt muss ich los.«

»Ja, Sir. Ich glaube, wir haben alles unter Kontrolle. Es könnte Verfolgungswahn sein, doch ich habe den Verdacht, dass wir gleich Probleme mit den Telefonverbindungen nach draußen kriegen werden. Was für ein Jammer, denn dann können wir erst wieder Anrufe aus Rom entgegennehmen, wenn alles repariert ist.«

»Das dauert bestimmt ein paar Stunden«, meinte Harris schmunzelnd.

»Ja, Sir, da haben Sie sicher recht«, erwiderte Swanson.

»Ich danke Ihnen, Hauptmann«, sagte John Harris. Der Marineoffizier salutierte und wandte sich zum Gehen, drehte sich aber noch einmal um.

»Äh, Mr. President. Darf ich noch etwas Persönliches hinzufügen?«

»Ich bitte darum.«

»Als Sie sich nicht mehr zur Wiederwahl stellten ... weil Sie die Ansicht vertraten, dass eine einzige, auf sechs Jahre verlängerte Amtszeit genügt ... habe ich mich geschämt, weil –«

»Es tut mir wirklich leid, wenn ich Sie enttäuscht habe, Hauptmann«, fiel Harris ihm ins Wort.

Swanson zog erschrocken die Augenbrauen hoch. »Nein, nein, ich habe mich nicht für Sie geschämt, Sir, sondern für mich selbst ... weil ich Sie nicht gewählt habe. Dass Sie sich geweigert haben, noch einmal zu kandidieren, das war die edelste Tat, die ich bei einem Präsidenten je erlebt habe.«

28

London, Dienstag, 14:45

Unter gewöhnlichen Umständen hätte Jay Reinhart mindestens eine Stunde damit verbracht, die elegante Hotelsuite zu erkunden, die das Büro des stellvertretenden Premierministers ihm zur Verfügung gestellt hatte. Da er Antiquitätenliebhaber war, geschah es oft, dass er über dem Bewundern der Möbelstücke in einem geschmackvoll eingerichteten Raum die Zeit vergaß. Heute jedoch nahm er vor lauter Erschöpfung und wegen der Mission, die er als immer unwirklicher empfand, seine luxuriöse Umgebung kaum noch wahr.

Er ließ den Koffer in der Tür stehen, ging ins Schlafzimmer und warf sich auf das gewaltige Bett, um in Ruhe nachzudenken.

Was jetzt, alter Junge?

Auf der Fahrt zum Hotel hatte er einen Anruf von Sherry Lincoln erhalten, die ihm mitteilte, dass sie sofort starten mussten.

»Es ist mir äußerst unwohl dabei, den Präsidenten nach London zu holen«, erwiderte er, »denn ich weiß noch nicht, was die britische Regierung vorhat. Aber ich stimme zu, dass Sie schleunigst verschwinden sollten.«

»Die Triebwerke werden gerade angelassen«, verkündete Sherry und schwieg eine Weile, während das Dröhnen im

Hintergrund anschwoll. »Können Sie mir genau erklären, was Sie befürchten, Jay?«

»Tja …«, begann er, während er überlegte, wie viel von seinen bohrenden Zweifeln er ihr verraten sollte. »Ich glaube nicht, dass die Briten ihn so schnell nach Lima schicken würden wie die Italiener, aber … im britischen Auslieferungsverfahren gibt es eine Menge Ermessensspielraum, und das macht mir Angst. Wenn die britische Regierung aus irgendeinem Grund zu dem Schluss kommt, dass sie Harris ausliefern will oder muss, könnte sie es einfach tun. Ich kenne einfach ihre Haltung nicht, und auf Rätselraten lasse ich mich lieber nicht ein.«

»Sie klingen müde, Jay«, sagte sie plötzlich. »Ist alles in Ordnung?«

»Ich bin … äh …«, stammelte er.

»Ich weiß, dass es aufdringlich ist, Sie das zu fragen, schließlich sind wir uns nie begegnet.« Ihre Stimme war so sanft, dass er fast vergaß, was sie eigentlich hatte wissen wollen.

»Was? Oh, nein, Sherry. Ich finde das gar nicht aufdringlich. Danke für Ihre Besorgnis.«

»Und wie lautet die Antwort?«, hakte sie nach.

»Die Antwort ist Nein. Ich kann gar nicht müde sein, denn ich bin ja erst seit achtundzwanzig Stunden auf den Beinen. Nur ein wenig wirr im Kopf«, meinte er.

»Tja, in einer Minute können Sie meinetwegen zusammenklappen«, erwiderte sie. »Aber vorher muss ich Ihnen noch die Nummer des Satellitentelefons in diesem Flugzeug geben, da das Mobiltelefon in der Luft nicht funktioniert. Dann meldet sich die Besatzung im Cockpit. Übrigens kommen wir um schätzungsweise siebzehn Uhr dreißig Londoner Zeit in

Heathrow an. Hier in Italien ist es eine Stunde später. Werden Sie uns abholen? Oder was sollen wir nach der Landung sonst tun?«

»Ich rufe Sie unterwegs an und gebe Ihnen Instruktionen.«

»Und was ist, wenn wir nichts von Ihnen hören?«

»Dann ... sagen Sie dem Präsidenten, dass die Entscheidung bei ihm liege. Wenn niemand Sie aufhält, tanken Sie sofort auf und fliegen Sie nach Island. Dort tanken Sie noch einmal und machen sich so schnell wie möglich auf den Weg nach Maine. Aber Sie können sich darauf verlassen, dass ich da sein werde, Sherry.«

»Ich habe gehofft, dass Sie das sagen würden. Ich freue mich schon darauf, Sie persönlich kennen zu lernen.«

»Ganz meinerseits.« Er legte auf und überlegte, ob er die Leitung für den Anruf aus dem Büro des stellvertretenden Premierministers freihalten oder den Anwalt Geoffrey Wallace anrufen sollte, um zu erfahren, was dieser herausgefunden hatte.

Jay wählte Wallace' Büronummer.

»Er ist im Moment nicht da«, erwiderte Wallace' Sekretärin. »Aber er ruft Sie bestimmt bald an, Mr. Reinhart.«

Als er sich bedankte und einhängte, läutete das Zimmertelefon.

»Mr. Reinhart? Botschafter Jamison möchte Sie sprechen.«

»Verzeihung, wer?«

»Botschafter Richard Jamison, Sir. Der amerikanische Botschafter in Großbritannien.«

»Oh. Ja, natürlich«, entgegnete Jay und versuchte, sich Jamisons Gesicht ins Gedächtnis zu rufen, das er im Laufe der Jahre häufig im Fernsehen gesehen hatte.

Warum ruft er mich an?, fragte er sich und wurde gleichzeitig von schlechtem Gewissen ergriffen. *Hätte ich als John Harris' Anwalt mich bei ihm melden sollen?*

»Mr. Reinhart, obwohl wir uns nicht persönlich kennen, möchte ich mich bei Ihnen bedanken, weil Sie so viel für Präsident Harris getan haben.«

»Keine Ursache, Herr Botschafter, schließlich bin ich sein Anwalt.«

»Ich verstehe. Können Sie mir sagen, wann er in London eintrifft?«

»Genau genommen«, meinte Jay argwöhnisch, »bin ich nicht sicher. Ist das der Grund Ihres Anrufs?«

»Tja, eigentlich sind es zwei Gründe«, erwiderte der Botschafter in knappem Neuengland-Akzent. »Erstens müssen wir unsere Vorgehensweise miteinander koordinieren, und zweitens wollte ich Ihnen mitteilen, dass eine Delegation aus Washington in etwa zwei Stunden hier sein wird.«

»Was für eine Delegation?«

»Der Außenminister, einige Vertreter des Justizministeriums und noch ein paar Leute. Präsident Cavanaugh hat sie vor einer Weile losgeschickt, damit sie Ihnen helfen, die Verteidigung von Präsident Harris vorzubereiten, nachdem dieser hier eingetroffen ist. Ich dachte, Sie wüssten das.«

»Nein, Sir. Ich freue mich mehr über diese Unterstützung, als ich Ihnen sagen kann, doch man hat mich nicht informiert. In zwei Stunden also?«

»Inzwischen sind es weniger. Sie landen in Heathrow am Privatterminal. Wenn Sie möchten, schicke ich Ihnen einen Botschaftswagen, um Sie abzuholen.«

»Ich wäre Ihnen sehr dankbar.«

290

»Was die Briten angeht: Ich weiß von Ihrem Besuch bei Tony Sheffield heute Nachmittag.«

»Woher, wenn ich fragen darf, Sir?«

»Ich bin Ihr freundlicher Botschafter von nebenan. Wenn ein amerikanischer Anwalt sich wegen des Schicksals eines amerikanischen Präsidenten auf britischem Boden mit der britischen Regierung bespricht, fühlt sich das Außenministerium mehr oder weniger verpflichtet, mich davon in Kenntnis zu setzen.«

Jays schlechtes Gewissen steigerte sich.

»Verzeihung, dass ich Sie nicht angerufen habe, Herr Botschafter.«

»Kein Problem. Darf ich Sie Jay nennen?«

»Ja, Sir.«

»Gut. Ich heiße übrigens Richard. Hören Sie. Weder Sheffield noch der Premierminister werden sich zuerst an mich wenden, sondern an Sie, falls sie das versprochen haben. Also schreiben Sie sich bitte meine Privatnummer auf. Ich würde mich freuen, wenn Sie sich melden, sobald Sie etwas Interessantes erfahren.«

»Mit welcher Reaktion der Briten können wir in dieser Sache rechnen, Herr Botsch ... Richard?«, fragte Jay.

»Offen gestanden weiß ich das nicht, Jay. Ich kann nur sagen, dass die Regierung scharfe Kritik daran geäußert hat, wie das Innenministerium den Fall Pinochet behandelt hat.«

»In anderen Worten denkt man, die Regierung Blair hätte Pinochets Standpunkt unterstützen sollen, er könne aus Gründen der Amtsimmunität nicht verhaftet oder ausgeliefert werden?«

»Nein, ganz im Gegenteil. Einige Kabinettsmitglieder schei-

nen die Ansicht zu vertreten, Pinochet hätte binnen vierundzwanzig Stunden nach seiner Verhaftung nach Spanien verfrachtet werden sollen – auch wenn das rechtlich eigentlich
nicht zulässig ist.«

Jay war ein wenig perplex. »Die Briten befürworten eine rasche Auslieferung?«

»Ich würde es nicht direkt als Befürwortung bezeichnen und
ihnen auch nicht unterstellen, dass sie das übliche Verfahren
umgehen wollen, Jay. Allerdings möchte ich Sie warnen: Der
Premierminister hat Berater, die ihm zuflüstern, Großbritannien hätte nicht das Recht, eine Auslieferung auf politischem
Wege hinauszuzögern. Anders ausgedrückt hat Präsident Cavanaugh unseren Außenminister herbeordert, damit er den
Premierminister überzeugt, dass die Briten nicht versuchen
sollten, Einfluss auf ihre Gerichte zu nehmen.«

»Das erstaunt mich aber wirklich«, meinte Jay. »Die Briten
werden doch nicht ernstlich Parallelen zwischen Pinochet und
Präsident Harris ziehen. Schließlich war bei Pinochet weltweit bekannt, dass der Vorwurf der Folter auf Fakten beruhte.
Dagegen sind die Anschuldigungen gegen Präsident Harris
völlig an den Haaren herbeigezogen und entbehren jeglicher
Grundlage.«

»Das ist zwar ein berechtigter Einwand, Herr Anwalt, aber
Sie haben trotzdem ein Problem. Bei Pinochet ging es um
Spanien, also um eine dritte Partei, die ihn in die Finger bekommen wollte. Selbst die Regierung Blair hätte empfohlen,
den General zurück nach Chile zu schaffen, falls jemand den
Chilenen zugetraut hätte, ihm tatsächlich den Prozess zu machen. Dass jedoch Spanien den Antrag stellte, hinterließ bei
allen einen üblen Nachgeschmack. Immerhin verlangten die

Spanier, dass England einen Chilenen nach Spanien brachte, damit ihm dort der Prozess gemacht werden konnte, und zwar wegen des Mordes an Chilenen in Chile. Es war ziemlich weit hergeholt.

Bei John Harris«, fuhr der Botschafter fort, »besteht das Problem darin, dass das Land, dessen Bürger angeblich Opfer der von ihm angeordneten Folter wurden, dasselbe ist, das auch den Haftbefehl unterzeichnet hat und seine Auslieferung fordert. Mit anderen Worten soll er sich in Peru für die Folterung und Ermordung von Peruanern verantworten. Und das ist ein völlig anders gelagerter Fall.«

»Ich sehe eher die Schwierigkeit, Sir, dass ich Zeit brauche, um einem Gericht die Haltlosigkeit dieser Vorwürfe darzulegen. Natürlich wollen die Peruaner ihn vor Gericht stellen, und man wird den Anklagepunkten dort selbstverständlich Glauben schenken, ganz gleich, ob sie es nun verdienen oder nicht.«

»Ich stimme Ihnen zu, dass das ein wirkliches Dilemma ist. Allerdings weiß ich nicht, ob der britische Premierminister die Unterschiede zum Fall Pinochet ausreichend zu würdigen weiß und sie zum Anlass nimmt, uns zu helfen. Ich bin also ziemlich gespannt darauf, was die Briten Ihnen sagen.«

Nach dem Telefonat mit dem Botschafter versuchte Jay es noch einmal in Wallace' Kanzlei, wo man ihm mitteilte, der Anwalt sei immer noch außer Haus. Jay hinterließ eine ärgerliche Nachricht, legte auf und erhob sich, um hin und her zu gehen und ein wenig nachzudenken.

Warum hatte sich niemand die Mühe gemacht, den Anwalt des Präsidenten davon in Kenntnis zu setzen, dass eine ganze Delegation hoher Tiere aus Washington hierher unterwegs war? War das ein Versäumnis der Verwaltung oder etwa Absicht? Einerseits war ihm diese Schützenhilfe von oben zwar willkommen, andererseits jedoch bestand die Gefahr, dass die Kofferträger des amtierenden Präsidenten, der bereits beschlossen hatte, sich von John Harris zu distanzieren, ihm den Fall aus der Hand nehmen würden.

Sollte er Harris anrufen und ihn in eine andere Stadt dirigieren?

Er warf einen Blick auf seinen Schreibblock, wo die verschiedenen Städte, die er in Erwägung gezogen hatte, verzeichnet waren. Eine nach der anderen hatte Jay durchgestrichen, bis nur noch London übrig geblieben war.

Mache ich einen Fehler? Mein Gott, es steht zu viel auf dem Spiel, um sich einen Irrtum zu erlauben!

Wenn der Premierminister beschloss, sich kraft seines Amtes für eine rasche Auslieferung einzusetzen, konnte er die Entscheidung des Richters womöglich beeinflussen – doch in welchem Maße?

Ich muss unbedingt wissen, wie es zurzeit um den Haftbefehl steht, dachte er.

Selbstverständlich konnte er die Ereignisse nicht aufhalten. Doch wenn der Präsident erst einmal verhaftet war, würde Geoffrey Wallace sofort die Rechtmäßigkeit dieser Festnahme, des Haftbefehls und sämtlicher getroffener Entscheidungen überhaupt in Frage stellen.

Beruhige dich! Ein britischer Premierminister würde John Harris niemals in Ketten nach Peru schicken, ohne dass zuvor monatelange Anhörungen und Berufungsverhandlungen stattgefunden hätten.

Davon war er überzeugt – wenn auch nicht voll und ganz.

Als das Telefon läutete, griff Jay nach dem Hörer. Zu seiner Erleichterung war der verschollene Anwalt am Apparat.

»Tut mir schrecklich leid, Mr. Reinhart. Aber es war ziemlich schwierig, das Gewünschte rauszukriegen. Am besten wäre es, wenn Sie sofort herkommen würden.«

»Wohin? Und wovon reden Sie? Seit Stunden versuche ich schon, Sie zu erreichen.«

»Ach, richtig. Ich bin jetzt im Amtsgericht in der Bow Street, das ist in der Nähe von Covent Garden. Ich gebe Ihnen die Adresse. Campbell ist schon da, doch die Sache wird erst in einer halben Stunde verhandelt. Also werden Sie es noch rechtzeitig schaffen.«

»Hat die Anhörung den Zweck, den Haftbefehl von Interpol rechtskräftig zu machen?«

»Genau. Es ist mir ziemlich peinlich, doch ich habe eine Weile gebraucht, um herauszufinden, dass sich nur das Amtsgericht in der Bow Street mit Auslieferungsfällen befasst. Und als ich einen Blick in die Prozessliste warf, hieß es darin fälschlicherweise, die Verhandlung sei noch nicht anberaumt. Doch in Wirklichkeit wurde heute Morgen ein Termin für fünfzehn Uhr dreißig festgesetzt. Vielleicht ein Verwaltungsfehler. Allerdings habe ich eher den Eindruck, dass jemand einem Kumpel einen Gefallen getan hat.« Wallace diktierte Jay die Adresse und fuhr dann fort: »Ihnen ist doch klar, dass wir nur wenig tun können, um diesen ersten Schritt zu stoppen?«

»Ja, das ist mir klar.«

»Ich habe einen Bekannten des betreffenden Amtsrichters angerufen, und der sagte mir, er werde den Haftbefehl höchstwahrscheinlich sofort ausstellen. Über den Antrag auf

Auslieferung wird dann in einer späteren Anhörung verhandelt.«

»Habe ich Rederecht vor Gericht?«

»Da es heute ziemlich informell zugeht, bezweifle ich, dass der Richter Sie gleich in den Tower werfen wird, wenn Sie ein paar Worte anmerken. Allerdings wird alles, was Sie sagen, in diesem Stadium vermutlich keine rechtlichen Auswirkungen haben. Es handelt sich lediglich um eine Formalität, bei der der peruanische Interpol-Haftbefehl in einen britischen umgewandelt wird. Wenn der Richter es zulässt, können Sie Einspruch einlegen, doch nur in sehr begrenztem Rahmen. Sie könnten zum Beispiel anzweifeln, dass der Wisch wirklich aus Peru stammt, oder etwas Ähnliches.«

Jay hängte ein und stürmte, die Aktentasche unter dem Arm, zum Aufzug. Nachdem er ein paar Mal vergeblich auf den Knopf gedrückt hatte, rannte er zur Treppe und eilte die sechs Stockwerke zur Hotelhalle hinunter, wo ihm der Portier ein Taxi rief. Die Fahrt zum Gericht dauerte nur eine knappe Viertelstunde. Geoffrey Wallace erwartete Jay am Straßenrand, als er aus dem Taxi stieg.

»Mr. Reinhart?«

»Ja, wie haben Sie mich erkannt?«, fragte Jay.

»Daran, dass Sie ziemlich erledigt aussehen«, erwiderte Wallace, stellte sich vor und begleitete Jay durch die Sicherheitsschleuse in die kleine, ein wenig schäbige Vorhalle. Der britische Anwalt war etwa sechzig Jahre alt und knapp eins achtzig groß. Jay musterte sein fröhliches Mondgesicht und seinen sandfarbenen Wuschelkopf.

»Ich mache Sie mit unserem Senioranwalt bekannt«, sagte Wallace, als ein Mann mit Brille näher kam. »Nigel White, das ist Jay Reinhart, ein Kollege aus Amerika, der Ihren Mandanten Präsident Harris vertritt.«

Jay und White schüttelten sich die Hand. Plötzlich zeigte Wallace auf die andere Seite der Halle. »Da drüben ist Campbell«, meinte er und deutete mit dem Kopf auf Stuart Campbell, der sich in Begleitung einiger anderer Männer in dunklen Anzügen befand.

»Es ist zwar schon lange her, aber ich erkenne ihn«, sagte Jay.

»Sie kennen den alten Mistkerl?«, fragte Wallace überrascht.

Nigel White befasste sich mit seinen Unterlagen und achtete nicht auf Jay, als dieser nickte. »Wie viel Zeit haben wir, bis der Fall aufgerufen wird?«, fragte er White.

»Etwa zehn Minuten«, erwiderte der Senioranwalt, ohne aufzublicken.

»Bitte warten Sie hier, meine Herren«, meinte Jay, straffte die Schultern und ging auf Campbell zu. Er spürte, wie ihm flau im Magen wurde.

Sir William Stuart Campbell war zwar sein Gegenspieler, aber dennoch eine Koryphäe auf dem Gebiet des internationalen Rechts. Gegen einen solchen Mann zu verlieren, war fast eine Ehre.

Aber eben nur fast.

»Entschuldigen Sie, meine Herren«, sagte Jay ruhig, als er die Gruppe erreicht hatte. Die drei Männer, die mit Campbell sprachen, rückten ein Stück beiseite, als sie bemerkten, dass Jays Blick auf dem hoch gewachsenen Schotten ruhte.

»Ja, bitte?«, meinte Stuart freundlich.

Jay hielt ihm die Hand hin, und Stuart schüttelte sie kräftig.

»Tut mir leid, ich habe Ihren Namen nicht verstanden.«

»Aber, Sir William, erinnern Sie sich nicht an mich?«

Das breite Lächeln, das schon unzählige Geschworene und Zeugen in seinen Bann gezogen hatte, erschien auf Campbells Gesicht und verbarg seine zunehmende Verwirrung. Er ließ Jays Hand los.

»Es tut mir wirklich leid, aber ich fürchte, nein.«

»Nun, dann werde ich Ihrem Gedächtnis auf die Sprünge helfen. Es geht um das Jahr 1979. Sie vertraten British Airways und versuchten, einer neu gegründeten kleinen Fluggesellschaft aus Texas namens Braniff die Landegenehmigung in Gatwick streitig zu machen. Sie haben verloren.«

»Ach, ja. Dieses Urteil hat Mrs. Thatcher sehr erbost. Ich erinnere mich an den Fall, aber …«

»Dann wissen Sie vielleicht auch noch, wer der junge amerikanische Anwalt aus einer Kanzlei in Washington war, der herkam, um dem Prozessbevollmächtigten unter die Arme zu greifen.«

»Ja, aber das können unmöglich Sie sein, junger Mann«, erwiderte Campbell. »Der Bursche ist doch irgendwo in den Vereinigten Staaten Richter geworden und wurde später suspendiert und aus der Anwaltskammer ausgeschlossen.«

»Ich bin es, wie er leibt und lebt, Sir William, obwohl ich niemals ausgeschlossen wurde, sondern wirklich nur suspendiert. Meine Zulassung gilt wieder.«

»Wirklich? Und Ihr Name ist …«

»Reinhart. Jay Reinhart.«

Wieder zog Campbell die Augenbrauen hoch, denn nun erkannte er den Namen. »Aber natürlich. Tja, Mr. Reinhart, was führt Sie an dieses bescheidene Gericht?«

»Sicher erinnern Sie sich noch an unser gestriges Telefonat«, entgegnete Jay ruhig und bemerkte zu seiner Genugtuung die widerstreitenden Gefühle in Campbells für gewöhnlich so reglosen Miene; dieser musterte seinen Gegner prüfend.

Dann lächelte Campbell. »Soll das etwa heißen, Sie sind der Anwalt, der Präsident John Harris vertritt?«

»Das bin ich wirklich. Vielleicht wissen Sie noch, dass John mein Seniorpartner war.«

»Ja, jetzt fällt es mir wieder ein. Arbeiten Sie noch in dieser Kanzlei?«

»Nein, ich habe mich selbstständig gemacht und mir natürlich einen hiesigen Anwalt genommen.« Er wies auf Geoffrey Wallace und Nigel White. Campbell nickte ihnen beiläufig zu.

»Sind Sie überrascht, mich hier zu sehen, Sir William?«

»In meinem Alter kann mich nicht mehr viel überraschen, Mr. Reinhart. Allerdings erstaunt es mich, wie ich sagen muss, tatsächlich ein wenig, dass der Anwalt von John Harris hier seine Zeit verschwendet. Heute wird hier, und das ist Ihnen sicher bekannt, lediglich der Interpol-Haftbefehl als vorläufiger Haftbefehl bestätigt. Die Londoner Polizei ist das ausführende Organ, und über die Gültigkeit des Haftbefehls muss man doch wohl kaum debattieren.«

»Natürlich nicht. Und dennoch bin ich hier, um genau diese Debatte in die Wege zu leiten.«

Stuart Campbell bedachte Jay mit einem herablassenden Blick und neigte den Kopf zur Seite, als hätte er noch nie etwas so Dummes gehört.

»Ich glaube, ich sollte Ihnen einen kleinen Tipp geben, alter Junge, damit Sie sich nicht blamieren. Wissen Sie, es handelt sich hier um ein Amtsgericht, also nicht um den richtigen Gerichtsstand für Einsprüche, trotz des Theaters, das man hier in der Sache Pinochet veranstaltet hat. Schade, dass Mr. Wallace Ihnen das nicht erklärt hat, doch als amerikanischer Anwalt sind Sie überhaupt nicht dazu berechtigt, vor Gericht das Wort für Ihren Mandanten zu ergreifen. Sie möchten sich doch gewiss nicht von einem kleinen städtischen Amtsrichter eine Verwarnung einhandeln.«

»Das wäre nicht meine erste, Sir William. Was spielt es also für eine Rolle, dass der Richter eine Perücke trägt und auf einer untergeordneten Ebene Recht spricht?«

Campbell richtete sich auf.

»Wirklich? Tja, ich rate Ihnen, unserem hoch geehrten Amtsrichter die Geringschätzung, die Sie seinem kleinen Gericht entgegenbringen, lieber zu verschweigen. Und in Amtsgerichten trägt man hier zu Lande übrigens keine Perücke. Aber wie dem auch sei, Mr. Reinhart, es wird gewiss amüsant. Ich freue mich schon auf unser Duell im Gerichtssaal.«

»Also bis dann«, erwiderte Jay. Er musste sich ein Grinsen verkneifen, als er sich umdrehte, um zu Geoffrey Wallace hinüberzugehen.

29

An Bord von EuroAir 1010,
Marineflieger-Stützpunkt Sigonella, Sizilien,
Dienstag, 16:50

Craig Dayton sah auf die Uhr und seufzte entnervt auf. Sie standen mit laufenden Triebwerken am Ende der Startbahn und warteten.

»Ich glaube, wir stecken in der Klemme, Alastair«, sagte er und blickte zum Tower hinüber. »Jemand hält absichtlich unsere Startfreigabe zurück.«

Der Kopilot zog eine Augenbraue hoch und bedachte seinen Kollegen mit einem wissenden Blick. »Und wie ich betonen darf, oh Kapitän, mein Kapitän, sind wir darüber höchst erstaunt.«

Craig grinste ihn an. »Wahrscheinlich war es zu optimistisch von mir zu hoffen, dass es schon klappen wird. Frag noch mal nach.«

»Dein Wunsch ist mir Befehl, Gebieter, und mag es auch vergeblich sein«, erwiderte Alastair und funkte zum dritten Mal den Fluglotsen an.

»Äh, verstanden, EuroAir«, antwortete der junge amerikanische Fluglotse. »Die Flugsicherung in Rom sagt, sie seien noch beim Koordinieren. Bitte warten Sie.«

»EuroAir Vier-Zwei … äh … Zehn-Zehn, danke«, entgegnete

Alastair, dem gerade eingefallen war, dass sich ihr Rufzeichen geändert hatte: EuroAir 1010. Er sah zu Craig hinüber, der gerade den Rufknopf für die Stewardess drückte.

Dreißig Sekunden später erschien Jillian in der Cockpittür. Craig bat sie, Sherry Lincoln zu holen.

»Sie wollten mich sprechen?«

»Unsere Startfreigabe verzögert sich, Sherry. Ich glaube, ich sollte Hauptmann Swanson anrufen.«

Sie überlegte kurz und schüttelte den Kopf. »Wenn das so ist, liegt die Verantwortung in Rom. Einen Moment bitte, ich bin gleich zurück. Falls Sie die Startgenehmigung in der Zwischenzeit kriegen, starten Sie.«

Sherry kehrte zu John Harris zurück, um ihm die Lage zu schildern. Dann schlug sie den Namen und die Telefonnummer nach, die sie von Hauptmann Swanson erhalten hatte. Eine Männerstimme meldete sich.

»Ja?«

»Ich bin Sherry Lincoln, Assistentin von Präsident John Harris. Ich möchte gerne Außenminister Anselmo sprechen, falls das möglich ist.«

»Bitte warten Sie, Signorina«, erwiderte die Stimme gleichmütig.

Am anderen Ende der Leitung herrschte Schweigen. Kein Knacken deutete darauf hin, dass sie weiterverbunden wurde.

»Sie wollten mit Minister Anselmo sprechen?«, meinte der Mann so plötzlich, dass Sherry zusammenzuckte.

»Ja. Ist er im Haus?«

»Offenbar schon, denn ich bin es selbst, Ms. Lincoln. Ich bin Giuseppe Anselmo.«

Sie entschuldigte sich und erläuterte ihm ihren Verdacht. »Ich muss Sie fragen, Sir, ob die italienische Regierung beabsichtigt, unseren Start zu verzögern.«

»Da muss ich mich zuerst selbst kundig machen«, erwiderte Anselmo zögernd. »Wo kann ich Sie erreichen?«

Sie gab ihm ihre Nummer, bedankte sich und beendete das Gespräch.

»Und?«, fragte John Harris.

»Merkwürdig«, antwortete Sherry. »Er klang überrascht, was heißt, dass anscheinend jemand über seinen Kopf hinweg entscheidet.«

U.S. Air Force, Flugbereitschaft, 990 Kilometer von London

Sechs Männer und eine Frau hatten sich in der bequemen Sitzgruppe an Bord der Air-Force-Boeing 757 versammelt, die zur in Andrews stationierten Flugbereitschaft des Präsidenten gehörte. Alle Blicke ruhten auf dem amerikanischen Außenminister Joseph Byer, der gerade ein Gespräch am Satellitentelefon beendete.

»Also, Leute«, verkündete Byer. »Die Anhörung in London beginnt gerade. Es ist eine reine Formsache, deren Ergebnis ein britischer Haftbefehl sein wird. Dann werden sie einfach abwarten, bis Harris aus seinem Charterflugzeug steigt.«

»Die Maschine steht noch auf dem Flugplatz von Sigonella, Sir«, meldete einer der Männer. »Aber wir rechnen jede Minute mit einem Start nach London.«

Der Außenminister nickte. »Darauf können Sie sich verlassen. Ich habe keine Ahnung, was die Verzögerung zu bedeuten hat, aber solange sie noch flugtüchtig sind, wird Rom einen Start nicht verhindern.«

»Haben Sie mit dem Büro von Minister Anselmo gesprochen?«, fragte der stellvertretende Justizminister Alex McLaughlin.

»Sogar mit Giuseppe Anselmo persönlich. Die Italiener sind hocherfreut.« Er sah die Anwesenden an. »Okay, unsere erste Aufgabe besteht darin, dafür zu sorgen, dass uns dieser abgetakelte kleine Richter aus Texas nicht weiter im Weg herumsteht. Mit einer solchen gescheiterten Existenz als Anwalt ist Harris nicht gedient.«

»Hat er etwa schon Mist gebaut?«, erkundigte sich McLaughlin erstaunt. »Er wirkt zwar ein wenig halbseiden, aber ich habe mit ihm telefoniert und seine Vorgeschichte recherchiert. Offenbar war er Fachmann für internationales Recht, bevor er mit dem Standesrecht in Konflikt geraten ist, und er scheint recht aufgeweckt zu sein. Er hat jahrelang mit John Harris zusammengearbeitet.«

Der Außenminister starrte McLaughlin entgeistert an. »Tatsächlich?«

»Ja. Übrigens wurde ihm zum Verhängnis, dass er sich bis über beide Ohren in eine Angeklagte verliebt hat, die, wie ich hinzufügen möchte, später seine Frau wurde.«

»Tja, jedenfalls ist Ihr hormongebeuteltes juristisches Genie vor ein paar Stunden in der Downing Street Nummer 10 reingeschneit und hat der britischen Regierung gewissermaßen das Messer an die Kehle gesetzt. Er wollte wissen, wie die Engländer zu der Sache stehen.«

»Und wie es scheint, sind Sie mit dieser Vorgehensweise nicht einverstanden«, merkte McLaughlin an.

»Sie belieben zu scherzen«, erwiderte der Außenminister lächelnd.

»Ich bin Anwalt, Herr Minister, kein Diplomat. Und anscheinend haben Mr. Reinhart und ich eine Gemeinsamkeit, nämlich das Bedürfnis, die kürzeste Entfernung zwischen zwei Punkten zu finden. Damit will ich ihn natürlich nicht in Schutz nehmen.«

»Natürlich nicht.« Der Außenminister verdrehte die Augen und sah wieder die übrigen Anwesenden an. »Meinetwegen nehmen Sie ihn in Schutz, aber schaffen Sie ihn mir aus dem Weg. Verstanden? Schicken Sie ihn auf eine Reise, führen Sie ihn zum Essen aus, besorgen Sie ihm ein Mädchen, setzen Sie ihn unter Alkohol … ganz egal. Hauptsache ist, dass ich mich nicht mit ihm herumschlagen muss. Amateure haben hier nichts zu suchen.«

Alle nickten wortlos.

»Gut«, sagte Byer. »Der Herrgott im Oval Office hat uns auf eine Mission geschickt. Das Ziel ist, die Sache hinauszuzögern, bis die Peruaner aufgeben oder an Altersschwäche sterben. Keine Auslieferung, keine Freilassung, nur ein langwieriges, ödes Verfahren, das sich ewig hinschleppt und dafür sorgen wird, dass die Angelegenheit irgendwann in der Versenkung verschwindet.«

»Und was ist, wenn der Premierminister und der britische Außenminister nicht mitmachen?«, erkundigte sich McLaughlin.

Der Außenminister blickte ihn an. »Sie sind heute Abend aber ganz besonders witzig.«

»Ich habe mir nur überlegt, Herr Minister, was wir unternehmen wollen, falls die britische Justiz unserem Ex-Präsidenten

Handschellen anlegt und ihn mit dem Segen des Premierministers in ein peruanisches Flugzeug setzt.«

»Das wird nicht passieren.«

»Sind Sie sicher? Was ist mit der Unabhängigkeit der Gerichte? Die Briten verstehen etwas davon, schließlich haben sie das Prinzip erfunden.«

»Es wird nicht passieren, Alex. Zuerst einmal haben Sie selbst mir den Ablauf eines Auslieferungsverfahrens eingehend erklärt. Es braucht seine Zeit. Und ich weiß, dass der Premierminister viel zu großes Interesse an einer diplomatischen und militärischen Zusammenarbeit mit den Vereinigten Staaten hat, als dass er uns in dieser Sache einen Strich durch die Rechnung machen wollte. Die Auslieferung bereitet mir keine Sorgen – ganz im Gegensatz zu diesem Mr. Reinhart.«

Büro des Außenministers, Rom

Nachdem Giuseppe Anselmo den Hörer aufgelegt hatte, drehte er sich zu seiner Sekretärin um.

»Verbinden Sie mich mit dem Leiter der Flugsicherung in Rom«, blaffte er sie auf Italienisch an. »Aber schnell, wenn ich bitten darf!«

»Er ist auf Leitung drei, Sir«, meldete die Sekretärin kurz darauf und nannte ihm Namen und Titel des Mannes. Anselmo drückte mit dem fleischigen Zeigefinger auf den Knopf und kam zur Sache, ohne sich mit Höflichkeitsfloskeln aufzuhalten.

»Warum verzögern Sie die Startfreigabe für den EuroAir-Flug in Sigonella?«

306

»Äh … ich dachte, Minister Anselmo, dass das von uns erwartet würde. Deshalb wurde die Startfreigabe … zurückgehalten«, stammelte der Mann.

»Wer genau hat das gedacht?«, hakte Anselmo nach.

»Ich … äh … Herr Minister, einer Ihrer Mitarbeiter sagte mir, Ihr Büro wünsche, dass wir die Maschine nicht starten lassen.«

»Ein Mitarbeiter? Wer war das?«

»Rufolo Rossini, Ihr Stellvertreter. Er hat mich zwar nicht ausdrücklich dazu aufgefordert, aber ich schloss aus seinen Worten, dass die Anweisung von Ihnen kam; außerdem erschien es mir sinnvoll.«

»Sie haben also Ihre eigenen Schlussfolgerungen gezogen! Ist die Flugsicherung inzwischen für innen- und außenpolitische Entscheidungen zuständig?«

»Nein, Herr Minister, ich –«

»Lassen Sie die Maschine sofort starten, damit sie so schnell wie möglich aus dem italienischen Luftraum verschwindet. Rossini war nicht befugt, Ihnen diese Anweisung zu erteilen.«

»Aber, Herr Minister, Italien wollte doch einen Passagier dieses Flugzeugs verhaften!«

»Da Sie offenbar so darauf erpicht sind, Innenpolitik zu betreiben, erkläre ich Ihnen, was der Ministerpräsident und ich wollen. Wir möchten diese Maschine der EuroAir und den ehemaligen amerikanischen Präsidenten umgehend loswerden. Ein weltweiter Medienrummel, der sich damit beschäftigt, ob wir den Fall Harris richtig behandeln, hat Italien gerade noch gefehlt. Wenn wir ihn ausliefern, verlieren wir. Wenn wir ihn vor Gericht stellen, verlieren wir ebenfalls. Verlässt er hingegen aus freien Stücken das Land, um sich dem Haftbefehl zu entziehen, erleiden wir zumindest keinen diplomatischen Schaden. Wohin will er denn?«

»London.«

»Ausgezeichnet. Sollen sich die Engländer mit ihm herumärgern. Lassen Sie ihn sofort starten!«

»Es tut mir sehr leid, Herr Minister. Wenn Sie gestatten, erteile ich jetzt die Startfreigabe.«

»Beeilen Sie sich! Und sparen Sie sich in Zukunft solche Eigenmächtigkeiten.«

Nachdem der Mann aufgelegt hatte, knallte Anselmo den Hörer so heftig hin, dass seine Sekretärin zusammenzuckte.

»Suchen Sie Rossini und schicken Sie ihn sofort zu mir! Ich muss herausfinden, wen er sonst noch hinter meinem Rücken bearbeitet hat.«

Amtsgericht Bow Street, London

Nigel White hatte Geoffrey Wallace und Jay Reinhart erläutert, dass es vermutlich zwecklos war, den Haftbefehl von Interpol vor einem Amtsgericht anfechten zu wollen.

»Wir können nur zuhören und ein bisschen vor uns hin schimpfen – außer Sie hätten Beweise dafür, dass der Haftbefehl auf Unwahrheiten beruht«, erklärte White.

Sir William Stuart Campbell begründete den peruanischen Haftbefehl wie erwartet. Dann jedoch erhob sich Nigel White zur allgemeinen Überraschung.

»Wenn Sie gestatten, Herr Richter«, sagte er und musterte den Amtsrichter, der ihn über den Rand seiner Lesebrille hinweg ansah.

»Mr. White? Was haben Sie mir zu dieser Angelegenheit zu sagen?«

Campbell drehte sich erstaunt um.

»Im Namen von Mr. John Harris, dem ehemaligen Präsidenten der Vereinigten Staaten von Amerika, möchte ich das Gericht bitten, wichtige Beweise dafür zur Kenntnis zu nehmen, dass der vorgelegte Haftbefehl zwar tatsächlich in Peru ausgestellt wurde, jedoch sowohl unter britischem als auch unter peruanischem Recht auf Falschbehauptungen beruht.«

Stirnrunzelnd beugte sich der Amtsrichter vor. »Mr. White, nach Auffassung dieses Gerichts ist das hier nicht die richtige Instanz, um die Rechtmäßigkeit der Anschuldigungen anzuzweifeln. Ich möchte hinzufügen, dass Sie selbst die Herkunft des Haftbefehls bestätigt haben, und das ist alles, was mich im Augenblick interessiert.«

»Welche bessere Gelegenheit könnte es geben, Sir? Oder sollen wir etwa abwarten, bis das ehemalige Oberhaupt der mächtigsten Nation der Welt unrechtmäßigerweise verhaftet wird, um anschließend herauszufinden, dass der Haftbefehl auf nichts weiter als auf Lügen basiert? Mr. Harris wird eines Verbrechens beschuldigt, das er unmöglich begangen haben kann, und das verstößt gegen rechtsstaatliche Grundsätze.«

»Mag sein, Mr. White. Allerdings geht es hier um die Anwendung der Gesetze Großbritanniens, welche Verhaftungen und Ausweisungen regeln, und zwar in der vorgeschriebenen Reihenfolge. Nehmen Sie bitte wieder Platz.«

»Nein, das werde ich nicht, Sir. Ich bitte Sie inständig, Mr. Harris' amerikanischem Anwalt, Mr. Jayson Reinhart, zu erlauben, sich zu dieser Sache zu äußern.«

Der Amtsrichter schüttelte verärgert den Kopf und wies mit

dem Hammer auf Stuart Campbell, der mit leicht verblüffter Miene hinter seinem Tisch stand.

»Mr. White, da es Ihnen kaum gelingen wird, Sir William Campbell von der Notwendigkeit dieser nutzlosen Debatte zu überzeugen, die meine Entscheidung ohnehin nicht beeinflussen wird, fordere ich Sie auf, sich zu setzen, Sir!«

Stuart Campbell wandte sich an den Richter. »Wenn Sie gestatten, Sir.«

»Sir William? Gewiss sind Sie ebenfalls der Ansicht, dass eine derartige Diskussion für Ihren Mandanten nicht akzeptabel ist.«

»Ganz im Gegenteil. Die peruanische Regierung möchte keine Zweifel an ihrer Seriosität aufkommen lassen, wenn es um die vollständige Offenlegung der Beweise geht. Obwohl es gesetzlich gesehen nicht relevant ist, bin ich gerne bereit, Mr. Reinhart aus Amerika anzuhören, sofern das Gericht damit einverstanden ist.«

Der Amtsrichter war wie vom Donner gerührt. »Nun denn. Wie bin ich bloß auf den Gedanken gekommen, dass die Herren sich an die langweiligen, vom Gesetz vorgeschriebenen Verfahrensregeln halten würden? In Ordnung, Sir William, ich erteile Mr. Reinhart für fünf Minuten das Wort. Und keine Sekunde länger, Mr. Reinhart.«

Jay erhob sich. Er war verunsichert und fühlte sich ziemlich überrumpelt. »Ja, Euer Ehren ... äh, ich meine, Eure Lordschaft –«

»Ich werde nicht mit ›Eure Lordschaft‹ angeredet, Mr. Reinhart. Sie brauchen sich über die Gepflogenheiten an unseren Gerichten nicht den Kopf zu zerbrechen«, unterbrach ihn der Amtsrichter. »Schließlich gehören Sie nicht der britischen

Anwaltskammer an und müssen sich folglich nicht an unsere Vorschriften halten. Obwohl alles, was Sie sagen, juristisch gesehen ohnehin kein Gewicht haben wird, gibt Ihnen das Gericht, als Geste der Höflichkeit Ihrem Mandanten und auch Ihnen gegenüber, fünf Minuten Redezeit.«

»Danke, Sir«, erwiderte Jay.

Der Richter lehnte sich zurück und stützte das Kinn in die Hand.

»Wenn Sie gestatten«, begann Jay, »möchte ich mich für die Gelegenheit bedanken, mich zu dieser Sache äußern zu können. Außerdem möchte ich vorausschicken, dass ich über einige Erfahrung auf dem Gebiet des internationalen Rechts verfüge und mit den Einzelheiten des Abkommens zur Ächtung der Folter vertraut bin, auf dem der Haftbefehl von Interpol beruht. Wir berufen uns nicht darauf, dass Präsident Harris Amtsimmunität genießt, denn dieser Grundsatz gilt nicht bei Verbrechen wie denen, die ihm vorgeworfen werden, was im Fall Pinochet bereits hinreichend klargestellt worden ist. Allerdings sollte dieses Gericht in Erwägung ziehen, dass die diesem Haftbefehl zu Grunde liegenden Anschuldigungen erlogen sind und durch keine hinreichenden Verdachtsmomente gestützt werden, um nach dem Prinzip der gegenseitigen Anerkennung von Gesetzen durch Nationalstaaten einen britischen Haftbefehl zu rechtfertigen. Peru gibt an, Präsident Harris habe den Überfall von paramilitärischen Elementen auf ein mutmaßliches illegales Drogenlabor in Peru persönlich angeordnet, dessen Ergebnis die Folterung und Ermordung von vierundachtzig Männern, Frauen und Kindern war. Es handelt sich um eine unsägliche Gräueltat, das steht fest. Doch Peru hat es versäumt, diesem Gericht irgendwie geartete Beweise vorzulegen, Präsident Harris könnte davon gewusst haben, dass die gedungenen Söldner, die den Auftrag ausführten, zu Folter und Mord greifen würden. Präsident Harris hat der CIA eine Generalvollmacht erteilt und besagte Behörde damit beauftragt, das fragliche Drogenlabor ausfindig zu machen und die Produktionsanlagen zu zerstören. Absolut nichts weist darauf hin, Präsident Harris könnte darüber im Bilde gewesen sein, dass der zuständige CIA-Mann in Peru eine Killerbande anheuern und den Männern den Befehl zum Mord erteilen würde. Sir, aufgrund des Mangels an Beweisen, auf die der Haftbefehl sich stützen könnte, und gemäß der Zivil- und Strafprozessordnung Großbritanniens liegt die Beweislast bei Peru. Die Peruaner müssen glaubhaft machen, dass Präsident Harris das Verbrechen möglicherweise begangen hat, doch dieser Verpflichtung sind sie nicht nachgekommen. Und wegen der nicht erfüllten Beweispflicht sollte dieses Gericht den Antrag auf Haftbefehl ablehnen.«

»Sind Sie fertig, Mr. Reinhart?«, fragte der Amtsrichter.

»Ja, Sir«, erwiderte Jay. Er hatte nicht den Eindruck, etwas erreicht zu haben.

»Ich danke Ihnen.« Der Amtsrichter straffte die Schultern. »Wenn die Herren damit einverstanden sind, werde ich nun meine Entscheidung verkünden und mich dann wieder den Alltagsgeschäften dieses Gerichtes widmen.«

Stuart Campbell hatte sich während Jays Ansprache gesetzt. Nun erhob er sich erneut.

»Sir?«

Der Amtsrichter war völlig verblüfft. »Sir William? Was gibt es denn jetzt noch, Sir?«

»Ich hätte gern die Gelegenheit, für das Protokoll etwas darauf zu erwidern. Schließlich hat der gute Mr. Reinhart die Beweisgrundlage dieses Haftbefehls in Frage gestellt.«

»Muss das sein, Sir William?«

»Ja, Sir, es ist wirklich nötig.«

»Auch Sie möchte ich darauf hinweisen, dass meine Entscheidung feststeht. Sie brauchen nicht auf Mr. Reinharts Äußerungen zu antworten. Was er gesagt hat, ist für den Fall in diesem Stadium irrelevant. Muss ich Sie darauf hinweisen, dass es hier nur um den Haftbefehl, nicht um die Auslieferung geht?«

»Ich verstehe, Sir. Allerdings handelt es sich hier um eine sehr schwer wiegende Sache, die einen internationalen Präzedenzfall schaffen könnte. Die Augen der Welt werden auf uns ruhen. Deshalb ist es nur recht und billig, auch die Gegenrede ins Protokoll aufzunehmen.«

»Ach, meinetwegen. Reden Sie.« Der Richter lehnte sich aufseufzend zurück.

»Ich danke Ihnen.«

Campbell warf einen Blick auf Jay und griff nach einem dicken Papierstapel. »Ich werde eine Kopie dieses Schriftstücks dem Gericht und eine Mr. Reinhart aushändigen. Lassen Sie mich kurz zusammenfassen. Mr. Reinhart erklärt, es bestehe kein Zusammenhang zwischen Präsident Harris' Generalvollmacht an die CIA und der Folterung und Ermordung der Bewohner eines Hauses in einem ländlichen Gebiet. Das Gebäude diente zwar tatsächlich als Drogenlabor, aber auch als Zuhause für die Ehefrauen und Kinder einiger Arbeiter. Die unter Folter durchgeführten Verhöre zogen sich über zwei Tage hin. Einige Männer und Frauen, ja sogar Kinder, wurden geköpft. Viele Frauen und Mädchen wurden vergewaltigt und gequält. Zu guter Letzt sperrte man alle, die noch lebten, in das Gebäude und zündete es an. Nur ein junges Mädchen entkam den Flammen und konnte von der Tragödie berichten. Sie war damals fünfzehn. Die Männer hatten sie vergewaltigt und verstümmelt und dann liegen gelassen, weil sie sie für tot hielten.«

Nigel White sprang auf. »Sir, ich erhebe Einspruch gegen diese schamlose Wiedergabe von Schreckensgeschichten an Stelle von juristischen Argumenten.«

»Stattgegeben!«, rief der Amtsrichter empört. »Sir William, unterlassen Sie das!«

»Ja, Sir. Ich möchte auf Folgendes hinaus. Die peruanische Regierung ist auf Beweise dafür gestoßen, dass Präsident Harris am 19. November besagten Jahres, also vierzehn Tage vor dem Überfall, von einem Spezialisten für verdeckte Operationen namens Barry Reynolds im Oval Office aufgesucht wurde. Reynolds teilte dem Präsidenten mit, eine Gruppe ehemaliger Mitglieder des ›Leuchtenden Pfads‹ habe sich für eine Million Dollar bereit erklärt, den Überfall durchzuführen und das Drogenlabor zu zerstören. Dreißig Minuten später verließ Mr. Reynolds das Oval Office, und zwar mit der mündlichen Genehmigung des amerikanischen Präsidenten, den Überfall in Auftrag zu geben und ihn aus geheimen Konten der CIA zu finanzieren. Während dieser Besprechung wies Mr. Reynolds den Präsidenten ausdrücklich darauf hin, dass sich nur Berufsverbrecher für eine derartige Aktion hergeben würden. Deshalb bestehe das große Risiko, dass es zu brutalen Übergriffen und Blutvergießen kommen würde. Außerdem könnten die Männer ihre Anweisungen missachten und die Bewohner des Hauses foltern, bevor sie sie töteten. Obwohl Präsident Harris also Bescheid wusste und obwohl Mr. Reynolds ihm dringend davon abriet, ordnete er den Überfall an, und zwar in der Überzeugung, dass ein Stopp der umfangreichen Lieferungen von Kokain und Heroin aus dieser Region wichtiger sei als das Leben der Beteiligten. Natürlich rechnete Präsident Harris sicher nicht damit, dass sich Frauen und Kinder im Haus befinden würden. Doch er nahm in Kauf, dass der von ihm angeordnete Überfall Menschenleben kosten würde. Wir verfügen über Kopien des Terminkalenders des Präsidenten, der an besagtem Tag eine Lücke von dreißig Minuten aufweist. Mr. Reynolds wird darin zwar nicht erwähnt, doch peruanische Ermittlungen haben zu unumstößlichen Beweisen dahin gehend geführt, dass dieses Treffen tatsächlich stattgefunden hat, und haben außerdem in Erfahrung gebracht, was bei diesem Termin besprochen wurde. Besagte Beweise bilden das unerschütterliche Fundament dieses Haftbefehls.«

Als Nigel White sich wieder erheben wollte, legte Jay ihm die Hand auf die Schulter und stand selbst auf.

»Herr Richter, darf ich eine Frage stellen?«

»Ich wüsste nicht, was dagegensprüche, Mr. Reinhart«, erwiderte der Amtsrichter spöttisch. »Schließlich sind wir ohnehin gerade dabei, eine neue Prozessordnung zu erfinden. Nur zu, fragen Sie.«

»Sir William, wie sehen diese so genannten unerschütterlichen Beweise aus?«, erkundigte sich Jay.

Mit einer herablassenden, selbstbewussten Miene, die Jay kalte Schauder über den Rücken jagte, drehte sich Stuart Campbell um und musterte ihn eine Weile schweigend.

»Ich fürchte, es sind Informationen aus erster Hand, Mr. Reinhart. Die Ereignisse haben Mr. Reynolds schwer erschüttert. Seine Vorgesetzten hatten ihn, einen langjährigen und angesehenen Mitarbeiter der CIA, angewiesen, Präsident Harris diesen verabscheuungswürdigen Vorschlag zu unterbreiten. Er tat es nur widerwillig, jedoch in dem Glauben, ein Präsident der Vereinigten Staaten werde den Einsatz von Verbrechern und die Risiken einer derartigen Operation niemals billigen. Nach dem Überfall litt Mr. Reynolds Gewissensqualen und fühlte sich persönlich verantwortlich. Die Unterlagen werden Ihnen zeigen, dass er seine Stelle bei der CIA kündigte und sich anschließend mit dem peruanischen Präsidenten persönlich in Verbindung setzte. Er erklärte ihm seine eigene Rolle und stellte ihm Beweise dafür zur Verfügung, dass der Überfall im Oval Office angeordnet worden war.«

Jay holte tief Luft und setzte eine bemüht gleichmütige Miene auf. »Das ist doch alles nur vom Hörensagen, Sir William. Sie können doch einen solchen Haftbefehl nicht auf die haltlosen Anschuldigungen eines einzigen Mannes stützen, insbesondere auch deshalb, weil wir gar nicht wissen, wie glaubwürdig dieser Reynolds ist.«

»Es tut mir leid, Mr. Reinhart, aber Sie hatten offenbar nicht genug Zeit zu recherchieren. Wie Mr. Reynolds klar war, würde man zu vertuschen versuchen, dass der Präsident selbst den Befehl gegeben hatte. Offiziell würde es heißen, die Unterredung habe nie stattgefunden. Außerdem wusste er, dass er selbst in eine recht heikle Lage geraten könnte, falls es Probleme geben sollte. Also unternahm er einen ungewöhnlichen, wenn nicht gar illegalen und gefährlichen Schritt, um das Gespräch zu dokumentieren. Für den Fall, dass man ihm später vorwerfen sollte, er habe auf eigene Faust gehandelt, nahm er sein Treffen mit dem Präsidenten mit Hilfe eines hochmodernen Geräts heimlich auf Video auf. Mit anderen Worten, Sir, verfügen wir durchaus über den Beweis und werden ihn in der Hauptverhandlung vorlegen.«

In völliger Verwirrung nahm Jay Platz. Wenn es ein solches Videoband – auch wenn es vor einem amerikanischen Gericht nicht zugelassen würde – tatsächlich gab, hatte sich die ganze Situation geändert.

Allerdings war der John Harris, den er kannte, nicht fähig, eine solche Gräueltat anzuordnen. Selbst eine Videoaufnahme konnte falsch gedeutet werden.

»Wenn Sie gestatten, meine Herren«, sagte der Richter, »würde ich jetzt gerne meines bescheidenen Amtes walten und meine Entscheidung bekannt geben, die noch genauso feststeht wie zuvor. Ich befinde, dass der Haftbefehl von Interpol allen nötigen Anforderungen genügt, um ihn nach dem Grundsatz der gegenseitigen Anerkennung von Gesetzen durch Nationalstaaten für gültig zu erklären. Deshalb werde ich eine vorläufige Anordnung zur Verhaftung von John B. Harris, früher bekannt als Präsident der Vereinigten Staaten, unterzeichnen. Ihm wird vorgeworfen, gegen verschiedene, noch näher auszuführende Punkte des internationalen Abkommens zur Ächtung der Folter verstoßen zu haben. Die Verhaftung soll bei der ersten Gelegenheit erfolgen, sobald Mr. Harris auf dem Gebiet des Vereinigten Königreichs angetroffen wird. Das Gericht zieht sich für zehn Minuten zurück, in denen ich mir überlegen werde, welcher Teufel mich geritten hat, diesen Posten zu übernehmen.«

Als der Richter aufstand, erhoben sich die Anwesenden ebenfalls und warteten, bis er in seinem Zimmer verschwunden war. Dann drehte sich Stuart Campbell um und legte eine Kopie des Schriftsatzes vor Jay auf den Tisch.

»Ich brauche eine Kopie des Videos«, sagte Jay so gefasst wie möglich.

»Tja, das wird natürlich eine Weile dauern, sofern wir überhaupt bereit sind, es zurzeit schon herauszugeben. Ich werde Sie von meiner Entscheidung in Kenntnis setzen.«

»Ich brauche das Band aber heute.«

Stuart Campbell wandte sich an einen der Anwaltskollegen, die ihn begleiteten. »Wären wir überhaupt in der Lage, das Band heute noch herbeizuschaffen, James, sofern wir das überhaupt wollen?«

»Vielleicht«, erwiderte der Mann.

»Falls ich beschließe, Ihnen das Band zu überlassen – und da möchte ich Ihnen nichts versprechen –, werde ich mein Bestes tun, damit Sie es so bald wie möglich erhalten, Mr. Reinhart«, meinte Stuart zu Jay.

»Ihnen ist doch klar, dass es als Beweisstück vermutlich nicht zugelassen wird?«

»Ein hübscher Einwand«, entgegnete Campbell. »Allerdings hängt das einzig und allein davon ab, wo man Harris vor Gericht stellen wird.«

»Freuen Sie sich nicht zu früh«, sagte Jay.

»Aber nein«, erwiderte Campbell mit einem ernsten Kopfschütteln.

Dann seufzte er auf. »Sie müssen verstehen, Mr. Reinhart, dass ich Ihren Mandanten bewundere. Doch selbst Helden müssen sich dem Gesetz beugen. Der erste Schritt in diese

Richtung wurde vor neunhundert Jahren mit der Magna Char-
ta unternommen, und ich beabsichtige nicht, das Rad der
Geschichte zurückzudrehen, nicht einmal Ihrem Präsidenten
zuliebe.«

30

»Sigonella Tower, Zehn-Zehn bittet um sofortige Startfreigabe.«

»Verstanden, Zehn-Zehn«, erwiderte der junge Navy-Flug-
lotse im Tower. »Sie haben sofortige Startfreigabe … äh,
einen Moment, Sir.«

Alastair sah in Richtung Tower. »Wiederholen Sie das.«

Craig, der die Maschine bereits hatte anrollen lassen, bremste
sie kurz vor der weißen Begrenzungslinie ab, die die Rollbahn
von der Startbahn trennte.

»Was ist los?«, fragte er.

»Ich weiß nicht …«, erwiderte Alastair und folgte Craigs
Blick nach rechts. Auf der Startbahn waren in einiger Entfernung Lichter zu sehen, die sich bewegten.

»Autos?«, meinte Alastair.

Craig nickte. »Sieht so aus.«

Die Stimme des Fluglotsen klang überrascht. »Zehn-Zehn, es
befinden sich unbefugte Fahrzeuge auf der Startbahn. Bleiben
Sie auf Position.«

»Was soll das heißen, Tower? Was für Fahrzeuge?«, erkundigte sich Craig.

»Das wissen wir nicht genau, Zehn-Zehn. Sie sind anscheinend durch das rückwärtige Tor hereingekommen. Bitte warten Sie.«

Die Scheinwerfer näherten sich rasch. Es waren insgesamt fünf Wagen, die in einer Kolonne hintereinander herfuhren. Inzwischen erkannten die beiden Piloten die roten und blauen Blinklichter auf jedem Wagendach.

»Ach du Scheiße, um mich mal derb auszudrücken«, meinte Alastair.

»Ach du Scheiße«, wiederholte Craig und warf seinem Kopiloten einen Blick zu. »Er soll uns eine Blankofreigabe erteilen.«

Alastair nickte und drückte gleichzeitig auf den Funkknopf. »Wir übernehmen die Verantwortung, Tower, aber geben Sie uns die Genehmigung, dann zu starten, wenn es gefahrlos möglich ist.«

Nach kurzem Schweigen erwiderte der Fluglotse: »Verstanden, Zehn-Zehn, Sie haben die Erlaubnis, auf eigene Gefahr zu starten, wenn der Pilot es für richtig hält. Achten Sie auf Personen und Gerätschaften auf der Startbahn.«

»Ruf Hauptmann Swanson an!«, befahl Craig seinem Kopiloten. »Hast du die Nummer?«

»Ja.«

Alastair zog mit einer Hand einen Zettel aus der Tasche, während er mit der anderen nach dem Satellitentelefon griff. Er wählte die Nummer und beobachtete, wie die Polizeifahrzeuge nacheinander in Abständen von einigen hundert Metern auf der Startbahn stehen blieben, offenbar in der Absicht, jeden Startversuch in ein Selbstmordkommando zu verwandeln.

»Hauptmann Swanson? Hier spricht Alastair Chadwick. Wir haben hier draußen ein Problem.« Rasch schilderte er die Lage und wandte sich dann an Craig.

»Er sagt, er habe es auch gerade erst erfahren. Es sind die Carabinieri. Sie sind einfach hier eingedrungen und haben dabei ein rückwärtiges Tor niedergewalzt.«

Er griff wieder zum Telefon. »Ja, Sir?« Er lauschte und nickte immer wieder. »Ich verstehe. Wir warten.«

»Was ist?«, fragte Craig.

»Er ruft jetzt in Rom an, um rauszukriegen, was hier gespielt wird. Seine Befehle haben sich nicht geändert.«

Das Auto, das der 737 am nächsten stand, setzte sich wieder in Bewegung und hielt auf sie zu. Immer schneller raste es zum Anfang der Startbahn, wo es stehen blieb und mit seinen Scheinwerfern ins Cockpit leuchtete.

Craig bemerkte, dass sich die Tür des Polizeiwagens öffnete. Einige Männer, jeder von ihnen mit einer Automatikwaffe in der Hand, stiegen aus.

Büro des Außenministers, Rom

Der stellvertretende Außenminister Rufolo Rossini hatte gerade nach Hause gehen wollen, als er zu seinem Chef zitiert wurde. In dessen Büro angekommen, wurde er von einer Tirade von Beschimpfungen empfangen.

»Er hat mich missverstanden, Giuseppe!«

In diesem Moment spähte Giuseppe Anselmos Sekretärin um die Ecke.

»Sir, ich glaube, Sie sollten mit Hauptmann Swanson in Sigonella sprechen.«

Anselmo wollte sie schon wegen der Störung zurechtweisen, überlegte es sich aber anders.

»Warum?«

»Die Carabinieri haben seinen Stützpunkt gestürmt.«

»Die ... was?!«

Anselmo griff nach dem Telefon und bedeutete Rossini, Platz zu nehmen. »Ist das auch Ihr Werk?«

Rossini war kreidebleich und bekam kaum ein Wort heraus.

»Ich ... äh ... ich weiß nicht, wie ...«

Anselmo riss den Hörer hoch und hörte sich Swansons Beschwerde an.

»Ich möchte, dass Sie am Apparat bleiben, Hauptmann. Die Carabinieri handeln nicht auf meinen Befehl. Gerade habe ich die Flugsicherung angewiesen, der Boeing eine Startfreigabe zu erteilen.«

Er legte den Hörer weg und rief seiner Sekretärin zu, sie solle ihn mit dem für die Umgebung des geleasten Stützpunktes zuständigen Kommandanten der Carabinieri verbinden. Dann drehte er sich zu Rossini um.

»Was genau haben Sie denen erzählt?«

»Meinen Sie die –«

»Sie wissen genau, wen ich meine! Warum stürmen sie einen amerikanischen Stützpunkt?«

»Ich sagte doch nur, dass wir ... ihre Hilfe zu schätzen wüssten und dass wir immer noch einen Weg suchen würden, Mr. Harris und sein Flugzeug festzuhalten.«

»Großartig! Und das zu einem sizilianischen Kommandanten?«

»Ja.«

»Zu einem sizilianischen Kommandanten, der gestern das Gesicht verloren hat, als er angewiesen wurde, den Stützpunkt zu verlassen. Sind Sie noch bei Sinnen?«

Als das Telefon läutete, grapschte Anselmo nach dem Hörer.

»Spreche ich mit dem Kommandanten? Gut. Hier ist der Außenminister. Und jetzt spitzen Sie mal die Ohren!«

An Bord von EuroAir 1010,
Marineflieger-Stützpunkt Sigonella, Sizilien

Vier bewaffnete Uniformierte hatten sich vor der Maschine aufgebaut. Einer von ihnen fuhr sich mit der Hand über die Kehle und deutete auf die Tragflächen.

»Er will, dass wir die Triebwerke abschalten«, sagte Alastair.

»Den Teufel werd ich tun«, entgegnete Craig.

»Klar. Er hat ja nur eine Uzi.«

»Soll er doch damit rumfuchteln. Ich schalte nicht ab.«

In der Hoffnung, Hauptmann Swansons Stimme zu hören, drückte sich Alastair das Satellitentelefon ans Ohr.

»Alastair, überprüf das Pistendiagramm. Rollbahn Bravo, die nächste unten. Wie lang ist dort die Startbahn?«

»Es reicht«, erwiderte Alastair.

Craig zog die Bugradsteuerung nach rechts und betätigte die Leistungshebel, sodass die vier Männer die Flucht ergriffen. Die 737 drehte sich scharf nach rechts und wieder zurück, als Craig erneut das Bugrad drehte und es nach links stellte, als wollte er zur Rampe zurückkehren. Craig spähte hinter sich, um zu sehen, wie die Gegner reagierten.

»Offenbar schießen sie nicht«, stellte Alastair trocken fest.

»Nein, sie stehen nur da und gucken dumm aus der Wäsche.«

»Craig, auf der Startbahn stehen immer noch drei Fahrzeuge.«

»Ach, im Ernst?«

Craig beschleunigte auf dreißig Knoten, bremste und bog scharf nach links in die zweite Startbahn ab. Die blitzenden Blaulichter der drei Polizeiautos waren immer noch zu sehen. Dann schob er bei weiterhin gedrückten Bremsen die Leistungshebel vor und brachte die Triebwerke auf volle Leistung. Die 737 ruckte, als wolle sie jeden Moment vorwärts schießen.

»Lass die Landescheinwerfer drei Mal aufleuchten und teil dem Tower mit, dass wir uns auf den Weg machen.«

Während Alastair gehorchte, löste Craig die Bremsen und spürte, wie das Flugzeug einen Satz nach vorne machte.

Das erste Polizeiauto stand mitten auf dem Asphalt, aber die Türen blieben geschlossen.

»Sie sind immer noch da«, stellte Alastair fest. »Dreißig Knoten.«

»Die gehen schon aus dem Weg.«

»Fünfzig, sechzig ... noch dreihundert Meter.«

»Ich weiß.«

Plötzlich setzte sich das Fahrzeug in Bewegung und raste zur rechten Seite der Startbahn. Im nächsten Augenblick rollte die Boeing über die Stelle hinweg, wo der Wagen gerade noch gestanden hatte.

»Achtzig Knoten, Craig. Es sind noch zwei Autos übrig.«

»Roger.«

Wegen des Luftwiderstands nahm die Beschleunigung der

Maschine ein wenig ab. Die Scheinwerfer des nächsten Autos, das etwa fünfhundert Meter vor ihnen reglos auf der Startbahn verharrte, rührten sich immer noch nicht von der Stelle, obwohl sich die Boeing unaufhaltsam näherte.

»Aus dem Weg, verdammt!«, zischte Alastair. In diesem Moment wich das Polizeifahrzeug scharf nach links aus.

»Das letzte verschwindet ebenfalls!«, jubelte Alastair.

Craig zog das Steuerhorn zurück und erhöhte den Anstellwinkel der Tragflächen, bis der Auftrieb größer war als das Gewicht der gewaltigen Maschine, die vom Boden abhob und nach Westen flog.

»Steigrate positiv, Fahrwerk hoch«, befahl Craig.

»Wird gemacht. Tolle Arbeit, alter Junge! Woher wusstest du denn, dass sie abhauen würden?«

»Wir sind hier in Italien. Wenn sich einer dieser Typen das Auto platt fahren lässt, muss er den Schaden aus eigener Tasche ersetzen.«

Amtsgericht Bow Street,
London

Wie benommen verließ Jay Reinhart den Gerichtssaal, und es kostete ihn Mühe, seinen Zustand zu verbergen. Ein dumpfer Schmerz im Magen wies ihn darauf hin, dass er seit Stunden schon nichts mehr gegessen und getrunken hatte. Doch er achtete nicht darauf und griff zum Mobiltelefon.

Sherry Lincoln hob sofort ab.

»Wir sind gerade in Sigonella gestartet«, meldete sie.

»Ich dachte, Sie wären schon im Landeanflug auf Heathrow«,

erwiderte Jay und bat Nigel White und Geoffrey Wallace mit einer Geste um Geduld.

»Nein«, entgegnete sie. »Man hat mir gesagt, dass wir in etwa einer Stunde und fünfundvierzig Minuten ankommen. Und wie sieht es bei Ihnen aus?«

Er schilderte ihr das Ergebnis der Anhörung, erwähnte jedoch nicht Stuart Campbells bestürzende Eröffnung, dass ein den Präsidenten belastendes Videoband existierte.

»Also wurde ein britischer Haftbefehl ausgestellt?«, fragte Sherry.

»Ja. Wahrscheinlich wird man Sie nach der Landung am Flughafen erwarten.«

»Jetzt geht es also los.«

Jay seufzte. »Ich weiß nicht, was wir sonst für eine Alternative hätten, Sherry, aber … ich glaube, ich sollte mit dem Präsidenten sprechen.«

»Moment. Er sitzt hier neben mir.«

Als John Harris am Apparat war, erläuterte Jay ihm rasch die Situation.

»Sir, ich muss Sie etwas fragen.«

»Schießen Sie los, Jay.«

»Sagt Ihnen der Name Barry Reynolds etwas?«

Jay glaubte zu hören, dass der Präsident verächtlich schnaubte. »Natürlich. Reynolds war bei der CIA für verdeckte Operationen zuständig. Er hat das Massaker in Peru eingefädelt, das die Wurzel unseres Problems ist. Warum? Ist sein Name heute im Gerichtssaal gefallen?«

Diese Leitung ist nicht abhörsicher, hielt Jay sich vor Augen. *Jemand könnte das Gespräch belauschen.*

»Ja, John. Stuart Campbell behauptet, er besitze ein heimlich aufgezeichnetes Videoband, das zeigt, wie Sie sich im Oval Office dreißig Minuten lang mit Reynolds unterhalten. Im Moment habe ich meine Notizen nicht zur Hand, doch das Treffen fand angeblich etwa zwei Wochen vor dem Überfall statt.«

»Ein was?«

»Eine Videoaufnahme. Er könnte eine kleine Kamera am Körper gehabt haben.«

»Im Oval Office?« John Harris brüllte fast ins Telefon.

»Ja.«

»Oh, mein Gott, Jay!«

»Hören Sie, John«, fiel Jay ihm rasch ins Wort, »ich glaube, wir verschieben das besser, bis wir uns persönlich sehen können. Ich weiß nicht, wie sicher diese Telefone sind.«

»Das ist ein Bluff, Jay. So viel kann ich Ihnen jetzt schon sagen.«

»Also hat es dieses Treffen nie gegeben?«

»Ich … wir klären das nach der Landung. Sie haben recht, diesen Telefonen nicht zu trauen. Sherry meinte, es dauert keine zwei Stunden mehr. Richtig, Sherry? Sie nickt.«

»Okay, Mr. President. Ich erwarte Sie. Und die Gegenseite wird ebenfalls da sein.«

»Verdammt!«, zischte Harris, und Jay vermutete zunächst, dass das seine Reaktion auf die bevorstehende Verhaftung war.

Doch der Präsident hatte damit die Unterstellungen im Zusammenhang mit Reynolds gemeint. »Ich hätte nicht gedacht, dass Campbell so tief gesunken ist«, sagte er und verbesserte sich sofort: »Streichen Sie das. Eigentlich traue ich es ihm durchaus zu. Und wahrscheinlich sollte ich Ihnen erklären, warum.« John Harris' Tonfall war angespannt, und man konnte sein schweres Atmen sogar durchs Telefon hören.

»Bis jetzt hatte ich keine Zeit dazu«, fügte Harris hinzu.

»Wie bitte?« Konzentriert starrte Jay zu Boden.

»Stuart und ich haben eine gemeinsame Vergangenheit, Jay, von der nicht einmal Sie etwas wissen.«

»Eine Vergangenheit?«

»Ich habe ihm einmal ordentlich einen Strich durch die Rechnung gemacht. Das war lange, bevor Sie in die Kanzlei eingetreten sind.«

»Ich verstehe.«

»Vermutlich will er sich jetzt dafür rächen.«

»Wenn er wirklich nur Vergeltung für einen verlorenen Prozess will, schießt er mit Kanonen auf Spatzen«, erwiderte Jay.

»Es ging nicht um einen Prozess«, entgegnete der Präsident. »Ich gebe Ihnen mein Wort, Jay, dass sich die Sache nicht so verhält, wie es den Anschein hat. Ziehen Sie keine voreiligen Schlüsse.«

»Ist dieser Reynolds vielleicht ein Doppelagent?«

»Nein.«

»Campbell sagte, Reynolds sei ein langjähriger und bewährter Mitarbeiter in Langley gewesen.«

»Das stimmt, Jay, und deshalb habe ich den Fehler begangen, ihm zu vertrauen.«

Jay erklärte, Präsident Cavanaugh habe den Außenminister mit einer Delegation nach London losgeschickt.

»Gut, damit habe ich mehr oder weniger gerechnet«, antwortete Harris.

»Aber ich mache mir Sorgen, John. Vielleicht planen sie, die Sache zu übernehmen. Dagegen hätte ich nichts einzuwenden, wenn ich sicher sein könnte, dass sie wirklich in Ihrem Interesse handeln würden.«

»Doch das bezweifeln Sie, und zwar zu Recht.«

»Ja.«

»Keine Angst, Jay. Sie sind mein Anwalt, und es liegt allein bei Ihnen, ob Sie ihre Hilfe annehmen.«

»Ja, aber ist das richtig? Schließlich könnte ein einziger Fehler dazu führen, dass man Sie in Handschellen nach Lima verfrachtet«, wandte Jay ein, der sich wieder einmal des gewaltigen Risikos bewusst wurde. »Ich bin mir, was die Absichten der britischen Regierung angeht, überhaupt nicht sicher. Das Büro des Premierministers hat sich noch nicht wieder bei mir gemeldet.«

»Mr. Reinhart?«, hörte er da plötzlich eine Stimme. Als er aufblickte, sah er einen Mann vor sich stehen.

Jay legte die Hand über die Sprechmuschel. »Einen Moment bitte.«

»Okay«, entgegnete der Mann mit deutlich amerikanischem Akzent.

»John? Ich glaube, ich muss jetzt Schluss machen«, sagte Jay ins Telefon. »Ich fahre erst mal ins Hotel … Nein, warten Sie … ich denke, es ist besser, wenn ich gleich nach Heathrow fahre. Wissen Sie, wo Sie dort landen werden?«

»Beim Terminal 4. Metro Business Aviation, glaube ich«, antwortete Harris und diktierte die Angaben, die er von Craig Dayton erhalten hatte. Jay schrieb alles auf, beendete das Telefonat und wandte sich dann dem Mann zu, der ihn angesprochen hatte.

»Entschuldigen Sie«, sagte er.

»Kein Problem, Mr. Reinhart. Der Außenminister ist eingetroffen und würde gerne in seinem Hotel mit Ihnen sprechen. Ein Wagen wartet.«

»Bitte gedulden Sie sich einen Augenblick«, antwortete Jay. Er winkte Nigel White und Geoffrey Wallace heran, um sich bei ihnen zu bedanken und sich für den Abend mit ihnen zu verabreden.

»Ihnen ist doch klar«, verkündete Geoffrey, »dass Campbell vermutlich erfolgreich versuchen wird, die Hauptverhandlung für den morgigen Tag anzusetzen, falls man Harris heute noch verhaftet. Das setzt natürlich voraus, dass der Innenminister die nötigen Anweisungen unterzeichnet und dass Peru einen formellen Antrag eingereicht hat.«

»Würde das wieder hier stattfinden?«

»Ja. Hauptverhandlungen werden nur in der Bow Street durchgeführt.«

»Und wenn wir einfach einen Haftverschonungsantrag einreichen, beim ... äh ...«

»Bei der Berufungskammer. Ja, aber die Gegenseite könnte die Sache auch beschleunigen.«

»Ist Ihnen je eine Anfechtung eines Auslieferungsantrags untergekommen, die sich nicht monatelang hingezogen hätte?«

Geoffrey schüttelte den Kopf. »Aber vergessen Sie nicht, Jay, dass alles von der Regierung abhängt. Wenn sie die Angelegenheit schnell vom Tisch haben will und wenn die Berufungskammer sich weigert, die Sache zur Überprüfung ans Oberhaus weiterzureichen, könnte es sehr schnell gehen.«

»Es gibt doch noch die Möglichkeit einer Revision.«

»Darauf sollten Sie sich lieber nicht einlassen. Hören Sie, vermutlich haben wir ein paar Monate Zeit. Ich wollte nur Ihre

Frage von vorhin beantworten. Könnte man die Sache beschleunigen? Ja, man könnte.«

»Dieses Verfahren scheint mehr Risiken zu beinhalten, als ich gedacht habe«, sagte Jay leise.

»Stimmt«, entgegnete Nigel. »Insbesondere dann, wenn die Regierung Ihrer Majestät beschließt, Druck zu machen. Allerdings ist Ihr Mann überhaupt nicht mit Pinochet zu vergleichen, weshalb es unwahrscheinlich ist, dass –«

»Aber sicher sind Sie nicht?«

»Mir sind ein paar unangenehme Dinge zu Ohren gekommen. Der Premierminister soll außer sich gewesen sein, dass Pinochet in Großbritannien mit Samthandschuhen angefasst wurde.«

»Halten Sie es also für besser, wenn ich Harris nicht nach Großbritannien hole?«

Wallace schüttelte den Kopf. »Das habe ich nicht gesagt. Ich muss Sie nur warnen, dass es kein Kinderspiel wird, diesen Haftbefehl für nichtig erklären zu lassen, selbst wenn die zu Grunde liegenden Anschuldigungen erstunken und erlogen sind.«

»Ich halte meinen Terminkalender morgen für Sie frei«, fügte Nigel hinzu.

Jay blickte zur Tür, wo die Männer auf ihn warteten.

Dann sah er Nigel und Geoffrey an. »Okay, ich rufe Sie heute Abend an, wenn ich vom Büro des Premierministers gehört habe.«

Die fünfzehnminütige Fahrt zum Hotel des Außenministers legten sie schweigend zurück. Offenbar handelte es sich bei den anderen Männern im Auto nur um Befehlsempfänger,

332

schloss Jay, nachdem er versucht hatte, ihnen ein paar grundlegende Informationen zu entlocken.

Der Fahrer hielt an einem Seiteneingang, wo ein Mitarbeiter
des Hotelsicherheitsdienstes Jay empfing und ihn eine Treppe
hinauf zu einem Lastenaufzug begleitete. Er brachte ihn zu
der Suite im fünfzehnten Stock; die Delegation erwartete ihn
bereits.

Jay stellte sich dem Außenminister und dem stellvertretenden
Justizminister vor, mit dem er sich bereits von Laramie aus
am Telefon gestritten hatte. Dann setzte er sich zu den anderen an den protzigen Konferenztisch.

Ein Assistent des Außenministers führte mit ein paar kurzen
Sätzen in das Thema ein:

Die britische Regierung wolle die Amerikaner nicht verär-
gern; von inoffiziellen Kontaktaufnahmen durch Nicht-Di-
plomaten mit dem Büro des Premierministers sei dringendst
abzuraten; man träfe gerade Vorbereitungen, um John Harris
in einer eleganten Privatresidenz unterzubringen, wo er seinen Hausarrest absitzen sollte.

»Herr Minister«, erwiderte Jay. »Der stellvertretende Premierminister Sheffield hat mir versprochen, mich zurückzu-
rufen, und ich würde diesen Anruf gerne entgegennehmen.«

Außenminister Joseph Byer nickte und hob die Hand. »Mr.
Reinhart ... oder darf ich Sie Jay nennen?«

»Aber natürlich«, entgegnete Jay.

»Also, Jay, wir haben den stellvertretenden Premierminister
Sheffield bereits davon in Kenntnis gesetzt, dass wir nun für
den diplomatischen Informationsaustausch zuständig sind.
Also würde ich mir an Ihrer Stelle keine Sorgen machen,
wenn Sie nichts von ihm hören. Aus diesem Grund wollte ich

mich auch persönlich mit Ihnen treffen und Sie an Mr. Mc-
Laughlin übergeben –«

»Ich möchte das mir zugesagte Telefonat selbst führen, Herr
Minister.«

Byer lächelte. »Das weiß ich, Jay. Jedem guten Anwalt wäre
daran gelegen, die Zügel in der Hand zu behalten. Allerdings
hat der amtierende Präsident der Vereinigten Staaten mich
nicht als unbeteiligten Zuschauer hierher geschickt. Er weiß
ebenso gut wie Präsident Harris, wie wichtig es ist, dass unsere beiden Regierungen über diplomatische Kanäle miteinander kommunizieren. Ihre Einmischung würde in diesem
Zusammenhang nur Verwirrung stiften.«

»Und das heißt?«

»Tja, Jay, das heißt, dass Sheffield Ihnen diplomatisch ver-
schlüsselt das eine erzählen wird und mir etwas völlig anderes. Als engster Verbündeter der Briten werde ich von ihm die
ganze Wahrheit erfahren. Das ist staatsmännisches Handeln,
Jay. Mir ist klar, dass Sie ein erfahrener Fachmann für internationales Recht sind, doch hier haben wir es mit einem Ter-
rain zu tun, in dem Sie sich eindeutig nicht auskennen.«

»Was also schlagen Sie vor, Herr Minister? Während wir mit-
einander sprechen, ist Präsident Harris auf dem Weg hierher.
In etwa einer Stunde wird ihn die Polizei zweifellos mit einem
Haftbefehl in Heathrow empfangen.«

»Damit rechnen wir.«

Allmählich hatte Jay genug von der gönnerhaften Behandlung, doch er zwang sich zur Ruhe. *Auch wenn dieser Kerl ein
aufgeblasener Fatzke ist, brauche ich seine Hilfe.*

»Okay, aber was ist dann mit morgen? Gewiss wird Stuart
Campbell versuchen, eine so genannte Hauptverhandlung

anberaumen zu lassen, und auf einer beschleunigten Auslieferung bestehen. Ich werde da sein, um diesen Antrag anzufechten und sofort Berufung einzulegen, falls gegen uns entschieden werden sollte. Aber dazu muss ich dringend den Standpunkt des Premierministers kennen. Haben Sie etwas Eindeutiges von ihm erfahren?«

Byer wechselte Blicke mit seinen Mitarbeitern, als müsse er sich eine spöttische Bemerkung verkneifen. Dann sah er Jay an. »Wir kennen die Haltung dieser Regierung bereits, Jay. Sie wird ein Lippenbekenntnis dahin gehend ablegen, dass internationale Gesetze und Verfahrensregeln unbedingt befolgt werden müssen, und abwarten, bis die Gerichte Präsident Harris' Auslieferung anordnen. Dann wird sie das Gericht ganz inoffiziell wissen lassen, dass Präsident Harris aller Wahrscheinlichkeit nach Berufung dagegen einlegen wird. Für die Berufungsverhandlung wird ein Termin in ferner Zukunft festgesetzt. Anschließend werden sich die Briten so verhalten wie auch im Fall Pinochet: Verschiebungen, Verschiebungen, Verschiebungen. Währenddessen werden alle möglichen hoch gebildeten Gutachten verfasst. Man nimmt sich hinter den Kulissen des diplomatischen Problems an und veröffentlicht gleichzeitig Brandreden über Gesetzestreue und das Einhalten von Abkommen. Mit anderen Worten haben wir es mit dem Beginn eines jahrelangen Prozesses zu tun, der irgendwann einmal damit enden wird, dass Präsident Harris in die Vereinigten Staaten zurückkehren kann. Also besteht kein Grund, sich über Gebühr aufzuregen.«

»Hat Ihnen der englische Premierminister sein Wort gegeben, dass es wirklich so geschehen wird?«

»Tja, wissen Sie, in der Diplomatie –«

»Nein, verdammt!«, fiel Jay ihm ins Wort. »Als Präsident Harris' Anwalt habe ich Ihnen eine direkte Frage von großer juristischer Tragweite gestellt. Mit allem Respekt, Herr Minister, aber haben Sie die persönliche Zusage des englischen Premierministers, dass das soeben von Ihnen geschilderte Szenario tatsächlich eintreten wird?«

Entnervt lehnte sich Byer zurück. »So funktioniert das nicht, Jay.«

»Dann haben wir ein großes Problem.«

»Nicht, wie ich es sehe.«

»Zuerst einmal, Herr Minister, werde ich mich, staatsmännisches Denken hin oder her, nicht von Ihnen ausbooten lassen. Selbstverständlich habe ich den größten Respekt vor Ihrer Position und weiß Ihre Unterstützung zu schätzen, doch jetzt muss ich John Harris dabei helfen, eine wichtige Entscheidung zu treffen – und zwar die, ob er in Großbritannien landen oder in ein anderes Land fliegen soll.«

»Das wäre albern –«, begann Byer.

»Was wäre albern? In ein anderes Land zu fliegen oder hier zu landen?«

»In ein anderes Land zu fliegen, außer in die Vereinigten Staaten natürlich, und dafür genügt die Reichweite dieser Maschine nicht. Hier findet Harris die günstigsten Bedingungen vor, Jay. Und außerdem möchte ich betonen, dass niemand versucht, Sie auszubooten. Wir verfügen einfach über die besseren Mittel, um Ihnen unter die Arme zu greifen, und Sie sollten auf unseren Rat hören. Wie Alex McLaughlin Ihnen bereits erklärt hat, können wir Harris nicht vor Gericht verteidigen. Aber wir haben die Möglichkeit, hinter den Kulissen tätig zu werden.«

»Ich kümmere mich mit Ihrer Hilfe darum. Und Sie werden weder mich noch den Präsidenten übergehen.«

»Da habe ich mich wohl nicht richtig ausgedrückt, Jay«, erwiderte Byer versöhnlich. »Selbstverständlich sind Sie der Anwalt des Präsidenten. Daran besteht kein Zweifel.«

»Dennoch haben Sie beschlossen, dass der Präsident nach England kommen soll, ohne sich mit ihm oder mit mir abzusprechen.«

»Tja, Jay, anscheinend haben Sie diese Entscheidung schon vor unserer Ankunft gefällt. Wir empfehlen Ihnen nur, dabei zu bleiben.«

Jay stand auf. »Entschuldigen Sie mich einen Moment, meine Herren.« Er ging in eine Ecke des Raums, kramte den Zettel mit der Nummer des Satellitentelefons im Cockpit von EuroAir 1010 aus der Tasche und gab sie in sein Mobiltelefon ein.

Es dauerte eine Weile, den Präsidenten ins Cockpit zu holen. Jay spürte, wie ihm vom Konferenztisch unverhohlene Verachtung entgegenschlug.

Als Harris sich meldete, schilderte Jay ihm rasch die Lage.

»Gut, Jay«, erwiderte der Präsident. »Geben Sie bitte Joe Byer das Telefon. Danach möchte ich noch einmal mit Ihnen sprechen.«

»Ja, Sir.« Jay kehrte zum Tisch zurück, erklärte das Anliegen des Präsidenten und reichte dem Außenminister den Apparat. Dieser hielt das Gerät ans Ohr, schaffte es aber nicht, auch nur einen Satz zu beenden.

»Hallo, Mr. Pres … ja, ich … wir sind … Präsident Cavanaugh ist sehr besorgt wegen … ja. Das ist mir klar. Ja, Sir. Ich bin mir dessen bewusst.« Byer lief puterrot an. »Mr. President, Sie sprechen mit dem Außenminister der ... Ja, Sir. Ich verstehe. Ja.«

Byer warf einem seiner Assistenten einen ärgerlichen Blick zu und starrte dann wieder auf die Tischplatte.

»Ja, Sir. Das werde ich.« Er gab Jay das Telefon zurück.

»Jay, sind Sie es?«, fragte Präsident Harris.

»Ja, Sir.«

»Und es kann niemand mithören?«

»Nein, Sir.«

»Gut. Ich habe Byer gerade ordentlich die Leviten gelesen und ihm ein bisschen die Hölle heiß gemacht. Er kocht vor Wut, und es ist ihm schrecklich peinlich. Also behandeln Sie ihn wie überhitztes Nitroglyzerin und provozieren Sie ihn bloß nicht. Ich habe ihm mitgeteilt, dass Sie mein Anwalt sind und in allem, was meine Verteidigung betrifft, das letzte Wort haben. Außerdem hat er Anweisung, Mr. Sheffield zu bitten, Sie sofort anzurufen.«

»Sehr gut, Mr. President.«

»Wir landen in vierzig Minuten, Jay. Am besten machen Sie sich jetzt auf den Weg zum Flughafen.«

Jay klappte das Telefon zu und kehrte zum Tisch zurück.

»Herr Minister, vor mir liegt nun eine schwierige Aufgabe. Ich möchte mich bei Ihnen allen für die Unterstützung bedanken. Aber jetzt werde ich in Heathrow gebraucht, und ich muss außerdem –«

»Mit Sheffield telefonieren, ich weiß!«, fiel Byer ihm ins Wort. Mit gespielt schicksalsergebener Miene erhob er sich. »Geben Sie mir fünf Minuten, um ihn zu erreichen, Jay. Ich fahre mit Ihnen im Wagen.«

Jay zögerte und sah ihm in die Augen, doch seinem Blick war

nichts zu entnehmen. Bei dem Gedanken, dass ein gerissener und arroganter Mann wie Byer allein mit dem stellvertretenden Premierminister sprechen würde, war ihm gar nicht wohl. Doch er wollte es nicht auf die Spitze treiben.

Und auch Sheffield durfte er nicht unnötig herausfordern.

Ganz gleich, was er weiß, dachte Jay, *wenn er glaubt, dass er den Briten Vorschriften machen kann, ist er schief gewickelt.*

31

London,
Dienstag, 17:35

Anthony Sheffield rief an, als der Wagen gerade vor dem Hotel abfuhr.

»Entschuldigen Sie, dass ich mich erst so spät melde, Mr. Reinhart. Man hat mir zu verstehen gegeben, dass die Delegation aus Washington in Ihrem Namen spricht.«

»Nein, Sir. Wir arbeiten zwar zusammen, aber der Anwalt des Präsidenten bin immer noch ich.«

»Gut. Ich habe die Angelegenheit ausführlich mit dem Premierminister erörtert, und ich muss Ihnen mitteilen, dass unsere Verpflichtungen gemäß dem Abkommen zur Ächtung der Folter unserer Ansicht nach eindeutig und unverrückbar feststehen. Der Premierminister vertritt die Auffassung, dass unser Verhalten im Fall Pinochet eine schwere Verletzung oben genannter Verpflichtungen dargestellt hat, da wir zu den Themen Amtsimmunität und Auslieferung nicht eindeutig Position bezogen haben.«

Jay atmete erleichtert auf. »Soll das heißen, sein Amtsvorgänger hätte den Auslieferungsantrag schärfer zurückweisen und den Standpunkt vertreten sollen, Pinochets Immunität als ehemaliges Staatsoberhaupt schütze ihn vor einer Strafverfolgung in England?«

»Um Himmels willen, nein. Ganz im Gegenteil: Die Regierung hätte stärker auf unsere Gerichte einwirken sollen, um sie davon zu überzeugen, Pinochet umgehend nach Spanien auszuliefern. Der Auslieferungsantrag und der Haftbefehl waren gültig. Wenn sich ein ehemaliger Präsident hinter Amtsimmunität verstecken könnte, würde das gesamte Abkommen ad absurdum geführt, denn wer sonst als ein Staatschef könnte staatliche Folter anordnen? Falls wir derartigen Unsinn zulassen, können wir das Abkommen gleich einstampfen. Schließlich würden sich Verbrecher wie Milosevic oder Saddam Hussein dann ebenfalls auf Amtsimmunität berufen, und das wäre doch wirklich unerträglich!«

Jay beugte sich vor, sein Gesicht rötete sich.

»Einen Moment, Mr. Sheffield. Ist Ihnen klar, dass wir gar nicht beabsichtigen, mit Immunität zu argumentieren?«

»Schon, aber irgendwann würden Sie es doch tun, Mr. Reinhart.«

»Ich weiß nicht. Harris befindet sich ja noch nicht einmal im Land. Unser Widerspruch gründet sich in der Hauptsache darauf, dass Präsident Harris mit den ihm im Haftbefehl vorgeworfenen Verbrechen nichts zu tun hat.«

»Das herauszufinden, ist der eigentliche Sinn und Zweck eines Prozesses. Und zu klären, ob die Beweise ausreichen, fällt in den Aufgabenbereich eines zuständigen Gerichts. Übrigens bin ich auch Anwalt, Mr. Reinhart.«

Jay bemerkte, dass Joe Byer sich wegen Jays bestürzter Miene ebenfalls neugierig vorgebeugt hatte.

»Mr. Sheffield, ich flehe Sie an zu bedenken, dass es in Lima keine Verhandlung vor einem zuständigen Gericht geben wird. Lediglich einen Schauprozess unter der Regie eines blutrünstigen Diktators namens Miraflores, der fest dazu entschlossen ist, John Harris an den Galgen zu bringen.«

»Mr. Reinhart«, erwiderte Sheffield mit einem herablassenden Lachen. »Bitte! Sie sprechen von einem souveränen Land, welches das Abkommen übrigens noch vor den Vereinigten Staaten ratifiziert hat. Peru ist kein Schurkenstaat. Außerdem halten wir Ihre Einwände für nichtig, denn der Premierminister hat im Namen der peruanischen Regierung von Mr. Miraflores persönlich die Zusage erhalten, dass man sich beim Prozess gegen Mr. Harris streng an Recht und Gesetz halten wird. Internationale Beobachter werden während der Verhandlung zugelassen. Deshalb sind Ihre Befürchtungen völlig unbegründet.«

»Der Premierminister hat mit Miraflores gesprochen?«

»Ja, natürlich. So gehen Regierungen für gewöhnlich vor.«

Jay bedankte sich rasch, beendete das Gespräch und erklärte dem Außenminister rasch, was Sheffield gesagt hatte.

»Ich bin ein wenig schockiert, Jay, aber so etwas passiert nun einmal, wenn man Leute wie Sheffield und seinen Chef unter Druck setzt.«

»Sie glauben doch nicht etwa, dass er es ernst meint?«, gab Jay angespannt zurück. Gleichzeitig dachte er daran, dass die 737 jeden Moment eintreffen würde. Die Zeit wurde knapp.

»Selbstverständlich meint er es nicht so«, stimmte Byer zu.

»Warum hat er dann Verbindung zu den Peruanern aufgenommen? Oder wollen Sie behaupten, dass solche Anrufe zum Alltagsgeschäft gehören?«

»Es … ist wirklich ein wenig ungewöhnlich. Und wir wissen, dass man Miraflores nicht über den Weg trauen kann.«

Jay schloss die Augen und konzentrierte sich auf die Schlüsselfrage: Sollte Harris in England landen oder nicht?

»Bitte halten Sie an«, sagte er plötzlich.

Der Fahrer drehte sich um. »Wie bitte, Sir?«

»Bitte halten Sie an, ich muss für einen Moment aussteigen.«

Der Wagen stoppte am Straßenrand; Jay zog am Türgriff.

»Bitte warten Sie. Ich brauche fünf Minuten.«

Jay stellte sich hinter das Auto und wählte eine Telefonnummer.

»EuroAir Zehn-Zehn«, meldete sich eine Stimme mit britischem Akzent.

»Hier ist Jay Reinhart. Wo sind Sie jetzt?«

»Über dem Ärmelkanal, Mr. Reinhart.«

»Wie weit ist es noch?«

»Wir haben gerade die französische Küste hinter uns gelassen.«

»Ich muss mit dem Präsidenten sprechen. Anschließend mit dem Kapitän.«

»Präsident Harris ist noch bei uns im Cockpit. Moment bitte.«

»Ja, Jay?«, meldete sich Harris.

»Ich habe nur ein paar Sekunden, um Ihnen alles zu erklären, John, aber Sie können nicht in England landen.«

»Was? Ich dachte –«

»Die Situation hat sich geändert. Vertrauen Sie mir. Die Information kommt direkt aus dem Büro des Premierministers. Dort ist man der Ansicht, man hätte eine Vereinbarung mit Miraflores getroffen, dass Sie fair behandelt würden. Und man ist entschlossen, das Auslieferungsverfahren zu beschleunigen.«

»Aber das würden die Gerichte doch nie zulassen!«

»Dieses Risiko darf ich nicht eingehen, John. Ich habe mich mit der Verfahrensordnung befasst und Lücken entdeckt, die die Peruaner ausnützen könnten.«

»Wo können wir sonst noch hin?«

»Ich habe da so eine Idee, aber zuerst müssen Sie raus aus dem englischen Luftraum.«

Im Cockpit der 737 wurde kurz aufgelacht. »Jay, wir können doch nicht einfach in der Luft bleiben.«

»Ich weiß. Hören Sie, John, geben Sie mir grünes Licht, und dann rede ich mit dem Kapitän.«

Er hörte John Harris aufseufzen.

»Eigentlich«, sagte der Präsident, »habe ich die Sache allmählich satt. Am liebsten würde ich es hinter mich bringen, Jay.«

»John! Sir! Wir dürfen nicht riskieren, dass man Sie tatsächlich nach Lima verfrachtet. Ich weiß, was Ihnen dort blüht. Auf dem Herflug habe ich ein paar Erkundigungen über Miraflores eingezogen. Er will Sie an den Galgen bringen, John. Die Briten sind verrückt, ihm zu vertrauen. Und … und …«

»Und weil Campbell den Namen Barry Reynolds aufs Tapet gebracht hat, sind Sie plötzlich nicht mehr so sicher, ob Sie mich überhaupt rauspauken können, stimmt's?«

Die Worte trafen Jay wie ein Schlag ins Gesicht. John Harris hatte den Grund für Jays Angst zielsicher erkannt und den Nagel auf den Kopf getroffen. Es gab keine Zeit für eine diplomatische Antwort.

Jay ertappte sich dabei, dass er nickte, als ihm einfiel, dass Harris ihn ja nicht sehen konnte.

»Stimmt.«

Am anderen Ende der Leitung herrschte Schweigen. Die Zeit verstrich unerbittlich, und hinter Jay im Wagen wartete kein Geringerer als der Außenminister der Vereinigten Staaten. Jay war erschöpft, hungrig und durcheinander, und das Dilemma, in dem er steckte, erschien ihm allmählich, als wäre es einer Passage aus Dantes *Inferno* nachempfunden.

»Ich gebe das Telefon an den Kapitän weiter, Jay. Ich bin einverstanden. Tun Sie, was Sie für richtig halten.«

Dann meldete sich Craig Dayton in sachlichem Tonfall.

»Ja, Mr. Reinhart?«

»Kurz gesagt geht es um Folgendes, Captain: Wenn Sie in England landen, wird Präsident Harris nicht nur sofort am Flughafen verhaftet, es besteht auch die Möglichkeit, dass man ihn innerhalb weniger Tage oder Wochen nach Lima schickt. Es war mein Fehler, den Briten zu vertrauen. Ich habe die Lage falsch eingeschätzt.«

»Was sollen wir jetzt tun, Mr. Reinhart?«, erkundigte Dayton sich ruhig.

»In ein anderes Land fliegen. Nach London können Sie nicht mehr.«

»Ist Ihnen klar, wie schwierig es war, so kurzfristig einen Slot für Heathrow zu kriegen?«

»Pech«, erwiderte Jay.

»Wäre es zu viel verlangt, wenn Sie uns verrieten, wohin wir dann sollen?«, entgegnete Craig. »Ich möchte ja nicht herummäkeln, aber wir sind schon fast im britischen Luftraum und im IFR-Anflug.«

»Ich … kenne die richtigen Ausdrücke nicht, Captain. Aber können Sie nicht Ihren Flugplan ändern und jedes beliebige Ziel ansteuern?«

»Nicht, ohne der ganzen Welt mitzuteilen, wo wir uns befinden. Unser Flugzeug ist zu groß, als dass wir einfach verschwinden könnten … und die Zeit wird knapp. Ich könnte natürlich jeden anderen Flughafen in Großbritannien, in Holland oder in Dänemark anfliegen. Doch bis nach Island oder nach Grönland reicht der Sprit nicht, falls Ihnen das vorgeschwebt haben sollte.«

»Vergessen Sie den Kontinent. Da stehen uns nur neue juristische Horrorgeschichten bevor.«

»Okay.«

»Würden Sie es nach Schottland schaffen?«

»Ja. Allerdings gehört Schottland zum Vereinigten Königreich. Die Leute, die uns in Heathrow erwarten, würden sich sicher das nächstbeste Charterflugzeug schnappen und kurz nach uns dort eintreffen.«

Jay fuhr sich mit der Zunge über die Lippen und überlegte fieberhaft.

Er hatte bereits mit dem Gedanken an eine Landung in der Republik Irland gedacht, ihn allerdings für sich behalten, weil er keine Zeit gehabt hatte, die Einstellung der Iren zum Abkommen zur Ächtung der Folter in Erfahrung zu bringen. Er durfte nicht riskieren, John Harris nach Dublin zu schicken, ohne zu wissen, ob er dort vom Regen in die Traufe kommen würde.

Was sollen wir tun?

»Mr. Reinhart, ich hätte da vielleicht eine Idee. Allerdings ist es ein bisschen gefährlich«, riss Dayton ihn aus seinen Grübeleien.

»Schießen Sie los«, erwiderte Jay und fragte sich, was wohl mit »gefährlich« gemeint war.

Doch die Leitung war plötzlich tot, und Jay wurde klar, dass sie getrennt worden waren.

»Verdammt!« Wieder wählte er die Nummer.

Es läutete, doch niemand hob ab.

32

London,
Dienstag, 17:50

Jay nahm wieder auf dem Rücksitz des Wagens Platz und schloss die Tür.

»Zum Flughafen, Sir?«, fragte der Fahrer.

Als der Außenminister nickte, fädelte sich der Fahrer geschickt in den Verkehr ein.

»Haben Sie am Telefon etwas besprochen, das wir wissen sollten?«, erkundigte sich Außenminister Byer.

»Ja, Sir. Aber jetzt ist nicht der richtige Zeitpunkt dafür.«

Byer nickte seufzend. »Wie Sie meinen.« Er lehnte sich zurück und blickte nachdenklich aus dem Fenster.

Zehn Minuten später hatten sie den Terminal für Firmenjets erreicht.

»Wenn die Herren kurz auf mich warten würden. Ich muss einige Anrufe erledigen«, erklärte Jay, stieg so schnell wie möglich aus und ging in den elegant ausgestatteten, aber winzigen Terminal. Auf beiden Seiten der Eingangshalle befanden sich verglaste Warteräume, in denen es zahlreiche Telefone gab. Jay betrat einen davon und wählte Geoffrey Wallace' Nummer.

Er hörte, wie abgehoben wurde, anschließend ein leises Poltern. Dann drang die heisere Stimme des Anwalts an sein Ohr.

»Ja bitte? Hier Wallace.«

»Geoffrey, ich bin es, Jay Reinhart. Welche Haltung nimmt Irland zu unserem Problem ein?«

»Wie bitte? Meinen Sie damit Präsident Harris und den Haftbefehl?«

»Wie würden die Iren reagieren, wenn er, die Verfolger im Nacken, in Irland landen würde?«

Am anderen Ende der Leitung wurde aufgelacht. »Tja, Sie kennen ja die Iren.«

»Offen gestanden, nein, obwohl ich sie kennen sollte. Meine Großmutter war irische Einwanderin aus Galway, doch ich war selbst noch nie dort.«

»Nun, es sind großartige Leute, aber grundsätzlich immer dagegen, selbst wenn es um Entscheidungen ihrer eigenen Behörden geht. Sie sind ziemlich unberechenbar.«

»Trotzdem ist Irland ein Rechtsstaat und hat das Abkommen unterzeichnet, richtig?«

»Oh, ja, natürlich. Sicher wissen Sie, dass sie mehr oder weniger dasselbe Rechtssystem haben wie wir Briten. Typischerweise haben sie das Abkommen zwar schon vor mehr als zehn Jahren unterzeichnet, doch ratifiziert wurde es erst letztes Jahr.«

»Sie haben es auch ratifiziert? Davon hatte ich keine Ahnung.«

»Sie haben eben zwölf Jahre gebraucht, um sich dazu aufzuraffen. Aber ja, sie sind jetzt mit an Bord.«

»Könnten Sie mir einen Anwalt in Irland empfehlen?«, fragte Jay.

»Möglicherweise, ich müsste allerdings zuerst die Nummer nachschlagen und Sie dann zurückrufen.«

»Ich warte lieber am Apparat, Geoffrey.«

»In Ordnung.«

Jay hörte im Hintergrund das Rascheln von Bettwäsche und eine ärgerliche Frauenstimme.

»Tut mir leid, falls ich Sie in einem ungünstigen Moment erwischt haben sollte«, meinte er grinsend.

Geoffrey lachte leise. »Der Moment war alles andere als günstig, das versichere ich Ihnen. Nur schade, dass ich unterbrochen worden bin. Ich dachte, Sie bräuchten mich heute nicht mehr. Augenblick, ich bin gleich zurück.« Drei Minuten später war Wallace wieder am Apparat.

»Also, Jay. Vor einigen Jahren habe ich in Edinburgh an einer Tagung zum internationalen Recht teilgenommen. Der Bursche, dessen Name ich hier habe, hat ein ausgezeichnetes Referat über das fragliche Abkommen gehalten. Anschließend habe ich mit ihm gesprochen: ein kluger, amüsanter Mann, obwohl ich nicht weiß, wie gut er als Anwalt ist.«

»Und er lebt in Dublin?«

»Ja.« Er gab ihm die Telefonnummern. »Was kann ich sonst noch für Sie tun, Jay? Möchten Sie, dass ich ihn für Sie anrufe?«

»Nein, das erledige ich von hier aus.«

»Gut. Die erste ist seine Privatnummer.«

»Noch was, Geoffrey: Wenn Sie in den nächsten Stunden etwas über Präsident Harris hören, sollten Sie es nicht unbedingt glauben.«

»Ich liebe Geheimnisse, Jay. Können Sie mich nicht einweihen?«

»Ich dürfte Ihnen nicht einmal verraten, dass es dieses Geheimnis überhaupt gibt.«

»In Ordnung. Schon verstanden.«

Jay beendete das Gespräch und wählte die Privatnummer des Anwalts in Dublin. Als er sich umblickte, stellte er erschrocken fest, dass im Wartesaal am anderen Ende der Eingangshalle ein Tumult ausgebrochen war. Außenminister Byer brüllte einem seiner Assistenten einen Befehl zu und griff zum Mobiltelefon.

Im nächsten Moment kam eine andere Gruppe, angeführt von Stuart Campbell, hereingestürmt.

»Hier Michael Garrity«, meldete sich eine Männerstimme und lenkte Jay von den Vorgängen im Terminal ab.

»Mr. Garrity, Sie sind doch Prozessanwalt, richtig?«

»Böse Zungen behaupten das, aber in Dublin hört niemand auf sie. Und mit wem, wenn ich fragen darf, habe ich das Vergnügen, Sir?«

Jay stellte sich vor und fasste die Situation kurz zusammen. Dabei behielt er die Eingangshalle im Auge, wo zunehmend heftig debattiert wurde.

Byers Leute beobachteten Campbells Mannschaft aus sicherer Entfernung.

»Sie sind also ein amerikanischer Anwalt, der einen amerikanischen Ex-Präsidenten vertritt. Das klingt ja wirklich interessant. Und wie kann ich Ihnen helfen, Mr. Reinhart?«

Jay schmunzelte unwillkürlich, als er den gebildeten irischen Akzent und die warme, freundliche Baritonstimme hörte.

»Ich brauche rasch ein paar Ratschläge von Ihnen«, erwiderte er, »und vielleicht muss ich auch Ihre Dienste in Anspruch nehmen. Fällt unser Gespräch jetzt schon unter das Anwaltsgeheimnis?«

»Tja«, meinte Garrity, »rein rechtlich betrachtet, müssten

Sie mich durch einen beigeordneten Anwalt beauftragen lassen, bevor ich hier in Irland für Sie tätig werden darf. Doch das können wir auch noch nachträglich erledigen. Gegen eine telefonische Beratung ist nichts einzuwenden. Und das mit dem Anwaltsgeheimnis geht in Ordnung. Also fragen Sie.«

Jay blickte sich suchend nach Außenminister Byer um, der inzwischen auf einem Sofa Platz genommen hatte.

Dann erläuterte er Garrity die Position der Briten und fügte hinzu, man müsse den Präsidenten unter allen Umständen in ein Land bringen, das nicht darauf erpicht sei, ihn postwendend nach Peru zu schicken. »Wäre es klug oder eine Dummheit von mir, ihn in Dublin landen zu lassen, Mr. Garrity?«

»Tja, es kommt darauf an. Ich würde annehmen, dass kein Richter vom Hohen Gerichtshof in Dublin einen amerikanischen Präsidenten in Eisen gelegt nach Peru verfrachten würde. Doch das wäre eine reine Vermutung. Vielleicht wissen Sie nicht, dass wir den verdammten Wisch erst im vergangenen Jahr ratifiziert haben und deshalb inzwischen ebenfalls daran gebunden sind. Dennoch stehen die Chancen nicht schlecht. Ich gehe davon aus, dass der Haftbefehl von Interpol für gültig erklärt und in einen irischen Haftbefehl umgewandelt wird. Und während Ihr Präsident von einem ziemlich verdatterten Beamten der Garda –«

»Wie bitte?«

»Garda … das ist unsere Polizei, die Wächter über die öffentliche Ordnung. Sie lassen sich nicht gerne als Polizisten bezeichnen, auch wenn sie sich manchmal gebärden wie die irische Version von Cops aus einer amerikanischen Fernsehserie. Jedenfalls glaube ich, dass jeder Versuch, eine Auslieferung zu erwirken, eine ziemlich lange Zeit in Anspruch nehmen würde. Sie hätten also ausreichend Gelegenheit, die Entscheidung anzufechten. Offen gestanden, kann ich ohne vorherige Recherchen gar nicht sagen, ob wir überhaupt ein Auslieferungsabkommen mit Peru haben.«

»Spielt das eine Rolle?«

»Wahrscheinlich nicht. Wenn Mr. Harris auf Grund der Vorwürfe, die Sie eben erwähnt haben, ausgeliefert werden kann, geschieht das auf der Basis des Abkommens zur Ächtung der Folter, selbst wenn keine Übereinkunft mit Peru besteht.«

»Und wie sieht es mit der Haltung der irischen Regierung aus?«

»Die ist eigentlich auch nicht so wichtig. Ja, einige Rechtsgelehrte sind vielleicht nicht immun dagegen, aber der Großteil unserer Richter denkt sehr unabhängig. Und unser Taoiseach, wie wir unseren Premierminister nennen, wird sich vermutlich hüten, sich auf eine Position festzulegen.«

»Haben wir einen Einfluss darauf, welchen Richter wir bekommen?«

»Haben wir Einfluss auf den Wind? Nein, nicht in Irland. Es ist reine Glückssache. Wir haben eine ganze Palette an Richtern zu bieten, gute und schlechte, vertrottelte und auch welche, die offenbar nie in ihrem eigenen Bett übernachten.«

»Genau wie bei uns zu Hause.«

»Wirklich?«

»Ich war früher selbst Richter. Aber das ist eine lange Geschichte.«

»Die Angelegenheit wird von Minute zu Minute spannender, Mr. Reinhart.«

»Hören Sie, Mr. Garrity, ich hätte noch eine wichtige Frage: Muss sich der Präsident tatsächlich auf irischem Boden befinden, damit die Peruaner in Irland einen Haftbefehl ausgestellt bekommen?«

»Nein. Man braucht dem Richter lediglich mitzuteilen, man rechne damit, dass Mr. Harris eines Tages hier erscheinen wird. Dann kriegt man den Haftbefehl.«

»Könnten Sie sich eingehender mit der Sache beschäftigen, Sir? Ziehen Sie alle nötigen Erkundigungen ein. Ich rufe Sie in ein paar Stunden zurück.«

»Nur unter der Bedingung, dass Sie mich nie wieder ›Sir‹ nennen, Mr. Reinhart. Schließlich bin ich kein englischer Ritter.«

»Okay, versprochen. Was das Honorar betrifft, sehe ich keinerlei Probleme. Und wenn Sie einen beigeordneten Anwalt auftreiben könnten, der sich auf diesem Gebiet auskennt, und ihn für mich engagieren, wäre ich Ihnen sehr dankbar.«

Garrity lachte leise. »Sie können sich gar nicht vorstellen, wie gern ich das täte. Da die beigeordneten Anwälte hier uns anheuern, würde mir diese Umkehrung der Verhältnisse sehr gefallen. Allerdings befürchte ich, dass ich damit gegen die Standesregeln verstoßen würde. Ich kann Ihnen jemanden empfehlen oder ihn sogar bitten, für Sie bereitzustehen. Doch die eigentliche Kontaktaufnahme muss durch Sie erfolgen, tut mir leid.«

Jay ließ sich die Namen zweier Anwälte geben, die auf internationales Recht spezialisiert waren, und entschied sich für den Ersten.

»Ah, eine gute Wahl«, meinte Garrity, als hätte Jay sich einen ausgezeichneten Wein ausgesucht. »Ein fähiger Mann.«

Garrity diktierte Jay die Nummer und versprach, den Anwalt anzurufen und ihm den Fall zu schildern.

Jay beendete das Gespräch und verließ den kleinen Warteraum.

Als er sich dem Außenminister und dessen Delegation näherte, wurde dort immer noch hitzig debattiert.

»Verzeihung, was ist passiert?«, erkundigte er sich.

Außenminister Byer nahm Jay am Arm und zog ihn in eine Ecke des Raumes.

»Die Maschine des Präsidenten ist über dem Ärmelkanal vom Radarschirm verschwunden. Anscheinend hat der Pilot einen technischen Defekt gemeldet und den Flugplan gestrichen.«

Jay starrte ihn ungläubig an.

»Was?«

»Die Flugsicherung sagt, das Flugzeug sei über das Heck abgetrudelt, bevor sie den Kontakt verloren hat. Rettungsmannschaften sind unterwegs, um nach dem Rechten zu sehen.«

»Denkt man, dass sie abgestürzt sind?«

»Das weiß niemand. Es war alles sehr merkwürdig, wie man mir mitteilte«, entgegnete Byer und musterte Jay prüfend. »Oder gibt es eine andere Erklärung, Jay?«

»Ich habe wirklich keine Ahnung. Als wir vorhin am Straßenrand hielten, habe ich mit ihnen telefoniert. Doch wir wurden getrennt ... seitdem hatte ich keinen Kontakt mehr.«

In seinem Kopf wirbelten Teile des Gesprächs wild durcheinander, und er erinnerte sich an die warnenden Worte des Kapitäns: »... aber es ist ein bisschen gefährlich.« Ein kalter Schauder überlief ihn.

»Ich habe schon vermutet, dass Sie den Präsidenten anrufen

würden«, erklärte Byer. »Sie meinten, Sie würden mir die Einzelheiten später erläutern. Ich denke, der Zeitpunkt ist jetzt gekommen.«

Jay versuchte zu schlucken, sein Mund war mit einem Mal völlig trocken. »Ich … äh … habe ihm gesagt, er soll nicht in London landen, Herr Außenminister.«

Schweigend blickte Joe Byer ihn an, dann nickte er. »Aha. Hoffen wir, dass die Dinge nicht so stehen, wie es den Anschein hat.«

»Amen«, erwiderte Jay. Alles in ihm sträubte sich gegen die Vorstellung, die Maschine könnte sich nicht mehr in der Luft befinden, und er zwang sich, nicht gleich vom Schlimmsten auszugehen. Dennoch fragte er sich, was Dayton vorhin wohl gemeint hatte. »Was haben Sie jetzt vor, Herr Außenminister?«, erkundigte er sich.

»Wir kehren ins Hotel zurück und warten auf Neuigkeiten. Ich halte es für zwecklos, hier herumzusitzen. Soll ich Sie mit dem Wagen mitnehmen?«

Jay nickte und dachte an seinen Koffer im Savoy. »Vielen Dank, aber ich glaube, ich sollte lieber noch bleiben. Ich muss dringend in die Vereinigten Staaten telefonieren.«

Jay bemerkte, dass der Minister ihn wieder zweifelnd musterte.

»Mit der Familie des Präsidenten«, fügte Jay hinzu.

Byer nickte. »Oh, selbstverständlich.« Er schüttelte Jay die Hand und wandte sich zur Tür.

Jay ging zu dem Tisch mit den Erfrischungen und schenkte sich eine Tasse Kaffee ein. Er stellte fest, dass seine Hand zitterte. Außerdem war er sich darüber im Klaren, dass Stuart Campbell und sein Hofstaat sich irgendwo im Gebäude herumtrieben. Nachdem Byers Wagen abgefahren war, trat er hinaus in die kühle Nacht. Er musste unbedingt nachdenken. Natürlich flog die Maschine noch – eine andere Möglichkeit gab es einfach nicht. Er durfte sich nicht von seinem Vorhaben ablenken lassen.

33

Als die Telefonverbindung zu Jay Reinhart abbrach, sah
Craig Dayton Alastair forschend an.

»Was gibt's?«

»Bist du bereit, einen Absturz zu riskieren?«

»Ich habe mich wohl verhört.«

Craig holte tief Luft. »Für Gott und Vaterland, Alastair.«

»Ich will lieber gar nicht wissen, wovon du redest.«

»Wenn ich es sage, schaltest du den Transponder ab.«

»Willst du mich nicht aufklären, Craig? Ich bin neugierig.«

Rasch erläuterte Craig seinen Plan. Er wollte so tief wie möglich sinken, sich unterhalb des Radars halten, den Ärmelkanal
entlang bis zur Nordsee fliegen und dann einen Flughafen in
Schottland ansteuern. »Wahrscheinlich Inverness.«

»Oh. Der altbewährte Trick. Meinetwegen, ich bin dabei ...
aber nur unter einer Bedingung«, erwiderte Alastair.

»Und die wäre?«

»Wir streichen unsere Instrumentenflug-Freigabe und überlassen es der Flugsicherung, über unser Schicksal nachzugrübeln. Ansonsten können wir unsere Pilotenscheine vergessen.«

»Einverstanden.«

358

Craig forderte alle in der Kabine auf, sich wegen eines ungewöhnlichen Manövers anzuschnallen. Dann schaltete er den Autopiloten ab und ließ die 737 in einer steilen Abwärtskurve nach links rollen. Währenddessen griff Alastair zum Funkgerät.

»London, EuroAir Zehn-Zehn, bitte streichen Sie sofort unsere IFR-Freigabe und unseren Landeslot in Heathrow. Wir gehen im Sichtflug runter, um ein Problem zu klären.«

»Verstanden, EuroAir Zehn-Zehn, IFR-Freigabe gestrichen. Brauchen Sie Hilfe, Sir?«, erkundigte sich der Fluglotse überrascht.

Der Höhenmesser zeigte, dass sie sich etwa viertausendfünfhundert Meter über dem Ärmelkanal befanden. Am Bildschirm des Satelliten-Ortungssystems ließ sich an einem kleinen Symbol erkennen, dass sie knapp sechzehn Kilometer entfernt von der Küste flogen, während es draußen allmählich dunkel wurde.

Craig drückte auf den Funkknopf auf dem Steuerhorn und schlug einen besorgten Tonfall an. »Äh … London … EuroAir Zehn-Zehn … wir … wir werden …« Er ließ den Knopf los und wartete auf die unvermeidliche Antwort. Dabei flog er eine noch steilere Linkskurve und steigerte die Sinkrate auf eintausenddreihundert Meter pro Minute.

»Bitte wiederholen Sie, EuroAir Zehn-Zehn.«

Sie hatten sich bereits in einem Neunzig-Grad-Winkel zum ursprünglichen Kurs gedreht, als Craig die Leistungshebel zurückzog. »Antworte nicht, Alastair! Und sag mir alle dreihundert Meter die Flughöhe an.«

»Roger. Dreitausenddreihundert, Sinkrate fünfzehnhundert pro Minute«, meldete Alastair mit fester, ruhiger Stimme.

Doch seine weit aufgerissenen Augen verrieten, dass ihm nicht wohl dabei war.

»Dreitausend, zweitausend pro Minute. Die Sinkrate nicht erhöhen!«, warnte er.

»Keine Sorge«, erwiderte Craig, während er aufmerksam die Instrumente beobachtete.

»EuroAir Zehn-Zehn, London, achten Sie auf Ihre Drehzahl und den Höhenverlust, Sir! Haben Sie einen Notfall?«

»Wir sinken unter zweitausendsechshundert, Craig.«

»Gibt es hier im Ärmelkanal Ölbohrinseln oder andere Aufbauten?«, fragte Craig.

»Ich glaube nicht, aber ich würde nicht mein Leben darauf verwetten, dass ich mich richtig erinnere. Außerdem sollten wir nicht unter hundertsechzig Meter sinken.«

»Das müssen wir aber.«

»Zweitausenddreihundert, zweitausend pro Minute.«

»Roger.«

»EuroAir Zehn-Zehn, London, haben Sie einen Notfall, Sir?«

»Finger weg vom Knopf, Alastair. Ich weiß, dass du mit dem Gedanken spielst.«

Alastair nickte und schluckte. »Zweitausend, Craig. Natürlich spiele ich mit dem Gedanken. Der arme Mann am Funk stirbt fast vor Angst.«

»Höhe?«

»Sinken auf siebzehnhundert.«

»Auf meinen Befehl schaltest du den Transponder und alle Außenlichter ab.«

»Übertreiben Sie es nicht, meine Herren«, stieß John Harris hervor, die Augen ebenfalls weit aufgerissen.

Die Panik des Fluglotsen am Funk nahm hörbar zu.

»Ich habe wirklich Mitleid mit ihm«, meinte Craig. »Er muss tatenlos zusehen, wie unser Datenblock unkontrolliert absackt.«

»Okay, Craig, wir sind jetzt unterhalb von tausend Metern und sinken immer noch mit zweitausend pro Minute. Fang den Sinkflug ab.«

»Geschwindigkeit?«

»Zweihundertachtzig.«

»Gut. Jede Menge Schub. Ich gehe runter auf dreihundertdreißig, bevor ich abfange.«

»Das ist ziemlich tief, Craig. Du brauchst mehr Spielraum, um wieder in den Horizontalflug überzugehen. Sonst enden wir im Wasser.«

»Höhe?«

»Sechshundertsechzig, Craig! Es ist so dunkel, dass man das Wasser nicht mehr richtig sehen kann.«

»Gib mir bei dreihundertdreißig Bescheid.«

»In Ordnung … fünfhundert … vierhundertfünfzig … vierhundert … dreihundertfünfzig … dreihundertdreißig!«

Craig zog – in Alastairs Augen viel zu langsam – am Steuerhorn. Die Boeing reagierte träge.

»Zieh, Craig!«

»Das tue ich doch. Transponder und Lichter aus.«

»Schon geschehen!«, erwiderte Alastair. »Du fliegst zu tief, Craig! Oh, mein Gott …«

Stuart Campbell hatte sich in einen der kleinen Warteräume zurückgezogen, die für die wohlhabenden Passagiere von Privatflugzeugen reserviert waren. Zwei seiner Mitarbeiter standen, die Mobiltelefone am Ohr, draußen in der Eingangshalle. Campbell lehnte sich zurück, um in Ruhe nachzudenken.

»Stuart?« Einer der Männer streckte den Kopf zur Tür herein und riss ihn aus seinen Grübeleien.

»Ja? Kommen Sie herein.«

Henri Renoux nahm gegenüber von Campbell Platz. »Inzwischen sind Helikopter am Unfallort«, meldete er besorgt.

»Gibt es wirklich einen ›Unfallort‹?«, erwiderte Campbell erstaunt.

Henri schüttelte den Kopf. »Verzeihung, ich habe mich falsch ausgedrückt. Die Hubschrauber befinden sich in der Gegend, wo das Flugzeug angeblich abgestürzt ist, etwa vierundzwanzig Kilometer vor Dover. Auch einige Boote sind mittlerweile da. Bis jetzt haben sie nichts gefunden.«

Campbell nickte. »Tja, ein so großes Objekt wie eine 737 kann nicht einfach so ins Wasser stürzen, ohne Spuren zu hinterlassen.«

»Es wird eine Weile dauern, vor allem auch deshalb, weil es da draußen dunkel ist.«

»Sie werden nichts finden, Henri, sie verschwenden nur ihre Zeit. Ein schlauer Trick, die Instrumentenflug-Freigabe streichen zu lassen. So kann der Pilot einfach einen Ausfall des Funkgeräts vortäuschen und behält seine Lizenz.«

Renoux neigte den Kopf zur Seite und sah seinen Chef fragend an. »Ich dachte … Sie hätten gerade gesagt …«

»Es ist nur ein Trick, und noch dazu ein ziemlich cleverer.«

»Ein Trick?«

»Alles passt zu gut zusammen, Henri. Zuerst die angebliche Entführung gestern, dann die Generalprobe für heute, als sie die Flugsicherung in Rom verrückt gemacht haben und auf dem Stützpunkt auf Sizilien gelandet sind. Nachdem wir uns den Haftbefehl besorgt hatten, stellt Mr. Reinhart plötzlich fest, dass sein Präsident vielleicht doch keine weiße Weste hat. Und jetzt, auf einmal, ist die Maschine, in der Präsident Harris seiner sicheren Verhaftung entgegenfliegt, einfach ins Wasser gefallen, genau zum richtigen Zeitpunkt und kurz vor der Landung auf britischem Hoheitsgebiet.«

»Aber man hatte ein unkontrolliertes Trudeln nach links beobachtet …«

»Ob es unkontrolliert war, wissen wir nicht. Bestimmt handelt es sich um das schlaue Manöver eines sehr einfallsreichen Kapitäns, um die Flugleitzentrale in London reinzulegen, und das hat er auch geschafft. Er und Harris sind ein prima Gespann.«

»Verzeihung, Stuart, aber wir dürfen nicht vergessen, dass die Maschine bis jetzt nicht wieder aufgetaucht ist.«

Leise auflachend blickte Campbell auf den Flur hinaus. »Das habe ich nicht vergessen, Henri. Und zwar deshalb, weil John Harris mit seinem Charterflugzeug irgendwo auf einem Flughafen landen muss.« Er wies auf eine Landkarte. »Trommeln wir ein paar Piloten zusammen und besorgen wir uns Karten von England und Europa, um rauszukriegen, wohin sie fliegen könnten.«

»Um Himmels willen, Stuart, im Radius von einigen hundert Kilometern gibt es massenhaft Flughäfen.«

»Aber nicht alle eignen sich für eine Boeing 737. Außerdem reicht der Treibstoff bei diesem Modell gewiss nicht bis in die Vereinigten Staaten, vermutlich nicht einmal bis Keflavík.« Henri sprang auf und ging zur Tür.

»Ach«, fügte Stuart hinzu, »und setzen Sie sich mit der Flugleitzentrale in London in Verbindung, Henri. Schildern Sie unseren Verdacht und lassen Sie feststellen, ob schwache Radarabstrahlungen zu sehen waren, die sich von der angeblichen Absturzstelle wegbewegten.«

»Okay.«

»Und … wir brauchen eine weitere Mannschaft mit Telefonen, und zwar schnell. Jeder geeignete Flughafen in Großbritannien muss überwacht werden.«

»Sollen Jean-Paul und Gina sich mit dem Lear-Jet bereithalten?«

Stuart nickte grimmig. »Ja, kann sein, dass wir sofort starten müssen.« Er lächelte Renoux an. »Keine Sorge, Henri, wir kriegen Harris, und wir werden dieses kleine Schachspiel gewinnen.« Er lachte auf.

Eine attraktiv gebaute junge Frau, die ein eng anliegendes schwarzes Minikleid trug, erschien im Flur. Ihr pechschwarzes Haar glänzte, und ihre Miene erhellte sich, als sie Stuart Campbell erblickte. Sie eilte auf ihn zu.

»Sir William, ein dringender Anruf für Sie in der Verwaltung, gleich am Ende des Flurs.«

»Wie nett, dass Sie mich holen kommen, meine Liebe. Vielen Dank«, entgegnete Stuart. Er setzte sein reizendstes Lächeln auf und sah zu, wie sie unter seinem eindringlichen Blick errötete. »Sie heißen doch Deirdre, richtig?«, rief er ihr nach, als sie gehen wollte.

Sie drehte sich lächelnd um. »Ja, stimmt. Schön, dass Sie es nicht vergessen haben.«

»Wie könnte ich den hübschen Namen einer so hübschen Dame vergessen«, erwiderte Stuart. Er ging zum Schreibtisch und blickte ihr bewundernd nach, als sie mit wiegenden Hüften um die Ecke verschwand.

Dann griff er zum Telefon. »Hier Stuart Campbell.«

Er erkannte die Stimme sofort.

»Herr Premierminister! Danke für Ihren Rückruf. Wir müssen uns dringend unterhalten.«

34

Das steile Hochziehen, das nötig gewesen war, um die 737 kurz vor der Wasseroberfläche abzufangen, hatte Alastair einen ziemlichen Schrecken eingejagt.

»Mein Gott, Craig!«

»Nur mit der Ruhe, Alastair. Ich bin für so etwas ausgebildet.«

»Ja, in einem gottverdammten Kampfflugzeug, nicht in einer 737! Ich dachte schon, jetzt ist es vorbei.«

»Höhe?«

»Wieder auf fünfunddreißig.«

»Kurs?«

»Null-sechs-null Grad.«

»Okay. Beobachte das Display des Satelliten-Ortungssystems und gib mir den Kurs an, der uns direkt über der Mitte des Ärmelkanals und in einem guten Abstand zur Küste hält. Dann nach Norden zur Nordsee. Wir umrunden Schottland und steuern Inverness vom Meer aus an. Behalte den Radar-Höhenmesser im Auge. Keinen Zentimeter unter fünfunddreißig Meter. Und solange wir keinen Nebel kriegen, halte nach Schiffen Ausschau, deren Mast vielleicht höher ist als wir.«

»Aber natürlich! Das schaffe ich doch mit links. Weißt du

eigentlich selbst, was du vorhast? Wenn wir dem Radar ausweichen wollen, geht das noch hunderte von Kilometern so
weiter.«

»Überfordere ich dich, alter Junge?«

Seufzend schüttelte der Kopilot den Kopf. Seine Miene war
todernst.

»Du bist total durchgeknallt, Dayton!«

»Mag sein. Aber solange ich noch einigermaßen klar bei Verstand bin, möchte ich mit Reinhart sprechen«, erwiderte Craig
Dayton.

»Wir bringen uns in große Gefahr, Craig!«, beharrte Alastair.

»Nach etwa fünfzehn Kilometern können wir wieder ein bisschen steigen.«

»Bestimmt weißt du, dass manche Schiffe Aufbauten haben,
die höher sind als wir?«

»Doch die Wolkendecke ist so weit über uns, dass wir gute
Sicht haben, Alastair. So erkennen wir die Schiffe rechtzeitig.
Denkst du, wir haben die ausgetrickst?«, fügte er hinzu.

»Wahrscheinlich. Für eine Weile. Bis sie merken, dass da
kein Wrack ist. Bestimmt werden unsere Familien davon erfahren – mit verheerenden Folgen.«

»Das ist mir klar. Ich glaube, ich sollte zu Hause anrufen, sobald wir gelandet sind«, meinte Craig.

»Ich wette, dass wir selbst auf dreißig Metern auf irgendeinem Militärradar erscheinen.«

»Solange uns die Flugsicherung nicht sieht und wir keiner britischen Stadt zu nahe kommen …«, begann Craig.

»Dann müsste alles klappen«, beendete Alastair den Satz.

»Ich habe mal die Treibstoffmenge berechnet. Bei unserem
momentanen Spritverbrauch müssten wir es bis nach Inver-

ness schaffen. Bei der Landung wäre noch Treibstoff für eine Stunde übrig.«

Vor ihnen tauchten in der Ferne Lichter auf, die in der Dunkelheit rasch näher zu kommen schienen.

»Was ist das?«, fragte Craig. »Wahrscheinlich ein Schiff.«

»Ich sehe viele Lichter«, mischte sich Präsident Harris ein.

Alastair, der fast vergessen hatte, dass ein Passagier auf dem Notsitz im Cockpit saß, zuckte zusammen. »Das Ding ist ziemlich groß, Leute.«

»Steigen wir, Craig.«

»Nur noch eine Sekunde«, entgegnete er.

»Nein, verdammt. Nicht in einer Sekunde, sondern sofort!«, brüllte Alastair.

»Hör zu –«

»Craig, du gehst zu weit. Du riskierst unser Leben, und ich mache das nicht länger mit!«

»Ich weiß genau, was ich tue!«, schrie Craig.

»Nein, das stimmt nicht! Du denkst nur noch an dein Ziel, und diese Einstellung hat schon viele Kampfpiloten das Leben gekostet. Es ist Wahnsinn!«

Craig warf Alastair einen raschen Blick zu und zog dann das Steuerhorn leicht zurück, um ein Stück zu steigen.

»Sind hundertsechzig Meter in Ordnung?«

»Für den Moment schon.«

»Gut«, meinte Craig leise.

»Gut«, wiederholte Alastair.

»Tut mir leid«, sagte Craig, während die Lichter des Schiffes in sicherem Abstand unter ihnen vorbeiglitten.

Als er Alastair ansah, bemerkte er den besorgten Blick seines Kopiloten.

»Bist du noch dabei, Mann?«, fragte er.

»Aber nicht mehr lange«, lautete die Antwort.

Flughafen Heathrow, London

Jay setzte sich auf eine kleine Bank vor der Tür des Privat-
terminals und wählte die erste Nummer. Nach dem dritten
Läuten meldete sich die beruhigende Stimme von Michael
Garrity.

»Ich bin es wieder, Jay Reinhart.«

»Hallo! So schnell konnte ich die Antworten auf Ihre Fragen
nicht herausfinden, Mr. Reinhart, aber –«

»Ich brauche nur eine einzige«, fiel Jay ihm ins Wort. »Wenn
wir den Präsidenten heute noch nach Dublin bringen würden
und wenn die Gegenseite mit ihrem Haftbefehl eintrifft, wie
lange würde es dauern, bis sie den Haftbefehl bestätigen lassen und Harris festnehmen können?«

»Morgen ist hier in der Republik Irland St. Patrick's Day, und
bei Gericht arbeitet niemand. Wir feiern zwar nicht so aus-
ufernd wie ihr Amerikaner, aber der St. Patrick's Day ist ein
ausgezeichneter Vorwand für einen gesetzlichen Feiertag.
Sofern Ihr Präsident also kein Schwerverbrechen verübt, das
die Garda auf den Plan ruft, kann er davon ausgehen, dass er
bis übermorgen ein freier Mann ist. Ganz sicher kümmert sich
bis Donnerstag bei der Justiz niemand um ihn.«

»Wirklich?«

»Bei so einem Interpol-Haftbefehl ist das Bezirksgericht zuständig, Mr. Reinhart. Und an einem gesetzlichen Feiertag
würde es nicht einmal Scotland Yard schaffen, einen Bezirks-

richter aufzutreiben. Besonders nicht am St. Patrick's Day. Ich bin überzeugt, dass da kein Richter zu erreichen sein wird.«

»Also könnten wir den Präsidenten ungehindert in einem Hotelzimmer unterbringen?«

»Ich wüsste nicht, was dagegensprüche. Aber wäre es ihm nicht lieber, in der Residenz des amerikanischen Botschafters zu wohnen? Sie ist ziemlich groß. Und ich weiß, dass es dort Räumlichkeiten gibt, die sich für einen amerikanischen Präsidenten eignen würden.«

»Nein«, erwiderte Jay. »Es ist, glaube ich, besser, die offiziellen Stellen außen vor zu lassen. Außerdem könnte man es als Bitte um politisches Asyl missverstehen, was zu diplomatischen Verwirrungen führen würde.«

»Gut, dann also ins Hotel. Kann ich Ihre Kreditkartennummer benutzen?«

»Ja.« Jay kramte seine American-Express-Karte hervor und diktierte Nummer und Ablaufdatum.

»Also, Mr. Reinhart. Ich sehe zu, was sich machen lässt.«

»Ich melde mich wieder«, sagte Jay. »Ich werde den Plan ändern.«

Er beendete das Gespräch und wählte die Nummer der 737. Zu seiner Erleichterung wurde sofort abgenommen. »Kapitän Dayton, das haben Sie prima gemacht! Sie haben alle wunderbar reingelegt. Campbell und Byer glauben, Sie wären abgestürzt.«

»Hier spricht der Kopilot, Mr. Reinhart. Offenbar hat man den Nachruf auf uns zu früh geschrieben.«

»Sieht ganz danach aus«, erwiderte Jay. »So gewinnen wir Zeit, und ich habe einen neuen Plan.«

Jay merkte dem Mann die Besorgnis und Anspannung an.

»Schießen Sie los«, sagte der Kopilot.

»Wo sind Sie eigentlich?«

»Wir fliegen auf knapp hundertsechzig Metern Höhe Richtung Nordsee, in dem wahnwitzigen Versuch, uns nach Schottland zu schleichen.«

»Wir müssen das Flugziel ändern.«

Alastair wiederholte Jays Worte und fügte hinzu: »Und wohin sollen wir jetzt fliegen, Mr. Reinhart?«

»Nach Dublin in Irland. Schaffen Sie das?«

»Die Frage ist nicht das Ob, sondern das Wie.«

»Wohin?«, flüsterte Craig Alastair zu.

»Nun will er, dass wir nach Dublin fliegen«, erwiderte Alastair und sprach wieder ins Telefon. »Hören Sie, Mr. Reinhart, Dublin ist ein großer, überwachter Flughafen. Wir können dort nicht unbemerkt landen. Ein kleiner Flughafen wie Inverness in Schottland hat keinen Tower, über den wir uns den Kopf zerbrechen müssten. Dublin ist unmöglich. Wir wären so unauffällig wie ein Kriegsschiff in einer Badewanne.«

»Wie Sie das anstellen, ist mir eigentlich egal, solange Sie sich nicht in Gefahr bringen«, entgegnete Jay. »Das Märchen von Ihrem Absturz war dazu gedacht, Ihnen Zeit zu geben, damit Sie nach Schottland fliegen, dort auftanken und dann nach Island oder nach Kanada weiterreisen können, bevor die Gegenseite mit ihrem Haftbefehl erscheint. Inzwischen jedoch gilt das nicht mehr. Präsident Harris darf auf keinen Fall in Großbritannien landen.«

»Und in Irland will niemand dem Präsidenten ans Leder?«, fragte Alastair.

»Nicht innerhalb der nächsten Tage. Könnte ich bitte mit dem

Präsidenten sprechen? Währenddessen können Sie beide sich eine Lösung einfallen lassen.«

Alastair gab das Telefon weiter.

»Ja, Jay?«

»Ich habe in Dublin ein Anwaltsteam zusammengestellt, John. Irland hat das Abkommen zwar ratifiziert, doch morgen ist Feiertag, weshalb kein Richter verfügbar sein wird, um den Haftbefehl zu unterzeichnen. Außerdem ist Irland, wie Sie wissen, ein guter Freund der Vereinigten Staaten und darüber hinaus nicht von dem Problem mit Pinochet belastet. Also dürften wir meiner Ansicht nach dort besser fahren.«

»Ich habe volles Vertrauen zu Ihnen, Jay.«

»Ich versuche mein Bestes, aber ich muss abhängig von den Informationen, die ich bekomme, von Moment zu Moment entscheiden.«

»Verstanden.«

»Wir besorgen Ihnen ein Hotelzimmer in der Nähe des Flughafens von Dublin. Unser Prozessanwalt denkt, dass Campbell es erst übermorgen schaffen wird, einen irischen Haftbefehl zu erwirken. Außerdem glaube ich, John, dass es uns vielleicht gelingen könnte, Ihnen einfach ein Ticket zu kaufen und Sie in eine Linienmaschine nach New York zu setzen.«

»Eine prima Idee, Jay. Was das Hotel angeht … wir brauchen auch Zimmer für die beiden Piloten und die drei Stewardessen, für Sherry und für den Geheimdienstmann.« Nach einer langen Pause hakte Harris nach: »Glauben Sie wirklich, ich könnte einfach mit der Aer Lingus nach Hause fliegen?«

»Es ist durchaus möglich. Wenn nicht, können wir Ihr Flugzeug vielleicht auftanken und es bis nach Maine schaffen. Ich habe das noch nicht mit den Piloten besprochen. Ich weiß nur, dass Sie auf keinen Fall nach Großbritannien dürfen.«

»Augenblick bitte«, sagte der Präsident und beugte sich vor. »Craig? Alastair? Wird das klappen, und wenn ja, wie?«

Craig nickte. »Ich denke, wir fliegen einfach weiter wie gehabt, umrunden die Nordküste von Schottland und wenden uns dann nach Westen. Anschließend, in etwa fünfundsiebzig Kilometern Entfernung, bitten wir die Flugleitzentrale in Dublin um Landeerlaubnis. Wir haben bereits eine aufwändige und überflüssige Suchaktion ausgelöst. Wenn wir jetzt tun, als wäre nichts gewesen, wird wahrscheinlich die Luftwaffe losgeschickt, um uns zur Landung zu zwingen.«

John Harris sah den Kopiloten an, der zustimmend nickte.

»Wann werden Sie voraussichtlich eintreffen?«, erkundigte sich Jay beim Präsidenten, der die Frage an den Kopiloten weitergab.

»In etwa zwei Stunden und zwanzig Minuten«, erwiderte Alastair, und Harris wiederholte die Antwort.

»Falls ich bei Ihrer Landung noch nicht da sein sollte, rufen Sie Mr. Michael Garrity an. Er ist unser Prozessanwalt«, sagte Jay und diktierte die Nummer. »Ich komme, sobald ich einen Flug kriege.«

»Chartern Sie einen Jet«, entgegnete John Harris.

»Wenn es keinen Linienflug gibt, tue ich das«, antwortete Jay. »Unter der Bedingung, dass der Vogel zwei Triebwerke hat und alle Instrumente, die man für Geld kaufen kann.«

»Ich nehme an, Sie sprechen aus persönlicher Erfahrung«, sagte der Präsident.

»Diese Geschichte erspare ich Ihnen lieber«, meinte Jay. »Ich rufe Sie wieder an, wenn ich einen Flug nach Dublin habe.«

Er beendete das Gespräch, wählte die Nummer des Hotel Savoy und bat darum, sein Gepäck umgehend mit einem Taxi zum Privatterminal nach Heathrow zu schicken.

Ein rascher Anruf bei Aer Lingus ergab, dass in einer knappen Stunde ein Flug von Heathrow nach Dublin gehen würde. Jay war erleichtert und beschloss, den Platz nicht unter seinem wirklichen Namen zu buchen. Dann rief er noch einmal im Hotel an, um seinen Koffer zum Ticketschalter von Aer Lingus umleiten zu lassen.

»Gerade noch rechtzeitig«, sagte der Portier. »Ich habe den Koffer hier, und der Taxifahrer wartet schon.«

»Wie lange wird es etwa dauern?«

»Um diese Uhrzeit dreißig Minuten, wenn wir Glück haben.«

Ein Mitarbeiter des Privatterminals erbot sich, Jay zu Terminal 4 zu fahren. Rasch schlüpfte er ins Auto, damit Stuart Campbell und seine Leute ihn nicht bemerkten.

»Bitte zum Aer-Lingus-Terminal.«

Der Fahrer nickte und raste davon, sodass Jay den Mann im schwarzen Anzug nicht bemerkte, der ihn aus einer dunklen Ecke beobachtet hatte. Während der Wagen mit Jay sich rasch entfernte, kehrte der Mann in die Eingangshalle zurück.

In der Tat traf das Taxi mit Jays Koffer pünktlich vor Terminal 4 ein. Er bedankte sich beim Fahrer, bezahlte und eilte dann durch die Sicherheitsschleuse und ein Labyrinth von Fluren, um das Flugzeug nach Dublin zu erreichen, das in zehn Minuten starten sollte. Kurz dachte er daran, dass Campbell seinen Plan möglicherweise bereits kannte, doch eigentlich spielte das keine Rolle. Wegen des Feiertags konnte ihnen bis Donnerstag in Dublin kaum etwas geschehen, ganz gleich, wann Campbell dort auftauchte.

Die Lichter von Heathrow wurden kleiner, als die Maschine stieg. Jay wurde bewusst, dass er nun schon zum zweiten Mal den Start einer Linienmaschine miterlebte, ohne dabei Angst zu empfinden. Er nahm einen Schreibblock aus dem Aktenkoffer und griff zum Stift, als ihm einfiel, dass er sich noch nicht um die Zimmer für die Besatzung von Präsident Harris' Boeing gekümmert hatte. Außerdem hatte er vergessen, den irischen Zoll und die Einwanderungsbehörde zu verständigen.

Allerdings verfügte die 737 von Aer Lingus nicht über Telefone in den Sitzen, und er wusste, dass der Gebrauch von Mobiltelefonen während des Fluges streng untersagt war. Angeblich störten sie das Navigationssystem der Maschine – ein Irrglaube, wenn Jay einem gut informierten Freund in der Telekommunikationsbranche vertrauen konnte. Außerdem blieb ihm nichts anderes übrig.

Er musste telefonieren.

Die Maschine war nur zur Hälfte besetzt. Jay wartete, bis die Stewardessen mit ihrem Servicewagen vorbeigegangen waren. Dann drapierte er eine Decke an der Wand neben seinem Fensterplatz, bedeckte damit das Telefon und lehnte den Kopf daran, nachdem er Michael Garritys Nummer gewählt hatte. In der Leitung knisterte es, dann wurde abgehoben.

»Ich muss Sie leider noch mal belästigen, Mr. Garrity.«

»Mein Gott, nennen Sie mich doch Michael!«, erwiderte Garrity. »Der einzige Mensch auf der Welt, der mich Mr. Garrity nennt, ist meine Frau, und das auch nur, wenn sie sauer auf mich ist.«

»Tut mir leid, Michael.«

»Mir auch«, grinste Garrity. »Denn in letzter Zeit kommt es nämlich ziemlich häufig vor.«

»Hören Sie, ich muss Sie bitten, nicht nur für den Präsidenten, sondern auch für die Besatzung des Flugzeugs Hotelzimmer zu besorgen und außerdem den Zoll und die Einwanderungsbehörde zu benachrichtigen.«

»Wird erledigt, Jay, vorausgesetzt, Ihre Kreditkarte macht nicht schlapp«, entgegnete Garrity vergnügt.

»Okay. Ich lande in einer Stunde.«

»Ich erwarte Sie«, sagte Michael Garrity.

Terminal von Metro Business Aviation, Flughafen Heathrow, London

Stuart Campbell hatte einen provisorischen Kommandoposten in einem kleinen Konferenzzimmer eingerichtet. Henri Renoux saß auf einem der Drehstühle und beobachtete ihn aufmerksam. Campbell hatte den Ellenbogen fest auf die Armlehne seines Stuhls gestützt. Sein Kinn ruhte in der Hand, und er starrte vor sich auf die Wand.

»Stuart?«, fragte Henri zögernd.

»Ja?«, erwiderte Campbell gedehnt, ohne sich umzudrehen.

»Ich glaube, Sie hatten recht. Die Flugleitzentrale London hat etwa sechzig Kilometer entfernt ein blinkendes Radarziel mit Kurs nach Nordosten gesehen. Doch dann wurde der Empfang schlechter, und es ist verschwunden.«

»Aha«, meinte Stuart geistesabwesend. »Sonst noch was?«

»Ja«, antwortete Henri. »Wahrscheinlich wissen wir, wohin sie wollen.«

»Ich denke, nach Dublin«, entgegnete Stuart und wandte sich unvermittelt zu seinem Mitarbeiter um. »Liege ich richtig?«

Henri nickte grinsend. »Wie sind Sie darauf gekommen?«

»Weil es das ist, was ich tun würde, Henri. Welchen besseren Zufluchtsort für einen verfolgten amerikanischen Präsidenten gibt es denn als ein Land, das sich als besten Freund der Vereinigten Staaten betrachtet? Wenn unser guter Mr. Reinhart sich ein anderes Land ausgesucht hätte, wäre er in meiner Achtung ziemlich gesunken.«

»Er hat einen Flug nach Dublin genommen. Daher wissen wir es.«

»Ich habe schon damit gerechnet. In einer Viertelstunde folgen wir ihm mit dem Lear-Jet«, sagte Stuart, nahm wieder seine Denkerpose ein und starrte auf die beigefarbene Wand. »Wissen Sie, was unser hoch geschätzter Premierminister vorhat, Henri?«

»Nein, Sir.«

»Ihnen ist doch klar, dass ich gerade ausführlich mit ihm gesprochen habe.«

»Nur, dass er angerufen hat.«

Fast unmerklich schüttelte Stuart den Kopf. »Ich glaubte ihn zu kennen und wusste, wie sehr ihn die zögerliche, halbherzige Haltung seines Amtsvorgängers im Fall Pinochet angewidert hat. Deshalb habe ich ihn ja von Sizilien aus verständigt, um ihm ein bisschen Dampf zu machen und ihn aufzustacheln. Mir war klar, dass er mir freie Bahn geben würde, um John Harris dingfest zu machen.«

»Ja, Sir.«

»Allerdings hatte ich keine Ahnung, wie verbissen er diese Sache sieht. Er will Harris tatsächlich nach Lima verfrachten lassen, Henri. Ist das zu fassen?«

»Sie meinen, noch während die Gerichte …«

»Nein, nein. Nichts Illegales. Selbstverständlich kann er nicht in das laufende Verfahren eingreifen. Doch er hat jeden, dem er Anweisungen geben oder den er beeinflussen kann – den Innenminister, den Außenminister und die Polizei –, dazu angehalten, auf einen möglichst schnellen Abschluss des Auslieferungsverfahrens zu drängen.«

»Das ist inzwischen ja hinfällig, Stuart«, wandte Henri ein.

»Sind Sie überrascht, Sir?«

Campbell sah Henri an. »Ich bin völlig perplex. Offen gestanden hatte ich nicht damit gerechnet.«

»Also waren wir ganz dicht dran?«, fragte Henri.

»Wo dran?«, gab Stuart geistesabwesend zurück.

»Den Wunsch unseres Mandanten zu erfüllen.«

»Oh, Miraflores, der Blutrünstige«, schnaubte Stuart, drehte sich wieder zur Wand um und starrte ins Leere. »Ja, offenbar schon. Und außerdem haben wir dafür gesorgt, dass John Harris jetzt noch schneller in Lima endet.«

»Und das macht Ihnen Sorgen?«

»Ziemlich große sogar.«

35

Internationaler Flughafen Dublin,
Dienstag, 20:40

Michael Garrity wartete hinter der Zollabfertigung. In der Hand hatte er ein kleines Schild, auf dem in großen Buchstaben »Reinhart« stand. Er war kleiner, als Jay gedacht hatte. Den vollen silbergrauen Haarschopf trug er gestutzt wie ein römischer Kaiser, und er hatte ein tief zerfurchtes Gesicht und einen breiten Mund, der ständig zu lächeln schien.

Die beiden Männer schüttelten sich die Hand. Dann wies Garrity auf die Auffahrt, wo ein Kleinbus parkte.

»Schön, Sie kennen zu lernen«, sagte er mit tiefer Stimme.

»Sind sie schon da?«, fragte Jay.

Garrity schob die Tür des Terminals auf. »Nein. Und vermutlich hat mich die Flugsicherung von Dublin vor zehn Minuten endgültig für verrückt erklärt, weil ich schon zum dritten Mal anrief. Sie haben noch nichts von einem Flug EuroAir Zehn-Zehn gehört.«

Jay verzog besorgt das Gesicht.

»Ist sicher alles in Ordnung«, meinte Garrity rasch und stieg in den Kleinbus.

Der Fahrer stellte sich vor und deutete auf ein Tor in einiger Entfernung. »Ich bringe Sie zur Rampe, damit Sie dort auf die Maschine warten können.«

Jay griff zum Mobiltelefon und wählte eine Nummer.

Er ließ es läuten, bis eine freundliche Frauenstimme die offensichtliche Tatsache verkündete, dass der Teilnehmer nicht erreichbar sei. Seufzend schaltete Jay das Telefon ab.

»Übrigens, Jay, habe ich eine meiner Sekretärinnen aus dem Bett gejagt«, sagte Michael. »Sie hat die Hotelzimmer und einen Wagen besorgt und außerdem einen leicht konsternierten Beamten von der Einwanderungsbehörde aufgescheucht, der zum Flugzeug kommen wird.«

»Nur die Einwanderungsbehörde?«

»Der Zoll wird nicht gebraucht, da Ihre Leute ja aus einem anderen europäischen Land einreisen.«

»Ach, das hatte ich ganz vergessen. Ich war ziemlich in Eile, weil ich meinen Flieger erwischen musste.«

In nachdenkliches Schweigen versunken, fuhren sie durch einige Sicherheitstore.

Schließlich ergriff Michael Garrity wieder das Wort: »Sie waren noch nie in Irland?«

»Nein, leider nicht.«

»Tja, morgen haben wir alle Hände voll zu tun, um uns auf diese Sache vorzubereiten. Außerdem wird Ihr Gegenspieler Stuart Campbell uns nicht aus den Augen lassen. Aber Sie müssen mir gestatten, Ihnen irgendwann unsere schöne Stadt zu zeigen.«

Lächelnd schüttelte Jay den Kopf. »Ich bezweifle, dass wir dafür die Zeit haben werden, Michael.«

»Ach, wenigstens ein paar der üblichen Sehenswürdigkeiten. Haben Sie schon mal von Molly Malone gehört?«

»Von wem?«

Als Michael ein paar Takte des Liedes sang, hob Jay lachend

die Hand. »Ach ja. Die hübsche Fischhändlerin, die am Fieber starb.«

»In der Innenstadt steht eine schöne Statue von ihr, und zwar gleich in der Nähe des Four Courts, des historischen Gerichtsgebäudes, wo ich mich an den meisten Tagen kaputtschufte und wo auch unsere Sache verhandelt werden wird.«

Der Kleinbus hielt am Rand einer Rollbahn, um dort zu warten. Garrity griff zum Mobiltelefon und wählte erneut die Nummer der Flugleitzentrale.

»Ja, ich bin es wieder, der Quälgeist. Ist sie da? Ausgezeichnet. Und wann wäre das?« Er nickte. »In einer Viertelstunde? Vielen Dank.« Er beendete das Gespräch und sah Jay an. »Haben Sie es mitgekriegt?«

Jay lächelte und holte tief Luft. »Ja. Noch fünfzehn Minuten. Mir fällt ein Stein vom Herzen.«

»Woher kommen die Herren eigentlich?«, erkundigte sich der Fahrer.

»London«, erwiderte Jay geistesabwesend.

»Ach, da sind Sie schon die Zweiten. Wenn Sie die anderen suchen, die sind übrigens schon weg.«

Mehr gereizt als neugierig sah Jay ihn an. »Was?«

»Der Lear-Jet 35. Er ist vor etwa dreißig Minuten aus London gekommen. Die Männer sprachen davon, dass sie jemanden treffen wollten. Ich dachte nur … dass Sie auch dazugehören.«

»Nein«, erwiderte Jay kopfschüttelnd. »Ich bin mit einem Linienflug eingetroffen. Aus London, sagten Sie?«

»Ja, Sir. Der große Mann und die Piloten sind vor ein paar Minuten mit den Leuten, die sie abgeholt haben, losgefahren. Ich habe schon geglaubt, die hätten Sie vergessen. Tut mir leid.«

Jay wurde von einem ahnungsvollen Schauder ergriffen.

»Ein großer Mann? Wissen Sie, wie er hieß?«

Der Mann kramte eine Visitenkarte aus seiner Hemdtasche.

»Den Namen des Mannes habe ich nicht verstanden, aber der Pilot hat mir seine Karte gegeben, falls Ihnen das weiterhilft. Jean-Paul soundso.«

Lächelnd reichte er Jay die Karte. »Aber ich muss sie wiederhaben, für die Verwaltung.«

Jay betrachtete die Karte und ließ die Schultern hängen.

»Was ist, Jay?«, erkundigte sich Michael Garrity.

»Wie zum Teufel …«, murmelte Jay.

»Was gibt es?« Michael rückte näher und versuchte, den Namen auf der Karte zu entziffern.

»William Stuart Campbell«, erwiderte Jay. »Er ist schon da. Der Mann ist entweder Hellseher oder ein Ein-Mann-Geheimdienst.«

Hotel Shelbourne, St. Stephen's Green, Dublin

Während die Limousine auf dem Weg vom Flughafen zu dem Hotel in der Innenstadt durch die Nacht raste, wurde Stuart Campbell von Erschöpfung ergriffen. Doch er hatte zu viel zu tun: Er war der Anführer, musste die Befehle erteilen und seinen Männern mit gutem Beispiel vorangehen.

Deshalb zwang er sich, mit den drei Mitarbeitern zu plaudern, die ihn vom Flughafen abgeholt hatten. Da es noch einiges zu erledigen gab, war es wichtig, dass sie die ganze Nacht lang auf Zack blieben. Und dazu war es nötig, dass er sich zunächst Respekt verschaffte.

Nur der Partner seiner Kanzlei in Dublin hatte Stuart Campbell je persönlich kennen gelernt. Stuart wusste, dass man ihm hier mit übertriebener Ehrfurcht begegnen und ihm Unfehlbarkeit unterstellen würde, ein Umstand, der es Untergebenen für gewöhnlich erschwerte, offen zu sein und ihn auf Fehler hinzuweisen. Eigentlich war er daran gewöhnt, starke Teams zusammenzustellen, allerdings nur selten unter einem derartigen Zeitdruck. Mit Mitarbeitern und Gegenspielern freundschaftliche Beziehungen zu pflegen, war eine Kunst, in der er Erfahrung hatte. Sie war nur eines seiner vielen Talente, die dafür sorgten, dass er aus Verhandlungen zumeist als Sieger hervorging.

Als ein vertrautes Gebäude vorbeiglitt, blickte Stuart eine Weile nach draußen und rief sich den Stadtplan von Dublin in Erinnerung. Der Ratschlag eines längst verstorbenen Mentors – eines der besten englischen Prozessanwälte der Nachkriegszeit – fiel ihm wieder ein. Es war eine Stimme, die er immer wieder in Gedanken hörte und die er oft vermisste.

»Stuart«, hatte Sir Henry Delacorte ihm gesagt, als er noch ein junger Anwalt gewesen war, »es ist schwer, einem Mann, den man sehr gern hat, etwas abzuschlagen. Bauen Sie eine Brücke zu den Menschen, mit denen Sie zu tun haben, dann werden sie sich wider besseres Wissen mit allen schwierigen Anliegen an Sie wenden. Aber begehen Sie niemals den Fehler, diese Brücke selbst zu überqueren.«

Was die Kunst der Manipulation anging, konnte dem erfahrenen Juristen Campbell niemand das Wasser reichen. Er wusste, wie er das Vertrauen eines Gegners ausnutzen konnte, während er selbst sich nie durch persönliche Gefühle lenken ließ.

Als Privatmann allerdings verursachte dieses Vorgehen ihm oft Gewissensbisse, denn eigentlich mochte Stuart seine Mitmenschen. Doch hinderte ihn das leise Unbehagen nie daran, jemanden in seinem Sinne zu beeinflussen – auch wenn seine Bedenken, die ständigen Schuldgefühle, weil er andere Menschen so skrupellos benutzte, ein wenig dazu beigetragen hatten, dass er nicht vollends zum Zyniker geworden war. Dass seine eigenen Methoden ihm ein gewisses Unbehagen bereiteten, hatte ihm einen letzten Rest Menschlichkeit bewahrt.

»Sind alle bereit?«, erkundigte sich Campbell, nachdem sich sein Team – drei Männer und zwei Frauen – in dem prächtig ausgestatteten alten Hotel versammelt hatte. Sie saßen rings um den Konferenztisch in der Präsidentensuite.

Alle Anwesenden nickten.

»Also gut. Erste Frage: Wo finden wir einen Bezirksrichter?«

»Vermutlich weder heute Abend noch morgen«, antwortete eine der Frauen und erklärte, dass an diesem Feiertag die meisten Juristen traditionell nicht zu sprechen waren. »Außerdem müssen wir die Garda einschalten. Schließlich müssen sie den Haftbefehl von Interpol offiziell dem Gericht oder dem Richter vorlegen.«

»Haben wir eine Liste aller Richter?«, erkundigte sich Stuart. »Mit Adressen, Telefonnummern und so weiter?«

»Ja«, erwiderte sie.

»Dann also ran an die Telefone. Vielleicht ist ja trotzdem jemand zu sprechen.«

»Falls wir einen Richter auftreiben können«, sagte die Frau, »lässt er sich vielleicht überzeugen, den Haftbefehl zu Hause zu unterzeichnen. Aber ich kann es nicht garantieren.«

»Wir haben nicht viel Zeit«, meinte Stuart, lehnte sich mit hinter dem Kopf verschränkten Händen zurück und sah alle nacheinander an. »Wir müssen uns immer vor Augen halten, dass wir hier sind, um Präsident Harris festzunehmen und ein Verfahren gegen ihn einzuleiten. Das erwartet unser Mandant von uns, und er bezahlt uns eine Stange Geld dafür.«

Patrick Nolan, der Partner der Kanzlei in Dublin, nickte. »Als Sie uns alarmiert haben, Stuart, habe ich nicht gedacht, dass die Sache hier enden würde.«

»Ich auch nicht«, erwiderte Stuart. »Ich hielt es für möglich, dass Harris uns in Athen durch die Lappen geht. Aber dass er es schafft, Italien zu verlassen, hätte ich nie vermutet.«

»Wollten Sie ihn sich nicht in Rom schnappen?«, fragte Nolan.

»Um ihn in das Flugzeug nach Lissabon zu setzen, das wir gechartert hatten?«, meinte Stuart.

Nolan nickte. Sein Seniorpartner schüttelte lächelnd den Kopf.

»Dieser Jet war niemals wirklich eingeplant. Er war nur eine Dekoration, um Präsident Miraflores eine Freude zu machen. Die Italiener hätten das niemals zugelassen, und ich war auch nicht bereit dazu, denn meine guten Beziehungen zur italienischen Regierung hätten darunter sehr gelitten. Doch dann ergab sich die unvorhergesehene Möglichkeit, Harris nach London zu lotsen. Und ich bin wirklich überrascht, dass das nicht geklappt hat.«

»Und warum hat es nicht geklappt?«, erkundigte sich Nolan.

»Weil John Harris ein sehr kluger Mann ist, Paddy. Es ist ihm irgendwie gelungen, eine Gruppe Getreuer um sich zu scharen.« Kopfschüttelnd lachte er auf. »Einschließlich eines

Flugzeugs voller uralter amerikanischer Kriegsveteranen, die kurz davor standen, mir wenn nötig eine Tracht Prügel zu verabreichen. Ihre Treue zu Harris war wirklich beeindruckend.«

In den Mienen der Anwesenden malte sich Erstaunen.

»Wenn diese Sache hier erledigt ist und wir alle im Pub unseren Sieg begießen, erzähle ich Ihnen die ganze Geschichte.« Er beugte sich vor und legte die großen Hände auf den Tisch. »Okay, jetzt an die Arbeit. Ich bin auf den gesunden Menschenverstand von Ihnen allen angewiesen. In diesem Raum gibt es keine Rangordnung, verstanden? Wir sind ein Team, und wir müssen wie ein Team denken. Jeden Augenblick wird John Harris hier landen, und dann tickt die Uhr. Sie können also sagen, was Sie wollen, ohne Rücksicht aufs Protokoll zu nehmen.«

Er hielt inne und lächelte, um die Wirkung seiner Worte zu erhöhen. »Tja, fast alles wenigstens.«

Alle lachten, und Stuart merkte ihnen an, dass das Eis gebrochen war.

»Harris hat gute Gründe dafür, hier in Dublin nur aufzutanken und sofort wieder zu starten. Doch das heißt nicht, dass die Reichweite seiner Maschine genügt, um es ohne Zwischenstopp in die Vereinigten Staaten zu schaffen. Das wiederum bedeutet, dass sie in Island oder in Kanada Station machen müssen, falls sie weiterfliegen wollen. In beiden Ländern stehen unsere Leute bereit. Natürlich würde ich die Entschlossenheit der Kanadier lieber nicht auf die Probe stellen, denn schließlich lauert im Süden ihres Landes ein Koloss – und dieser Koloss will, dass John Harris als freier Mann nach Hause kommt.«

»Sir William«, meldete sich eine der Frauen zu Wort.

»Stuart«, verbesserte er sie.

»Ja, Sir … äh, Stuart. Ich wollte nur sagen, dass es unmöglich ist, rechtzeitig einen Haftbefehl zu bekommen, wenn sie hier in Dublin nur auftanken und gleich weiterfliegen.«

»Das ist mir klar, Orla. Aber die Piloten sind müde, und ich glaube nicht, dass sie den Flug fortsetzen werden, ohne sich vorher ein wenig auszuruhen. Außerdem wird Mr. Reinhart gewiss einen hiesigen beigeordneten Anwalt anheuern, der ihm dasselbe sagen wird wie Sie gerade eben – nämlich, dass man so kurzfristig keinen Bezirksrichter auftreiben kann. Harris wird ganz richtig annehmen, dass es uns frühestens morgen gelingt, ihm Handschellen anzulegen, weshalb ihm noch ein paar Stunden Aufschub bleiben. Die Aufgabe lautet nun folgendermaßen: Auf welchem anderen Weg als in dieser Maschine kann John Harris Irland verlassen? Und wie verhindern wir das, ohne uns strafbar zu machen?«

Patrick Nolan sah die anderen an, zog seinen Notizblock zu Rate und wandte sich dann an Stuart. »Tja, mit der Bahn kommt er nicht weg, da bin ich ziemlich sicher.«

Während am Tisch wieder gelacht wurde, fuhr Patrick fort: »Wir wissen, dass sie Hotelzimmer reserviert haben. Offenbar haben Sie recht, Stuart: Sie wollen sich ausruhen. Aber unsere größte Sorge sind die Fluggesellschaften.«

Stuart nickte weise. »Daran habe ich auch schon gedacht. Er könnte sich einfach ein Ticket bei Aer Lingus kaufen und direkt nach New York fliegen.«

»Und das schon um sieben Uhr morgens«, ergänzte einer der Männer. »Allerdings war noch vor zwei Stunden bei keiner Fluggesellschaft, die Direktflüge in die USA anbietet, ein

Ticket für ihn reserviert. Das heißt jedoch nicht, dass sie es nicht versuchen werden.«

»Ich kenne den Vorstandsvorsitzenden von Aer Lingus persönlich«, erwiderte Stuart. »Vielleicht würde ein Anruf von mir etwas bringen, in dem ich ihm erläutere, welche juristischen und politischen Schwierigkeiten er sich einhandelt, wenn er Harris ein Ticket verkauft. Aber ich brauche sofort die Telefonnummern.«

Am Tisch wurden eifrig Notizen gemacht. Nolan hob den Finger.

»Es gibt noch eine Gesellschaft mit Direktflügen in die USA.«

»Meinen Sie Delta?«

Patrick nickte.

»Der hiesige Chef ist doch Ire, oder?«

Die Anwesenden wechselten Blicke. »Ich denke schon«, meinte Patrick.

»Und Delta braucht die Erlaubnis der Regierung, um Irland anzufliegen. Bestätigungen und Genehmigungen. Wenn die Regierung aus irgendwelchen Gründen stinksauer auf sie wäre, könnte sie ihnen das Leben gewiss ziemlich schwer machen.«

Einer der Männer stand bereits auf und griff zum Mobiltelefon, aber Campbell bat ihn mit einer Handbewegung zu warten. »Bill, wir brauchen den Namen und die Privatnummer des Managers. Außerdem alle persönlichen Informationen, die Sie auftreiben können.«

»Was werden Sie ihm sagen?«, erkundigte sich Nolan.

Stuart Campbell grinste. »Gar nichts, Paddy, denn Sie werden ihn für mich anrufen.«

»Meinetwegen, Stuart, aber warum ausgerechnet ich, wenn ich fragen darf?«

»Tja, Sie sind Ire, der Mann, den wir überzeugen wollen, ist ebenfalls Ire, und ich bin nichts weiter als ein dahergelaufener britischer Ritter. Wer hat da wohl bessere Karten?«

Patrick nickte. »Schon verstanden.«

36

Im Anflug auf den internationalen Flughafen Dublin, Dienstag, 21:05

»Voreinflugzeichen, Flughöhe überprüft, keine Warnschauzeichen«, meldete Alastair, während Craig Dayton den Autopiloten der Boeing 737 abschaltete und das Steuerhorn vorschob, um in einem gleichmäßigen Sinkflug den Gleitpfad des Instrumentenlandesystems zu treffen.

»Steuern Gleitpfad an. Klappen fünfundzwanzig, Fahrwerk runter, Klarliste vor der Landung«, befahl Craig.

»Roger«, erwiderte Alastair. »Klappen auf fünfundzwanzig, Fahrwerk runter.« Er legte den Fahrwerkshebel um und griff zu der laminierten Checkliste, um jeden Punkt mit Craig durchzugehen.

»Klappen, Craig.«

»Roger, Feld in Sicht, Klappen dreißig«, meldete Craig, als die Landebahnbefeuerung sechs Kilometer vor der Maschine auftauchte.

»Klappen auf dreißig. Wir haben Landeerlaubnis. Geschwindigkeit stimmt, Voreinflugzeichen plus fünf, Geschwindigkeit einhundertvierundzwanzig Knoten.«

Die Maschine überquerte die Begrenzung von Landebahn 10. Craig fing den Sinkflug wenige Zentimeter über dem Boden ab und setzte das Flugzeug sanft auf den Asphalt.

»EuroAir Zehn-Zehn, Ausfahrt Rollweg Bravo, Bodenkontrolle kontaktieren«, sagte der Fluglotse im Tower.

»Zehn-Zehn hat verstanden. Sir, könnte sich die Flugleitzentrale Dublin bitte mit London in Verbindung setzen und Bescheid geben, dass wir okay sind?«

»Schon geschehen, Zehn-Zehn. Sie haben heute Abend ein ziemliches Durcheinander angerichtet.«

»Zwischen den Zeilen sollte das wohl heißen, dass man von uns eine Menge Erklärungen erwartet«, meinte Alastair.

»Ganz sicher«, stimmte Craig zu und bog von der Landebahn ab, während Alastair auf die Frequenz der Bodenkontrolle umschaltete und sich meldete. Nachdem er den Funkknopf losgelassen hatte, sah er Craig an.

»Unser hoch geschätzter Chefpilot wird von unserem neuesten Trick begeistert sein«, stellte er fest.

»Vielleicht hat er es ja noch nicht mitbekommen«, erwiderte Craig grinsend und beobachtete die Rollbahn.

»Und vielleicht geht morgen die Sonne im Westen auf, Captain, Sir. Ich glaube, jetzt haben wir endgültig verspielt.«

Craig brachte die Boeing zum Stehen und setzte die Parkbremse. Er sah, dass eine Treppe an die vordere Tür gefahren wurde. Jillian öffnete die Cockpittür.

»Soll ich vorne aufmachen, Craig?«

»Wenn Matt Ward und Sherry einverstanden sind«, entgegnete Craig.

»Sind sie.«

»Dann nichts wie raus hier.«

Sherry Lincoln trat in die irische Nacht hinaus und atmete tief durch. Sie genoss die feuchtkalte Luft und freute sich schon auf das erste richtige Bett seit achtundvierzig Stunden.

Matt Ward war ihr gefolgt.

»Wunderschöne Nacht, was?«, meinte er.

»Ja, und keine Spur von Polizisten, Soldaten oder sonst irgendwelchen unangenehmen Zeitgenossen.«

»Wenigstens noch nicht«, meinte Matt und wies auf vier Männer, die sich der Treppe näherten. Er eilte ihnen entgegen, um sie aufzuhalten. Sherry hörte, wie einer von ihnen den Namen Jay nannte. Im nächsten Moment kamen Craig Dayton, Präsident Harris, Jillian, Ursula und Elle heraus.

Sherry stieg die Treppe hinab, ohne die beiden Männer, die gerade mit dem Geheimdienstmann sprachen, aus den Augen zu lassen. Sie fragte sich, welchem von ihnen die ruhige, gelassene Stimme gehörte, die ihr während dieser schrecklichen Zeit so viel Kraft gegeben hatte.

Der Erste der beiden war ziemlich klein und ein wenig rundlich. Auf seinem Gesicht unter dem silbergrauen Haarschopf stand ein breites Lächeln. Der Zweite war sportlich gebaut und knapp eins achtzig groß. Er hatte volles schwarzes Haar, ein ebenmäßiges Gesicht und große, dunkle Augen.

Sherry war ein wenig erleichtert, als der zweite Mann vortrat und ihr die Hand hinhielt.

»Miss Lincoln, wie ich annehme.«

»Mr. Reinhart?«

»Oder sollte ich Ms. sagen?«

Sie lächelte. »Miss ist zutreffend, Ms. ist besser, und Sherry wäre mir am liebsten.«

»Ich freue mich, Sie endlich kennen zu lernen. Gut, dass Sie wohlbehalten angekommen sind.« Jay nahm ihre Hand und blickte hinter sie auf Präsident Harris, der inzwischen das Ende der Treppe erreicht hatte und auf sie zueilte.

»Jay!«

»Offenbar haben Sie jetzt noch mehr Schwierigkeiten als damals, als Sie noch mein Seniorpartner waren, Mr. President«, begrüßte Jay ihn lächelnd.

»Im Weißen Haus lernt man, wie man die Lasten gleichmäßig verteilt«, entgegnete der Präsident und stellte Craig Dayton und Alastair Chadwick vor.

Jay machte alle mit Michael Garrity bekannt und wies dann auf die beiden Männer, die im Hintergrund warteten.

»Diese Herren sind von der irischen Einwanderungsbehörde.«

Einer der Beamten lächelte. »Und welcher dieser sympathischen Leute ist der frühere Präsident der Vereinigten Staaten?«

Nachdem Formalitäten und Papierkram erledigt waren, nahm John Harris Jay beiseite und wies auf eine geparkte Maschine.

»Wie ich sehe, ist Campbell schon da.«

»Kennen Sie sein Flugzeug?«, erkundigte sich Jay.

Harris nickte stirnrunzelnd. »Ja, aus Sigonella. Es stand zwar ein Stück entfernt, aber die Farben sind sehr auffällig.«

»Er ist vor knapp zwei Stunden gelandet«, erklärte Jay. »Es ist mir immer noch schleierhaft, woher er wusste, dass Sie nach Dublin wollten und dass Sie nicht abgestürzt sind.«

Der Präsident und die anderen machten sich auf den Weg zum Terminal. »Man darf Stuart Campbell nicht unterschätzen, Jay. So banal es auch klingen mag, ist das ein Überlebenshandbuch, zusammengefasst in einem Satz.«

»Das glaube ich gern«, erwiderte Jay. »Und ich kann mir denken, dass er und seine Leute im Moment alle Hebel in Bewegung setzen, um einen Richter aufzutreiben. Michael wird Ihnen auf dem Weg zum Hotel den Ablauf des Verfahrens erläutern. Doch im großen Ganzen können wir damit rechnen, dass man uns bis morgen mehr oder weniger in Ruhe lässt. Möglicherweise schaffen sie es sogar erst am Donnerstag, den Haftbefehl anerkennen zu lassen, weil morgen St. Patrick's Day ist. Aber wenn die Chance besteht, Sie morgen mit einer Linienmaschine auszufliegen, müssen wir es tun, und zwar unbedingt.«

»Geht das denn?«, fragte der Präsident.

»Ich hatte noch keine Zeit, mich damit zu beschäftigen«, antwortete Jay, »und offen gestanden hielt ich es für unklug, einen Platz in Ihrem Namen zu reservieren, für den Fall, dass Campbells Leute uns beobachten.«

»Aber Sie haben doch eine Liste der Flüge?«, wollte Sherry wissen.

Jay nickte. »Ja. Aer Lingus und Delta bieten Direktflüge an; allerdings legt die Delta eine Zwischenlandung in Shannon ein. Ich dachte, Sie benutzen vielleicht besser meinen Pass, John.«

Der Präsident blieb stehen, schüttelte den Kopf und warf einen Blick auf Sherry. »Nein, damit bin ich nicht einverstanden, Jay. Irgendwo muss ich die Grenze ziehen. Außerdem wäre es in fast jedem Land der Erde eine Straftat, wenn ich Ihren Pass nehmen würde. Das wissen Sie doch.«

»Ich … ja, ich wollte Sie nur nach Hause bringen.«

»Tja, ich will auch nach Hause, aber nicht mit so einem billigen Trick.«

Als er sah, wie Jay zusammenzuckte, legte er ihm rasch die Hand auf den Arm. »Ich wollte Sie nicht kränken, Jay. Sie tun nur Ihre Pflicht, indem Sie jede Möglichkeit in Erwägung ziehen. Aber ich darf nicht in Panik verfallen.«

Jay nickte. »Ich verstehe.«

»Ich mache mir große Sorgen«, fuhr Harris fort und wies mit dem Kopf auf Craig Dayton und Alastair Chadwick. »Denn diese beiden bewundernswerten Piloten haben sich meinetwegen in große Gefahr gebracht. Falls sie ihren Job verlieren sollten, muss ich etwas für sie tun.«

»Wir mussten Sie aus Italien rausholen, John.«

»Ich weiß. Doch mir wird von Stunde zu Stunde mulmiger. Inzwischen ist mir endlich klar, wie groß das Netz ist, das Miraflores um den ganzen Globus gespannt hat, um mich zu schnappen. Bestimmt verfügt Stuart über unbegrenzte Geldmittel und Massen von Mitarbeitern, die ihn unterstützen.«

Wieder wurde Jay von Selbstzweifeln ergriffen. Im Gegensatz zu dem juristischen Koloss, den Stuart Campbell befehligte, bestand John Harris' Anwaltsteam aus einem einzigen Prozessanwalt, dessen Fähigkeiten niemand einschätzen konnte, einem beigeordneten Anwalt, den er selbst noch nicht kannte, und einem gescheiterten Richter aus Texas, der sich nach einer langen Pause wieder als Fachmann für internationales Recht beweisen wollte. Alles schien gegen sie zu sprechen, und er würde jede Minute brauchen, um sich auf die Schlacht vor den irischen Gerichten vorzubereiten.

Als Jay in den ersten der beiden Wagen steigen wollte, die sie in ein nahe gelegenes Hotel bringen sollten, hielt Craig ihn zurück.

»Was sollen wir jetzt tun, Mr. Reinhart?«

»Verzeihung?«

»Brauchen Sie mein Flugzeug und meine Besatzung noch?«

»Ich weiß nicht. Können Sie sich morgen den ganzen Tag noch bereithalten?«

Craig wandte sich zu Alastair um, der mit seinem Gepäck näher kam, und sah dann wieder Jay an. »Hören Sie, wahrscheinlich wird man uns rausschmeißen, und … ich habe deshalb gefragt, weil ich EuroAir vermutlich dazu bringen kann, uns weiterfliegen zu lassen, solange der Chartervertrag läuft. Die Gesellschaft hat sich schließlich nur einverstanden erklärt, weil das Weiße Haus Druck gemacht hat. Doch sobald kein Geld mehr fließt und die Politik sich nicht mehr dafür interessiert, werden wir den Befehl bekommen, die Maschine sofort nach Frankfurt zurückzubringen.«

»Teilen Sie Ihrer Gesellschaft mit, dass der Chartervertrag noch besteht und dass wir weiter zahlen«, erwiderte Jay sofort.

Craig nickte. »Gut. Ich … brauche vielleicht noch einmal Hilfe aus Washington, falls zu viele Leute wegen der Sache über dem Ärmelkanal unseren Kopf fordern sollten. Immerhin ging man von einem Absturz aus und hat Rettungsmannschaften losgeschickt.«

»Geben Sie mir Bescheid. Ich rufe in Washington an und tue mein Bestes.«

»Noch etwas. Möglicherweise muss Washington auch seinen Einfluss geltend machen, damit wir die Maschine überhaupt in die Vereinigten Staaten fliegen dürfen.«

»Sie würden es in die Staaten schaffen? Ohne in Island oder in Kanada auftanken zu müssen?«, fragte Jay und zog die Augenbrauen hoch. »Ich dachte …«

Craig nickte und warf Alastair wieder einen Blick zu. »Lassen Sie es mich so ausdrücken: Von Dublin nach Presque Island in Maine sind es etwa zweitausendachthundert nautische Meilen, die maximale Reichweite dieses Flugzeugs beträgt ein kleines bisschen mehr als dreitausend nautische Meilen. Das heißt, dass wir vielleicht ankommen, solange die Gegenwinde nicht zu stark sind, wir die so genannte maximale Dauerfluggeschwindigkeit einhalten und die Flughäfen in Island, Grönland und Kanada nicht als Alternativen ausfallen. Allerdings gibt es da ein rechtliches Problem.«

»Das würde ich auch sagen!«, mischte sich Alastair ein.

»Und das wäre?«, fragte Jay.

»Es ist kein ETOPS-Flugzeug.«

»Für mich ist das nur Buchstabensuppe«, entgegnete Jay, lehnte sich an den Kleinbus und versuchte sich einzureden, dass er überhaupt nicht müde war.

»Wir Flieger lieben eben geheimnisvolle Abkürzungen«, meinte Craig. »ETOPS bedeutet *Extended Twin-Engine Overwater Operation,* also dass man sich mit einer doppelmotorigen Maschine weiter als gewöhnlich aufs Wasser hinauswagt. Der Flug von hier aus in die Vereinigten Staaten führt ein ordentliches Stück über den Atlantik. Wir hingegen dürfen uns nicht mehr als vierhundertachtzig Kilometer vom nächsten geeigneten Flughafen entfernen.«

»Also würden Sie gegen das Gesetz verstoßen?«

»Es wäre eher eine Verletzung der Vorschriften als eine Straftat«, erklärte Craig.

»Mr. Reinhart«, ergänzte Alastair, »mein Partner versucht gerade, Ihnen so schonend, wie es eben seine Art ist, beizubringen, dass es uns eigentlich nicht gestattet ist, Passagiere ohne Zwischenstopp über den Atlantik zu befördern, auch wenn wir die bei Flügen über das Wasser vorgeschriebene Sicherheitsausrüstung – Rettungsboote, Schwimmwesten, Überlebenskits und so weiter – an Bord haben. Um den offiziellen Segen für einen solchen Flug zu bekommen, muss man ein Genehmigungsverfahren hinter sich bringen, und unsere Maschine hat diese Zulassung noch nicht. Selbst wenn wir zurzeit keinen Ärger mit unseren Chefs hätten, würde EuroAir eine solche Flugroute niemals billigen.«

»Das wäre doch eigentlich auch überflüssig«, meinte Craig. »Wir melden einfach einen Flugplan nach Keflavík, Island, dann nach Gander, Neufundland, und von dort aus nach Presque Island, Maine, an. Nur dass wir unterwegs die Route ändern und direkt fliegen.«

»Ich glaube, ich verstehe«, sagte Jay.

»Wie ich annehme, wollen Sie auch weiterhin ausschließlich in den USA landen, nicht in Kanada?«

»Richtig. Können Sie über dem Wasser navigieren?«, erkundigte sich Jay.

»Ein Kinderspiel«, erwiderte Craig und bemerkte Alastairs gequälte Miene.

»Ich hasse diesen Spruch«, murmelte dieser.

»Er hasst diesen Spruch«, wiederholte Craig und wies mit dem Daumen auf den Kopiloten. »Wir haben zwei Satelliten-Ortungssysteme und können unsere Position jederzeit mit einer Genauigkeit von einem Meter bestimmen.«

»Ganz richtig«, entgegnete Alastair. »Im Moment zum Beispiel befindet sich unser beider berufliche Zukunft innerhalb eines Radius von einem Meter exakt dort, wo sich die Ausgestoßenen und die Arbeitslosen treffen. Warum genießen wir also nicht die Reise und hauen noch mal richtig auf den Putz?«

»Mit anderen Worten …«, stammelte Jay verwirrt.

»Mit anderen Worten«, erwiderte Craig, »können wir es tun, wenn der Präsident es will. Vorausgesetzt, die Windverhältnisse stimmen.«

»Bereiten Sie alles vor, meine Herren«, sagte Jay. »Wenn ich ihn anders nicht hier rausholen kann, machen wir es auf Ihre Weise.«

37

The Great Southern Hotel,
Flughafen Dublin, Dienstag, 21:50

Die Fahrt zu dem Hotel in Flughafennähe dauerte nicht lang. Allerdings entpuppte sich das Lokal, das Garrity für sie ausgesucht hatte, als verrauchter Pub, in dem es zu laut war, um ein ernsthaftes Gespräch zu führen. Es war fast elf, als sie ins Hotel zurückkehrten. Nachdem sie sich von den Piloten und den Stewardessen verabschiedet hatten, zogen sich der Präsident, Sherry Lincoln, Jay, Matt Ward und Michael Garrity in John Harris' Zimmer zurück.

»Hoffentlich sind Sie mit der Unterbringung zufrieden, Mr. President«, sagte Garrity. »Mr. Reinhart wollte, dass Sie so nah wie möglich am Flughafen wohnen.«

»Es ist absolut in Ordnung, Michael«, erwiderte der Präsident. »Ich brauche nicht unbedingt eine Suite mit sechs Zimmern.«

Michael Garrity erläuterte das Auslieferungsverfahren in Irland.

»Die Garda, unsere Polizei, muss den Interpol-Haftbefehl offiziell vorlegen. Allerdings werden sie sich sicher freuen, wenn Campbell ihnen hilft, einen Richter aufzutreiben. Falls Campbell keinen Bezirksrichter findet, bleibt ihm nichts übrig, als sich an einen Richter vom Hohen Gerichtshof zu wenden, wo ständig jemand Bereitschaftsdienst hat. Selbst an Feiertagen ist dort ein Richter greifbar. Allerdings könnte sich Campbell auch zu früh freuen, denn dieser Richter hat die Möglichkeit, sich für nicht zuständig zu erklären. Für uns läge der Vorteil darin, dass ein Richter vom Hohen Gerichtshof vermutlich eher bereit ist, sich unsere Einwände anzuhören, dass nämlich die Beweise nicht ausreichen, um die Anschuldigungen zu untermauern.«

John Harris bemerkte, dass Jays Miene sich verfinsterte.

»Jay und ich müssen miteinander reden, ehe wir fortfahren, Mr. Garrity«, sagte der Präsident.

»Aber natürlich«, entgegnete Garrity, erstaunt über die plötzlich kühle Atmosphäre im Raum. Auch Sherry wirkte überrascht.

»John«, begann Jay, »ich denke, die anderen sollten das mithören. Michael muss Sie verteidigen. Und Sherry und Matt gehören zu unserem Team. Ich finde, dass sie auch ein Recht haben, es zu wissen.«

»Was soll das heißen, Jay?«, fragte Sherry.

Der Präsident schickte sich an aufzustehen, überlegte es sich aber anders. Dann seufzte er auf und nickte. »Meinetwegen, Jay, vermutlich haben Sie recht.«

»Was wird hier gespielt, Jay?«, hakte Sherry nach.

»Stuart Campbell hat im Londoner Amtsgericht Unterstellungen gemacht, die eingeschlagen haben wie eine Bombe, Sherry. Erklären Sie es, Jay«, erwiderte der Präsident.

Jay erzählte von Campbells Behauptung, Barry Reynolds, der CIA-Beauftragte für Geheimoperationen, habe den Präsidenten im Oval Office in die Einzelheiten des Falls eingeweiht. Er habe Harris gewarnt, dass die Leute, die mit dem Überfall auf das peruanische Drogenlabor beauftragt werden sollten, die Verdächtigen mit großer Wahrscheinlichkeit foltern und töten würden.

»Und Sie haben das offiziell gebilligt?«, erkundigte sich Michael Garrity leise.

»Ganz und gar nicht!«, protestierte John Harris. »Ich meine … gut, hören Sie. In Wirklichkeit hat es sich völlig anders abgespielt. Reynolds hat den Fall persönlich bearbeitet und dem Geheimdienstdirektor Bericht erstattet, der wiederum mich informierte. Ich erfuhr, dass wir bei dieser Aktion mit dem Ziel, das Labor aufzuspüren und zu zerstören, in einer kritischen Phase angelangt waren, weshalb Reynolds mir persönlich Meldung machen wollte. Wie ich mich erinnere, fand ich diese Bitte seltsam, da derartige Informationsgespräche normalerweise in die Zuständigkeit des Geheimdienstdirektors oder seines Stellvertreters fielen.«

»Also war Mr. Reynolds doch im Oval Office?«, fragte ihn Jay.

John Harris nickte seufzend. »Ja, das war er. Hin und wieder waren solche inoffiziellen Treffen nötig. Gelegentlich fanden sie auch mit Angehörigen des Militärs statt. Es gab keine Tagesordnung, und die Namen wurden nicht im Terminkalender notiert. Aus Gründen der nationalen Sicherheit und aus politischen Erwägungen durfte nichts darauf hinweisen, dass diese Zusammenkünfte stattgefunden hatten.«

»Ich verstehe«, meinte Garrity und musterte den Präsidenten. »Damit man nötigenfalls alles abstreiten kann.«

»Also empfing ich Reynolds«, fuhr Harris fort. »Er kam pünktlich, und meine Sicherheitsleute brachten ihn heimlich durch die Westtür ins Oval Office.

Reynolds sagte mir – und ich erinnere mich sehr gut daran, weil ich entsetzt war, als ich später von dem Blutbad erfuhr –, es stehe eine Mannschaft bereit, die das Drogenlabor überfallen und zerstören sollte. Wir müssten Söldner anheuern, und er habe die entsprechenden Leute bereits besorgt. Ich fragte ihn, ob sie über eine militärische Ausbildung verfügten, und er versicherte mir, es handle sich um fähige, disziplinierte Veteranen, die ein wenig auf die schiefe Bahn geraten seien. Weiter sagte er mir zu, die Leute würden sich an ihre Befehle halten und nur töten, wenn es sich nicht vermeiden ließe. Außerdem wüssten sie, dass es nur um das Labor gehe, nicht um die Menschen, die dort arbeiteten – wie mir klar war, *campesinos*, Bauern, die man zu dieser Tätigkeit gezwungen hatte. Aber wir mussten den Nachschub stoppen.«

»Also haben Sie den Überfall genehmigt?«, erkundigte sich Jay.

»Ja, als Oberbefehlshaber und letztlich Verantwortlicher für sämtliche Sonderaktionen und Entscheidungen der Regierung musste ich handeln. Die Heroineinfuhren in die USA hatten astronomische Ausmaße angenommen, und der Löwenanteil stammte aus dem fraglichen Labor. Außerdem legte die Regierung Fujimori die Hände in den Schoß.«

»Aber, John«, unterbrach Jay, »mir kommt es eigentlich nur auf einen einzigen Punkt an: Hat Reynolds Ihnen gegenüber in irgendeiner Weise angedeutet, dass die Söldner, deren Beauftragung Sie ihm gestatteten, die Arbeiter foltern oder ermorden könnten?«

»Nein. Wie ich bereits sagte, versicherte er mir, sie würden ihre Anweisungen befolgen. Mein Befehl lautete, den Arbeitern nichts zu tun und nur im äußersten Notfall zu töten.«

»Dann«, meinte Jay und starrte John Harris in die Augen, »frage ich mich, warum Stuart Campbell behauptet, Barry Reynolds habe dieses Treffen auf Video aufgenommen und diese Aufnahme zeige das Gegenteil?«

»Das weiß ich nicht! Verdammt, Jay, haben Sie überhaupt eine Ahnung, was diese Anschuldigung für mich bedeutet? Ich bin sicher, dass ich nicht an Alzheimer leide wie der arme Ronnie Reagan. Bis jetzt hatte ich, Gott sei Dank, immer ein gutes Gedächtnis, und ich kann beschwören, dass es ein derartiges Video nicht gibt. Niemals, ich wiederhole, niemals habe ich Reynolds solche Warnungen aussprechen hören. Man hätte es nicht einmal zwischen den Zeilen in seine Äußerungen hineininterpretieren können, denn ich habe mich ausdrücklich erkundigt, wie groß die Gefahr sei, dass die Sache aus dem Ruder laufen könnte.«

Jay nickte. »Ich habe eine Kopie des Videos von ihm verlangt.«

»Und?«, zischte John Harris. Sein Gesicht war gerötet, und sein Atem ging stoßweise.

»Und Campbell hat es nicht herausgerückt, obwohl das sicher zum Teil daran liegt, dass wir beide nicht lang genug in London waren.«

»Ich fürchte, wir müssen diese Kopie haben«, meinte Michael Garrity.

»Aber unbedingt«, sagte John Harris. »Allein die Behauptung dieses Menschen, er habe im Oval Office ein Gespräch mit dem Präsidenten der Vereinigten Staaten aufgenommen, ist absurd.«

»Na ja, wenn wir Leute heimlich ins Haus brachten«, wandte Matt ein, »kannten wir sie normalerweise persönlich. Wir

haben sie zwar abgetastet, aber sie nicht durch den Metallde-
tektor gehen lassen.«

»Und das heißt?«, hakte Jay nach.

»Dass ein uns bekannter leitender CIA-Mitarbeiter durchaus
mit einer am Körper versteckten Kamera hätte hereinkommen
können. Mit so etwas rechnet man doch nicht.«

John Harris sah Jay in die Augen. »Falls eine Aufnahme eines
Gespräches zwischen Reynolds und mir existiert, die von
dem abweicht, was ich Ihnen gerade geschildert habe, ist sie
entweder elektronisch oder anderweitig manipuliert worden«,
sagte er nachdenklich.

Jay nickte. »Das liegt durchaus im Bereich des Möglichen.
Doch wie sollen wir es beweisen?«

»Das ist der springende Punkt«, meinte Michael Garrity. Er
starrte an die Wand und strich sich über das Kinn. »Bei einem
Prozess könnte man die Echtheit einer derartigen Videoaufnahme anfechten, in einer Anhörung wie dieser hingegen –«

»Es müsste trotzdem klappen«, mischte sich Sherry ein. »Erinnern Sie sich an den Fall Rodney King? Die Polizisten haben den Mann vor laufenden Kameras windelweich geprü-
gelt. Und die Verteidigung hat es geschafft, so lange Zweifel
zu säen, bis die Angeklagten freigesprochen wurden. Wer
wird so eine alberne Fälschung für bare Münze nehmen?«

»Schön, dass Sie so treu zu mir halten, Sherry, ich bin Ihnen
sehr dankbar«, sagte der Präsident bedrückt.

»Er hat recht, Miss Lincoln«, fügte Garrity hinzu. »Wenn ein
Richter in dieser Phase des Verfahrens dieses Band zu sehen
kriegt, werden wir es nur schwer anfechten können.«

»Können wir nicht vorbringen, es sei auf illegalem Wege entstanden und deshalb nicht zulässig?«, schlug Jay vor.

»Vielleicht. Doch das hängt ganz allein vom Richter ab. Außerdem haben wir es mit einer ziemlich brisanten Mischung zu tun: ein amerikanischer Präsident, das Weiße Haus, ein leitender CIA-Mitarbeiter. Sogar ein amerikanisches Gericht würde ein derartiges Video nicht so schnell für unzulässig erklären. Wir dürfen nicht vergessen, dass Reynolds bei der CIA ein angesehener Mann war.«

»Wenn Campbell das Band in Dublin dem Gericht vorlegt, hätten wir also ein Problem?«, fragte Jay.

»Nein«, erwiderte Michael Garrity. »Nein, Jay, wir hätten nicht einfach nur ein Problem. Es wäre die absolute Katastrophe.«

Hotel Shelbourne, St. Stephen's Green, Dublin

Stuart Campbell beendete das letzte Telefonat und öffnete das Fenster, das auf St. Stephen's Green hinausging, um frische Luft zu schöpfen.

Das Wetter war ziemlich mild, und ein leichter Wind strich durch die Vorhänge. Fast spürte er die Gegenwart des nur einen guten Kilometer entfernten Four-Courts-Gebäudes am Ufer des Liffey, obwohl er es natürlich nicht sehen konnte. Die Geschichte dieses Bauwerks hatte ihn schon immer fasziniert, denn sie zeugte von einem Widerstandsgeist, wie ihn seine schottischen Landsleute nie aufgebracht hatten. Nach dem irischen Bürgerkrieg im April 1922 war es nur noch eine Ruine gewesen und hätte durch das Bombardement der Loyalisten fast die Kuppel verloren. Doch die Iren hatten es mit eherner Entschlossenheit wieder aufgebaut, als Symbol nicht nur für den Sieg des Gesetzes, sondern auch den der Republik.

Und nun würde das Four-Courts-Gebäude für ihn wieder Schauplatz einer Schlacht sein. Das britische und das irische Rechtssystem waren mehr oder weniger identisch. Vor vielen Jahren hatte er als Prozessanwalt hier britische Interessen vertreten – ein aufregendes Erlebnis, das er allerdings nie mit seinen englischen Anwaltskollegen erörterte, denn die hatten nicht viel für die Iren übrig.

Campbell drehte sich um und warf einen Blick auf das geschäftige Treiben hinter sich. Die Präsidentensuite diente ihm als Kommandozentrale, während am anderen Ende der Stadt, in seiner Dubliner Kanzlei, ein Team aus sechzehn Anwälten und einigen Sekretärinnen alle Hände voll zu tun hatte, um Anträge für jede mögliche Instanz und jedes mögliche Szenario vorzubereiten.

In der letzten Stunde hatte Campbell einige hochrangige Persönlichkeiten zu Hause angerufen. Zwischen den Telefonaten hatte er zu seiner Enttäuschung immer wieder von seinen Mitarbeitern die Meldung erhalten, dass die Suche nach einem Richter bis jetzt erfolglos verlaufen war. Wie er befürchtet hatte, war offenbar kein Bezirksrichter in der Republik Irland bereit, sich in seiner Freizeit mit dem Haftbefehl zu befassen.

»Einmal glaubte ich fast, wir hätten es geschafft«, hatte Patrick vor zwanzig Minuten berichtet. »Ich habe Richter O'Mally am Mobiltelefon in seinem Garten erwischt. Er sagte, wir könnten zu ihm nach Hause kommen. Doch nur, bis er hörte, dass der Haftbefehl auf einen gewissen John Harris, den ehemaligen Präsidenten der Vereinigten Staaten, lautet.«

»Was passierte dann?«, fragte Stuart.

»Tja, wörtlich kann ich seine Antwort nicht wiedergeben, da sie hauptsächlich aus entrüstetem Gestammel und Hohnge-lächter bestand … ein paar Schimpfwörter waren auch dabei. Kurz zusammengefasst meinte er, ich hätte eine Schraube lo-cker, wenn ich von ihm erwartete, dass er zu Hause einen Haftbefehl für einen ehemaligen amerikanischen Präsidenten unterschriebe, den – wie er es ausdrückte – ›besten Freund, den Irland je gehabt hat‹. Er sagte, es sei mindestens eine ordentliche Anhörung nötig, unter der Wahrung aller nach irischem Gesetz vorgesehenen Rechte, zu denen auch eine offizielle Benachrichtigung der Gegenseite gehöre. Weiter werde er keine Anträge auf Verkürzung der Frist akzeptieren, innerhalb deren Harris' Mannschaft spätestens informiert werden müsse.«

»War das alles?« Stuart lachte.

»Nein. Dass ich bei einem früheren amerikanischen Präsiden-ten von Fluchtgefahr sprach, empfand er als persönlichen Af-front. Also, Stuart, habe ich ihm noch einen schönen Abend gewünscht, da ich davon ausging, dass unsere Chancen auf eine Entscheidung in unserem Sinne bei ihm verhältnismäßig schlecht standen.«

Die Suche ging zwar weiter, doch die wenigen erreichbaren Richter hatten zumeist kein Interesse daran, in ihrem Wohn-zimmer eine Gerichtssitzung abzuhalten. Einer von ihnen traute einem ehemaligen Präsidenten nicht zu, sich einfach aus dem Staub zu machen, und ein anderer äußerte sogar unverblümt, er hielte eine Flucht für die beste Lösung.

»Es ist fast elf«, verkündete Campbell. »Ich glaube, wir stellen die Anrufe bei den Richtern für heute lieber ein und konzentrieren uns bis etwa zwei Uhr auf unsere Strategie. Anschließend gehen wir schlafen, und morgen früh um acht machen wir uns wieder an die Arbeit.« Er setzte sich an den Tisch und betrachtete die Anwesenden. »Irgendwelche Vorschläge?«

»Wir sind keinen Millimeter weitergekommen, Sir«, meinte einer der Männer. »Gab es bei Ihnen Fortschritte?«

»Ja«, erwiderte Stuart mit einem Blick auf seine Notizen. »Und ich wette, Mr. Harris und Mr. Reinhart werden morgen eine unangenehme Überraschung erleben, sofern sie das tun, was ich vermute.«

38

The Great Southern Hotel,
Flughafen Dublin,
Mittwoch, 00:20

Es war schon nach Mitternacht, als Jay Reinhart, Sherry Lincoln und Michael Garrity den Präsidenten verließen. Geheimagent Matt Ward zog sich in ein Nebenzimmer mit Verbindungstür zurück.

Nachdem Garrity sich auf dem Flur verabschiedet hatte und die Treppe hinunter zu seinem Auto gegangen war, schlenderten Jay und Sherry zum Aufzug.

»Ich werde noch mal einen Blick auf die Liste mit den Flügen werfen, bevor ich mich schlafen lege«, sagte sie.

Jay nickte. »Der erste ist um zehn?«

»Ja, der mit Aer Lingus.«

»Wenn die den Haftbefehl hier in Dublin nicht bestätigt kriegen, bekommen sie ihn auch nicht rechtzeitig für die Zwischenlandung in Shannon. Wir brauchen Harris nur gegen neun zum Flughafen zu bringen, nicht zu früh und nicht zu spät. Dann können wir auch unauffällig das Ticket kaufen. Theoretisch müsste das klappen. Ohne Haftbefehl haben weder die Garda noch die Einwanderungsbehörde das Recht, ihn am Einsteigen zu hindern.«

»Das klingt gut«, meinte sie. »Ich wecke ihn rechtzeitig.«

Gegenüber den Aufzügen stand eine Bank, auf der sie sich beide niederließen.

»Sie sehen erschöpft aus, Jay«, sagte sie mit einem müden Lächeln.

Er grinste sie an.

»Stimmt, aber das liegt nicht nur am Schlafmangel, sondern auch daran, dass ich mir Sorgen mache. Ich denke … Ich habe einfach Angst, Mist zu bauen.«

»Ich auch«, erwiderte sie, hielt verlegen inne und starrte auf die Aufzugtüren. »Er ist ein guter Mensch, Jay.«

»Ich weiß.«

»Ich arbeite seit vier Jahren für ihn. Er ist einer der anständigsten, rücksichtsvollsten –«

»Darf ich Sie unterbrechen, Sherry? Ich kenne all die Lobeshymnen, und ich bin ganz Ihrer Ansicht. Wenn das hier vorbei ist, können wir uns ja zusammensetzen und uns John-Harris-Anekdoten erzählen.« Er lachte auf.

Sie nickte. »Das fände ich nett. Übrigens war es ein großer Trost für mich, Ihre beruhigende Stimme am Telefon zu hören. Vor allem am Anfang dieses Dramas.«

Er lachte wieder. »Wenn Sie meine angebliche Kommandozentrale in Laramie, Wyoming, gesehen hätten, wären Sie nicht mehr so beruhigt gewesen.«

»Oh?«

»Was halten Sie von einem Küchentisch, einem Telefon, einem Handy und einem Bademantel?«

»Ein Bademantel?«, kicherte sie.

Er zögerte. Dann sah er ihr tief in die Augen. *Sie ist wirklich eine Schönheit,* dachte er. »Ja, ein Bademantel. Doch das ist eine lange Geschichte.«

»Die würde ich gerne mal hören. Klingt aufregend, so ein Anwalt im Bademantel.«

»Es bringt die Richter ziemlich durcheinander«, meinte er und erinnerte sich an den fast verhängnisvollen Flug nach Denver. »Ich glaube, es war das Verrückteste, was ich je erlebt habe. Von Laramie aus habe ich versucht, Johns Problem zu lösen und ihn auf dem Laufenden zu halten. Und ich hatte dabei mit Leuten zu tun, an die ich sonst nie rankommen würde.« Kurz fiel ihm ein, dass Linda Türen knallend hinausgestürmt war, doch er schob den Gedanken beiseite.

»Meinen Sie im Weißen Haus?«, fragte sie.

»Ja, und im Außenministerium und im Justizministerium, nicht zu vergessen meine spätere Begegnung mit der britischen Regierung. Ich bin immer noch nicht sicher, ob ich nicht mitten in einem Albtraum stecke, ausgelöst durch einen Abend hemmungsloser Völlerei in einem mexikanischen Restaurant.«

»Gibt es in Laramie denn mexikanische Restaurants?«, erkundigte sie sich.

»Ja, sie sind sogar ziemlich gut.«

»Wie geht es weiter, Jay?«

Wieder blickte er sie an, und er hatte Schmetterlinge im Bauch, bis ihm klar wurde, dass sie nicht ihn meinte, sondern John Harris.

»Ich wünschte, ich wüsste es. Wenn wir ihn in einen Flieger nach Hause setzen, werden Sie den Medien wahrscheinlich erklären müssen, warum er Irland verlassen hat.«

»Das schaffen wir schon. John Harris ist in Amerika sehr beliebt.«

Jay nickte. »Gelingt es uns aber nicht, ihn hier rauszuholen, könnte das auf einen langen Aufenthalt in Irland hinauslaufen, auch wenn ich sicher bin, dass die Peruaner ihn nicht kriegen werden.«

»Ich glaube, das wollte ich hören«, sagte sie.

»Allerdings habe ich in London, im Gerichtssaal, kurz Zweifel bekommen, als Campbell die Bombe mit dem Video platzen ließ. Doch ich sage mir ständig, dass John Harris sich während seiner Amtszeit unmöglich so verändert haben kann. Ich traue ihm einfach nicht zu, dass er so einen Vorschlag gutheißen würde.«

»Meinen Sie Folterung und Mord?«

»Ganz genau«, entgegnete Jay. »Ihm liegt es sehr am Herzen —«

Sie unterbrach ihn mit einer Handbewegung. »Jetzt reden Sie schon wie ich.«

Er lachte auf und stellte erstaunt fest, wie entspannt er sich in ihrer Gegenwart fühlte. »Sie haben recht.« Er sah auf die Uhr. »Sherry, ich glaube …«

Sie stand auf und hielt ihm die Hand hin. Doch es wurde mehr daraus als nur ein gewöhnlicher Händedruck, denn er ergriff auch ihre zweite Hand, und sie sahen einander in die Augen. Widerstrebend ließ er ihre Hand los, um den Aufzugknopf zu drücken. Schon im nächsten Moment öffneten sich die Türen, und ein wenig verlegen stiegen sie ein. Im zweiten Stock wünschte Jay Sherry eine gute Nacht und fuhr dann eine Etage höher zu seinem Zimmer. Seine Gedanken waren in diesem Augenblick nicht beim Gesetz und beim Abkommen. Er wusste nicht, warum es ihm nicht gelang, sich Lindas Gesicht vorzustellen. Und auch die vertrauten Schuldgefühle, immer wenn er an Karen dachte, blieben aus.

Zum ersten Mal seit dem Tod seiner Frau spürte er keinen scharfen Schmerz, wenn sie ihm in den Sinn kam. Er empfand nur noch eine schlichte, liebevolle Trauer. Vielleicht war er ja einfach nur zu müde oder zu sehr von den aktuellen Problemen abgelenkt. Möglicherweise jedoch war nun der Zeitpunkt da, den Rat anzunehmen, den er inzwischen nicht mehr hören konnte: Das Leben geht weiter.

Jay hängte seinen Anzug auf einen Bügel, zog sich aus, putzte sich die Zähne und fiel ins Bett. Als er sich wohlig zwischen die Laken kuschelte, fiel ihm ein, dass er noch etwas vergessen hatte.

Also zwang er sich, sich noch einmal aufzusetzen, nahm das Telefonbuch von Dublin und schlug die Seiten mit den Hotels auf.

Keiner der Namen kam ihm bekannt vor.

Er rief den Nachtportier an der Rezeption an.

»Ich muss wissen, welches Hotel in Dublin das beste, eleganteste und teuerste ist.«

»Um Himmels willen, Sir, sind Sie mit unserem Haus nicht zufrieden?«

Lachend rieb Jay sich die Augen. »Aber nein! Ich muss jemanden finden, der gewiss nur im teuersten Hotel absteigen würde. Ich fühle mich sehr wohl bei Ihnen.«

»Ach, da bin ich aber erleichtert. Bestimmt meinen Sie das Hotel Shelbourne, es ist wirklich sehr schön. Ist Ihr Freund Amerikaner?«

»Brite.«

»Dann wohnt er ganz sicher dort. Warten Sie, ich rufe an.«

Als der Telefonist sich meldete, bat Jay, mit Stuart Campbells Zimmer verbunden zu werden. Es wunderte ihn nicht, dass der Mann keinen Moment zögerte. Ein Unbekannter kam an den Apparat, und Jay konnte im Hintergrund weitere Stimmen hören. Wieder wurde er von schlechtem Gewissen ergriffen, weil er seine Pflichten vernachlässigte und an Schlaf dachte.

»Hier Stuart Campbell.«

»Jay Reinhart, Sir William.«

»Ach ja, Mr. Reinhart. Wir beide sind heute Abend ziemlich weit herumgekommen, was?«

»Wir bereiten uns beide auf die Schlacht vor, aber ich muss Sie offiziell von etwas in Kenntnis setzen. Genau genommen von zwei Dingen.«

»Schießen Sie los.«

»Erstens ersuche ich Sie offiziell, mich sofort zu informieren, wenn Sie in irgendeiner Weise im Zusammenhang mit diesem Fall Kontakt mit einem Richter aufnehmen. Außerdem verlange ich, bei jeder Anhörung – offiziell oder inoffiziell – in der fraglichen Sache dabei zu sein. Ich gebe Ihnen meine Mobilfunknummer und die Nummer von meinem Hotel.«

»Selbstverständlich, Mr. Reinhart. Das stand immer außer Frage. Keine Angst, ich werde Sie vorschriftsgemäß informieren.«

»Ich habe aber Angst, Sir William, und zwar wegen Ihres Mandanten. Mein zweites Anliegen ist, dass Sie mir eine Kopie des Videos zukommen lassen. Falls Sie das versäumen, sodass ich nicht im Voraus Einsicht nehmen kann, werden Sie einen Einspruch erleben, der sich gewaschen hat.«

»Offen gestanden bin ich noch nicht dazu gekommen, mich damit zu befassen. Ich kann das Band zwar mit einer Kamera abspielen, besitze aber kein Gerät, um es zu kopieren. Doch spätestens morgen Abend habe ich bestimmt eine Kopie für Sie. Ist VHS-Standard in Ordnung?«

»Ja.«

»Gut. Sie sitzen wohl auch noch an der Arbeit.«

Jay zögerte. »Aber klar. Gehört eben zum Beruf.«

»Ganz recht. Also gute Nacht, sofern man Ihnen das wünschen kann.«

Jay legte auf, ließ Campbells Worte noch einmal Revue passieren und suchte nach einer Bedeutung zwischen den Zeilen. Vielleicht sollte er wirklich wach bleiben und sich weiter in die Sache einarbeiten – aber wie? Alles hing von dem Inhalt des Videobandes ab, und bevor er es sich nicht selbst ansehen konnte, blieb ihm nichts anderes übrig, als sich auf Garrity und den noch unbekannten beigeordneten Anwalt zu verlassen. Außerdem brauchte er Kraft und neue Energie und musste dringend ein paar Stunden schlafen.

Er stellte den Wecker auf dem Nachttisch auf sechs Uhr, löschte das Licht und schlief sofort ein.

39

Internationaler Flughafen Dublin, Mittwoch, 9:05

Die Aer-Lingus-Mitarbeiterin reichte einige Tickets über den Schalter und winkte dann Jay heran, der als Nächster an der Reihe war.

»Soweit ich weiß, sind in der Zehn-Uhr-Maschine nach New York noch Plätze frei«, sagte Jay.

»Ja, Sir, ich denke schon. Einen Moment bitte.«

Sie bearbeitete ihre Tastatur und hob wieder den Kopf. »Ja, wir haben noch Plätze in der ersten und in der Touristenklasse.«

»Zweimal erste Klasse bitte, nur Hinflug.«

»Ihr Name?«

»J. Harris«, erwiderte Jay.

»Gut, Mr. Harris. Ich bräuchte Ihren Pass und Ihre Kreditkarte.«

Jay reichte ihr die Kreditkarte und warf Sherry, die am Eingang zum Terminal stand, einen Blick zu. Sie nickte, ging los und kehrte kurz darauf mit dem Präsidenten im Schlepptau zurück.

»Sie möchte Ihre Pässe kontrollieren«, erklärte Jay.

Lächelnd gaben Harris und Sherry der Angestellten ihre blauen amerikanischen Pässe. Alle drei sahen zu, wie die Frau sie aufklappte und mit einem höflichen Lächeln aufschaute.

»Einen Moment bitte, ich bin gleich zurück.« Sie stand auf und verschwand durch eine Tür.

»Mist«, murmelte Jay.

»Sie hat meinen Pass mitgenommen«, stellte John Harris fest.

Nach einer Weile kehrte die Frau in Begleitung eines Mannes zurück. Während sie sich wieder hinter dem Schalter niederließ, kam der Mann auf die drei Wartenden zu und gab dem Präsidenten seinen Pass.

»Guten Morgen. Ich bin Richard Lacey, der Manager dieses Bereichs«, sagte er und blickte dabei nervös zwischen John Harris, Jay Reinhart und Sherry hin und her. »Wären Sie bitte so nett, mir zu folgen?«

»Mr. Lacey«, wandte Jay ein. »Wir möchten hier nur einen Flug buchen. Was ist das Problem?«

»Ich würde mich freuen, wenn Sie mitkommen würden«, wiederholte Lacey und führte sie durch einige Türen in einen kleinen Konferenzraum.

»Was ist los?«, erkundigte sich John Harris, nachdem sich die Tür hinter ihnen geschlossen hatte.

»Bitte setzen Sie sich.«

»Ich will mich nicht setzen, Mr. Lacey«, widersprach Harris. »Ich möchte das Flugzeug noch erwischen.«

»Das weiß ich, Mr. President«, erwiderte Lacey und betrachtete die Tischplatte.

»Also gut«, begann Jay und trat einen Schritt vor, »wenn Sie Präsident Harris erkennen, hat es wohl einen besonderen Grund, dass Sie uns hierher gebracht haben. Was gibt es denn?«

Endlich blickte Lacey auf. »Es tut mir schrecklich leid, aber wir können Sie heute nicht befördern.«

»Und warum das, Mr. Lacey?«, fragte Jay und bemühte sich vergeblich, seinen gereizten Tonfall zu dämpfen. »Haben Sie Anweisung von einer irischen Regierungsbehörde erhalten? Falls ja, kann ich Ihnen versichern, dass diese nicht rechtens ist.«

»Nicht von der Regierung.«

»Von wem dann?«

Lacey schwitzte, offenbar war er nervös. »Möchten Sie nicht einen Moment Platz nehmen?«

»Nein«, zischte Jay. »Sie sind eine Fluggesellschaft, und Präsident Harris beabsichtigt, als freier Bürger einige tausend Dollar für einen Flug zu bezahlen. Gesetzlich sind sie nicht dazu berechtigt, ihm ein Ticket zu verweigern. Sie riskieren eine Klage, die sich gewaschen hat, Sir.«

»Ich treffe hier nicht die Entscheidungen, Mr. …«

»Reinhart, Jay Reinhart. Ich bin der Anwalt des Präsidenten.«

»Ja, natürlich, Mr. Reinhart.« Lacey hielt Jay die Hand hin; als dieser sie nicht ergriff, ließ er sie verlegen sinken.

»Tja, wissen Sie, der Vorstandsvorsitzende meines Unternehmens hat mich angewiesen, ungeachtet möglicher Drohungen und Konsequenzen Mr. Harris heute kein Ticket zu verkaufen.«

»Was ist mit morgen?«, erkundigte sich Jay.

»Bis ich weitere Instruktionen erhalte. Den Grund kenne ich nicht.«

»Das trifft sich ja ausgezeichnet«, knurrte Jay.

John Harris tätschelte ihm beschwichtigend den Arm.

»Wir verstehen, dass Sie darauf keinen Einfluss haben, Mr. Lacey«, sagte der Präsident. »Aber soll das heißen, dass Sie auch nicht befugt sind, mir eine Erklärung zu geben?«

Lacey zog einen Zettel aus der Sakkotasche und reichte ihn Harris mit leicht zitternder Hand.

»Man hat mich angewiesen, Mr. O'Day, das ist unser Vorstandsvorsitzender, unter dieser Nummer anzurufen. Er wird Ihnen alles erläutern.«

»Sehr gut.«

»Moment, John. Gar nichts ist gut. Ich werde eine Unterlassungsverfügung dagegen –«

»Nein, Jay, gehen wir. Danke, Mr. Lacey.«

»Sie können gerne hier telefonieren.«

John Harris schüttelte den Kopf. »Ich halte es für überflüssig, mit Ihrem Vorstandsvorsitzenden oder einem anderen Mitarbeiter Ihrer Fluggesellschaft zu sprechen. Entweder bin ich bei Ihnen willkommen oder nicht, und Sie haben Letzterem soeben unmissverständlich Ausdruck verliehen. Offenbar sind Sie bereit, die möglicherweise daraus folgenden Konsequenzen auf sich zu nehmen.«

»Ich … ja, schon«, stammelte Lacey. Er begleitete sie zurück in den Terminal und verabschiedete sich mit einer gemurmelten Entschuldigung. Verärgert schilderte Jay Sherry, die vor der Tür gewartet hatte, die Situation.

»Ich frage mal bei Delta nach. Warten Sie hier«, sagte er.

Eine Viertelstunde später kehrte er wütend zurück. »Der Leiter der Delta-Niederlassung in Dublin behauptet, die irische Einwanderungsbehörde würde ihnen eine Geldstrafe aufbrummen, wenn sie Sie außer Landes schaffen, während gegen Sie ein Strafverfahren anhängig ist. Allerdings kann er mir keinen Namen oder die Telefonnummer des Mitarbeiters der Einwanderungsbehörde nennen, mit dem er angeblich gesprochen hat. Die Nummer eines Verantwortlichen in der

Firmenzentrale in Atlanta rückt er ebenfalls nicht raus. Natürlich ist das alles erstunken und erlogen.«

»Eigentlich hatte ich damit gerechnet, Jay«, meinte John Harris leise.

»Ich nicht, und es ist ein Skandal.«

John Harris bedeutete Jay und Sherry, ihm zu folgen. Sie zogen sich in eine Nische nahe des Eingangs zurück und steckten die Köpfe zusammen.

»Ja, es ist empörend, aber wir alle wissen, dass wir das Stuart zu verdanken haben. Es war zu erwarten. Anscheinend ist es ihm gelungen, die Fluggesellschaften einzuschüchtern, indem er ihnen mit einer Klage oder Sanktionen der Regierung gedroht hat. Und natürlich reagieren sie jetzt so, wie es jedes Unternehmen in einer heiklen Situation tut, nämlich nach dem Motto ›Vorsicht ist die Mutter der Porzellankiste‹.«

»Klingt fast, als würden Sie sie in Schutz nehmen, John«, sagte Jay.

Der Präsident schüttelte den Kopf. »Wie ich Ihnen gestern Abend schon erklärt habe, darf man Stuart Campbell nicht unterschätzen. Er besitzt die Fähigkeit, seine Mitmenschen zu manipulieren. Fahren wir zurück ins Hotel«, fügte er hinzu. »Dort können wir uns überlegen, was wir als Nächstes tun.«

»Ich bin froh, dass Sie es so gelassen nehmen, Mr. President«, erwiderte Jay.

Harris blickte ihm in die Augen. »Nur oberflächlich betrachtet, Jay. In meinem Inneren sieht es ganz anders aus.«

The Great Southern Hotel,
Flughafen Dublin

Alastair Chadwick labte sich gerade an einem Glas Orangensaft, als er Craig Dayton ins Hotelrestaurant kommen sah. Der Kapitän trug Jeans und ein weißes Hemd. Auf seinem Gesicht stand ein selbstzufriedenes Grinsen.

»Du lächelst ja«, stellte Alastair fest.

»Ja«, entgegnete Craig, ohne eine Erklärung hinzuzufügen.

»Leisten Jillian, Ursula und Elle uns nicht Gesellschaft?«

»Jillian ist gleich hier«, erwiderte Craig. »Von den anderen weiß ich nichts.«

»Täusche ich mich, oder sehe ich Kanarienfedern an deinem Mund?«, spöttelte Alastair.

Craig nahm Platz, bestellte bei einem vorbeigehenden Kellner einen Kaffee und wandte sich dann wieder Alastair zu.

»Kanarienfedern?«

»Wie bei der Katze, die den Kanarienvogel gefressen hat. Mit anderen Worten, du scheinst unglaublich stolz auf dich zu sein.«

»Wirklich? Tja, ich hatte gerade ein sehr sonderbares Gespräch mit unserem Chefpiloten.«

»Ach ja? Und das wundert dich? Craig, jedes Gespräch mit Herrn Wurtschmidt ist sonderbar. Der Mann ist ein an Verfolgungswahn leidender Spinner, der in seinem Job überfordert ist, ohne es zu merken.«

»Mag sein. Aber er hat mir grünes Licht gegeben. Außerdem hat er mir versprochen, mir die für den Zoll in Island, Kanada und den USA nötigen Charterpapiere zu faxen, für den Fall, dass unser Kunde den Flug fortsetzen will.«

Alastair war wie vom Donner gerührt. »Einfach so?«

»Einfach so.«

Der Kopilot rutschte auf seinem Stuhl herum und räusperte sich. »Craig, gestern Abend haben wir die britische Regierung ein ordentliches Sümmchen gekostet, indem wir sie auf die Suche nach einem angeblich abgestürzten Flugzeug geschickt haben. Weiß er das etwa nicht?«

»Doch, aber er fand meine Erklärung ausreichend«, erwiderte Craig. Er schnappte sich ein Stück von Alastairs Toast und goss den Inhalt eines kleinen Sahnekännchens in seine Kaffeetasse.

»Aha!«, meinte Alastair. »Jetzt kommen wir der Wahrheit schon ein Stückchen näher. Du hast ihm wieder was vorgeschwindelt.«

»Stimmt, ich habe ihm ordentlich einen Bären aufgebunden.«

»Craig, was in Gottes Namen hast du ihm erzählt?«

»Ich habe einfach gesagt …«, begann Craig, während er die Speisekarte studierte, um die Spannung ins Unerträgliche zu steigern.

»Ja, was denn?«

»Dass wir unsere Instrumentenflug-Freigabe hätten streichen lassen, um im internationalen Luftraum bleiben zu können, da wir diplomatische Verwicklungen verhindern wollten. Und aus irgendeinem Grund konnte die Flugleitzentrale in London unsere Funksprüche später nicht mehr empfangen.«

»Ist das alles?«

»Tja … vielleicht habe ich auch angedeutet, dass wir auf direkten Befehl der Royal Air Force und des Weißen Hauses gehandelt haben.«

»Direkten …?«

»Direkten Befehl. Ich sagte ihm, die Information sei geheim, und er erwiderte, er wolle es auch gar nicht wissen.«

»Das kann ich mir denken. Mir würde es genauso gehen. Also haben wir noch ein paar Stunden lang einen Job?«

»Für ein paar Stunden. Kommst du mit nach Maine?«

»Was bleibt mir anderes übrig?«

»Nichts.«

»Und wovon hängt es ab, ob wir fliegen?«

»Hauptsächlich davon, ob es Präsident Harris gelingt, das Land mit einer Linienmaschine zu verlassen. Wenn nicht, müssen wir bei unserer Entscheidung auch noch das Wetter und die Höhenwinde bedenken und eine sorgfältige Flugplanung durchführen und dürfen außerdem nicht vergessen, dass jemand einen Weg finden könnte, uns die Startfreigabe zu verweigern.«

»Könnte das ernsthaft passieren?«

»Ja. Ich habe noch nicht erfahren, ob wir fliegen oder nicht. Allerdings müssen wir einen Direktflug mit dem Nordatlantischen Nachführungssystem durchführen, und die haben das Recht, uns die Starterlaubnis zu verweigern. Und das müssen sie nicht einmal begründen.«

Alastair nickte, während Craig fortfuhr.

»Einen einfachen Mitarbeiter der US-Luftfahrtbehörde kann ein amerikanischer Senator mit einem einzigen Anruf einschüchtern. Wenn Mr. Campbell sich an die richtigen Leute wendet, wird nichts aus dem Flug.«

London

Außenminister Joseph Byer legte den Hörer auf und lehnte sich, die Arme hinter dem Kopf verschränkt, zurück. Er achtete nicht auf den fragenden Blick des Assistenten, der neben ihm saß.

»Sie sind wohl neugierig, was der Präsident diesmal gewollt hat, Andrew?«, meinte er nach einer Weile, die Augen absichtlich auf die gegenüberliegende Wand gerichtet.

»Ja, Sir.«

»Er erkundigte sich, warum wir nicht in Dublin sind, um Harris und Reinhart das Händchen zu halten.«

»Ja, Sir.«

»Und kennen Sie den Grund?«

»Nein, Sir. Ich meine, ich glaube schon, aber ich habe nicht gehört, was Sie ihm geantwortet haben.«

»Ich habe ihm erklärt, Harris' Anwalt bestehe darauf, die Sache allein zu regeln; Harris seinerseits fordert, dass wir Reinhart in Ruhe lassen. Also warten wir einfach ab, bis Harris verhaftet wird, und fliegen dann hin, um die Scherben zusammenzukehren. Und wenn sie unsere Hilfe immer noch ablehnen, haben sie eben Pech gehabt. Wir beobachten die Angelegenheit und lassen Harris ein bisschen zappeln.«

»Ja, Sir.«

»Inzwischen holen Sie bitte die anderen her. Wir müssen uns mit einigen irischen Behörden in Verbindung setzen.«

»Sie mögen Harris offenbar nicht sehr, Sir.«

»Ich denke nur politisch, Andrew. Ich kenne die Anschuldigungen, die Mr. Campbell anläßlich der Anhörung vorgebracht hat, Harris habe die Folterungen und Morde angeblich wissentlich genehmigt. Jetzt mache ich mir große Sorgen, dieses Video könnte tatsächlich existieren.«

»Und wenn es wirklich stimmt?«

Byer ließ die Arme sinken und sah seinen Assistenten an. »Wenn es stimmt, steckt John Harris in größeren Schwierigkeiten, als er sich je hätte träumen lassen, und er wird uns in dieses Debakel mit hineinziehen. Nicht auszudenken, welchen schädlichen Einfluss das auf die amerikanische Außenpolitik haben könnte.«

Dun Laoghaire, im Süden von Dublin

Gerade hatte Richter Gerald O'Connell seinen Wecker quer durch den Raum geschleudert, denn schließlich hatte das Ding sich der Straftat schuldig gemacht, einen Richter am Hohen Gerichtshof unsanft aus dem Schlaf zu reißen.

Doch dreißig Minuten später musste selbst O'Connell sich eingestehen, dass zehn Uhr keine Zeit war, um die ein anständiger Mensch noch allein im Bett lag – nicht einmal an einem Feiertag.

Der Richter setzte sich auf und stellte fest, dass es mit seiner Laune – wie meistens – nicht zum Besten stand.

Während er sich die Augen rieb, fiel ihm ein, dass er zu allem Überfluss an diesem Feiertag auch noch Bereitschaftsdienst hatte und deshalb von jedem dahergelaufenen Prozessanwalt oder einem anderen Rechtsverdreher gestört werden durfte, der sich ohne den Segen eines mit Perücke bewehrten Richters im Kampf für Recht und Gesetz überfordert fühlte.

»Verdammt!«, knurrte er.

Und obwohl er, als er sich in der Küche ein Frühstück aus Eiern und verbranntem Toast zubereitete, das Telefon mit einem drohenden Blick bedachte, wagte es tatsächlich zu läuten.

»Ja?«

»Richter O'Connell?«

»Wen hätten Sie an einem Feiertag denn sonst hier erwartet?«

»Entschuldigen Sie, Herr Richter, ich dachte, Sie hätten Bereitschafts …«

»Ja, habe ich, verdammt. Wer spricht da?«

»Patrick Nolan, Sir, von der Kanzlei McCullogh, Malone und Bourke. Ich fürchte, wir haben eine dringende Sache. Es geht um einen früheren US-Präsidenten, und wir haben schon vergeblich versucht, einen Bezirksrichter aufzutreiben.«

O'Connell schnaubte verächtlich. »Kann ich mir denken. Alles Faulpelze. Ein US-Präsident? Wollen Sie mich auf den Arm nehmen?«

»Nein, Mylord.« Während Nolan den Fall erläuterte, ließ der Richter sich am Küchentisch nieder.

»Also beantragen Sie die Ausstellung eines Haftbefehls auf der Basis des Haftbefehls von Interpol, richtig?«

»Ja, Mylord.«

»Und wo ist die Garda? Ein derartiger Haftbefehl muss von der Garda vorgelegt werden, nicht von einer Kanzlei.«

»Das wird er, Mylord. Ich habe nur eine unterstützende Funktion.«

»Wird Mr. Harris' Rechtsbeistand Einspruch gegen den Antrag einlegen?«

»Sicherlich. Und wir werden die Gegenseite informieren, wenn Sie bereit sind, uns zu empfangen, Herr Richter.«

»Warum in Gottes Namen glauben Sie, dass ich für einen solchen Fall zuständig bin? Es ist doch bloß ein Haftbefehl!«

»Da das Bezirksgericht geschlossen ist und es sich um einen Notfall handelt, Mylord, sind Sie zu einer Entscheidung befugt, sofern Sie das wünschen.«

»Tja, es ist möglich, einen Anhörungstermin anzusetzen, aber dass Sie mich heute privat aufsuchen können, schlagen Sie sich am besten gleich aus dem Kopf.«

»Verzeihung, Herr Richter, doch es besteht Fluchtgefahr.«

»Aus Irland?«

»Ja.«

O'Connell überlegte eine Weile. »Sie sagten, dieser Mann sei ein ehemaliger Präsident der Vereinigten Staaten? Der Name kommt mir bekannt vor.«

»Ja, Herr Richter.«

»Gibt es ernsthaft Anlass zu der Befürchtung, dass er seine Tat wiederholt?«

»Nein, Herr Richter, aber er könnte unseren Zuständigkeitsbereich verlassen.«

»Was? Die mutmaßlichen Straftaten sind doch in Peru begangen worden, richtig?«

»Ja, Mylord.«

»Peru in Südamerika, bei den Lamas, irgendwo auf der anderen Seite des gottverdammten Globus?«

»Ja, Mylord.«

»Irre ich mich, oder sind wir hier immer noch in der Republik Irland wie gestern Abend, als ich zu Bett gegangen bin?«

»Äh … ja, Mylord.«

»Warum in Dreiteufelsnamen veranstalten Sie dann so ein Theater?«

»Tja …«

»Hat er gedroht, hier jemanden zu foltern – abgesehen von mir natürlich?«

»Nein, Herr Richter, natürlich nicht, aber –«

»Dann also bis morgen früh, Herr Anwalt. Die Anhörung findet um Punkt elf Uhr statt. Nein, besser um zehn. Werden Sie Harris' Anwalt benachrichtigen?«

»Ja, Mylord.«

»Gut. Dann lassen Sie mich jetzt in Ruhe.«

Nachdem O'Connell aufgelegt hatte, saß er nachdenklich da und knabberte an seinem Toast. Ein Verfahren gegen einen derart wichtigen Mann würde eine Menge Aufmerksamkeit erregen. Die Medien. Regierungsvertreter. Das diplomatische Korps. Und eine ganze Horde von Leuten, die sonst noch ein Interesse an dem Fall haben mochten.

Ich frage mich, ob da was dran ist, überlegte er und unterdrückte seine grundsätzliche Abneigung gegen die Positionen, die die amerikanische Regierung in vielen Fragen einnahm.

Es könnte wirklich interessant werden!

40

Dublin,
Mittwoch, 11:00

Das Treffen in der Kanzlei des beigeordneten Anwalts war in dem Wissen vereinbart worden, dass die Angelegenheit erledigt sein würde, falls John Harris sich bereits auf dem Weg nach New York befinden sollte. Da nun keine Hoffnung mehr bestand, in einer Linienmaschine zu entkommen, war Jay fest entschlossen, den Termin einzuhalten. Wenn es zu einem Kampf kam, mussten sie so gut wie möglich vorbereitet sein.

Er und Sherry Lincoln hatten Stunden mit dem vergeblichen Versuch verbracht, ein für Atlantiküberquerungen geeignetes Privatflugzeug zu chartern, um den Präsidenten nach New York zu bringen. Doch so kurzfristig war niemand in der Lage, einen Neukunden zu bedienen. Wie Sherry erfuhr, bestand die einzige Möglichkeit darin, für eine astronomische Summe eine Gulfstream mit großer Reichweite zu mieten, die aus Chicago erwartet wurde. Doch selbst in diesem Fall konnte man frühestens am Donnerstagvormittag in Dublin starten.

»Mir gehen langsam die Ideen aus«, teilte Jay dem Präsidenten um Viertel nach zehn mit. »Entweder schmettern wir das verdammte Ding hier ab, oder wir holen Sie mit der 737 raus.«

»Ist die Besatzung noch bereit dazu?«, erkundigte sich Harris. Jay nickte. »Ich habe vor einer Viertelstunde mit ihnen gesprochen. Sie haben sich ausgeruht und können jederzeit starten. Selbstverständlich ist es riskant. Wenn die Gegenwinde zu stark sind, müssen sie vielleicht umkehren. Und es könnte immer sein, dass sie nach Island oder nach Kanada ausweichen müssen, wo Ihnen möglicherweise wieder neuer Ärger droht.«

John Harris schwieg eine Weile und seufzte dann kopfschüttelnd auf. »Nein, Jay, ich glaube, ich stehe die Sache lieber hier durch. Dieser Garrity gefällt mir. Und nach dem, was er gesagt hat … auch deshalb, weil ich den Stier lieber bei den Hörnern packen würde, als zu fliehen … sollte ich die Piloten vielleicht besser nach Frankfurt zurückschicken. Ich habe hier genug Leute, die auf mich aufpassen.«

»Da bin ich mir nicht so sicher, John. Wir haben noch nicht einmal einen Richter.«

»Trotzdem weiß ich ganz genau, was sich im Oval Office abgespielt hat, und ich vertraue darauf, dass ein irischer Richter die Hintergründe aufklärt; ich werde Gelegenheit erhalten zu beweisen, dass das Video eine Fälschung ist.«

Jay erhob sich und starrte den Präsidenten an. Eine beklommene Pause folgte, in welcher John Harris, auf der Bettkante sitzend, zu Boden blickte.

»John, es ist zwar Ihr Geld, aber mir wäre es lieber, wenn die Piloten hier vor Ort blieben, bis wir die Angelegenheit besser einschätzen können.«

Harris nickte langsam. »Also gut. Doch ich habe nicht vor, ihre Dienste in Anspruch zu nehmen.«

Die Kanzlei Dunham und McBride, bei der der von Michael Garrity empfohlene beigeordnete Anwalt Seamus Dunham tätig war, befand sich in einem Arbeiterviertel, in einem nichts sagenden Gebäude einige Kilometer vom Stadtzentrum entfernt.

Als Jay, Sherry und der Präsident in dem kleinen, etwas schäbigen Konferenzzimmer eintrafen, wurden sie schon von Michael Garrity erwartet. Matt Ward bezog draußen auf dem Flur Posten.

Nachdem alle Anwesenden vorgestellt worden waren, erläuterte Garrity noch einmal die gegen John Harris vorliegenden Anschuldigungen und betonte, dass angeblich eine Videoaufnahme existiere. Zu seiner Überraschung erfuhr er, dass Campbell sich bereit erklärt hatte, Jay bis zum Abend eine Kopie zukommen zu lassen.

Als Garrity ans Telefon gerufen wurde, übernahm Seamus Dunham die Leitung der Sitzung. Einige Minuten später kehrte der Prozessanwalt zurück. Er war aschfahl und wirkte ungewöhnlich bedrückt.

»Michael?«, fragte Seamus Dunham. »Fühlen Sie sich nicht wohl?«

Garrity blickte auf und lächelte gequält.

»Ich glaube, so könnte man es ausdrücken.«

»Was ist passiert?«, erkundigte sich Jay.

»Das war Stuart Campbell. Wir haben einen Richter.«

»Woher wusste er, dass er hier anrufen muss?«, fragte Jay.

»Offenbar besitzt Campbell alle Telefonnummern der westlichen Welt«, erwiderte Garrity. »Die Anhörung findet wie erwartet im Hohen Gerichtshof statt, und zwar morgen um zehn im Four-Courts-Gebäude.«

»Und der Richter?«, hakte Dunham nach.

Garrity befingerte sein Kinn und starrte an die gegenüberliegende Wand. »Ich hatte wirklich keine Ahnung, dass er heute Bereitschaft hat«, antwortete er schließlich. »Damit hätte ich nicht gerechnet, nicht, dass das etwas geändert hätte …«

»Wovon reden Sie?«, fragte Jay ein wenig zu laut.

Garrity sah ihn an. »O'Connell, der schlimmste Richter, den wir für einen solchen Fall kriegen können.« Er sah, dass Seamus Dunham der Mund offen stehen blieb.

»Richter O'Connell«, fuhr Michael Garrity fort, »hält nicht sehr viel von den Vereinigten Staaten und duldet keine Götter neben sich.«

»Können wir ihn nicht ablehnen?«, erkundigte sich Jay. »Verlangen, dass er sich von dem Fall zurückzieht, weil er gegenüber Amerikanern befangen ist?«

»Oh, Vorurteile gegen Amerikaner an sich hat er nicht, Jay«, meinte Garrity. »Er hegt nur aus den verschiedensten Gründen einen Groll gegen die amerikanische Regierung. Wahrscheinlich ist er sogar noch ein wenig böse auf John F. Kennedy, weil der sich hat erschießen lassen.«

»Aber John Harris *war* sozusagen die amerikanische Regierung«, warf Jay ein. »Das macht es umso wichtiger, dass O'Connell abgelehnt wird.«

»Jay, Richter O'Connell ist meines Wissens noch nie für befangen erklärt worden. Natürlich können wir vorbringen, dass er nicht unparteiisch ist, und einen Antrag auf Ablehnung einreichen. Doch solange er seinen Vorbehalten nicht auf ausgesprochen skandalöse Weise Luft macht, würden wir damit scheitern. Und dazu ist er viel zu vorsichtig.«

Seamus Dunham nickte. »Das ist wirklich ein schwerer

Schlag. Der Mann ist ein leidenschaftlicher Befürworter des Abkommens zur Ächtung der Folter und hat sogar einige Artikel zu diesem Thema geschrieben. Er war außer sich, als Washington sich im Fall Pinochet nicht auf eine klare Position festlegen wollte.«

»Können wir uns kein anderes Gericht suchen?«, fragte Jay. »Oder einen anderen Richter?«

»So funktioniert das bei uns nicht«, erwiderte Michael. »Man muss sich mit dem abfinden, was man kriegt. Und jetzt stehen wir gleich am Anfang schon vor einem massiven Problem.« John Harris beugte sich vor und sah Michael Garrity an.

»Was macht ihn Ihrer Ansicht nach so viel schlimmer als ein anderer Richter?«

Michael schüttelte niedergeschlagen den Kopf. »Er ist ein Despot im Gerichtssaal, Mr. President, ziemlich unberechenbar und sehr schwierig im Umgang. Bei der kleinsten Gelegenheit geht er in die Luft. Und häufig macht er ein gutes Argument oder einen Gedankengang zunichte, indem er einen ohne ersichtlichen Grund abkanzelt. Mit anderen Worten, er wirft mit seinen Launen und seinem überspannten Gehabe dem Prozessanwalt während der Verhandlung einen Knüppel nach dem anderen zwischen die Beine.«

»Werden seine Urteile oft durch das Oberste Gericht aufgehoben?«, wollte Jay wissen.

Garrity und Dunham schüttelten die Köpfe. »Nur sehr selten.«

»Das sagt mir«, meinte John Harris, »dass dieser Mann, ob er nun ein Despot ist oder nicht, offenbar das Gesetz gut kennt.«

»Ich habe bei ihm weniger Angst davor, wie er das Gesetz auslegt«, erklärte Michael Garrity, »sondern eher vor dem breiten Ermessensspielraum, den er in diesem Fall haben wird.«

»Was empfehlen Sie also?«, erkundigte sich John Harris.

»Dass wir den restlichen Nachmittag damit verbringen, ausreichend Präzedenzfälle zu sammeln, die dem Ansatz widersprechen, man könne einen Haftbefehl auf ein Videoband ohne Echtheitsnachweis oder die Anschuldigungen eines einzigen Zeugen stützen.«

»Und wie stehen die Erfolgsaussichten?«, fragte der Präsident und musterte die beiden Anwälte prüfend.

Seamus Dunham und Michael Garrity wechselten seufzend einen Blick.

»Mr. President, ich würde Ihnen dringend raten, auf alles gefasst zu sein. Die Karten sind bereits gemischt.«

Hotel Shelbourne,
St. Stephen's Green, Dublin

In der Präsidentensuite herrschte geschäftiges Treiben, als Stuart Campbell sich mit dem Videorekorder in sein Schlafzimmer zurückzog, um die Kopie für Jay Reinhart anzufertigen.

»Niemand außer mir fasst dieses Video an«, hatte Stuart seine Mitarbeiter gewarnt. »Ich kopiere es selbst.«

Die Uhr im Schlafzimmer zeigte 16:30, als er seinen Aktenkoffer aufklappte und einen in Luftpolsterfolie gehüllten kleinen Gegenstand herausnahm. Er platzierte die Verpackung auf dem Bett und holte eine winzige digitale Videokamera heraus. Nachdem er sie eingeschaltet hatte, legte er das Band ein und ließ sich auf der Bettkante nieder. Auf dem eben noch dunklen Bildschirm war nun in Schwarzweiß die Rückseite eines Herrensakkos zu sehen. Der Mann verschwand aus dem Bild. Dann setzte sich die Person, die die Kamera am Leib trug, offenbar auf ein Sofa, und man erkannte deutlich die vertraute Inneneinrichtung des berühmtesten Büros der Welt.

Trotz der miserablen Tonqualität war das meiste gut zu verstehen. Wie schon beim Anfertigen der ersten Kopie in Lima schaute Campbell sich das Band von Anfang bis Ende an und vergewisserte sich, dass sich die Worte, die er hörte, genau mit seiner Erinnerung deckten.

Am Ende der Aufzeichnung sah man, dass Reynolds die Kamera anscheinend beim Verlassen des Oval Office ausgeschaltet hatte. Die letzte Einstellung zeigte einen langen Flur vor der Osttür und einen uniformierten Wachmann, der neben einem Spiegel stand.

Den Schriftsatz, der zu diesem Video gehörte, hatte Stuart schon längst vorbereitet. Er hatte sich mit Reynolds getroffen und sich von ihm auf Tonband und unter Zeugen beeidigen lassen, dass es sich bei der Stimme auf der Aufnahme aus dem Oval Office und bei der von Reynolds um ein und dieselbe handelte.

In seinem Aktenkoffer kramte Campbell nach der zweiten Videokassette, auf der sich einige Fernsehinterviews mit John Harris befanden; so würde sich durch einen Vergleich rasch feststellen lassen, dass der Mann auf Reynolds' Band wirklich John Harris war. Er nahm die Niederschrift des Gesprächs heraus und fragte sich, ob sich John Harris wohl noch an die Worte erinnerte, die an diesem Tag tatsächlich gefallen waren. Vielleicht hatte er ja nur das gehört, was er hatte hören wollen. Jedenfalls würde diese Niederschrift John Harris' Ende bedeuten.

Stuart verstaute sorgfältig Papiere und Videokassetten.

Es war klug von ihm gewesen, darauf zu bestehen, dass Barry Reynolds ihm das Originalvideo aushändigte. Eine Kopie würde bei den Sachverständigen sicher bedeutend weniger Gewicht haben.

Er erinnerte sich an sein kurzes Treffen mit Reynolds in Baltimore und an sein Erstaunen darüber, dass der ehemalige CIA-Mann überzeugt war, Präsident Miraflores habe als Rache für die Razzia in Peru seine Ermordung befohlen.

»Miraflores wusste, dass ich die Operation eingefädelt hatte«, beteuerte Reynolds. »Allerdings war ihm nicht klar, dass ich auf Anordnung des Präsidenten handelte.«

»Wer hat es ihm gesagt?«, fragte Stuart.

»Ich selbst«, erwiderte Reynolds leise. Die Vorhänge in seinem Wohnzimmer waren geschlossen. »Bevor ich meinen Abschied von der CIA genommen habe, erhielten wir die Bestätigung, dass auf meinen Kopf ein Preis ausgesetzt war. Ich rechnete damit, dass seine Todesschwadronen mich früher oder später erwischen würden, wenn er den Auftrag nicht zurücknahm. Aber mir war auch klar, dass er nie ein Attentat auf einen ehemaligen Präsidenten wagen würde.«

»Und Sie glaubten, er würde Ihnen verzeihen, obwohl Sie den Überfall arrangiert hatten?«

»Ich wusste, dass Miraflores John Harris hasst, weil sein Bruder bei diesem Überfall ums Leben gekommen ist. Und ich war sicher, dass er meinen Skalp gegen den von Harris tauschen würde.«

»Also haben Sie ihm das Band ausgehändigt, das Sie zu Ihrer eigenen Absicherung aufgenommen hatten?«

»Ich habe ihm eine Kopie geschickt«, erwiderte Reynolds. »Und mich einverstanden erklärt auszusagen, wenn Harris unter internationalem Recht vor Gericht gestellt wird – unter der Bedingung, dass Miraflores seine Schlächter zurückpfeift. So weit, so gut.«

Das war vor zwei Monaten gewesen.

Wieder warf Campbell einen Blick auf die Videokamera, ein Modell aus den späten Neunzigerjahren. Vor dem Fall Harris hatte er gar nicht gewusst, dass es derartige Wunderwerke der Technik überhaupt gab; die winzige Kamera konnte man als Krawattennadel getarnt tragen, während man das Aufnahmegerät selbst im Aktenkoffer versteckte. Doch Reynolds hatte ihm die Kamera in Baltimore gezeigt. Die Methode war vielleicht nicht sehr elegant, aber äußerst wirkungsvoll.

Dublin

John Harris stand in Seamus Dunhams Kanzlei am Fenster und lauschte nur mit halbem Ohr der hitzigen juristischen Debatte, die hinter ihm geführt wurde. Er war in Gedanken ganz weit weg.

Wie so häufig war ihm Alice in den Sinn gekommen. Dass er sie vor drei Jahren durch einen simplen ärztlichen Kunstfehler verloren hatte, machte ihm noch heute zu schaffen. Und er quälte sich, obwohl es unsinnig war, mit Schuldgefühlen, da man ihr vielleicht nicht das falsche Medikament gegeben hätte, wäre er bei ihr im Operationssaal gewesen.

438

Auch jetzt fiel es ihm wieder schwer, die Tränen zu unterdrücken, als er an sie dachte. Nach außen hin hatte er – ihrem Andenken zuliebe – ihren Tod mit Würde getragen und es abgelehnt, die ohnehin erschütterten Ärzte zu verklagen. Er hatte dem Chirurgen, dem Anästhesisten und den drei Schwestern öffentlich und privat verziehen und sie in Schutz genommen, als sie von allen Seiten unter Beschuss gerieten. Schon vor diesem tragischen Zwischenfall waren ärztliche Kunstfehler Gegenstand der öffentlichen Diskussion gewesen, und Alice' Tod – immerhin der einer ehemaligen First Lady – hatte noch zusätzlich Öl ins Feuer geschüttet. Sie wäre stolz darauf gewesen, dass ihr Sterben die Diskussion vorangetrieben hatte. Viele Menschen hatten ihr ihr Leben zu verdanken, und im Gesundheitswesen waren einige grundlegende Verbesserungen eingeführt worden.

Und jetzt, dachte er, *muss ich wieder Stärke beweisen. Was soll ich tun, Liebling? Davonlaufen? Bleiben? Kämpfen? Aufgeben?* Die Situation wurde immer verworrener, und in ihm regte sich die Angst wie ein schwarzes Loch, das ihn zu verschlingen drohte und seine Urteilsfähigkeit trübte. *Ich war einmal der Präsident der Vereinigten Staaten von Amerika,* sagte er sich. *Ich habe die Pflicht, durchzuhalten und zu kämpfen wie ein Mann.*

Doch war es wirklich seine Pflicht, sich seinen Mördern, die sich nur notdürftig mit Richterroben tarnten, ans Messer zu liefern?

Wie gerne hätte er Alice jetzt bei sich gehabt, damit sie ihm, wie so oft in den vier Jahren im Weißen Haus, den richtigen Weg wies! Zum Beispiel in der Nacht, als er mit seinem Latein am Ende gewesen war und nicht wusste, ob er für eine zweite Amtszeit kandidieren sollte. Wie, so hatte er sie gefragt, konnte er einerseits seine Partei im Stich lassen, obwohl seine Wiederwahl so gut wie feststand? Aber hing seine Glaubwürdigkeit andererseits nicht davon ab, dass er zu seinem Grundsatz stand, ein Präsident dürfe nur einmal, und das für sechs Jahre, regieren? Dies hätte zwar einer Verfassungsänderung bedurft, wäre jedoch zum Wohle des ganzen Landes gewesen. Er hatte es dem amerikanischen Volk im Wahlkampf versprochen. Wie konnte er also davon abweichen?

Nachdem Alice den Stabschef hinausgescheucht und die Tür geschlossen hatte, war sie zu ihm ins Oval Office gekommen. Zusammen hatten sie am Fenster gestanden und lange auf den Rosengarten hinausgeblickt. Während sie den Brunnen und das Washington-Monument in der Ferne betrachteten, hatte sie wortlos seinen Arm gedrückt.

»Was soll ich tun?«, hatte er sie schließlich gefragt. »Darf ich mich dieser Verantwortung entziehen?«

Lächelnd hatte sie auf den erleuchteten Turm des Monuments gezeigt.

»George Washington ist uns mit gutem Beispiel vorangegangen«, hatte sie gesagt. »Durch seine Größe hat er uns gelehrt, dass Grundsätze diese Nation leiten und beschützen, wenn die politischen Entscheidungen des Augenblicks schon längst vergessen sind.«

Er erinnerte sich daran, wie in diesem Moment eine schwere Last von ihm abgefallen war. Danach war es ein Leichtes für ihn gewesen, die Rede zu halten, die die Nation aufgerüttelt und ihn in seiner eigenen Partei zum Außenseiter gemacht hatte.

Und es war noch nicht vollbracht, hielt er sich vor Augen. Die einmalige, sechsjährige Amtszeit für einen Präsidenten war immer noch nicht eingeführt. Vielleicht rechtfertigte es ja eine Flucht, dass er weiterleben musste, um für dieses Ziel zu kämpfen. Vielleicht aber auch nicht.

Es gab ein Gefühl, das ihn ständig begleitete. Inzwischen hatte er sich damit abgefunden, dass es sich nicht vertreiben ließ – der Gedanke, wie leer die Welt ohne sie war.

Ich vermisse dich, Liebling!, sagte er sich, und fast wäre es ihm nicht gelungen, die Tränen zu unterdrücken.

41

Dublin,
Mittwoch, 17:30

Die Sonne stand schon tief am westlichen Himmel, als Jay
Reinhart mit den anderen aus Seamus Dunhams Kanzlei
trat. Dunstige rote Sonnenstrahlen erleuchteten die Back-
steinmauern und spiegelten sich in den Verkehrszeichen. Die
bis jetzt in Feiertagsruhe versunkene Stadt bereitete sich auf
das Fest zum St. Patrick's Day vor, und die Menschen eilten
in fröhlicher Geschäftigkeit umher, scheinbar ohne zu ahnen,
dass es im schönen Dublin auch Leute gab, die weniger Grund
zur Freude hatten. Nach Einbruch der Dunkelheit sollte am
östlichen Ende der Stadt, wo der Liffey in die Bucht mündete,
ein großes Feuerwerk stattfinden. Im Zentrum von Dublin
staute sich bereits der Verkehr.
Obwohl Jay Sonnenuntergänge liebte, hielt sich seine Begeis-
terung an diesem Tag in Grenzen, da sich am Horizont düstere
Schicksalswolken zusammenballten.
Der Präsident lehnte Garritys Einladung ab, sich gemeinsam
das Feuerwerk anzusehen. Er wollte lieber ins Hotel zurückkehren und sich beim Zimmerservice ein Sandwich bestellen.
Matt Ward stimmte dem Vorschlag erleichtert zu und heftete
sich an die Fersen seines Schützlings.
Da Seamus Dunham nach Hause zu Frau und Kindern musste,

blieben Sherry und Jay allein mit Michael Garrity zurück, und der ließ sich mit einem Nein nicht abspeisen.

»Unsinn«, erwiderte er vergnügt, als Jay versuchte, sich vor dem Ausflug zu drücken, der sich vermutlich zu einer ausgedehnten Kneipentour entwickeln würde. »Ganz gleich, was morgen passiert, wäre es ein Verstoß gegen die hiesigen Sitten, wenn ich Ihnen nicht ein bisschen die Stadt zeigen würde.«

»Ich finde das wirklich sehr nett von Ihnen, Michael, aber –«

»Ich lasse keinen Einspruch gelten«, rief Garrity aus, »und damit sind auch Sie gemeint, junge Frau«, fügte er an Sherry gewandt hinzu.

Da alles Protestieren offenbar vergeblich war, erklärten sie sich widerstrebend zu einer kleinen Tour durch die Stadt und einem Imbiss in Michaels Lieblingskneipe bereit.

Wie sich herausstellte, war allein schon Michael Garritys Wagen eine Herausforderung. Das Auto war zwar ein ziemlich teures Modell, aber so klein, dass Jay weder vorne noch hinten bequem sitzen konnte, weshalb er aus Ritterlichkeit auf dem Rücksitz Platz nahm.

Natürlich musste das Four-Courts-Gebäude unbedingt besichtigt werden, doch die Eingangstür war verschlossen. »Morgen werden Sie ausreichend Gelegenheit haben, sich das Gebäude von innen anzusehen«, verkündete Michael, als ob es sich um einen freudigen Anlass handelte. Dann raste er in atemberaubendem Tempo am Trinity College, am Dublin Castle und an der O'Connell Street vorbei. »Die ist nach einem Patrioten benannt, nicht nach unserem verdammten Richter«, meinte er, während er halsbrecherisch um eine Ecke schoss.

»Und sehen Sie diese Bronzestatue da?«, fragte er und reckte den Zeigefinger gefährlich weit aus dem Fenster. Sie sausten an einer gewaltigen Statue vorbei, die eine reizende unbekleidete Meerjungfrau darstellte, welche sich in einem Springbrunnen räkelte.

»Die meisten Dubliner zeigen ihren Besuchern solche touristischen Sehenswürdigkeiten nicht, doch ich finde, dass sie ein Teil unserer Kultur sind. Das ist die Göttin des Liffey, des größten Flusses von Dublin.«

Auf diese Worte folgte ein rasantes Wendemanöver, und sie fuhren wieder nach Süden in Richtung Innenstadt. Als sie an einem Bahnhof vorbeikamen, zeigte Garrity wieder mit dem Finger. »Und das ist das Mekka für uns Dubliner«, sagte er, während er auf die Guinness-Brauerei wies. »Die Brauerei selbst kann man nicht mehr besichtigen«, ergänzte er wehmütig, »aber in dem kleinen Laden dort darf man das Bier noch kostenlos probieren. Hier vor Ort schmeckt es viel besser als irgendwo sonst auf der Welt.«

»Das habe ich auch schon gehört«, meinte Jay, der sich an die Armlehne seines Sitzes klammerte. Ein Blick auf Sherry zeigte ihm, dass sie sich ebenfalls festhielt und die Augen weit aufgerissen hatte.

»Tja, es stimmt. Ich habe dieses wundervolle Bier schon fast überall getrunken, und ich schwöre, dass es immer besser wird, je mehr man sich Dublin nähert.«

»Stimmt es, Michael«, fragte Jay, »dass es früher in der Werbung hieß, Guinness sei angeblich so gut wie Medizin?«

Michael grinste ihn an. »Was heißt ›angeblich‹, alter Junge? Es ist wirklich gut für die Gesundheit. Irische Ärzte verschreiben es sogar stillenden Müttern.«

Sie rasten in ein Parkhaus im Westen des Temple Bar District. Jay und Sherry folgten Michael in einen Pub namens Brazer Head, der dem Four-Courts-Gebäude gegenüber am anderen Ufer des Liffey stand. In dem kleinen, lauten und verrauchten Lokal drängten sich Mitglieder der Anwaltszunft. Bevor Michael die Türen öffnete, erklärte er, es handle sich hier um einen der ältesten Pubs von Dublin und einen beliebten Juristentreffpunkt.

Sie fanden einen kleinen Tisch hinten im Raum, und Michael bestellte eine Runde Guinness, das Nationalgetränk, wie er verkündete, als die Gläser, formvollendet gekrönt mit bräunlichem Schaum, vor sie hingestellt wurden.

»Und jetzt müssen Sie mir etwas versprechen: Kein Wort von morgen.«

»Einverstanden«, erwiderte Jay. Er spürte, wie er ein wenig lockerer wurde, und betrachtete Sherrys reizendes Lächeln. Auch sie nickte zustimmend.

»Sie lieben diese Stadt wirklich, Michael«, überbrüllte Sherry den Lärm im Lokal.

»In der Tat, insbesondere deshalb, weil sich alles hier sehr verändert hat. Vor knapp fünfzehn Jahren war Irland noch ein armes kleines Land der Legenden, stark im Herzen, aber mit leeren Taschen. Doch dann hat uns die Computerbranche entdeckt. Schauen Sie sich nur um. Heute nennen wir uns ›Keltischer Tiger‹. Der Wohlstand nimmt zu, und wir alle glauben zu träumen. Wir müssen uns immer noch an den Gedanken gewöhnen, dass die irische Wirtschaft gesund ist. Inzwischen gibt es Leute, die tatsächlich nach Irland einwandern wollen. Kaum vorstellbar!«

»Das freut mich«, sagte sie.

»Jay, Sie haben mir doch mal erzählt, Sie hätten irische Vorfahren«, meinte Michael. »Welchen Eindruck haben Sie bis jetzt von uns?«

Jay lächelte seinen Gastgeber an. »Ich hatte noch nicht viel Zeit, mir eine Meinung zu bilden, Michael, aber …«

»Aber wenn Sie sich nicht solche Sorgen um John Harris machten, würden wir Ihnen bestimmt sehr gefallen. Und wenn wir Ihren Mandanten laufen ließen, würden Sie uns noch mehr ins Herz schließen, was?«

»So in etwa.«

»Schon gut.« Er hob sein Glas. »Prost.«

Jay und Sherry folgten seinem Beispiel und sahen zu, wie Michael das halbe Glas in einem Zug leerte.

»Ich hatte gehört, dass Sie nicht trinken, Michael«, sagte Jay. Michael zog erstaunt die Augenbrauen hoch.

»Was? Wer zum Teufel hat Ihnen so eine unverfrorene Lüge aufgetischt?«, erwiderte er mit einem zweifelnden Grinsen.

»Der Anwalt in London, der Sie empfohlen hat. Geoffrey Wallace.«

»Oh, Wallace! Das war auf dem Kongress in Edinburgh. Ich trinke nicht viel, Jay, aber das war nur ein Scherz.«

»Ein Scherz?«

»Ja. Der dämliche Brite hat darüber schwadroniert, dass alle Iren Säufer seien, was absolut nicht stimmt; also habe ich beschlossen, ihm den Wind aus den Segeln zu nehmen. Offenbar hat es geklappt.«

»Michael!«, rief da eine Stimme durchs Lokal. Michael Garrity winkte den Mann heran.

»Prima«, meinte er, während der Unbekannte sich zwischen den Tischen hindurchschlängelte. »Das ist Byrne McHenry,

446

vermutlich der beste Kabarettist Irlands und ein wahrer Nach-ahmungskünstler. Wenn er Ronald Reagan spielt, würde sogar Nancy drauf reinfallen.«

McHenry war am Tisch angekommen und schüttelte Michael kräftig die Hand. Dieser machte ihn mit Jay und Sherry bekannt. Nachdem sie eine Weile geplaudert hatten, sah McHenry auf die Uhr. »In einer Stunde trete ich im Jury's auf, Leute. Ich muss los. Nett, Sie kennen gelernt zu haben.«

Bald gesellten sich zwei andere Anwälte zu ihnen, die Garrity begrüßten. Die Kellnerin brachte Sandwiches und noch eine Runde Guinness.

Jay verspeiste sein Sandwich und trank ein zweites Bier. Während Sherry und Michael sich angeregt über keltische Kunst unterhielten, ließ er seine Gedanken schweifen, denn er fand die alte Einrichtung des Pubs und die Geschichten der Gäste um einiges interessanter als das Tischgespräch. Die Holztäfelungen stammten vermutlich aus der Mitte des neunzehnten Jahrhunderts. Der Tresen hingegen war nicht so kunstvoll geschnitzt und verziert wie viele, die er an der ame-rikanischen Ostküste oder in Großbritannien gesehen hatte. Allerdings hatte auch er seinen eigenen Stil, dem man trotz der Abnutzung von anderthalb Jahrhunderten das handwerk-liche Können des Schreiners noch ansah.

Plötzlich hatte er das Gefühl, dass jemand seinen Namen aus-gesprochen hatte.

»Verzeihung, was ist?«

»Sind Sie noch bei uns, Jay?«, fragte Michael lachend.

Jay nickte grinsend und schob seinen Stuhl zurück. »Ich habe nur nachgedacht, Michael. Und ich fürchte, wir müssen jetzt zurück ins Hotel.«

»Ach, dann werden Sie etwas verpassen«, widersprach Michael. »Und das Feuerwerk ist wirklich eine Sensation. Jedes Jahr wird es besser, obwohl das Gedränge natürlich ein bisschen lästig ist. Wirklich, mein Guter, die Nacht ist noch jung.«

»Ganz im Gegensatz zu mir«, entgegnete Jay schmunzelnd, stand auf und sah erleichtert, dass Michael sich ebenfalls erhob. »Ich habe eine Menge zu tun, Michael, und außerdem macht mir die Zeitumstellung noch zu schaffen.«

»Ach, natürlich. Daran hätte ich denken müssen. Entschuldigen Sie.« Er griff nach der Rechnung und winkte die Kellnerin heran.

Eine Dreiviertelstunde später setzte Michael Jay und Sherry vor dem Haupteingang des Hotels ab. Die beiden blickten dem rundlichen Anwalt nach, der in der Dunkelheit davonraste.

»Ein netter Mensch«, meinte Jay.

»Gut, dass Sie ihn aufgetrieben haben«, stimmte Sherry zu. »Wann sollen wir ihn morgen treffen?«

»Um halb zehn im Four-Courts-Gebäude.«

Sie lachte. »Sie ahnen gar nicht, wie froh ich bin, dass Sie Michaels Angebot, uns morgen abzuholen, abgelehnt haben.«

Jay lachte und erkundigte sich an der Rezeption, ob etwas für ihn abgegeben worden sei.

Der Angestellte reichte ihm einen versiegelten braunen Umschlag.

»Was ist das, Jay?«, fragte Sherry.

»Das«, entgegnete er nach einem Blick auf den Adressenaufkleber, »ist Stuart Campbells Kopie des Videos, das Barry Reynolds angeblich aufgenommen hat.«

»Wo können wir das Band abspielen?«

»Ich habe heute vom Hotel einen Videorekorder gemietet und ihn in mein Zimmer bringen lassen. Möchten Sie sich das wirklich anschauen?«, fügte er hinzu, während er den Aufzugsknopf drückte.

Sie nickte.

»Ich hoffe, es stört Sie nicht, mit in mein Zimmer zu kommen.«

Die Aufzugtür öffnete sich. Sherry stieg ein und bedachte Jay über die Schulter hinweg mit einem möglichst verruchten Blick. »Meinen Sie, wir brauchen eine Anstandsdame, Mr. Reinhart?«

»Äh … nein … ich …«

»Haben Sie etwa unehrenhafte Absichten?«, neckte sie ihn.

»Meine Absichten?« Jay grinste verlegen und errötete leicht. »Oh, nein, ich …«

Sie lächelte. »Schon gut, Jay. Ich wollte Sie nur ein bisschen auf den Arm nehmen.«

Verdattert schüttelte er den Kopf. »Das war kein Versuch, Sie ins Bett zu kriegen, Sherry.«

»Mist«, erwiderte sie mit einem Lächeln, das ihn erstarren ließ.

»Was?«, stieß er verwirrt hervor.

»Hallo, Jay! Das war alles nur ein Witz, ich wollte nicht … ich hatte nicht vor …« Auf einmal wurde Sherry ebenfalls rot.

»Okay«, sagte er und hätte sich ohrfeigen können, weil ihm keine schlagfertigere Antwort eingefallen war. Als die Aufzugtür sich im dritten Stock öffnete, stiegen sie aus.

»Wir beide sind schon ein Gespann, was?«, lachte sie, während sie zu seinem Zimmer gingen. »Wahrscheinlich könnte nicht einmal die Funkereinheit der Army die vielen widersprüchlichen Signale entschlüsseln, die wir einander senden.«

»Stimmt«, lachte er zurück, öffnete seine Tür und hielt sie ihr auf.

Sie blieb stehen und sah ihn an. »Gut, fangen wir noch mal von vorne an.« Sie schüttelte ihm die Hand. »Hallo, schöner Mann. Ich bin Sherry und würde mich gerne in einem angemessenen Abstand zu Ihnen in Ihr Zimmer setzen und auf rein geschäftlicher Basis dieses Video anschauen. Anschließend werde ich mich in mein eigenes Zimmer zurückziehen, bevor noch etwas Vertrauliches oder gar Romantisches daraus entstehen könnte, was keinen Hinweis darauf darstellen soll, ob etwas Derartiges wahrscheinlich ist oder nicht.«

Jay blickte sie lächelnd an. »Ich glaube, das haben Sie gerade großartig zusammengefasst.«

42

The Great Southern Hotel,
Flughafen Dublin,
Mittwoch, 20:15

Nach etwa einer Minute war auf dem Bildschirm die erste Aufnahme zu sehen. Die körnigen Schwarzweißbilder zitterten und hüpften, da Reynolds die kleine tragbare Kamera offenbar an seiner Kleidung befestigt hatte. Als der CIA-Mann den Raum betrat, war alles zunächst verschwommen. Im Hintergrund waren einige vertraute Einrichtungsgegenstände zu sehen. Dann wurde das Bild ruhig. Reynolds hatte auf einem der Sofas Platz genommen und die Kamera auf die östliche Tür gerichtet, die von einer unsichtbaren Hand geschlossen wurde.

Plötzlich schwenkte die Kamera zu einem Mann, der am Schreibtisch des Präsidenten lehnte. Nun war eindeutig zu erkennen, dass es sich um das Oval Office handelte. Durch die Fenster hinter dem Mann strömte Licht herein.

Bis jetzt waren nur das Reiben von Kleidung am Mikrofon, gedämpfte Stimmen, Schritte und das Rascheln der Polster zu hören gewesen, während Reynolds sich setzte.

Als die Kamera auf die Beine des Präsidenten gerichtet stehen blieb, erklang eine wohl bekannte Stimme.

»Okay, Barry, wie weit sind wir? Ist alles bereit?«

Jay warf Sherry einen besorgten Blick zu, und sie nickte. Der Tonfall, der Akzent, die Satzmelodie, das alles war ihr nur zu vertraut. John Harris hatte eine unverwechselbare Stimme, auch wenn einige Wörter leise und nur schwer zu verstehen waren.

»Tja, Sir«, sagte eine Stimme, die sich näher am Mikrofon befand und deshalb entsprechend lauter klang, »wir könnten loslegen, aber es ist … teuer.«
»Wie viel?«
»Möchten Sie das wirklich wissen, Mr. President?«
»Dieses …« – wieder ein Rascheln – »… hat nie stattgefunden, Barry, also will ich es heute hören, denn offiziell erfahre ich es nie.«
»Also gut, Sir. Sie verlangen eine Million US-Dollar.«
Der Anfang der Antwort war unverständlich. »… abgemacht, wenn sie den Auftrag erledigen können.«
»Ja, Mr. President, dazu sind die Leute durchaus in der Lage. Aber ich muss Sie warnen.«
»Tja …« – die Stimme wurde erst leiser und dann wieder deutlicher – »… eine ganz andere Sache. Möchte ich überhaupt wissen, wovor Sie mich warnen wollen? Selbst inoffiziell?«
Es folgte eine Pause.
»Sir, ich muss es Ihnen sagen«, erwiderte Reynolds dann. »Denn ich will kein grünes Licht geben, bevor ich nicht sicher bin, dass Sie die möglichen Konsequenzen kennen und bereit sind, sie hinzunehmen. Ich kann das

nicht allein verantworten. Offen gestanden habe ich
starke Vorbehalte gegen die Operation.«

Seufzend verschränkte der Präsident die Arme. »Aha.
Schießen Sie los.«

»Vermutlich werden sich sechzig bis siebzig Personen
im Drogenlabor und auf dem Gelände aufhalten, einige
davon sind Zivilisten.«

»Die Arbeiter?«, fragte der Präsident.

»Ja, Sir. Wenn wir diese so genannte Armee anheuern –
Söldner, die früher dem ›Leuchtenden Pfad‹ oder der
peruanischen Armee angehörten, ein ziemliches Lum-
penpack also –, werden sie niemanden am Leben lassen
wollen, ganz gleich, wen sie dort vorfinden. Das haben
sie klar zum Ausdruck gebracht.«

»Soweit es um … geht, Barry, ist jeder in diesem Labor
vogelfrei. Sie töten Amerikaner mit … Gift, das sie her-
stellen …« Die Stimme wurde wieder unverständlich.

»Ja, Sir. Aber es wird ganz sicher ein Blutbad geben.
Gewiss wird die Regierung außer sich sein, insbesonde-
re dann, wenn sie beweisen kann, dass die CIA dahinter
steckt. Deshalb rate ich davon ab. Zu riskant. Ich wollte
sichergehen, dass Ihnen das klar ist.«

»Ich verstehe, Barry.«

»Es sind, wie ich bereits sagte, Banditen, Sir. Subjekte,
wie Sie sie bestimmt noch nicht kennen gelernt haben.
Sie wären fähig, einen Menschen nur zum Spaß bei le-
bendigem Leibe zu zerstückeln. Zweibeinige Bestien,
wie ich niemals welchen begegnet bin, und … offen ge-
standen … an diesem Auftrag werden sie ganz gewiss
ihre Freude haben.«

Der Präsident erwiderte etwas mit gedämpfter Stimme.

»Das heißt Folter«, entgegnete Reynolds. »Wir würden den Auftrag zur Folter geben. Diese Leute werden sich amüsieren und erhalten von uns die Lizenz zum Töten. Sie werden ihre Opfer umbringen, langsam und schmerzhaft, aus reinem Sadismus.«

Reynolds zögerte, stand auf, ging zum Kamin und drehte sich um, sodass die Kamera voll auf den Präsidenten gerichtet war.

»Sir, gegen Typen wie die waren die Nazis harmlos. Und ich wollte Ihnen noch sagen, dass die peruanischen Bauern, die dort arbeiten, vermutlich ihre Familien bei sich haben.«

»Familien …« Der Präsident befand sich so weit entfernt vom Mikrofon, dass man ihn nicht verstehen konnte.

»Ist möglich«, entgegnete Reynolds. »Ich kann nicht garantieren, wer im Haus sein wird. Aber jeder, der dort angetroffen wird, muss sterben.«

Wieder eine unverständliche Anmerkung des Präsidenten, deren letztes Wort »Empfehlung« lautete.

»Hängt davon ab, worauf es Ihnen ankommt, Sir«, erwiderte Reynolds. »Wenn Sie das Labor ein für alle Mal dichtmachen, die Führungsstrukturen zerschlagen, den Heroinnachschub zum Erliegen bringen und alle abschrecken wollen, die mit dem Gedanken spielen, eine Drogenfabrik von dieser Größe einzurichten, ist das wahrscheinlich Ihre einzige Chance. Doch es wird viele Menschenleben kosten.«

Der Präsident stand vom Schreibtisch auf und ver-

schwand aus dem Bild. Offenbar hatte sich Reynolds wieder aufs Sofa gesetzt und sich zum Schreibtisch umgedreht. Als sich die Kamera ein wenig hob, sah man den Rücken des Präsidenten, der am Fenster stand und auf den Rosengarten hinausblickte.

Als er sich umdrehte, wurde die Kamera gesenkt, sodass sein Kopf über den Bildrand hinausragte. »… keine andere Wahl«, sagte der Präsident so leise, dass man ihn kaum verstand. »Sie … grünes Licht. Aber Sie haben mir das nie erzählt und …« Die nächsten Worte waren nicht zu hören. »Machen Sie ihnen keine Vorschriften und drohen Sie ihnen nicht. Verbieten Sie ihnen nicht zu foltern, denn sonst können wir nicht behaupten, wir hätten nichts gewusst.«

»Gut, Sir.«

»Also. Bringen Sie … und zeigen Sie mir die Einzelheiten.«

Auf der restlichen Aufnahme wurden organisatorische Gesichtspunkte der Operation erörtert. Dann schüttelte Reynolds dem Präsidenten die Hand und verließ durch die östliche Tür den Raum.

Der Bildschirm war schon eine ganze Weile schwarz, als Jay endlich den Videorekorder anhielt. Fast eine Minute lang verharrte er schweigend, dann holte er Luft und schüttelte den Kopf.

»Mein Gott.«

Sherry Lincoln saß wie erstarrt auf ihrem Stuhl und blickte weiter auf den dunklen Bildschirm. Jay hörte sie schlucken, aber sie sagte kein Wort.

»Sherry … ich kann nicht glauben, was wir gerade gehört haben.«

»Ich auch nicht«, erwiderte sie leise.

»Das war, soweit ich es beurteilen kann, die Stimme von John Harris«, sagte er. »Reynolds und seine Stimme kenne ich nicht, doch ich habe viele Jahre mit John verbracht …«

»Er ist es, Jay. Er und kein anderer. Die Ausdrucksweise, die Satzmelodie, einfach alles.«

Jay schüttelte wieder den Kopf und breitete in einer hilflosen Geste die Hände aus. »Es ist unmöglich, dass ich das morgen anfechte. Ich könnte mich lediglich darauf berufen, dass das Video vielleicht manipuliert ist.«

»Es ist keine Fälschung«, meinte Sherry.

Jay blickte sie an. »Haben Sie etwas gesehen oder gehört, das Sie davon überzeugt hat?«

Trauer malte sich in ihren Augen. »Ich kenne das Oval Office. Sein Gesicht war nie nah genug im Bild, aber es war seine Stimme, und auch sonst passte alles. Schließlich gibt es nur ein gottverdammtes Oval Office!«

Ihre Stimme wurde zornig.

»Dann hat er uns belogen, Sherry«, sprach Jay die Worte aus.

»Stimmt.«

»Das hätte ich ihm nie zugetraut, doch offenbar ist es so. Und man konnte kurz sein Gesicht sehen, als Reynolds am anderen Ende des Raumes stand.«

»Das ist mir gar nicht aufgefallen«, sagte sie. »Aber ich kenne seine Stimme.«

Schweigend saßen sie eine Weile da, dann stand Sherry auf.

»Was haben Sie vor?«, fragte Jay, als sie zum Telefon griff und eine Nummer wählte.

»Ich rufe ihn an. Er soll herkommen. Ich verlange eine Erklärung, obwohl ich nicht glaube, dass es dafür eine gibt.«

Nachdem sie kurz mit dem Präsidenten telefoniert und ihm sicher einen gehörigen Schrecken eingejagt hatte, legte sie auf und drehte sich zu Jay um. In ihren Augen funkelten Tränen.

»Er kommt gleich rauf, er muss sich nur noch etwas anziehen«, meinte sie und setzte sich wieder. »Was sollen wir tun, Jay? Wenn das Band morgen vorgeführt wird, werden sie Hackfleisch aus ihm machen.«

»Ja. Ich kann dagegen keinen Einspruch einlegen. Es stellt eindeutig einen hinreichenden Verdacht dar.«

»Was unternehmen wir also? In Irland hat er ganz bestimmt keine Chance mehr.«

Jay seufzte auf und griff zum Telefon. »Es gibt nur noch eine Möglichkeit. Wir müssen einen Direktflug nach Maine riskieren.«

Dass Craig Dayton und die Chefstewardess Jillian Walz schon seit einem Jahr eine Beziehung hatten, war bei EuroAir ein offenes Geheimnis. Dennoch wahrten sie im Dienst immer Diskretion und posaunten nicht herum, dass sie ein Paar waren. Als Craig nun ans Telefon ging, ließ er sich ebenfalls nichts anmerken und wirkte wegen der späten Stunde nur ein wenig schläfrig.

Nach dem kurzen Gespräch legte er den Hörer auf und kuschelte sich wieder an Jillians Rücken. Während er ihr seidenweiches Haar streichelte, schilderte er ihr den Inhalt des Telefonats.

»Bist du sicher, dass es nicht zu gefährlich ist, Craig?«

»Kein Problem, Schatz. Alastair und ich haben uns die Sache

gründlich angesehen. Wie ich ihm gerade erklärt habe, fliegen wir erst die halbe Strecke und überprüfen dann die Windverhältnisse. Und wenn auch nur das geringste Risiko besteht, dass wir es nicht mit einem Rest Treibstoff im Tank nach Presque Isle schaffen, kehren wir um.«

»Ich wünschte, wir müssten die anderen Mädchen nicht mitnehmen.«

»Das wäre illegal, wenn wir nicht vorher eine Menge Sitze ausbauen. Bei so vielen Sitzplätzen müsst ihr zu dritt sein.«

»Ich weiß, ich weiß.«

»Möchtest du nach Hause?«

»Ich will, dass du deinen Job behältst, und ich habe Angst. Du bist schon wieder im Begriff, gegen die Vorschriften zu verstoßen.«

»Ich glaube, ich habe die Sache in Frankfurt wieder hingebogen, Jill.«

»Aber wenn du keine Treibstoffquittungen aus Island oder Kanada vorzeigen kannst, werden sie wissen, dass du direkt geflogen bist.«

»Sie werden denken, dass ich auf Anweisung der amerikanischen Regierung gehandelt habe. Jedenfalls hat John Harris uns seine Freiheit zu verdanken, und ich werde ihn auch jetzt nicht im Stich lassen.«

»Mist«, meinte sie. »Um wie viel Uhr also?«

»Start um sieben Uhr früh, Schatz. Das heißt, wir müssen spätestens um halb fünf hier raus.«

Als er ihr den Schenkel streichelte, drehte sie sich um und berührte sein Gesicht. »Jetzt wird aber geschlafen, Craig.«

»Ach, nein«, jammerte er.

»Schluss für heute!«, erwiderte sie.

»Und wenn ich ganz lieb bitte?«

»Nein. Das hast du heute schon mal getan«, entgegnete Jillian.

Sie küsste ihn. »Ruf Alastair an. Stell den Wecker. Schlaf. In dieser Reihenfolge.«

»Zu Befehl, Ma'am.«

Fünfundzwanzig Minuten nach seinem Telefonat mit Craig Dayton stand Jay Reinhart, der neben John Harris gesessen hatte, wortlos auf und schaltete den Videorekorder ab.

»Gütiger Himmel«, stieß der Präsident hervor.

»So ähnlich habe ich auch reagiert, John. Was wird hier gespielt?«

Sherry saß finster schweigend in einer Ecke und beobachtete John Harris, der wie benommen den Kopf schüttelte. »Jay … Sherry … Ich möchte, dass Sie mir jetzt gut zuhören. Entweder leide ich unter schweren geistigen Störungen, Gedächtnisverlust und Wahrnehmungsverzerrungen, oder das Band, das Sie mir gerade gezeigt haben, ist eine unverschämte Fälschung.«

»John, das ist Ihre Stimme«, widersprach Jay heftiger als beabsichtigt.

»Und es ist das Oval Office, Sir«, fügte Sherry hinzu.

John Harris fuhr sich mit der Zunge über die Lippen und starrte auf den dunklen Bildschirm.

»Ich weiß, dass es sehr echt aussieht, aber … ich habe weder jemals so etwas gesagt noch diese Worte von Reynolds gehört. Ich glaube, mein Gesicht war auf dem Band gar nicht richtig zu erkennen.«

»Doch, John, in einer Einstellung«, entgegnete Jay leise.

Trauer malte sich auf dem Gesicht des Präsidenten. »Sie glauben mir nicht, Jay, richtig?«

»Ich weiß wirklich nicht mehr, was ich glauben soll, John. Nur zu gerne würde ich Ihnen vertrauen und annehmen, dass das eine Fälschung ist. Aber morgen vor Gericht wird man mir aus diesem Ding einen Strick drehen. Wenn Campbell das Video vorspielt, würde sogar ein amerikanischer Richter von einer klaren Beweislage ausgehen.«

»Wir haben die Zeit, es anzufechten, Jay«, sagte Harris. »Wir brauchen ein Expertengutachten, das erklärt, wie das Band manipuliert wurde. Die aufgezeichneten Bilder sind wahrscheinlich echt, doch die Stimmen sind irgendwie gefälscht worden. Schließlich gibt es eine Menge von Leuten, die einen Präsidenten gut imitieren können.«

»Bis morgen schaffen wir es nicht, das Band von einem Fachmann überprüfen zu lassen«, erwiderte Jay. »Natürlich können wir später eine digitale Stimmenanalyse durchführen und beweisen, dass Sie es nicht sind. Doch das dauert seine Zeit. Zuerst muss ich den Richter davon überzeugen, dass dieses Video keinesfalls beweiskräftig ist. Sie können sicher sein, dass Stuart Campbell einen lückenlosen Herkunftsnachweis vorlegen wird: eine chronologische Auflistung aller Personen, die es in den Händen hatten, eidesstattliche Versicherungen, alles, was er braucht, damit der Richter ihm glaubt. Und das bedeutet ganz gewiss eine Verhaftung und den Anfang eines langen, unschönen Rechtsstreits. Und da Garrity in Bezug auf den Richter seine Bedenken hat, muss ich davon ausgehen, dass Sie vielleicht schneller als üblich ausgeliefert werden.«

John Harris seufzte auf und schüttelte den Kopf.

»Das ist offenbar einer von den Albträumen, die niemals auf-hören, Jay.«

»Sieht so aus.«

Eine Weile herrschte Schweigen.

»Sir?«, fragte Sherry mit gepresster Stimme.

»Ja, Sherry?«

»Ich möchte, dass Sie mir die ganze Wahrheit sagen.«

»Das habe ich immer getan, Sherry«, erwiderte er, offensicht-lich bestürzt.

»Ja … soweit ich es beurteilen kann … und ich bin stets davon ausgegangen. Bestätigen Sie mir, dass Sie die Worte auf dem Video nie ausgesprochen haben, wenn das die Wahrheit ist.«

Der Präsident ging zu Sherry hinüber, legte ihr eine Hand auf die Schulter und hob mit der anderen ihr Kinn, sodass sie ihn ansehen musste.

»Sherry, ich schwöre Ihnen, dass das, was Sie da gerade ge-hört haben, nicht meine Stimme und meine Worte waren. Das Gespräch ist irgendwie gefälscht worden.«

Sie nickte und drängte die Tränen zurück. Dann stand sie auf und umarmte ihn wortlos.

»Also gut, Jay. Was tun wir jetzt?«

»Wir verschwinden. *Sie* verschwinden. Start um sieben Uhr. Kapitän Dayton ist bereit, die halbe Strecke zu fliegen und Sie, wenn die Windverhältnisse und der Treibstoffvorrat es zulassen, bis nach Presque Isle, Maine, zu bringen. Das ist der nächste geeignete Flughafen auf amerikanischem Boden.«

»Und Sie?«

»Ich werde bleiben und kämpfen, so gut ich kann. Das muss ohnehin sein, denn vielleicht sind Sie ja gezwungen umzu-kehren.«

»Verstanden.« Der Präsident erhob sich und klopfte Jay auf die Schulter. »Überlegen Sie sich mal, wie man so ein Video fälschen könnte, Jay.«

»Ich bin schon dabei, Sir. Mir macht Angst, dass es jemand geschafft haben könnte, das Gespräch digital so perfekt zu mischen, dass es Ihre Aussage und Ihre Stimme sind, auch wenn Sie die Wörter nie in dieser Reihenfolge ausgesprochen haben.«

»Vertrauen Sie mir, Jay. Die Dinge sind nur selten so, wie sie scheinen.«

Jay musterte ihn eine Weile, bevor er erwiderte: »Genau das macht mir ja solche Sorgen.«

Nachdem John Harris in sein Zimmer zurückgekehrt war, teilte Sherry Jay mit, sie werde den Präsidenten in der 737 begleiten. Beim Abschied an der Tür zögerten sie, hielten sich kurz bei den Händen, und Sherry versprach, ihn gleich nach der Landung in den Vereinigten Staaten anzurufen.

Aufgewühlt trat Jay wieder in sein leeres Zimmer. Obwohl er sich nach Schlaf sehnte und die Folgen von zwei Gläsern Guinness spürte, war er fest entschlossen, einen Weg zu finden, um das Unvermeidliche abzuwenden. Er schaltete Fernseher und Videorekorder ein, ließ das Band noch einmal durchlaufen und suchte die Stelle, die ihm vorhin nicht ganz stimmig erschienen war. Es war nur ein flüchtiger Eindruck gewesen, etwas, das er nicht in Worte fassen konnte. Doch er kam einfach nicht mehr darauf.

Nachdenklich setzte er sich auf die Bettkante. Er bereute, so viel Zeit im Pub verbracht zu haben, auch wenn Michael und seine Freunde sehr sympathische Menschen waren.

Seine Freunde.

Jay zerrte ein Bündel Visitenkarten aus der Tasche und griff nach dem Telefon, um Michael Garrity anzurufen.

»Was gibt's, alter Junge?«, fragte Michael.

Jay schilderte ihm den Inhalt des Videos.

»Um Himmels willen. Das wird uns ziemlich in Schwierigkeiten bringen.«

»Können wir nicht dafür sorgen, dass das Band nicht zugelassen wird?«

»Ja und nein. Vergessen Sie nicht, dass wir es mit Richter O'Connell zu tun haben, und der regiert, wie es ihm beliebt, ohne auf die Anwälte zu hören. Nach unserer Strafprozessordnung liegt die Entscheidung allein beim Richter. Ein Beweisstück wird nicht automatisch ausgeschlossen, weil es – wie dieses Video – möglicherweise auf einem Weg entstanden ist, der gegen amerikanisches Gesetz verstößt.« Michael zögerte. »Ich kann den Richter nur davon zu überzeugen versuchen, dass das Band nicht zulässig ist, weil es Präsident Harris vorverurteilt.«

»Michael«, meinte Jay, »ich habe eine Idee, wie Sie ihn überzeugen könnten – vorausgesetzt, Sie sind bereit, Ihren Nachtschlaf zu opfern, und schaffen es, einen Ihrer Freunde zur Mitarbeit zu bewegen.«

43

Alastair Chadwick hatte die Wetterberichte abgerufen und studierte schon seit einer knappen halben Stunde den Flugplan, als Craig die Flugberatungsdienststelle im Untergeschoss des Hauptterminals betrat.

»Okay, großer Navigator, wie sieht's aus?«

Über den Rand seiner Lesebrille hinweg blickte Alastair Craig an. »Ein echter Knaller, würde ich sagen.«

»Nicht unbedingt ein Wort, das man als Flieger benutzen sollte, alter Freund«, erwiderte Craig und betrachtete die Wetterkarten auf dem Computerbildschirm.

Alastair wies auf die Papiere. »Wir haben hier zwei Wetterfronten, Craig, die sich in Bewegung befinden und auf die wir achten sollten. Dazu noch einen sich rasch verändernden Strahlstrom.« Der sich schlängelnde Strahlstrom erstreckte sich vom östlichen Kanada aus in einem großen Bogen quer über den Atlantik. Entlang der kanadischen Hudson Bay rasten die Luftmassen nach Nordosten, doch südlich von Grönland zogen sie südwärts und würden ihren Weg nach Maine in einem rechten Winkel kreuzen.

»Wie schnell?«, fragte Craig.

»Das Zentrum bewegt sich mit etwa achtzig oder neunzig

Knoten, doch es hält mehr oder weniger Abstand – solange der obere Rand der Kurve rings um Grönland nicht nach Süden vorrückt und abflacht. Dann hätten wir den Wind direkt von vorne, und unser Sprit würde wahrscheinlich nicht bis nach Maine reichen.«

»Und die Vorhersage?«

»Es werden kaum Veränderungen erwartet, was keine Garantie ist, dass wir in drei Stunden nicht trotzdem ein Problem kriegen könnten. Wir müssen die Sache also im Auge behalten.«

»Okay. Hättest du übrigens was dagegen, wenn ich auch diesmal selbst fliegen würde?«

»Natürlich nicht.« Alastair grinste. »Dass ich allmählich verlerne, wie man fliegt, weil mein Kapitän mich nicht ans Steuer lässt, ist ja nicht weiter wichtig. Dann muss ich eben mein letztes Geld zusammenkratzen und ein paar private Flugstunden nehmen, wenn wir wieder zu Hause sind.«

»Und ich dachte immer, ich wäre derjenige, der anderen ein schlechtes Gewissen einredet.« Craig lachte.

»Und jetzt«, meinte Alastair, ohne auf die Bemerkung zu achten, »spitz die Ohren, Mr. Bond.«

»Gerne, Q.«

»Über Island liegt ein dickes Tief; Keflavík anzusteuern, ist in unserem Flugplan eigentlich nicht vorgesehen. Außerdem dürfen wir nicht vergessen, dass sich die Rückenwinde ändern könnten, was Einfluss auf die Entscheidung hätte, wann wir nötigenfalls umkehren müssten.«

»Verstanden«, entgegnete Craig und musterte konzentriert das Diagramm.

»Gander auf Neufundland wäre eine akzeptable Alternative.

Das Wetter über dem Meer ist gut, und auch hier müsste es bis zum späten Nachmittag halten, für den Fall, dass wir beschließen umzukehren.«

»Mit anderen Worten, dir fällt kein meteorologischer Grund ein, die Sache abzublasen?«

»Kein zwingender«, antwortete Alastair lächelnd. »Abgesehen davon, dass es der absolute Wahnsinn ist, sieht alles gut aus.«

Trotz der Wetterbedingungen rechnete Craig fest damit, dass etwas schief gehen würde. Es gab einfach zu viele Möglichkeiten, den erneut – diesmal in EuroAir Charter 1020 – umbenannten Flug am Start zu hindern. Er hielt es für übertrieben optimistisch, anzunehmen, dass sie tatsächlich vom Boden abheben, geschweige denn eine Freigabe für das zweitausendachthundert nautische Meilen entfernte Maine bekommen würden. In Anbetracht der Ereignisse erwartete er, dass die Gegenseite ihre Pläne bereits kannte und einen Weg finden würde, sie zu vereiteln – entweder mit Hilfe von EuroControl in Brüssel oder indem sie Druck auf die entsprechenden Firmen ausübte, damit diese sich weigerten, die Maschine zu betanken.

Doch die Vorbereitungen wurden pünktlich abgeschlossen. Um Viertel nach sechs war das Flugzeug gewartet, aufgetankt, technisch überprüft und für startklar erklärt worden. Um fünf vor halb sieben befanden sich John Harris, Sherry Lincoln, Matt Ward, die beiden Piloten und die drei Stewardessen an Bord.

Zu seiner Verwunderung erhielt Craig von der Abflugkontrolle tatsächlich eine Freigabe in die Vereinigten Staaten. Allerdings fehlte noch die Startfreigabe, und als der Tower auch diese routinegemäß erteilte, traute er seinen Ohren kaum.

Verblüfft sah er Alastair an. »Habe ich richtig gehört?«

»Der Tower sprach, und ich zitiere wörtlich: ›EuroAir Zehn-Zwanzig, freigegeben zum Start.‹«

»Ich fasse es nicht!«

»Ich denke«, meinte Alastair, »dass wir die Gunst der Stunde nutzen und uns in die Lüfte erheben sollten.«

Craig schob die Leistungshebel vor, um die 737 zur Startbahn rollen zu lassen. Dann vergewisserte er sich, dass die Bordscheinwerfer eingeschaltet waren.

»Achtzig Knoten«, verkündete er.

»Das ist eigentlich mein Text.«

»Dann sag ihn auf.«

»Achtzig Knoten.«

»Fühlst du dich jetzt wohler?«

»Sehr viel wohler«, erwiderte Alastair, während er beobachtete, wie die Geschwindigkeit stetig auf einhundertachtunddreißig Knoten stieg.

Elegant zog Craig das Steuerhorn zurück, sodass die 737 vom Boden abhob. In Gedanken war er schon bei der Freigabe zum Ozeanflug, die sie gleich erhalten würden, und bei der Aufgabe, die Windverhältnisse und das Wetter im Auge zu behalten.

»Positive Steigrate, Fahrwerk hoch«, befahl er.

»Roger, Fahrwerk ist oben«, erwiderte Alastair.

»Ortszeit?«, fragte Craig.

»Sechs Uhr fünfzig. Wir sind zehn Minuten früher dran als geplant.«

Craig nickte. »Hoffentlich klappt alles.«

The Great Southern Hotel,
Flughafen Dublin

Um zehn nach acht riss der Wecker Jay schon nach drei Stunden wieder aus dem Schlaf. Vermutlich war Michael Garrity ebenso übermüdet wie er, vorausgesetzt, er hatte es überhaupt bis nach Hause geschafft. Der Gedanke, eine Schlacht vor Gericht ausfechten zu müssen, obwohl er kaum die Augen offen halten konnte, bereitete Jay große Sorgen. Allerdings war das Wissen, dass sie bei ihrer nächtlichen Arbeit einen Weg gefunden hatten, Sand in Stuart Campbells Getriebe zu streuen, sehr beruhigend.

Er rappelte sich auf und schleppte sich ins Bad, um zu duschen. Am liebsten wäre er monatelang unter dem heißen Wasserstrahl stehen geblieben.

Ständig musste er an die 737 von EuroAir denken. Kurz nach halb acht hatte er telefonisch die Bestätigung erhalten, dass die Maschine gestartet war. Und dass Sherry sich bis jetzt nicht gemeldet hatte, bedeutete offenbar, dass alles nach Plan lief.

Jay streckte den Kopf aus der Dusche und sah auf seine Armbanduhr auf der Ablage. Acht Uhr dreiundzwanzig! Craig hatte ihn gewarnt, dass sie den entscheidenden Punkt nach etwa drei Stunden Flug erreichen würden – etwa um dieselbe Zeit, wenn die Anhörung begann.

Jay blieb noch eine Weile unter der Dusche stehen, schloss die Augen und erinnerte sich an Sherry Lincolns Lachen und ihr wunderschönes Gesicht.

Vielleicht beruht die Anziehung ja auf Gegenseitigkeit, dachte er.

Oder auch nicht. Aber ich möchte auf jeden Fall … rauskriegen … ob …

Heftig schüttelte Jay den Kopf und zwang sich, sich auf die vor ihm liegende Aufgabe zu konzentrieren. Michael Garrity würde das Reden vor Gericht übernehmen. Doch Jay musste ihn unterstützen, und es war wichtig, dass er bei der Sache war.

Falls John Harris wirklich auf irischen Boden zurückkehren musste, würde das gegen dreizehn Uhr geschehen. Und sollten sie vor Gericht scheitern, würde die Garda ihn mit einem frisch ausgestellten Haftbefehl erwarten.

Kurz fiel ihm etwas ein, das er in der Nacht geträumt hatte. War es wichtig oder nur ein Hirngespinst? Er bekam es einfach nicht zu fassen, schloss die Augen und überlegte angestrengt.

Dann stieg Jay aus der Dusche, trocknete sich ab, eilte zum Telefon und nahm auf dem Weg einen Zettel aus seiner Hemdtasche, auf dem eine Londoner Telefonnummer stand. Mit ein wenig Glück würde er den Außenminister vielleicht noch erreichen.

An Bord von EuroAir 1020

Alastair drückte den Funkknopf am Steuerhorn. »Roger, Shanwick, EuroAir Zehn-Zwanzig, auf Flugfläche Drei-Sieben-Null.« Er warf einen Blick auf den Höhenmesser und vergewisserte sich, dass die Boeing 737 ihre maximale Flughöhe erreicht hatte.

Dann gab Alastair eine Nummer in sein GPS-Gerät ein und

befestigte mit einem Saugnapf eine Antenne am Seitenfenster.

»Was ist?«, fragte Craig. »Vertraust du jetzt dem Flugdatenrechner und dem Navigationssystem nicht mehr?«

»Ich gehe lieber auf Nummer sicher, Herr Kapitän, Sir«, erwiderte Alastair. »Außerdem liebe ich mein neues Spielzeug.«

Jillian Walz öffnete die Cockpittür, um Alastair das bestellte Cola zu bringen. Nach einer Weile kam sie mit Craigs Kaffee; die Tasse in der Hand, blieb sie zögernd stehen und wandte sich an Alastair. »Da du sowieso über uns Bescheid weißt, Ali, hast du sicher nichts dagegen, wenn ich deinen Kapitän küsse.«

Alastair zog in gespielter Empörung die Augenbrauen hoch.

»Und wo genau planen Sie ihn zu küssen, junge Frau?«, erkundigte er sich so entrüstet wie möglich.

»Hier im Cockpit.«

»Im Cockpit? Nur ein schamloses Flittchen würde so etwas wagen.«

»Okay, dann bin ich eben ein schamloses Flittchen. Darf ich ihn jetzt küssen?«

Alastair hielt die rechte Hand hoch und spreizte die Finger, als hielte er eine Zigarre. Gleichzeitig zog er die Augenbrauen hoch und gab eine Imitation von Groucho Marx mit britischem Akzent zum Besten. »Solange du es in Gegenwart eines einsamen Kopiloten dabei belässt.«

Jillian küsste Craig auf die Wange und reichte ihm die Kaffeetasse. Dann tätschelte sie Alastair die Schulter.

»Armer, armer Ali! Vom Liebesglück verschmäht.«

»Wie geht es unseren Passagieren?«, fragte Craig.

»Sherry Lincoln und Matt Ward halten beide ein Nickerchen.

Aber der Präsident ist wach und läuft herum wie ein Tiger im Käfig.«

»Und Elle und Ursula?«

»Die machen das, was wir Stewardessen während eines Fluges am besten können.«

»Tratschen?«

»Genau. Bis später, Jungs. Läutet, wenn ihr was braucht … selbstverständlich nur in vernünftigem Rahmen.«

Nachdem Jillian fort war, nahm Alastair einen großen Schluck von seinem Cola und holte einen Notizblock aus seiner Pilotentasche.

»Okay. Die Lage ist folgendermaßen: Laut meinen Berechnungen müssen wir uns drei Stunden und vierundzwanzig Minuten nach dem Start entscheiden, ob wir umkehren wollen. Wenn wir über diesen Punkt hinaus weiter nach Westen fliegen, ziehen wir die Sache am besten bis zum Ende durch. Im Moment halten wir uns genau an unseren voraussichtlichen maximalen Spritverbrauch sowie an die Höchstgeschwindigkeiten, und der Wind spielt bis jetzt ebenfalls mit.«

Craig nickte. »Wie viel Treibstoff werden wir bei unserer Ankunft auf Presque Isle schätzungsweise noch haben?«

»Augenblick … eintausendvierhundert Kilo, nicht gerade viel, aber auch nicht Besorgnis erregend wenig.«

»Für stärkeren Wind bleibt uns jedoch kaum Spielraum.«

»Das ist die schlechte Nachricht«, meinte Alastair.

»Und wie lange fliegen wir schon in Richtung Westen?«

Alastair warf einen Blick auf eines der Displays. »Wir sind jetzt seit zwei Stunden und achtundvierzig Minuten in der Luft. Mit anderen Worten, ich muss dem Funk erst die neuesten Wind- und Wettermeldungen abpressen, bevor mein tapferer Kapitän erfährt, ob er heute Abend Guinness in Galway oder Budweiser in Bangor trinkt.«

Craig musterte ihn eine Weile kopfschüttelnd und meinte dann: »Bitte, Alastair, versprich mir dem Wohl der Menschheit zuliebe, niemals ein Gedicht zu schreiben.«

Four-Courts-Gebäude, Dublin

Jays Taxi hielt vor dem Gerichtsgebäude, als Michael Garrity gerade die Stufen hinaufstieg.

Nachdem Jay den Fahrer bezahlt hatte, eilte er hinter Michael her durch die große Tür.

»Michael!«

»Ah, da sind Sie ja. Ausgeruht und bereit?«, fragte Michael augenzwinkernd.

»Aber klar.«

Sie betraten die Eingangshalle, wo Michael stehen blieb, um Jay die Türen zu den vier Gerichtssälen zu zeigen, die von dem runden Raum abgingen.

»Kommen Sie. Wir haben noch ein paar Minuten. Wir sehen uns die Bibliothek an, und dann stellen wir fest, in welchen Gerichtssaal wir müssen.«

An Bord von EuroAir 1020

Etwa zum zwölften Mal in der letzten halben Stunde marschierte John Harris quer durch die erste Klasse. Er blickte auf seine Uhr, die noch auf Dubliner Zeit stand.

9:48.

Er malte sich aus, wie sich die Anwälte zur Zehn-Uhr-Anhörung versammelten, und der Gedanke, dass sie seinen Kampf ausfochten, während er sich bei Nacht und Nebel davongemacht hatte, gefiel ihm gar nicht.

Du bist in Panik geraten, John, sagte er sich. *Nachdem du das Video gesehen hattest, hast du kopflos reagiert. Du hättest nicht davonlaufen dürfen.*

Er warf einen Blick auf Sherry, die ein Kopfkissen ans Fenster gelehnt und sich hineingekuschelt hatte. Sie war ihm in den vergangenen vier Jahren eine unschätzbare Hilfe gewesen, und er hatte ein schlechtes Gewissen, weil er ihr zu wenig Zeit für ihr Privatleben gelassen hatte. Sie ging nur selten mit einem Mann aus. Da er väterliche Gefühle für sie entwickelt hatte, überlegte er schon seit einer Weile, ob er sie dazu drängen sollte, sich einen besseren Job zu suchen, bei dem sie mehr freie Zeit hatte.

Allerdings konnte er sich ein Leben als Ex-Präsident ohne sie kaum vorstellen.

Eines ist sicher. Jetzt wird sich alles verändern, ganz gleich, was auch in Dublin geschieht.

Im Cockpit von EuroAir 1020 stieß Alastair plötzlich einen Schrei aus und blickte von seinem Notizbuch auf.

»Was ist?«, fragte Craig.

»Wir sind am Entscheidungspunkt. Dreh um, Craig.«

»Was?«

»Dreh um, verdammt. Wir schaffen es nicht.«

»Moment mal. Was soll das heißen?«

Alastair schüttelte den Kopf. »Der Strahlstrom ist nach Süden gewandert! Schau dir unsere Geschwindigkeit an. Sie ist schon wieder um vierzig Knoten gesunken, und der Wind kommt direkt von vorne.«

»Hat sich die Windgeschwindigkeit erhöht?«

»Ja! Beim neuen Wetterbericht sind die Daten auf einmal ganz anders … und zwar schlechter. Außerdem ist in Gander starker Nebel aufgezogen. So schaffen wir es nie nach Presque Island; wir sind sogar so weit im Süden, dass die Spritreserven nicht einmal bis nach Gander reichen. Wenn wir einen wirklich großen Bogen geflogen wären, anstatt auf dem Nordatlantischen Nachführungssystem –«

»Was ist mit dem Rückenwind?«

Alastair schüttelte den Kopf. »Der ist noch derselbe und hält sich bis jetzt an die Vorhersage. Doch das Tief über Island bewegt sich nach Süden, also sollten wir besser umkehren.«

»Funk sie an«, sagte Craig.

»Shanwick, EuroAir Zehn-Zwanzig. Wir brauchen wegen verschlechterter Windverhältnisse und Treibstoffproblemen sofort die Freigabe zur Umkehr und zum Rückflug nach Dublin.«

»Warten Sie, Zehn-Zwanzig.«

»Negativ, Shanwick. Wir haben keine Zeit zu warten. Wir müssen auf eine sichere Höhe sinken und sofort umkehren, während Sie koordinieren.«

»Setzen Sie einen Notruf ab, Zehn-Zwanzig?«

»Nur wenn Sie uns dazu zwingen, Sir.«

»Wenn Sie ohne Freigabe und ohne Vorliegen eines Notfalls umkehren, verstoßen Sie gegen die Vorschriften, Sir.«

Craig nickte. »Dann sag, es ist ein Notfall! Ich kehre um und sinke um dreihundert Meter.«

Alastair nickte und drückte auf den Funkknopf. »EuroAir Zehn-Zwanzig setzt internationalen Notruf PAN PAN PAN ab, voraussichtliche Treibstoffknappheit. Wir kehren um und sinken auf Flugfläche Drei-Sechs-Null, warten auf Freigabe. Wir bitten um Erlaubnis, das Nordatlantische Nachführungssystem zu verlassen und sofort nach Dublin zu fliegen.«

»Verstanden, Zehn-Zwanzig, Ihr Notruf ist bei uns eingegangen. Behalten Sie den Transponderkode bei und kehren Sie um. Ich registriere Flugfläche Drei-Sechs-Null.«

Craig hatte bereits den Kursregler am Autopiloten betätigt und die Boeing auf Kurs nach Osten gebracht. Dann bediente er den Höhenregler und begann langsam zu sinken. Er hielt den Steuerkurs bei Null-Acht-Fünf Grad an, während die Flugleitzentrale Shanwick den neuen Kurs und die Flughöhe offiziell freigab.

»Alastair, schaffen wir es nach Dublin?«

»Ich sehe gerade nach. Es wird knapp, aber wenn der Rückenwind so bleibt, müsste es klappen.«

»Verdammt, es lief alles so gut!«

»Ich habe noch nie einen so drastischen Wetterwechsel erlebt – oder ich habe die Zahlen durcheinander gebracht. Wir haben mit Gegenwinden von höchstens minus vierzig mit einem Durchschnitt von minus zweiunddreißig gerechnet. Und plötzlich, laut den neuesten Informationen, wären es minus einhundertdreißig gewesen!«

»Wir haben bestimmt einen Fehler gemacht. So schnell kann sich das nicht ändern!«

»Hat es aber. Doch du hast recht, irgendwo in unseren Berechnungen …«

»Verdammt!«

»Ich weiß. Tut mir leid, Craig.«

»Vergiss es. Wir sind auch nur Menschen. Dann wollen wir das alte Mädchen mal wieder wohlbehalten auf den Boden bringen.«

»Soll ich Jillian Bescheid geben?«

Craig nickte. »Ja. Und sie soll es dem Präsidenten ausrichten. Jetzt muss er zurück in die Höhle des Löwen.«

44

Four-Courts-Gebäude Dublin,
Donnerstag, 9:50

»Und hier haben wir die Höhle des Löwen«, flüsterte Michael Garrity Jay ins Ohr, als sie den Gerichtssaal drei betraten.

Nur eine Gerichtsangestellte, die Registerführerin, saß unterhalb der Richterbank vorne im Saal, ordnete Papiere und kramte in ihren Unterlagen herum. Stuart Campbell stand noch draußen in der runden Vorhalle und unterhielt sich angeregt mit seinen sieben Anwälten sowie einigen anderen Mitarbeitern.

Mit vor Übermüdung verquollenen Augen sah Jay auf die Uhr. *Zehn vor zehn, ich muss mich konzentrieren.*

»Also, Jay«, sagte Michael. »Richter O'Connell ist dafür berüchtigt, dass er Wutanfälle bekommt, wenn jemand in seinem Gerichtssaal Privatgespräche führt. Ihr Platz ist gleich hinter meinem, sodass sie sich vorbeugen und mir etwas zuflüstern können. Aber ich möchte Sie vor zwei Dingen warnen.«

»Bitte.«

»Erstens müssen Sie dafür sorgen, dass man Ihr Flüstern nicht weiter als höchstens einen halben Meter hört, sonst macht er uns die Hölle heiß.«

»Okay.«

»Und zweitens stoßen Sie mir bitte nicht die Perücke vom Kopf.«

Jay lachte auf. »Passiert das öfter?«

»Oh, es ist sehr peinlich, wenn ein Mandant einem etwas zuzischt und beim Zurücklehnen die Perücke mitnimmt. Oder wenn er sie so verschiebt, dass sie einem schief auf dem Kopf sitzt. Der Richter würde sicher etwas dazu anmerken.«

»Ich passe auf.«

»Wie wir bereits erörtert haben, wird er Sie nicht reden lassen. Campbell hingegen hat Rederecht, da er bereits mindestens einmal vor einem unserer Gerichte aufgetreten ist.«

»Ich verstehe.«

»Außerdem bin ich ein so genannter Senioranwalt, was heißt, dass ein Prozessanwalt aus meiner Kanzlei mir zur Seite stehen wird. Er heißt Tom Duggan und sollte eigentlich gleich hier sein. Ich werde Sie mit ihm bekannt machen.«

Ein Mitarbeiter rollte einen großen Fernseher auf einem Metallwagen in den Gerichtssaal, stellte ihn neben die Geschworenenbank und schloss das Gerät und den darunter stehenden Videorekorder an. Michael und Jay beobachteten ihn wortlos, denn sie wussten, welchen Film Stuart Campbell vorzuführen plante. Als Jay den bedrohlich dastehenden Fernseher ansah, krampfte sich ihm der Magen zusammen.

»Was macht der Wind, Alastair?«, fragte Craig.

Der Kopilot kaute an seiner Lippe, während er auf seinem Notizblock Berechnungen anstellte und mit einem Taschenrechner die Daten des Flugdatenrechners nachkontrollierte.

»Der Rückenwind hat sich beinahe gelegt, und laut dem jüngsten Wetterbericht zieht das Tief in ziemlichem Tempo nach Süden.«

»Sollen wir es mit Reykjavik versuchen?«

Alastair schüttelte den Kopf. »Bei dieser Flughöhe würden wir es nur wieder mit einem ordentlichen Gegenwind zu tun kriegen. Und tiefer gehen sollten wir nicht, um nicht zu viel Sprit zu verbrauchen.«

»Sind wir auf voller Kraft?«

»Ja. Im Augenblick hängt es wirklich nur von den Winden ab, aber …« Seufzend sah er Craig an. »Ich muss dir sagen, Craig, dass wir meiner Ansicht nach nicht mehr genug Treibstoff bis nach Dublin haben. Wir sollten Galway in Erwägung ziehen.«

Craig schüttelte den Kopf und lachte bitter auf. »Und du musstest Murphys Gesetz herausfordern, indem du vorhin Galway erwähnt hast.«

»Tut mir leid«, erwiderte Alastair und beugte den Kopf wieder über seine Berechnungen. Erschrocken stellte Craig fest, dass Alastair auf seinen Scherz mit einer ernsthaften Entschuldigung reagiert hatte. Das passte überhaupt nicht zu ihm, und Craig kam zu dem Schluss, dass sein Kopilot wirklich Angst hatte.

Auch Craig wurde ziemlich flau im Magen.

»Frag mal das Wetter in Galway ab, nur für alle Fälle«, schlug er vor.

Alastair nickte. »Wird gemacht. In der Zwischenzeit lass die Leistungshebel auf voller Kraft. Wir müssen so viel Treibstoff einsparen wie möglich.«

Four-Courts-Gebäude, Dublin

Nervös blickte Jay wieder auf die Uhr und zwang sich zur Ruhe. Als er sich umschaute, nahm er Einzelheiten des prunkvollen alten Gerichtssaals wahr, der offenbar schon bessere Tage gesehen hatte.

Besonders der Teppich faszinierte ihn. Er war ausgebleicht und mit kleinen weißen Punkten gemustert, die offenbar Blüten darstellen sollten. Doch obwohl er keine Laufstraßen aufwies, hätte er schon vor mindestens zehn Jahren ausgetauscht werden müssen.

Der Gerichtssaal war rechteckig und maß etwa fünfzehn Meter von den hinteren Türen bis zur Richterbank. Die mit Schnitzereien verzierten Holztäfelungen waren abgewetzt, die Richterbank und alle weiteren Möbelstücke im Raum aus dunklem Obstbaumholz. Der Platz des Richters befand sich oberhalb der Registerführerin und der Gerichtsstenografin. Dahinter war ein verschossener burgunderroter Vorhang an einer kunstvoll verzierten Schiene befestigt, die etwa sieben Meter über der Richterbank hing und von einer geschnitzten Harfe gekrönt wurde, dem Symbol der Republik Irland.

Der Zeugenstand war ein schlichter Stuhl rechts vom Richter und erinnerte eher an ein amerikanisches Gericht als an ein britisches. Die Geschworenenbank verlief links vom Richter die Wand entlang. Hinter den Tischen für die beigeordneten Anwälte standen Bänke. Die Prozessanwälte der gegnerischen Parteien saßen ihren jeweiligen beigeordneten Anwälten gegenüber. Dahinter befanden sich die Sitzreihen für die Zuschauer.

Der Gerichtssaal wurde von altmodischen Heizkörpern erwärmt. Mitten in der Decke, in etwa zehn Metern Höhe, war eine Reihe von Glasscheiben – einige von oben künstlich beleuchtet – eingelassen.

Hinten im Gerichtssaal öffnete sich lautstark eine Tür. Als Jay sich umdrehte, sah er Sir William Stuart Campbell mit seinem Hofstaat hereinkommen. Campbell trug bereits Robe und Perücke; während er auf seinen Tisch zuhielt, begrüßte er Jay und Michael mit einem Lächeln und einem knappen Nicken. Inzwischen waren weitere Personen eingetroffen und nahmen ihre Plätze auf den verschiedenen Bänken ein.

Und dann rief der Gerichtsdiener schon den Fall auf. Richter O'Connell rauschte aus seinem Zimmer herein, um den Vorsitz über die Verhandlung zu führen.

»Mr. Campbell, schön, Sie wieder zu sehen«, sagte Richter O'Connell und setzte sich. »Seit einer Weile verfolge ich beeindruckt Ihre Bemühungen im Interesse des internationalen Rechts, die dazu geführt haben, dass das Abkommen zur Ächtung der Folter entstehen konnte und nun fast überall anerkannt wird.«

Campbell verbeugte sich freudig überrascht. »Ich danke Ihnen, Mylord, für Ihre lobenden Worte.«

»Und ich begrüße auch Mr. Garrity – ich erinnere mich noch gut an Sie.«

»Hoffentlich nicht mit Bedauern, Mylord«, erwiderte Michael lächelnd.

»Ganz sicher nicht«, entgegnete O'Connell, fügte dem aber nichts mehr hinzu.

Campbell ergriff als Erster das Wort und schilderte das Zustandekommen des Haftbefehls von Interpol. Michael Garrity und Jay Reinhart hörten aufmerksam zu, machten sich Notizen und warteten auf eine Gelegenheit zum Einspruch.

»Mr. Campbell«, fragte O'Connell, »hält sich Präsident Harris, der Angeklagte, derzeit in der Republik Irland auf oder haben Sie Grund zu der Annahme, dass er in naher Zukunft hier eintreffen könnte?«

»Die Antwort auf beide Fragen lautet ja, Mylord. Mr. Harris ist Dienstagabend in Dublin angekommen.«

An Bord von EuroAir 1020

Der Präsident hatte beschlossen, Sherry noch ein wenig schlafen zu lassen. Nun aber bewegte sie sich, schlug die Augen auf und räkelte sich lächelnd. Im nächsten Moment schon bemerkte sie seine bedrückte Miene.

»Was ist passiert, Sir?«

Er seufzte. »Wir kehren um, Sherry. Die Winde waren zu stark.« Er erklärte ihr, was Craig und Alastair ihm mitgeteilt hatten.

»O mein Gott.«

»Schon gut, Sherry. Wahrscheinlich ist es das Beste so. Ich hatte sowieso meine Zweifel wegen dieser Flucht.«

»Ich nicht.«

»Tja … jetzt haben wir keine andere Wahl mehr.«

Sie stand auf und wies aufs Cockpit. »Ich muss ans Satelliten-telefon. Ich habe Jay versprochen, ihn in diesem Fall zu infor-mieren.«

Four-Courts-Gebäude, Dublin

Wie Jay zu seinem Erstaunen klar wurde, wusste Stuart Campbell offenbar nicht, dass John Harris mit einem Flug-zeug aus Irland geflohen war. Er hatte angenommen, dass Campbell jemanden damit beauftragt hatte, die 737 der Eu-roAir zu bewachen. Ahnte er wirklich nichts oder tat er nur so, um nicht näher auf dieses Thema eingehen zu müssen?

Jay beugte sich vor und flüsterte Michael Garrity ins Ohr: »Michael, sollen wir zugeben, dass er nicht hier ist? Würden wir so Zeit gewinnen?«

Michael schüttelte den Kopf. »Nur wenn wir hundertprozen-tig sicher wären, dass John Harris nicht zurückkommt. Wenn wir die Sache ansprechen, wird er uns dazu befragen. Und dann müssen wir einräumen, dass das Flugzeug vielleicht ge-zwungen sein wird, wieder umzukehren. Das bringt uns nicht weiter.«

»Mr. Garrity!«, donnerte der Richter.

»Ja, Mylord?«, erwiderte Michael verdattert.

»Wären Sie so nett, sich am Geschehen zu beteiligen? Oder möchten Sie sich lieber mit Ihrem Mandanten zu einem Plau-derstündchen auf den Flur zurückziehen, wo Sie diese Ver-handlung nicht mehr stören würden?«

»Ich bitte Sie um Entschuldigung, Mylord, aber dieser Herr

ist Mr. Jay Reinhart, der amerikanische Anwalt, der Mr. Harris vertritt. Meiner Ansicht nach ist es angemessen, dass ich leise mit ihm spreche.«

»Das Schlüsselwort in diesem Zusammenhang ist ›leise‹, Mr. Garrity! Ich kann Geflüster in meinem Gerichtssaal nicht ausstehen, und ich habe scharfe Ohren, Sir. Dieses grässliche Gezischel höre ich meterweit, und ich werde es nicht dulden!«

»Ja, Mylord.«

»Fahren Sie fort, Mr. Campbell«, befahl O'Connell.

Jay wusste, dass es gefährlich war, die Gültigkeit des Haftbefehls anzuzweifeln, denn dann hätte Campbell sofort das Video von John Harris aus dem Ärmel gezaubert, das seine Position untermauerte. Campbell würde vorbringen, dass gegen Harris hinreichende Verdachtsmomente bestünden, die einen irischen Haftbefehl und die Anordnung rechtfertigten, ihn für einen Prozess nach Lima zu überstellen.

Wenn Michael jedoch keinen Einspruch gegen die Anschuldigungen erhob, würde der irische Haftbefehl mehr oder weniger automatisch erteilt werden. Es war eine Situation, in der man nicht gewinnen konnte. Michael und er hatten sie bereits ausführlich erörtert, und Jay dachte noch über dieses Gespräch nach, als sein Mitstreiter sich erhob.

»Mylord, wenn das Gericht gestattet …«

»Bitte, Mr. Garrity«, sagte der Richter.

»Danke, Mylord. Mr. Campbell behauptet, der peruanische Haftbefehl gegen den ehemaligen Präsidenten der Vereinigten Staaten von Amerika sei allein deshalb gültig, weil er nach peruanischem Recht ausgestellt worden ist. Meiner Ansicht nach sollte dieser Hohe Gerichtshof allein über die einfache und wichtige Frage entscheiden, ob der Haftbefehl von Interpol auf tatsächlichen, nachvollziehbaren und zuverlässigen Beweisen beruht. Oder ist dieser Haftbefehl, und das ist unsere Auffassung, vielleicht nichts weiter als ein übler Trick? Was ist, wenn er ohne triftigen Grund ausgestellt wurde, weil die peruanische Regierung gesetzeswidrig einen Richter dazu angewiesen hat? Wenn dahingehend nur die geringste Möglichkeit besteht, Mylord, müssen Sie Beweise dafür verlangen, dass die Anklagepunkte nicht nur Produkte der Fantasie sind und zweifelsfrei belegt werden können.«

Richter O'Connell schnaubte höhnisch und beugte sich zu Michael vor. »Mr. Garrity, ich weiß Ihre blumige Ausdrucksweise ebenso zu schätzen wie die meisten anderen überlasteten Richter, die sich fragen, was sie mit der vielen Zeit anfangen sollen. Trotzdem bitte ich Sie, beim Thema zu bleiben und endlich auf den Punkt zu kommen.«

»Genau das möchte ich ja, Mylord.«

»Es ist Ihnen aber nicht geglückt.«

»Dann versuche ich es noch einmal. Mylord, dieses Gericht muss die Stichhaltigkeit der Beweise überprüfen und sich nicht nur auf den Haftbefehl von Interpol verlassen, bevor es einen irischen Haftbefehl ausstellt«, erwiderte Michael.

»Gut«, meinte O'Connell sarkastisch. »Sehen Sie? Sie können es ja, wenn Sie wollen. Sie fordern also Mr. Campbell auf, stichhaltige Beweise dafür vorzulegen, dass der Haftbefehl von Interpol eine Grundlage hat. Zufällig bin ich da Ihrer Ansicht. Mr. Campbell? Welche Beweise gibt es, die einen irischen Haftbefehl und eine Auslieferungsanordnung rechtfertigen würden, abgesehen davon, dass ein unbekannter peruanischer Richter Harris' Festnahme wünscht?«

Stuart Campbell erhob sich geschmeidig. Seine eins achtzig ragten hinter dem Tisch auf, sodass er Jay die Sicht versperrte. Campbell erläuterte die Existenz des Videos und dessen Entstehungsgeschichte. Anschließend legte er verschiedene Dokumente vor, um die Echtheit der Aufnahme zu bestätigen; dazu gehörten auch Barry Reynolds' eidesstattliche Erklärung und Beweise dafür, in wessen Besitz sich das Video befunden hatte und dass es stets unter Verschluss gehalten worden war.

Jay schrieb eifrig mit und reichte die Notizen an Michael Garrity weiter, während Campbells Mitarbeiter dem Richter Kopien der Dokumente aushändigten. Er spürte den Vibrationsalarm seines Mobiltelefons, hatte aber keine Zeit, das Gespräch anzunehmen. Ein zweites, leichteres Vibrieren sagte ihm, dass eine Nachricht eingegangen war, doch die würde er später abhören müssen.

Mike, bitte Einspruch erheben!!! Das Video wurde illegal aufgenommen.

In der eidesstattlichen Erklärung steht nur, dass Reynolds beschwört, diese Aussage gemacht zu haben, nicht dass sie auch wahr ist.

Schwachsinn! Der Richter soll es offenbar als Tatsache hinnehmen, dass es derartige Aufnahmegeräte während John Harris' Amtszeit bereits gab. Dafür braucht Campbell aber einen Sachverständigen. Wir wissen nicht, ob solche Kameras schon existierten, und es liegt nicht an uns, das nachzuweisen.

Bei jedem Dokument erhob Michael Einspruch, doch dieser wurde stets abgelehnt.

»Setzen Sie sich, Mr. Garrity«, brüllte O'Connell schließlich. »Ich werde sämtliche Dokumente entgegennehmen, die zumindest einen echten Eindruck machen. Anschließend werde ich entscheiden, ob ich sie anerkenne. Bis dahin will ich keine weiteren Einsprüche hören.«

»Mylord«, sagte Campbell schließlich, »mit Ihrer Erlaubnis würde ich dem Gericht das fragliche Video gerne zeigen.« Michael sprang auf. »Bitte, Mylord.«

»Was ist denn jetzt schon wieder, Mr. Garrity? Sie wollen doch nicht etwa eine Anklage wegen Missachtung des Gerichts riskieren, indem Sie entgegen meinen Anweisungen schon wieder Einspruch einlegen?«

»Mylord, die Wahrheit, was die Nichtzulässigkeit des vorgelegten Videos angeht, wird durch die Anordnung von Mylord, mich der Einsprüche zu enthalten, unterdrückt. Ich bitte das Gericht um die Erlaubnis, eine Prüfung zu beantragen, um dieser Wahrheit zu ihrem Recht zu verhelfen.«

Entnervt schüttelte O'Connell den Kopf. »Du meine Güte, Mr. Garrity! Ihre Bemühungen sind vorwitzig und sogar amüsant, doch wie Ihnen sicher bekannt ist, dient dieses Rechtsmittel seit etwa sechshundert Jahren dazu, Menschen aus der Haft zu entlassen, nicht um die Wahrheit in Ihrem Sinne ans Licht zu bringen. Abgelehnt.«

»Mylord«, fuhr Michael fort, »hätten Sie mir nicht untersagt, gegen die Vorführung des Videos Einspruch zu erheben, würde ich Sie jetzt darauf hinweisen, dass unsere Strafprozessordnung die Verwendung illegal beschaffter Beweismittel verbietet. Nach amerikanischem Gesetz ist dieses Video illegal entstanden und deshalb in einem Verfahren in Irland nicht zulässig.«

»Allerdings«, entgegnete O'Connell, beugte sich über die Richterbank und schwenkte den Hammer, »habe ich Ihnen genau diese Anweisung erteilt. Und deshalb habe ich nicht ein Wort von dem gehört, was Sie ohnehin nicht hätten sagen dürfen. Setzen Sie sich, Mr. Garrity, damit ich mir dieses Video anschauen kann, bevor wir alle an Altersschwäche sterben.«

45

An Bord von EuroAir 1020,
Donnerstag, 10:40

Während Sherry Lincoln im Cockpit telefonierte, hatten Craig und Alastair das Treibstoffproblem und die somit in Frage gestellte Rückkehr nach Dublin nicht erwähnt. Nachdem sie ein paar Worte ins Telefon gesprochen hatte, gab sie Craig mit einem Seufzen den Hörer zurück.

»Nicht durchgekommen?«

»Er ist im Gericht. Bestimmt kann er nicht rangehen.«

»Sie können es jederzeit noch einmal versuchen.«

»Danke, Jungs.« Sie verließ das Cockpit und schloss die Tür hinter sich.

Alastair hatte sich über Funk bei anderen Maschinen, die im Nordatlantischen Nachführungssystem flogen, nach den dort herrschenden Windbedingungen erkundigt. Währenddessen hielt Craig Funkkontakt mit der Flugleitzentrale in Shanwick und hörte gleichzeitig auf Alastairs Frequenz mit.

»Ich glaube, wir versuchen es besser mit Flugfläche Drei-Eins-Null«, sagte Alastair schließlich.

»Warum?«

»Ich habe gerade mit einer 747 gesprochen, die etwa dreihundertzwanzig Kilometer vor uns nach Osten fliegt. Sie ist auf Flugfläche Drei-Eins-Null und hat Wind aus Null-Sechs-Fünf mit einer Geschwindigkeit von fünfzig Knoten. Auf Drei-Sieben-Null ist ein Airbus A340, nur zweiunddreißig Kilometer vor ihr, der sich mit Gegenwinden aus Null-Sechs-Sechs von vierundfünfzig Knoten rumschlagen muss.«

Alastair gefiel Craigs Miene gar nicht. Doch der Kapitän hatte offenbar verstanden.

»Alastair, beim Herflug hatten wir Rückenwind. Wir haben immer noch …« Craig warf einen Blick auf den Flugdatenrechner. »Hoppla, wir haben fast gar keinen Wind mehr.«

»Das Tief zieht nach Süden, Craig, und wir fliegen in eine Strömung gegen den Uhrzeigersinn hinein.«

»Mein Gott, wie schnell ist sie?«

»Mindestens fünfzig bis sechzig Knoten, vielleicht auch mehr. Im Wetterbericht wurde es nicht erwähnt.«

Nach endlosen Sekunden ergriff Craig wieder das Wort. »Und welche Auswirkungen hat das auf unseren Treibstoffvorrat?«

»Keine guten. Wenn die Windangaben stimmen, schaffen wir es nicht zurück nach Dublin, nicht mal mit leeren Tanks.«

»Also nach Galway?«

Alastair nickte. »Und auch das wird ziemlich knapp.«

Craigs Miene wurde ernst. »Soll das etwa heißen, dass wir Probleme kriegen werden, die irische Küste zu erreichen, Alastair?«

Als der Kopilot nicht sofort widersprach, wurde Craig von einem kalten Schauder ergriffen. Alastair seufzte. »Ich glaube, bis nach Galway klappt es, allerdings fast ohne Reserve. Wir sind ein bisschen spät umgekehrt.«

»O mein Gott!«, flüsterte Craig.

»Und deshalb sollten wir auf Flugfläche Drei-Eins-Null sinken, Craig. Dann werden wir schneller und verlieren nicht so viel Sprit.«

Craig nickte. »Funk die Flugleitzentrale in Shanwick an. Los geht's, wir müssen es schaffen, alter Freund.«

Four-Courts-Gebäude,
Dublin

Stuart Campbell hatte seine Videokamera bereits an den Fernseher angeschlossen. Auf ein Nicken von Richter O'Connell hin drückte er auf den Startknopf. Einige Reporter kamen herein, nahmen hinten im Gerichtssaal Platz und betrachteten die Schwarzweißaufnahmen aus dem Oval Office auf dem Bildschirm.

Wie erstarrt saß Jay da und ließ das Gespräch zwischen Reynolds und dem Präsidenten ein weiteres Mal über sich ergehen. Dabei sah er so unauffällig wie möglich auf die Uhr.

Sie müssten die halbe Strecke nun hinter sich haben, überlegte er. Er konnte sich bildlich vorstellen, wie erleichtert Sherry bei der Landung auf amerikanischem Boden sein würde.

Als das Band zu Ende war, schaltete Campbell das Gerät ab und drehte sich zum Richter um.

»Mylord, auf der Grundlage der eidesstattlichen Versicherungen von Mr. Reynolds, was die Entstehung der Aufnahme angeht und welche Personen sie zeigt, bestätige ich Ihnen, dass es sich um die Worte von Präsident Harris handelt. Diese stellen einen eindeutigen Beweis dar, der nicht nur die Rechtmäßigkeit des peruanischen Interpol-Haftbefehls belegt, sondern gemäß dem Abkommen zur Ächtung der Folter zwingend die sofortige Ausstellung eines Haftbefehls nach irischem Recht durch dieses Gericht verlangt. Darüber hinaus ist die Auslieferung des Angeklagten nach Peru erforderlich, selbstverständlich unter Vorbehalt des üblichen Berufungsverfahrens.«

»Mylord«, sagte Michael Garrity und erhob sich.

»Mr. Garrity«, erwiderte Richter O'Connell, inzwischen ein wenig ruhiger. »Was gibt es gegen das vorzubringen, was wir gerade gesehen haben?«

Michael warf einen Blick auf die recht lange Mitteilung, die Jay ihm hinschob, überflog sie rasch und fuhr dann fort.

»Mylord, ich räume gerne ein, dass diese Aufnahme den Eindruck erweckt, sie stelle ein Gespräch schockierenden Inhalts zwischen Präsident Harris und Mr. Reynolds im Oval Office des Weißen Hauses in Washington dar. Allerdings können wir in diesen Zeiten nicht alles glauben, was wir hören und sehen, da es die Möglichkeit gibt, Bild und Ton elektronisch zu manipulieren. Deshalb möchte ich hier den dringenden Verdacht äußern, dass es sich bei der Tonspur auf diesem Band nicht um das Original handelt, sondern um eine Fälschung mit dem Ziel, einem ehemaligen Präsidenten eine Straftat unterzuschieben. Schließlich, Mylord, ist die peruanische Regierung direkt an den Bemühungen beteiligt, John Harris festzunehmen, um einen Strafprozess gegen ihn zu eröffnen. Als souveräner Staat verfügt Peru über die Macht und auch die Mittel, alles elektronisch Mögliche zu tun, um diese Bandaufnahme zu bearbeiten.«

»Haben Sie Beweise für Manipulationen, Mr. Garrity?«, fragte O'Connell.

»Nein, Mylord. Allerdings ist es nicht Aufgabe des Angeklagten, zu beweisen, dass dieses Band gefälscht wurde. Die Beweislast liegt bei Mr. Campbell. Dennoch legt er das Video vor, ohne Augenzeugen oder andere Mittel zu benennen, die uns zweifelsfrei beurteilen lassen, welche Stimmen wir hier hören.«

Stuart Campbell erhob sich. »Mylord, was die Frage der Beweislast angeht, bitte ich das Gericht zu bedenken, dass es sich hier nur um eine Anhörung handelt, die über die Rechtmäßigkeit des Haftbefehls befinden soll. Präsident Harris wird bei dem Prozess in Lima Gelegenheit erhalten, die Echtheit dieses Videos passagenweise oder in seiner Gesamtheit anzufechten. Wir haben heute nur festzustellen, ob ausreichender Verdacht besteht, dass Mr. Harris das Verbrechen begangen haben könnte.«

»Mylord«, widersprach Michael, »werden Sie etwa, wie Mr. Campbell es wünscht, entscheiden, dass die Echtheit der Videoaufnahme vor diesem Gericht nicht beurteilt wird?«

»Nein, Mr. Garrity, das werde ich nicht«, entgegnete Richter O'Connell. »Diese Entscheidung hebe ich mir für später auf.«

»Dann, Mylord«, fuhr Michael fort und holte tief Luft, »möchte ich ein Beweisstück vorlegen, das möglicherweise die echte Videoaufnahme darstellt, welche von Mr. Barry Reynolds am fraglichen Tag heimlich und unrechtmäßigerweise angefertigt wurde.«

Auf dem Gesicht des Richters malte sich Erstaunen; Stuart Campbell hingegen verzog keine Miene.

»Verzeihung, Mr. Garrity, ich verstehe nicht ganz«, sagte O'Connell.

Michael hielt die Videokassette hoch.

»Wir haben hier eine Videoaufnahme desselben Gesprächs, und ich bitte Mylord um Erlaubnis, sie abzuspielen.«

»Dieselbe Aufnahme?«, wiederholte O'Connell offensichtlich konsterniert. »Warum?«

»Mylord, Sie werden den Grund sofort erkennen, wenn Sie es mir gestatten.«

»Verfügen Sie über Dokumente, die die Echtheit dieses Bandes bestätigen?«

»In der Tat, Mylord«, erwiderte Michael, der sich genau an das vereinbarte Drehbuch hielt. »Das Band wurde Mr. Reinhart gestern ausgehändigt, und uns liegt eine eidesstattliche Erklärung des Hotelportiers vor, in dessen Besitz sich das Band befand, nachdem Mr. Campbells Mitarbeiter es abgaben und bevor Mr. Reinhart es entgegennahm. Mr. Campbell bestätigte, dass dieses Band mit dem identisch ist, das hier vor Gericht vorgeführt wurde.«

»Also ist es dasselbe Band?«, fragte O'Connell.

»Tja, ja und nein, Mylord.«

»Schluss mit den Spielchen, Mr. Garrity! Ist das verdammte Ding nun identisch oder nicht?«

»Mylord, es handelt sich um dieselbe Videokassette, die Mr. Campbell und seine Mitarbeiter uns zur Verfügung gestellt haben. Die Bilder sind dieselben, doch die Tonspur unterscheidet sich, eine Tatsache, die Mr. Campbell zweifellos bekannt ist. Indem wir ein anderes Format benutzen, können wir diese Tonspur abspielen.«

»Eine andere Tonspur? Ich verstehe«, meinte O'Connell, dessen Gereiztheit zunehmend von Verwirrung abgelöst wurde. »Ich weiß, Mr. Garrity, dass Videobänder zuweilen über zwei Tonspuren verfügen.«

»Mylord!«, protestierte Stuart Campbell verächtlich. »Das ist doch Unsinn. Ich habe Ihnen das Originalband vorgeführt, und das hat nur eine Tonspur.«

»Sind Sie da völlig sicher, Mr. Campbell?«, erkundigte sich O'Connell. »Sind Sie Fachmann für elektronische Videoaufnahmen?«

»Äh, nein, Mylord, aber –«

»Sie haben meine Neugier geweckt, Mr. Garrity. Fahren Sie fort.«

Michael reichte das Band Jay, der vortrat und es in den Videorekorder einlegte. Als er auf den Startknopf drückte, flimmerten die ersten Bilder über den Schirm.

An Bord von EuroAir 1020

»Es wird besser, Craig«, verkündete Alastair, nachdem er auf zehntausenddreihundert Metern noch ein paar rasche Berechnungen angestellt hatte.

»Gott sei Dank!«

»Aber wir sind noch nicht über den Berg. Nach meiner Schätzung müssten wir bei der Landung in Galway, also in einer Stunde und zehn Minuten, noch etwa siebenhundert Kilo Sprit übrig haben.«

»Und die Winde sind unverändert?«

Alastair nickte. »Bis jetzt schon. Das Problem ist das Wetter in Galway. Es gibt dort zwar ILS, aber momentan hängt Nebel über dem Flughafen, minimale Sichtweite also.«

»Galway ist doch an der Küste, richtig?«

»An der Bucht von Galway. Der Nebel kommt vom Meer,

495

und die kritische Höhe liegt bei siebzig Metern über dem Boden.«

»Verstanden. Wenn nötig gehen wir noch tiefer runter, vorausgesetzt, wir sind genau auf Mittellinie«, sagte Craig. »Wir verfahren nach Kategorie drei A, so als hätten wir fünfzehn Meter Sichtweite. Wir benutzen beide Autopiloten und bitten um einen überwachten Anflug. Dafür bist du zuständig, ich übernehme dann die Landung. Siebenhundert Kilo Treibstoff genügen nicht für einen zweiten Versuch. Wir haben nur eine Chance.«

Four-Courts-Gebäude, Dublin

Die Stimme von Präsident John Harris dröhnte, begleitet von knisternden Hintergrundgeräuschen, durch die Lautsprecher des Fernsehers. Zunächst schien es sich um denselben Dialog zu handeln, doch bald wurde es deutlich, dass er sich trotz der identischen Bilder drastisch von dem zuvor gehörten unterschied.

»*Okay, Barry, wie sieht es aus? Ist alles bereit?*«
»*Tja, Sir*«, *erwiderte eine Stimme, die sich näher am Mikrofon befand und deshalb lauter war.* »*Wir könnten sofort losschlagen, aber es wird teuer.*«
»*Wie viel …?*«
»*Sie verlangen eine Million US-Dollar.*«
»*… das habe ich bereits genehmigt.*«
»*Ja, Mr. President, ich erinnere mich an Ihre Anweisungen.*«

»Also, Barry ... wichtige Frage, die ich Ihnen stellen muss. Sind diese Leute zu bändigen?«

»Ja, Sir.«

»Sind Sie völlig sicher, dass sie ihre Befehle ... verstanden haben und dass es nicht zu überflüssiger Gewalt ... absolut keine Gewalt über das hinaus, was unbedingt nötig ist, um das Labor zu zerstören?«

»Ja, Sir.«

»Ich ... mache mir Sorgen ... kein unschuldiger Zivilist darf zu Schaden kommen. Mir ist es gleichgültig, ob es Zeugen gibt. Ich möchte nicht, dass den Arbeitern etwas zustößt, außer ... Schießerei oder so etwas.«

»Jawohl, Sir.«

Stuart Campbell schüttelte sprachlos den Kopf und sah seine Mitarbeiter fragend an.

Auf dem Video seufzte der Präsident und verschränkte die Arme. Sein Kopf war immer noch nicht im Bild.

»... reden Sie.«

»Wir rechnen damit, dass sich sechzig bis siebzig Personen in diesem Drogenlabor aufhalten werden, einige von ihnen sicher Zivilisten.«

»Die Arbeiter?«, erkundigte sich der Präsident.

»Ja, Sir. Das Gebäude wird von außen scharf bewacht, weshalb der Großteil des Kampfes vermutlich dort stattfinden wird. Wenn wir diese Truppe beauftragen – Söldner, die früher dem ›Leuchtenden Pfad‹ oder der Armee angehörten –, müsste sie es schaffen, den Widerstand rasch zu brechen und das Gebäude zu räumen, bevor sie es sprengen.«

»Mylord«, protestierte Campbell, aber O'Connell brachte ihn mit einer Handbewegung zum Schweigen, ohne den Blick vom Bildschirm abzuwenden.

Auf dem Fernsehbildschirm war wieder zu sehen, wie sich die Kamera an Reynolds' Sakko hob, als dieser aufstand und zum Kamin ging. Dort drehte er sich um, sodass der Präsident am anderen Ende des Raums in voller Größe zu erkennen war.

»Sir«, verkündete Reynolds' Stimme, »diese Jungs sind gut. Sie werden den Auftrag bestimmt sauber erledigen und sich an die Befehle halten.«

»… unbedingt notwendig, Barry. Ich genehmige die Aktion nur, wenn … so präzise wie möglich …«

»Selbstverständlich, Sir.«

»… Empfehlung?«

»Kommt drauf an, was Sie erreichen möchten, Sir. Wenn Sie das Labor ein für alle Mal schließen, die Führungsschicht entmachten, die Drogenimporte massiv eindämmen und jeden abschrecken wollen, der vorhat, eine Drogenfabrik in dieser Größe zu eröffnen, würde ich raten, die Leute anzuheuern und die Sache durchzuziehen. Mir erscheinen die Nachteile sehr gering.«

Wie bereits gesehen, stand der Präsident vom Schreibtisch auf und verschwand aus dem Bild. Reynolds nahm offenbar wieder auf dem Sofa Platz, drehte sich zum Schreibtisch um, die Kamera hob sich, sodass der Rücken des Präsidenten am Fenster im Bild war.

Als der Präsident sich umwandte, wurde die Kamera wieder gesenkt, und sein Kopf befand sich nun oberhalb des Bildrandes. Seine Stimme war jetzt deutlicher zu verstehen. »Okay, Barry. Sie haben grünes Licht. Offiziell hat dieses Treffen natürlich nie stattgefunden.«

»Verstanden, Sir.«

»Und jetzt bringen Sie ... und erklären Sie mir die Einzelheiten.«

Das restliche Band zeigte, wie schon zuvor, die strategische Planung, einen Händedruck, Reynolds, der das Oval Office durch die westliche Tür verließ, und schließlich eine kurze Aufnahme des Flurs.

Jay hielt das Band an und nahm es aus dem Videorekorder. Als er sich wieder setzte, wollte ihm diese letzte Szene nicht aus dem Kopf – diese Szene war ihm schon beim ersten Mal aufgefallen. Nun wusste er, was ihn die ganze Zeit über gestört hatte.

Langsam stand Michael Garrity auf und wies auf den Fernseher.

»Mylord, diese Aufnahme stellt das genaue Gegenteil dessen dar, was Mr. Campbell uns vorhin vorgeführt hat. In Mr. Campbells Version hat sich Präsident Harris offensichtlich schuldig gemacht und in seiner offiziellen Funktion als Präsident Folter und Mord angeordnet. In unserer Version hingegen ist er eindeutig darum bemüht, derartige Zwischenfälle zu verhindern. Welche Version ist nun die richtige?«

»Das ist die große Frage, Mr. Garrity«, entgegnete O'Connell.

»Beide Male ist unverkennbar die Stimme des Präsidenten zu hören«, fuhr Michael fort, »und außerdem dieselbe Stimme, die als die von Mr. Reynolds identifiziert wurde. Deshalb ist es nicht von der Hand zu weisen, dass ein Band echt und das andere gefälscht sein muss. Der springende Punkt jedoch ist, dass das auf beide zutreffen kann. Allerdings, Mylord, geht es weniger darum, welche Aufnahme nun echt ist. Wir haben hier demonstriert, dass beide gefälscht sein könnten, was das Gericht nicht außer Acht lassen darf. Da der Interpol-Haftbefehl einen sehr schwerwiegenden Eingriff darstellt, nämlich die Festnahme eines ehemaligen Präsidenten, sind absolut zweifelsfreie Beweise erforderlich. Und dennoch haben wir gerade plausibel gemacht, dass sich die Stimmen fälschen lassen, weshalb keines der Bänder ohne eine unabhängige, nachprüfbare Begutachtung für echt erklärt werden kann.«

Richter O'Connells Augenbrauen hoben sich, und wütend verzog er das Gesicht.

»Mr. Garrity. Wollen Sie etwa sagen, dass Sie dem Gericht soeben eine Fälschung vorgeführt haben?«

Michael, der nicht mit dieser direkten Frage gerechnet hatte, zögerte.

»Ja, Mylord. Meine Mitarbeiter haben gestern Abend den vielleicht besten Stimmenimitator in Irland, Mr. Byrne McHenry, damit beauftragt. In wenigen Stunden hat er mit einem handelsüblichen Kassettenrekorder die Tonspur hergestellt, die Sie soeben gehört haben, um zu zeigen –«

Angesichts des Gebrülls von der Richterbank zuckten alle im Saal zusammen.

»Das«, tobte der Richter, »ist wohl die verabscheuungswürdigste Irreführung des Gerichts, die ich in meiner gesamten Laufbahn erlebt habe! Mr. Garrity, wegen dieses ehrenrührigen Taschenspielertricks werden Sie sich vor der Anwaltskammer verantworten müssen. Sie haben die Zeit dieses Gerichts vergeudet und versucht, uns durch gefälschte Beweise zu beeinflussen. Setzen Sie sich!«

Doch Michael Garrity rührte sich nicht von der Stelle und sah den Richter gelassen an.

»Nein, Mylord, ich werde mich nicht setzen, solange mir Ihre Beleidigungen noch in den Ohren klingen.«

»Sie setzen sich, Sir, oder Sie werden wegen Missachtung des Gerichts belangt.«

»Ich habe keine gefälschten Beweise vorgelegt, Mylord, sondern lediglich bewiesen, dass eine Fälschung stattgefunden haben kann. Das ist ein bedeutender Unterschied.«

Wieder zeigte O'Connell mit dem Hammer auf Garrity. Doch er verkniff sich die Standpauke, die ihm auf der Zunge lag, und lehnte sich kopfschüttelnd zurück.

»Meinetwegen, Mr. Garrity. Bleiben Sie stehen oder nehmen Sie Platz, ganz wie Sie wollen. Aber Ihr kleines Spiel hat Ihnen und Ihrem Mandanten geschadet. Sie haben genau das Gegenteil von dem erreicht, was Sie wollten, Sir, denn ich werde Ihr Beweisstück nun als unglaubwürdig ablehnen.«

Langsam setzte sich Michael, ohne den Blick vom Richter abzuwenden.

»Mr. Garrity, es handelt sich hier um eine sehr ernsthafte Angelegenheit, und zwar aus verschiedenen Gründen. Erstens verlangt das Abkommen zur Ächtung der Folter von jedem unterzeichnenden Land, dass es sich buchstabengetreu daran hält. Nachdem Irland die Sache über ein Jahrzehnt lang verschlampte, hat es das Abkommen ebenfalls ratifiziert. Das bedeutet, Sir, dass sich ein Auslieferungsabkommen mit Peru erübrigt; das Abkommen selbst sieht eine Auslieferung vor. Außerdem heißt es, dass die Anordnung eines amerikanischen Präsidenten, Menschen zu foltern und zu töten, zweifelsfrei ein hinreichender Grund für einen Haftbefehl nach irischem Recht ist. Weiter verlangt das Abkommen, dass der fragliche Tatbestand – in diesem Fall die Anstiftung zu vorsätzlichem Mord und Folter – in dem Land, in dem über die Auslieferung verhandelt wird, ebenfalls strafbar sein muss. Und das ist in Irland eindeutig der Fall. Darüber hinaus ist es ganz besonders verwerflich, dass es hier um einen früheren amerikanischen Präsidenten geht, denn die Vereinigten Staaten haben sich nicht eben mit Ruhm bekleckert, als sie sich in dieser Angelegenheit auch nach der Ratifizierung des Abkommens jahrelang geziert haben. Wenn internationales Recht wirklich eine Bedeutung haben soll, müssen wir selbst den Anschein von Zögerlichkeit vermeiden. Deshalb würde ich, wenn es in meiner Macht läge, nicht nur Mr. Harris' sofortige Verhaftung, sondern auch binnen einer Stunde seine Auslieferung nach Lima anordnen, damit er dort vor Gericht gestellt wird. Leider macht unser Auslieferungsverfahren weitere Schritte erforderlich, zum Beispiel eine Zusicherung der peruanischen Regierung, dass es nicht zur Verhängung der Todesstrafe kommen wird. Dennoch werde ich die Verhandlung kurz unterbrechen und mich kundig machen, ob sich dieser Vorgang nicht beschleunigen lässt, sodass man den Mann sofort ausliefern kann – vielleicht durch Ablehnung der Berufung oder ein anderes Rechtsmittel.«

Michael sprang auf. »Richter O'Connell, ich erhebe Einspruch –«

»Setzen Sie sich, Mr. Garrity! Natürlich erheben Sie Einspruch, und dieser wird im Protokoll verzeichnet. Ich bin darauf gefasst, dass Sie wegen meiner Befangenheit, Voreingenommenheit oder eines ähnlichen Vorwurfs in die Berufung gehen werden. Ich rechne damit, dass Sie meine Befähigung als Richter, die Gültigkeit meines Führerscheins oder sogar die Zusammensetzung meines Frühstücks von heute Morgen in Frage stellen werden. Und wenn unser Oberstes Gericht mein Urteil zurücknimmt, soll es eben so sein. Bis dahin jedoch spreche ich Recht, wie ich es für richtig halte, und zwar ohne Einmischung von Ihresgleichen, Sir.«

Ohne ein Wort ließ sich Michael auf seinen Stuhl sinken.

46

An Bord von EuroAir 1020,
Donnerstag,
11:05 Dubliner Ortszeit

Als Jillian aus dem Cockpit kam war sie kreideweiß im Gesicht.

Sherry Lincoln stand auf und ging ihr entgegen.

»Was ist da vorne los?«

»Ach, nichts, nur technische –«

»Jillian, ich weiß, dass ich nicht zur Besatzung gehöre, doch ich merke sofort, wenn mir jemand einen Bären aufbinden will. Was ist passiert? Wenn es was Persönliches ist, lasse ich Sie sofort in Ruhe. Aber wenn es mit dem Flug zu tun hat, müssen Sie es mir sagen.«

Jillian zwang sich vergeblich zu einem Lächeln. »Wir haben ein kleines Problem. Die Winde sind viel stärker als erwartet, und … und …«

»Soll das heißen, dass wir nicht in Irland landen können?«

Jillian seufzte auf. »Äh … nein. Wir landen in Galway, weil wir kaum noch Treibstoff haben.«

»Wie wenig?«

»Es reicht nur für einen einzigen Anflug, es herrscht Nebel, und wenn Sie es unbedingt wissen wollen: Ich habe eine Todesangst.«

Sherry schluckte. »Werden wir es schaffen?«

»Craig ist zuversichtlich, aber es wird ziemlich knapp. Ich kenne die beiden, und ich mache mir Sorgen, denn ich habe sie noch nie so still erlebt.«

Four-Courts-Gebäude, Dublin

Bevor Richter O'Connell Gelegenheit hatte, die Verhandlung offiziell zu unterbrechen, sprang Michael Garrity auf. »Mylord –«

»Setzen Sie sich sofort, Mr. Garrity Sie haben vor diesem Gericht Ihre Glaubwürdigkeit verloren! Sie halten jetzt den Mund.«

Richter O'Connell bemerkte, dass Jay Reinhart sich erhoben hatte, und der Umstand, dass jemand, der kein Mitglied der irischen Anwaltskammer war, es wagte, ihn anzusprechen, ließ ihn kurz innehalten.

»Was?«

»Euer Ehren … Verzeihung, Mylord …«

»Sie haben kein Recht, vor diesem Gericht zu sprechen, Mr. Reinhart.«

»Herr Richter, Sie haben soeben unseren Anwalt vom Prozess ausgeschlossen, und der Angeklagte ist nicht hier, um sich selbst zu verteidigen. Also bin ich als Einziger übrig.«

»Setzen Sie sich, Sir!«

»Nein, Mylord –«

»Sie werden mich nicht Mylord nennen! Sie sind nicht als Prozessanwalt zugelassen!«

»Stimmt, aber ich bin Anwalt, dem Gesetz verpflichtet und deshalb in der Lage, für meinen Mandanten zu sprechen, wenn sonst niemand da ist. Natürlich werde ich Sie anreden, wie Sie es wünschen, Herr Richter O'Connell.«

Der Richter sank auf seinen Stuhl zurück und blickte zwischen Campbell und Jay hin und her.

»Was genau möchten Sie mir sagen, Mr. Reinhart?«

»Nur eines, Herr Richter. Ich war es, der den Einfall hatte, die neue Tonspur aufzunehmen, um das zu beweisen, was Michael Garrity bereits erläutert hat – nämlich dass jede der beiden Tonspuren gefälscht sein könnte. Es bestand nie die Absicht, dieses Gericht zu täuschen – ganz im Gegenteil. Ich hatte nur den Eindruck, dass sich dieser Punkt durch Worte allein nicht würde belegen lassen. Deshalb mussten wir Ihnen demonstrieren, dass es machbar ist. Wir mussten Ihnen vorführen, dass ein guter Imitator John Harris' unverkennbare Stimme überzeugend nachahmen kann. Außerdem wollten wir Ihnen zeigen, dass ein begabter Schauspieler in der Lage ist, selbst Mr. Reynolds' Stimme zu imitieren. Auch wenn Sie über diese Taktik verärgert sein mögen, hat sie diese strittige Frage deutlich beantwortet. Ohne Beweise für die Echtheit der Tonspur auf diesem Band – und die kann Mr. Campbell heute in diesem Gerichtssaal offenbar nicht vorlegen – können weder er noch wir, noch dieses Gericht die Wahrheit ermitteln. Und ohne diese Wahrheit darf dieses Band nicht als eindeutiger Beweis für John Harris' Schuld verwendet werden.«

»Sind Sie fertig, Sir?«, fragte O'Connell eisig.

»Ja, Herr Richter. Vielen Dank.«

Jay nahm Platz.

»Die Stenografin wird die gesamte Äußerung aus dem Protokoll streichen«, befahl der Richter. »Nichts daran hat meine Meinung geändert, dass Sie versucht haben, meinen Gerichtssaal in einen Zirkus zu verwandeln, Mr. Garrity, obwohl … ich geneigt bin, noch einmal darüber nachzudenken. Wir unterbrechen für eine Viertelstunde. Anschließend werde ich über den Haftbefehl und die Auslieferungsanordnung entscheiden.«

An Bord von EuroAir 1020

Als plötzlich das Satellitentelefon läutete, zuckten die beiden Piloten zusammen.

Alastair hob ab und hätte fast Jay Reinharts angespannte Stimme nicht erkannt.

»Ich habe gerade Sherrys Nachricht erhalten, dass Sie umgekehrt sind. Sagen Sie, dass es nicht so ist.«

»Ich fürchte, doch«, erwiderte Alastair. »Es sieht sogar aus, als müssten wir in Galway landen, weil der Sprit ein wenig knapp wird.«

»Galway?«

»Ja.«

»Könnten Sie dort nicht auftanken und es noch mal versuchen?«

»Unmöglich. Bei dem Wind haben wir keine Chance.«

»Ich verstehe. Dann muss ich mit Sherry sprechen«, meinte Jay nach einer kurzen Pause.

Craig griff zum Bordmikrofon, um sie ins Cockpit zu rufen. Kurz darauf stand sie in der Tür.

»Es ist Jay, Sherry. Ich habe ihm gesagt, dass wir nach Irland zurückkehren«, verkündete Alastair und reichte ihr den Hörer.

»Jay! Sie wissen es also schon.«

»Die Sache ist gelaufen, Sherry. Wir waren absolut machtlos. Der Richter will John unter allen Umständen nach Lima schicken. Jetzt hat er die Verhandlung unterbrochen, um sich zu überlegen, wie er das übliche Berufungsverfahren umgehen und ihn sofort in ein Flugzeug nach Lima verfrachten kann.«

»O mein Gott.«

»Zu einem schlechteren Zeitpunkt können Sie gar nicht hier aufkreuzen.«

»Was sollen wir jetzt tun, Jay?«

Jays Tonfall war zwar niedergeschlagen, doch seine Anweisungen fielen klar und deutlich aus.

»Landen Sie einfach wohlbehalten irgendwo und rufen Sie mich dann umgehend an. Wenn ich nicht sofort rangehe, hinterlassen Sie mir eine Nachricht und warten ab. Ich … ich glaube, ich kann hier nichts mehr ausrichten, aber bis ich nicht sicher bin, ist es mir lieber, wenn Sie an Bord bleiben.«

»Ich verstehe. Viel Glück.«

Four-Courts-Gebäude, Dublin

Mehr als vierzig Minuten waren vergangen, als Richter O'Connell wieder in den Gerichtssaal kam.

»Mylord«, sagte Stuart Campbell und erhob sich langsam.

O'Connell wirkte ein wenig erstaunt.

»Ja, Mr. Campbell?«

»Bevor Sie in dieser Sache entscheiden, Mylord, möchte ich noch etwas zu unserer Videoaufnahme feststellen.«

O'Connell zögerte und seufzte dann gereizt auf.

»Ist das wirklich nötig, Mr. Campbell?«

»Es ist wichtig fürs Protokoll, Mylord.«

»Also gut, fahren Sie fort.«

In diesem Moment bemerkte Jay den Vibrationsalarm seines Mobiltelefons, stand leise auf und ging hinaus.

»Mr. Reinhart?«, meldete sich eine vertraute Stimme. »Hier spricht Minister Byer.«

»Ja, Sir«, erwiderte Jay.

»Ich verbinde Sie jetzt mit Washington, Mr. Reinhart, denn einer meiner Leute hat Ihnen etwas mitzuteilen. Wir treffen in einer halben Stunde ein, aber vielleicht möchten Sie es sofort erfahren. Kurz zusammengefasst: Sie hatten recht.«

Nachdem Minister Byer geendet hatte, hielt Jay ihn zurück, ehe er auflegen konnte.

»Ich habe noch eine Frage, Herr Minister. Sie kennen sich doch gut im Oval Office aus. Könnten Sie mir beschreiben, was sich hinter der westlichen Wand befindet? Ich muss wissen, ob ich mich richtig erinnere. Glauben Sie mir, es ist sehr wichtig.«

Im Gerichtssaal hatte Campbell auf den Startknopf seiner Kamera gedrückt und das Band zu der Stelle vorgespult, wo der Präsident und Reynolds über eine Karte gebeugt den Ablauf der Razzia erörterten.

Dann betätigte Campbell den Pauseknopf und drehte sich zu O'Connell um.

»Mylord, was die Echtheit dieser Aufnahme angeht, möchte ich Sie auf den kleinen Gegenstand aufmerksam machen, der auf dem Schreibtisch zu sehen ist. Es handelt sich um das Großsiegel der Vereinigten Staaten in Form eines Medaillons; gleich rechts daneben befinden sich einige Papiere, die John Harris' Unterschrift tragen.«

Campbell nahm ein Blatt Papier von seinem Tisch und reichte dem Gerichtsdiener und Michael Garrity jeweils eine Kopie.

»Ich möchte einen persönlichen Gegenstand aus meiner Sammlung von Erinnerungen als Beweisstück aufnehmen lassen, einen Brief von John Harris aus dem Jahr 1985, der von ihm unterschrieben ist. Wie Sie sehen, sind die Unterschriften auf dem Film und auf dem Brief identisch.«

Michael spielte mit dem Gedanken, ob er Einspruch erheben sollte, denn schließlich war Campbell kein Grafologe. Doch er wusste, dass es vergeblich sein würde.

»Ich stelle es fest, Mr. Campbell.«

Während Campbell die Kamera abschaltete, war Jay zurückgekehrt; er flüsterte Michael Garrity etwas ins Ohr.

»Mr. Garrity?«, fragte der Richter. »Haben Sie noch etwas zu sagen, Sir?«

»Einen Moment bitte, Mylord«, erwiderte Michael, ohne auf die finstere Miene des Richters zu achten. Kurz darauf erhob er sich und wies auf Jay.

»Mylord, wir haben zusätzliche Beweise erhalten, die für diesen Fall von äußerster Bedeutung sind. Ich bitte Sie, Mr. Reinhart zu gestatten, Ihnen vorzutragen, was er mir gerade berichtet hat.«

»Nein.«

»Mylord …«

»Wenn Sie etwas anzumerken haben, Mr. Garrity, dann tun Sie es selbst. Sie sind hier der Prozessanwalt.«

»Also gut, Mylord. Ich befürchtete nur, dass Sie mir nicht glauben würden.«

O'Connell betrachtete Garrity, als sehe er ihn zum ersten Mal. »Mr. Garrity … Ich habe über meine Bemerkungen von vorhin nachgedacht. Vielleicht waren sie ein wenig voreilig. Ich werde Sie für Ihren Auftritt gerade eben nicht wegen Missachtung des Gerichts belangen.«

»Danke, Mylord.«

»Legen Sie Ihren neuen Beweis dar.«

»Wie Eure Lordschaft sicher weiß, verbietet das Abkommen zur Ächtung der Folter, auch bekannt als die UN-Konvention gegen die Folter, in Artikel drei ausdrücklich, dass Mitgliedsstaaten einen Angeklagten – durch Auslieferung oder anderweitig – in ein Land schicken, wo mit der Anwendung von Folter zu rechnen ist. Soeben hat Mr. Reinhart vom Außenminister der Vereinigten Staaten und aus Washington die Mitteilung erhalten, dass die peruanische Regierung wegen Menschenrechtsverletzungen von den Vereinten Nationen gerügt werden soll. Insbesondere geht es dabei um die systematische Folterung von politischen Gefangenen und die unangemessen harte Bestrafung zweier ehemaliger peruanischer Abgeordneter. Wenn Peru erst einmal auf dieser Liste steht, weist das darauf hin, dass politisch missliebige Personen dort möglicherweise gefoltert werden – und zwar so lange, bis die Vereinten Nationen das Land wieder streichen. Ein früherer Präsident der Vereinigten Staaten müsste eindeutig als politischer Gefangener betrachtet werden. Und da man in Peru offenbar beabsichtigt, John Harris gesetzwidrig der Folter zu unterwerfen, muss jeder Antrag auf Auslieferung in dieses Land rundheraus abgelehnt werden.«

»Mr. Garrity«, erwiderte der Richter, »können Sie diesen Vorwurf durch etwas anderes als bloße Worte belegen?«

»Ja, Mylord, doch es wird einige Tage dauern, bis ich die entsprechenden Papiere von der zuständigen Stelle bei den Vereinten Nationen erhalte.«

»Dann ist Ihr Antrag auf Zurückweisung des Auslieferungsantrags abgelehnt.«

»Mylord, in diesem Fall beantrage ich eine zehntägige Verhandlungspause. Sofern dieses Gericht eine Anordnung ausspricht, beantrage ich, die Durchführung der Auslieferung zehn Tage aufzuschieben. Wir brauchen diese Zeit, um die Beweismittel beizubringen.«

»Ich kann mir denken«, meinte der Richter, »dass Mr. Campbell einiges gegen diesen Antrag einzuwenden haben wird, Mr. Garrity.«

Stuart Campbell blieb sitzen. Zunehmend erstaunt, musterte O'Connell sein regloses Gesicht. »Was sagen Sie dazu, Mr. Campbell?«

»Mylord?«

»Ich nehme an, dass Sie gegen Mr. Garritys Antrag Einspruch einlegen wollen.«

»Nein, Mylord, das will ich nicht.«

»Nein?« O'Connell verstand die Welt nicht mehr.

»Nein.«

»Mr. Campbell, Mr. Garrity bittet um eine zehntägige Unterbrechung, und Sie erheben keinen Einspruch?«

»Nein, Mylord.«

Verwirrt lehnte sich der Richter zurück. Nach einer Weile schüttelte er seufzend den Kopf.

»Also gut, ich werde über diesen Antrag nachdenken. Wir machen eine kurze Pause.«

47

»Wie weit noch?«, fragte Craig; seine Stimme klang zwar kräftig, aber angespannter, als Alastair es je gehört hatte.

»Etwa zweihundertzwanzig Kilometer bis zum Flughafen, ungefähr hundertvierzig bis zur Küste.«

Craig warf einen Blick auf die Treibstoffanzeige über seinem Kopf. Seine Lippen waren fast weiß.

»Wie viel Sprit haben wir noch?«, erkundigte sich Alastair.

»Nicht genug. Wenn man der Anzeige trauen kann, weniger als dreihundert Kilo.«

»Pro Tank?«

»Nein, insgesamt.«

»O mein Gott«, stöhnte Alastair.

»Ich möchte nicht am normalen Punkt mit dem Sinkflug beginnen«, meinte Craig. »Warten wir, bis wir fünfundsiebzig Kilometer vor dem Flughafen sind, nur für alle Fälle.«

»Einverstanden.«

Craig griff zum Bordtelefon und rief Jillian herbei.

»Jillian, instruiere Elle und Ursula. Sie sollen die Schwimmwesten anziehen und sich anschnallen. Sherry, der Mann vom Geheimdienst und der Präsident sollen auch Schwimmwesten anlegen und du ebenfalls. Am besten setzt ihr euch in die Mitte der Maschine, und zwar auf Plätze am Gang. Vergewissere dich, dass die Rettungsboote an Ort und Stelle sind. Und beeil dich. Ich glaube nicht, dass wir notwassern müssen, aber ich will kein Risiko eingehen.«

»Okay«, erwiderte sie.

»EuroAir Zehn-Zwanzig, kontaktieren Sie jetzt die Anflugkontrolle in Galway. Sie wissen über Ihr Treibstoffproblem Bescheid.«

»Roger, Shanwick. Vielen Dank.«

»Viel Glück, Sir.«

Alastair änderte die Frequenz. »Anflugkontrolle Galway, EuroAir Zehn-Zwanzig, Flugfläche Drei-Eins-Null. Der Automatic Terminal Information Service meldet Bravo.«

»Verstanden, Zehn-Zwanzig, Radarkontakt zweihundertein Kilometer vor dem Flughafen Galway. Ich gebe Ihnen jetzt die Radarvektoren für den ILS-Anflug, Landebahn Neun in Galway.«

»Roger.«

Craig musterte wieder die Treibstoffanzeigen.

»Was ist?«, fragte Alastair.

Der Kapitän blickte auf die vordere Instrumententafel. »Das willst du gar nicht wissen. Am besten betest du jetzt ein bisschen.«

»Wird gemacht.«

»Wie weit noch?«, fragte Craig.

»Einhundertachtundsechzig Kilometer«, erwiderte Alastair. Im selben Moment fiel die Anzeige für Triebwerk zwei auf der rechten Tragfläche auf null Schub und Temperatur.

»Also gut, wir haben Nummer zwei verloren«, stellte Alastair ruhig fest.

»Und jetzt ist es auch mit Nummer eins vorbei«, erwiderte Craig.

»Willst du sie wieder anlassen?«, schlug Alastair vor.

»Womit? Wir haben keinen Treibstoff mehr.«

»Ich schalte das Hilfsenergieaggregat ein … verdammt, dafür haben wir auch keinen Sprit.«

»Die Geschwindigkeit reicht noch für die Hydraulik durch den Fahrtwind, aber –«

Im nächsten Augenblick fiel der Strom aus.

»Verdammt!« Craig betätigte die entsprechenden Hebel auf der oberen Instrumententafel. »Okay, auf meiner Seite kriege ich Saft aus der Batterie.«

»Meine Notbeleuchtung und das Satelliten-Ortungssystem, das auf Batterie läuft, funktionieren«, meldete Alastair.

»Wir müssen einen Anflug ohne Klappen versuchen«, fügte Craig hinzu. »Die Hydraulik müsste funktionieren, und außerdem haben wir ein Notseitenruder. Der VHF-Funk eins und der VHF-Navigationsfunk tun es noch, ebenso der Transponder. Aber der Flugdatenrechner ist ausgestiegen.«

Alastair griff bereits nach dem Funkknopf. »Anflugkontrolle Galway, EuroAir Zehn-Zwanzig hat doppelten Triebwerksausfall. Wiederanlassen unmöglich. Wir brauchen eine genaue Einweisung in den Landekurssender.«

Der Fluglotse war hörbar erschrocken. »Äh … verstanden, Zehn-Zwanzig … Sie befinden sich einhundert nautische Meilen vom Ende der Landebahn entfernt. Schaffen Sie das?«

Craig rechnete fieberhaft nach.

Alastair, der zusah, wie seine Lippen sich bewegten, bemerkte, dass er den Kopf schüttelte.

»Nein.«

516

»Nein?«, fragte Alastair.

»Erkundige dich, ob es einen näheren Flugplatz gibt. Galway ist zu weit.«

Four-Courts-Gebäude,
Dublin

Richter O'Connell saß eine Weile nachdenklich da. Schließlich blickte er auf. »Gut, die Verhandlung ist wieder eröffnet, und ich werde jetzt über Mr. Garritys Antrag entscheiden.«

»Richter O'Connell?«

Der Richter seufzte laut, doch ohne Spott auf und griff nach seinem Hammer. »Beabsichtigen Sie etwa wieder, vor diesem Gericht zu sprechen, Mr. Reinhart? Ist Ihnen nicht klar, dass ich ohnehin beabsichtige, einstweilig zu Gunsten Ihres Mandanten zu entscheiden?«

»Doch, Sir, aber Ihre Entscheidung wird trotzdem in einem Punkt nicht dafür sorgen, dass er zu seinem Recht kommt.«

O'Connell legte den Hammer weg und schluckte.

»Das müssen Sie mir erklären, Sir.«

»Auf dem Band befinden sich weitere Beweise, Herr Richter. Bitte gestatten Sie mir, Mr. Garrity zu instruieren.«

Jay drehte sich zu Michael um, aber O'Connells laute Stimme verhinderte sein Vorhaben.

»Der Zeitersparnis halber werde ich Sie anhören, Mr. Reinhart, sofern Sie sich kurz fassen. Sie können es mir direkt sagen.«

Jay erhob sich und blickte Stuart Campbell an. »Mr. Campbell, würden Sie bitte das Band in Ihrer Kamera bis zum Ende der Stelle zurückspulen, wo Reynolds das Oval Office verlässt?«

Campbell nickte und betätigte geschickt einige Knöpfe. Dann wandte er sich zu Jay um.

»Was möchten Sie sehen?«, erkundigte er sich.

Jay kam näher. »Darf ich?«

»Mit dem größten Vergnügen«, erwiderte Campbell.

Jay ließ den Film ablaufen, bis die letzten Einstellungen ins Bild kamen, die die Nische und den Flur vor der westlichen Tür des Oval Office zeigten.

Er drückte auf »Pause«, und beugte sich zum Bildschirm vor, um sicherzugehen, dass er sich wirklich nicht geirrt hatte.

»Was ist hier zu sehen, Mr. Reinhart?«, fragte O'Connell.

Jay holte tief Luft und wandte sich zur Richterbank um. »Richter O'Connell, es ist meinem Mandanten sehr wichtig, dass die Welt nicht dem Irrtum erliegt, dieses Video für bare Münze zu nehmen. Als ich heute Morgen in diesen Gerichtssaal kam, war ich fest von John Harris' Unschuld überzeugt. Ich hielt das Band für gefälscht und das Gespräch, das Mr. Campbell uns vorgeführt hat, für manipuliert. Wie ich glaube, ist es uns vorhin gelungen, diesen Aspekt plausibel zu machen. Allerdings hat mich etwas gestört, schon als ich das Band zum ersten Mal sah. Inzwischen weiß ich, was es war, doch es wurde mir erst klar, als Mr. Campbell das Video noch einmal vorspielte. Da erinnerte ich mich an eine unbedeutende Kleinigkeit, die ich kürzlich in einem amerikanischen Zeitungsartikel gelesen hatte.«

»Kommen Sie auf den Punkt, Mr. Reinhart. Was sehen Sie auf diesem Bildschirm, das mir offenbar entgeht?«

Jay wies auf den Flur, der jenseits der westlichen Tür des Oval Office sichtbar war.

»Dieses Video zeigt eindeutig einen langen Flur, der in einem Neunzig-Grad-Winkel zur westlichen Wand des Oval Office verläuft. In Wirklichkeit jedoch gibt es im Weißen Haus keinen solchen Flur, nur einen kleinen Vorraum. Das kann ich selbst bezeugen, weil ich im Oval Office gewesen bin und es durch die nämliche Tür verlassen habe. Sehen Sie, was ich meine, Herr Richter?«

O'Connell stand auf und näherte sich dem Bildschirm.

»Ja, ich erkenne einen Flur. Aber wie soll ich beurteilen, ob Ihre Erinnerung Sie nicht trügt? Wie lange liegt Ihr Besuch denn zurück, Mr. Reinhart?«

Jay zögerte. »Wie ich zugeben muss, mehr als zehn Jahre. Aber das Oval Office vergisst man nicht so schnell.«

Während der Richter an seinen Platz zurückkehrte, beschloss Jay, eine direkte Frage an ihn zu richten.

»Euer Ehren, dürfte ich Sie um eine zehnminütige Unterbrechung bitten? Der Außenminister der Vereinigten Staaten ist auf dem Weg hierher. Er geht im Oval Office aus und ein und könnte Ihnen aus erster Hand bestätigen, dass es diesen Flur nicht gibt.«

Der Richter setzte sich wortlos und warf einen Blick auf Stuart Campbell, der keinen Ton von sich gab. Dann beugte er sich vor.

»Sie bekommen Ihre Unterbrechung, Mr. Reinhart.«

Als Richter O'Connell die Verhandlung wieder eröffnete, trat Joe Byer in den Zeugenstand. Er sagte aus, dass dieser Flur im Weißen Haus nicht existierte.

»Danke, Mr. Byer, Sie sind entlassen«, meinte der Richter und sah Jay an. »Mr. Reinhart, wenn es sich hier nicht um das Weiße Haus handelt … und davon konnte ich mich soeben überzeugen … was ist es dann?«

Jay erhob sich. »Es gibt, Herr Richter, in den USA fünf voll möblierte Nachbauten des Oval Office, die Filmregisseure mieten können. Eine dieser Kulissen wird ständig für eine sehr beliebte Fernsehserie über das Weiße Haus eingesetzt. Andere wurden im Laufe der Jahre in Spielfilmen oder Fernsehreportagen benutzt. Diese Kulissen können mit dem Lastwagen quer durch die Vereinigten Staaten transportiert und innerhalb einer knappen Woche aufgebaut werden. Die Bilder auf diesem Video sind in einer dieser Kulissen entstanden, in einem falschen Oval Office.«

Der Richter warf einen Blick auf Stuart Campbell, der den Kopf schüttelte. Offenbar hatte er nichts dazu anzumerken.

Jay ging zum Videorekorder und spulte, scheinbar in den Film versunken, das Band hin und her.

»Mr. Reinhart, falls Sie fertig sind, Sir …«

Jay riss die Augen auf und hielt den Zeigefinger hoch. »Augenblick … warten Sie, Euer Ehren …«

»Mr. Reinhart …«

Jay drehte sich zur Richterbank um. »Richter O'Connell, wären Sie bitte so nett, ein zweites Mal herzukommen? Ich habe gerade noch etwas entdeckt, das meine These eindeutig beweist.«

Kopfschüttelnd stand der Richter auf und näherte sich wieder dem Fernseher.

»Hier, Sir. Sehen Sie diesen Spiegel an der Wand des angeblichen Flurs direkt vor der Tür?«

»Ja?«

»Schauen Sie in den Spiegel.«

»Ich erkenne einige vertikale Linien«, stellte der Richter fest. »Was ist das?«

»Das, Herr Richter, sind die Träger, die die Rückseite der Kulisse stützen.«

An Bord von EuroAir 1020

»Zehn-Zwanzig, fliegen Sie jetzt nach links auf einen Kurs von null-neun-fünf Grad. Ich lotse Sie zu einem näher gelegenen Flughafen in Connemara. Das sind dreiunddreißig Kilometer weniger. Landebahn Zwei-Sieben dort verfügt auch über ILS. Sie ist zweitausendzweihundert Meter lang.«

»Wie lautet der GPS-Kode?«, erkundigte sich Alastair rasch und gab die Buchstabenfolge in sein Satelliten-Ortungssystem ein. »Auf meiner Anzeige sind es neunundneunzig Kilometer nach Connemara.«

»Roger, neunundneunzig Kilometer«, erwiderte der Fluglotse.

»Sag ihm, dass wir es schaffen, aber dass wir nur einen Versuch haben, Alastair. Wie ist das Wetter dort? Wenn es gut genug ist, können wir vielleicht in geradem Anflug nach Osten landen.«

Alastair gab die Frage weiter.

»Ich habe das Wetter für den Regionalflughafen Connemara«, entgegnete der Fluglotse. »Oberhalb von fünfzig Metern Wolken, Sichtweite ein knapper Kilometer, Nebel, Wind bei Zwei-Sieben-Null mit zwölf Knoten. Das ILS für

Landebahn Zwei-Sieben ist in Betrieb. Sagen Sie mir nur, was Sie wollen.«

Alastair blickte Craig an, der sich mit der Zunge über die Lippen fuhr und hastig nachrechnete.

»Ich glaube«, meinte Craig, ohne aufzuschauen, »dass uns nichts anderes übrig bleibt, als den einen Instrumentenanflug auf Landebahn Zwei-Sieben durchzuführen – auch wenn wir damit riskieren, dass wir den Flughafen verpassen und wenden müssen. Wir haben genug Höhe, um die Landebahn in einem südlichen Abstand von zweieinhalb Kilometern zu überfliegen, wenn wir östlichen Kurs halten. Dann fliegen wir eine enge Kurve von einhundertachtzig Grad, wenden uns wieder nach Westen, finden den Landekurssender für Landebahn Zwei-Sieben … und landen genau im Gleitpfad.«

»Am Flughafen vorbeifliegen? Verdammt, Craig, er kann uns präzise hinlotsen.«

Craig warf Alastair einen raschen Blick zu. »Aber wir können es nicht sehen! Was ist, wenn wir um einen halben Kilometer abweichen und neben der Landebahn aufsetzen? Wir könnten einem Gebäude zu nah kommen und hätten keine Chance zum Durchstarten.«

»Wenn wir vorbeifliegen und wenden, klappt das mit dem Durchstarten auch nicht mehr!«

»Alastair, beide Triebwerke sind ausgefallen. Durchstarten ist also sowieso nicht drin. Aber wenn wir die Geschwindigkeit halten, reicht die Hydraulik für die Leistungshebel, das Fahrwerk und vielleicht sogar zum Ausfahren der Klappen. Außerdem können wir mit Hilfe des ILS die Mittellinie treffen. Wir brauchen nur genug Höhe. Hol die Taschenlampe raus, nur für alle Fälle.«

»Ich habe sie hier.« Alastair warf noch einen Blick auf das Satelliten-Ortungssystem und die Instrumententafel. Noch achtzig Kilometer bis Connemara, Geschwindigkeit zweihundertzehn Knoten, Höhe siebentausend Meter. Sie sanken stetig, der Gegenwind hatte sich gelegt, und der Rückenwind verbesserte ihre Chancen, dass die Flughöhe beim Erreichen des Flughafens noch für ein Landemanöver genügen würde. Solange sie die Geschwindigkeit hielten, würde der Wind, der durch die stehen gebliebenen Triebwerke strich, für eine ausreichende Rotation sorgen, sodass hydraulischer Druck in die Systeme des Flugzeugs gepumpt wurde. Die Batterien hielten noch eine halbe Stunde, und bestimmt waren sie bis dahin längst gelandet. Doch sobald die Geschwindigkeit unter einhundertachtzig Knoten sank, war Schluss mit der Hydraulik. Dann hatten sie nur noch das Notseitenruder, die handbetriebene Höhentrimmung und ein schwierig zu bedienendes System namens manuelle Schubumkehr, um die Tragflächen gerade zu halten.

»Okay«, sagte Alastair. »Ich schätze, wir werden die Landebahn südlich auf etwa tausend Metern passieren. Mit einer engen Linkskurve bei einer Sinkrate von fünfhundert, nein, vierhundert Metern pro Minute müssten wir es eigentlich schaffen, auf zweihundert Metern in den Endanflug zu gehen und sogar noch ein bisschen Energie übrig zu haben.«

»Knapp, aber machbar. Alastair, erkläre das dem Fluglotsen und teile ihm außerdem mit, dass wir unsere Kurve keinen Zentimeter weiter als anderthalb Kilometer östlich des Anfangs der Landebahn beginnen müssen, und zwar genau zwei Komma vier Kilometer nach Süden versetzt.«

»Bist du sicher?«

»Beschwören kann ich es nicht, Alastair, doch ich glaube, dass wir so ein wenig Spielraum bekommen. Ich kriege immer eine Landung hin, solange wir noch ein bisschen Hydraulik haben, was heißt, dass ich die Geschwindigkeit halten muss. Und das wiederum bedeutet, dass ich die Landung ziemlich steil angehen muss.«

»Was ist mit dem Fahrwerk?«

»Wir klappen es aus, sobald ich die Kurve zum Landeanflug beginne, und benützen es als Bremse. Richte dich darauf ein, es per Hand ausfahren zu müssen, falls wir nicht genug hydraulischen Druck haben.«

»Roger.«

»Bis zum Endanflug bleibe ich auf zweihundert Knoten. Dann versuche ich vielleicht, ein paar Klappen auszufahren, damit wir langsamer werden. Wenn wir mit zweihundert Knoten landen, kriege ich den Vogel nie zum Stehen.«

»Verstanden. Es sind noch zweiundsechzig Kilometer.«

Alastair erläuterte dem Fluglotsen genau den Plan, beobachtete dabei den Flugpfad und behielt auch das Navigationsgerät für die Horizontallage im Auge, um sich zu vergewissern, dass sie mehr oder weniger Kurs auf den Süden des Flughafens hielten.

»Wissen die, dass wir kommen?«, fragte Alastair den Fluglotsen.

»Ja, Sir. Eine Rettungsmannschaft steht bereit. Sie haben Landeerlaubnis. Sind wirklich alle beiden Triebwerke ausgefallen?«

»Nichts geht mehr. Kein Treibstoff.«

»Roger.«

»Noch vierundvierzig Kilometer, Craig«, sagte Alastair,

zerrte das Handbuch aus seiner Tasche und blätterte hektisch darin herum, um festzustellen, welche Geschwindigkeit bei ihrem Gewicht für eine Landung vorgeschrieben war.

»Da wir so leicht sind, versucht die Maschine bestimmt auszuschwenken, wenn du abfängst. Wir haben keine Bremsen und natürlich keine Schubumkehr, weil, wie dir sicher bekannt ist, die –«

»Die Triebwerke nicht laufen«, beendete Craig den Satz.

»Genau.«

»Schon kapiert.«

»Noch zweiunddreißig Kilometer«, verkündete Alastair.

»Okay … pass auf … bereite alles für den ILS-Anflug vor. Vergewissere dich, dass ich die richtige Funkfrequenz eingestellt habe und dass der korrekte Kurs eingegeben ist … also Zwei-Sieben-Null.«

»Schon geschehen.«

»Wenn die Maschine ausbricht, müssen wir es nehmen, wie es kommt. Ich werde den Vogel einfach aufsetzen und auf die Bremsen drücken, um ihn zu stoppen.«

»Verstanden, Craig. Aber du hast keinen Blockierschutz, und wenn ein Reifen platzt …«

»Ich weiß, dann werden wir nie anhalten. Ich sehe mich vor.«

»Neunzehn Kilometer.«

»Roger. Höhe?«

»Alles in Ordnung. Zweitausend Meter. Ich wünschte, wir würden da draußen nicht nur grau in grau sehen.«

»Das kommt schon noch. Schließ deinen Schultergurt.«

»Okay.«

»Mach eine Borddurchsage, dass alle sich ducken sollen.«

»Geht nicht. Kein Strom.«

»Verstanden«, meinte Craig.

»Auf diesem Kurs werden wir exakt in zwei Komma vier Kilometer Entfernung vorbeifliegen. Der Wetterbericht ist unverändert. Der Tower meldet, die Wolkendecke sei ein wenig über fünfzig Meter gestiegen. Die Landebahnbefeuerung ist an.«

»Roger«, sagte Craig.

»Noch sechs Komma vier Kilometer bis zum Flughafen, Craig. Kurs null-neun-null Grad, zwei Komma vier Kilometer südlich.«

»Okay. Sag mir Bescheid, wenn wir genau querab zum Ende der Landebahn sind.«

»Wird gemacht.«

»Höhe … tausendeinhundertfünfzig«, murmelte Craig und drückte den Bug des Jets leicht nach unten, um auf eintausend zu kommen, während sie das Ende der Landebahn querab passierten.

»Querab, Craig. Geschwindigkeit zweihundertzwanzig. Sichtweite null.«

»Roger.«

Der Fluglotse wiederholte dieselben Informationen.

»Warten Sie, Sir«, sagte Alastair. »Kein Funkverkehr mehr, während wir mit der Landung beschäftigt sind.« Er blickte nach links. »Okay, Craig, wir befinden uns zwei Komma vier Kilometer östlich, neunhundert Meter über dem Boden, Geschwindigkeit zweihundert Knoten.«

»Roger.«

»Nähern uns eins Komma sechs Kilometer östlich, Geschwindigkeit zweihundert, Höhe siebenhundertachtzig.«

»Gib mir weiter die Daten. Es ist noch zu früh zum Wenden.«

»Eins Komma sieben Kilometer, eins Komma neun, zwei –«

»Okay«, sagte Craig. »Jetzt. Fahrwerk runter!« Er ließ die 737 fünfundvierzig Grad nach links rollen und setzte zur Kurve in Richtung Landebahn an.

»Fahrwerk runter«, wiederholte Alastair und betätigte den Hebel. Drei grüne Lämpchen verrieten ihm, dass es eingerastet war.

»Fahrwerk unten und eingerastet, Craig. Geschwindigkeit zweihundert, und wir sind drei Kilometer entfernt vom Ende der Landebahn. Wir fliegen sehr hoch und sehr schnell. Ich sehe draußen keine Lichter, kein Schimmern durch den Nebel, überhaupt nichts.«

»Okay. Hab Vertrauen.«

»Landekurssender in Betrieb, Craig. Kommt schnell näher.«

»Kurve wird steiler.« Craig ließ die 737 fast fünfzig Grad nach links rollen. Als er genau auf Kurs und exakt zur unsichtbaren Landebahn ausgerichtet war, betätigte er den Bremshebel. Durch den Fahrtwind wurden die Klappen der Luftbremse an beiden Tragflächen angehoben, wodurch der Steigungswinkel steiler wurde und sie an Tempo verloren.

»Genau auf Kurs, Entfernung eins Komma neun Kilometer, Höhe fünfhundertdreißig, das sind dreihundert zu viel.«

»Klappen runter auf fünfzehn.«

»Klappen? Craig, die Luftbremsen sind aktiviert. Nie Luftbremsen und Klappen gleichzeitig, schon vergessen?«

»Es geht aber nicht anders. Ich muss langsamer werden!«

»Roger.« Rasch bediente Alastair den Klappenhebel.

»Eins Komma vier Kilometer zum Landebahnende, weit oberhalb des Gleitpfads, Geschwindigkeit einhundertneunzig, wir sind auf vierhundert.«

»Klappen dreißig!«

Alastair gehorchte.

»Klappen von fünfzehn auf dreißig. Achthundert Meter, Craig. Zweihundertsechzig Meter, Sinkrate sechshundertfünfzig pro Minute, Geschwindigkeit einhundertachtzig.«

»Sag mir, wenn du den Gleitpfad siehst. Wir steuern ihn von oben an.«

»Sinkrate sechshundertfünfzig, noch sechshundertvierzig Meter, Geschwindigkeit einhundertfünfundsiebzig.«

»Ich halte diese Sinkrate, bis ich etwas sehe.«

»Sinkrate sechshundertfünfzig, Geschwindigkeit einhundertfünfundsiebzig. Vergiss nicht, dass die Hydraulik nachlassen könnte. Warte mit dem Abfangen nicht zu lang.«

Direkt vor ihnen tauchten verschwommene Lichter auf, die rasch näher kamen, als Craig das Steuerhorn zurückzog.

»Sinkrate vierhundert, sechshundertfünfzig Meter, Geschwindigkeit einhundertsechzig. Zieh, Craig!«

Craig zog das Steuerhorn so weit wie möglich zurück und spürte, wie der Bug sich hob. Allerdings wurde die Maschine von Sekunde zu Sekunde träger, da die Eigengeschwindigkeit die Umdrehung der Triebwerke bremste und der hydraulische Druck nachließ.

»Dreihundert Meter! Wir sinken zu schnell!«, rief Alastair. Die Landebahn befand sich direkt unter ihnen, aber die Sinkrate war zu hoch.

Craig und Alastair hatten die Hebel für die Höhentrimmung ausgeklappt. Nun kurbelten sie beide wie verrückt, damit die Nase wieder nach oben zeigte. In letzter Sekunde reagierte der Bug, als der Polstereffekt einsetzte. Das Fahrwerk berührte sanft und nur mit einem kleinen Rumpeln die Landebahn.

»Zurück! Den Bug wieder nach unten!«, brüllte Craig.

Alastair gehorchte, und die beiden kurbelten die Höhentrimmung in die Gegenrichtung, sodass sich die Nase senkte.

»Bremsen, Craig!«, rief Alastair. Als Craig den Bremshebel zurückziehen wollte, stellte er überrascht fest, dass das bereits geschehen war. Er hatte es vergessen.

Nun konnte sie nur noch die Notbremse stoppen. Der Blockierschutz war beim Zusammenbruch der Stromversorgung ausgefallen. Lediglich das Leuchten der batteriebetriebenen Instrumente auf Craigs Seite war zu sehen, während die Lichter der Landebahnbegrenzung an ihnen vorbeisausten. »Geschwindigkeit einhundertzwanzig, Craig!«

Wenn er zu fest auf die Bremse drückte, würden die Reifen platzen, sodass die Maschine über das Ende der Landebahn hinausraste.

Nun waren im Nebel unscharf die roten Lichter zu erkennen, die das Ende der Landebahn markierten. Sie näherten sich schnell. Craig bediente die Bremse und spürte, wie die Scheiben griffen. Sie wurden langsamer.

»Neunzig Knoten!«, verkündete Alastair. »Achtzig … siebzig …«

Sie hatten das Ende der Landebahn fast erreicht.

Die Bremsen boten kaum noch Widerstand, so als seien sie – möglicherweise wegen Überhitzung – im Begriff zu versagen.

»Fünfzig Knoten, vierzig!«, meldete Alastair. Craig beschloss, einen geplatzten Reifen zu riskieren, und drückte fester auf die Bremse.

Die roten Lichter waren dicht vor ihnen, als Alastair zwanzig Knoten ansagte. Craig drückte noch stärker auf die Bremse und spürte, wie die 737 erschauderte und schliddernd zum Stehen kam. Die roten Lichter verschwanden unter dem Bug.

Etwa eine halbe Minute lang saßen die beiden Piloten entsetzt schweigend da. Sie konnten es kaum fassen, dass sie das Abenteuer heil überstanden hatten.

Alastair drückte auf den Transmitterknopf des batteriebetriebenen Funkgeräts.

»Anflugkontrolle Galway, Zehn-Zwanzig ist wohlbehalten gelandet – auch wenn wir nicht wissen, wo. Vielen Dank, Sir.«

»Jesus, Maria und Joseph«, rief der Fluglotse aus, und seine bis dahin so sachliche und ruhige Stimme zitterte vor Rührung. »Mir fällt ein Stein vom Herzen. Gut gemacht, Jungs.«

Four-Courts-Gebäude, Dublin

Richter O'Connell hatte wieder Platz genommen. Nachdem er sich ein paar Notizen gemacht und seine Entscheidung formuliert hatte, blickte er auf.

»Also gut. Ich erkläre das heute hier als Beweisstück vorgelegte Videoband für nicht zulässig, und zwar deshalb, weil es Mr. Campbell nicht gelungen ist, den Vorwurf zu entkräften, dass es sich um eine Fälschung handelt. Nun sind wir wieder genau an dem Punkt angelangt, wo wir bereits waren, als diese Anhörung vor zwei Stunden begann. Und deshalb, Mr. Campbell, Sir, habe ich eine Frage an Sie. Können Sie diesem Gericht Beweise präsentieren, die den peruanischen Interpol-Haftbefehl und den Auslieferungsantrag stützen? Ich meine, außer der Tatsache, dass sie von einem zuständigen peruanischen Gericht ausgestellt wurden?«

Langsam stand Stuart Campbell auf. Er räusperte sich, betrachtete seine Papiere und blickte schließlich den Richter an.

»Mylord, abgesehen von diesem Video besitze ich keine dahin gehenden Beweise. Wie ich hier feststellen möchte, wird es nötig sein, dass ich zunächst Rücksprache mit meiner Mandantschaft halte. Möglicherweise sehe ich mich gezwungen, das Mandat niederzulegen.«

»Was zum Teufel hat er jetzt vor?«, flüsterte Jay Michael ins Ohr.

Michael kritzelte die Antwort auf seinen Schreibblock: »Offenbar will er den Peruanern den Laufpass geben und den Bettel hinwerfen.«

»Ich frage Sie nicht nach Ihrer Begründung, Mr. Campbell«, erwiderte O'Connell, »denn ich denke, sie liegt auf der Hand. Ich nehme Ihre Äußerung zur Kenntnis. Und da die Beweise nicht ausreichen, um den Tatverdacht gegen den Angeklagten hinreichend zu belegen, wird der Haftbefehl in der Republik Irland für ungültig erklärt. Der Haftbefehl ist abgelehnt.«

Entschlossen klopfte er mit dem Hammer auf die Richterbank.

Epilog

Jay öffnete die Tür des Kleinbusses von Parc Aviation und trat auf die Rampe hinaus. Er wollte allein auf die 737 von EuroAir warten, die gerade landete.

Ein Blick auf die Uhr sagte ihm, dass es zwanzig nach drei war, und er fragte sich, wie die beiden Piloten es nur geschafft hatten, die nötige Ruhe zu bewahren und dieses Abenteuer unbeschadet zu überstehen. Nun brachten sie die Maschine sogar zurück nach Dublin, als wäre überhaupt nichts gewesen.

»Wahrscheinlich prägen sie extra für uns einen Orden und heften ihn uns an, bevor sie uns hinrichten«, hatte Alastair am Telefon gewitzelt, als Jay ihn nach dem Urteil angerufen hatte.

Eine blau-weiße Boeing 757 vom Luftwaffenstützpunkt Andrews in Washington stand in einigen hundert Metern Entfernung.

Jay blickte sich um und vergewisserte sich, dass der Außenminister und sein Gefolge noch in der geparkten Limousine saßen.

Auf der Rollbahn näherte sich – eingewinkt von einem Mitarbeiter des Flughafens in einer orangefarbenen Sicherheitsweste – die 737 ihrer zugewiesenen Parkposition. Während Jay den Mann beobachtete, musste er an Sherry denken. Ihre Stimme hatte am Telefon zwar ruhig geklungen, doch er hatte ihre Anspannung gespürt, als sie von den Ereignissen berichtete; deshalb hatte er sie darauf angesprochen.

»Alles in Ordnung. Ich meine, wir ahnten, dass etwas nicht stimmte, als uns die Stewardessen baten, die Schwimmwesten anzuziehen, aber eigentlich war es halb so schlimm.«

Jay fand es sehr bezeichnend, dass sie auf seine Schilderung der Geschehnisse vor Gericht nur mit einem »gut« antwortete und dann fortfuhr, die Heldentaten der Piloten zu loben.

»Sie waren einfach wunderbar«, schwärmte sie.

»Sie haben den Treibstoff falsch berechnet, Sherry«, widersprach Jay.

»Schon, aber sie haben es trotzdem geschafft. Das ist das Allerwichtigste. Sie haben uns wohlbehalten hierher gebracht, auch wenn mein Haar in der letzten Stunde weiß geworden ist.«

Nur John Harris schien von dem Drama in der Luft unberührt zu sein. Viel mehr interessierte er sich dafür, was in Richter O'Connells Gerichtssaal vorgefallen war.

»Das Oval Office als Filmkulisse! Darauf wäre ich nie gekommen, Jay«, meinte er. »Ich wusste, dass ich die Worte auf dem Band nie ausgesprochen hatte, aber … selbst ich hätte geschworen, dass die Aufnahme mich im Oval Office darstellt.«

Jay beobachtete wieder die ankommende Maschine. Als die 737 stoppte, musste er sich wegen des Lärms die Finger in die Ohren stecken. Sobald die Piloten das Flugzeug zum Stehen gebracht und die Triebwerke angehalten hatten, wurde die Treppe hinuntergelassen.

Jay ging zur vorderen Tür und winkte der attraktiven Stewardess zu, die auf der Schwelle stand. Als sie ihn aufforderte, näher zu kommen, eilte er sofort die Treppe hinauf.

Sherry erwartete ihn und begrüßte ihn mit einer Umarmung. John Harris, der hinter ihr stand, schüttelte Jay die Hand und schloss ihn ebenfalls in die Arme. Dann klopfte er ihm auf die Schulter.

»Gut gemacht, Jay! Ich bin beeindruckt.«

»Danke, John, aber –«

»Kein Aber. Sie haben es geschafft!«

Als die Piloten aus dem Cockpit kamen, waren ihnen die Strapazen der letzten Stunden deutlich anzusehen.

Matt Ward, der hinausgeschlüpft war, um die Rampe in Augenschein zu nehmen, bemerkte die sich nähernde Limousine.

»Joe Byer ist auch hier, um Sie willkommen zu heißen«, sagte Jay und fuhr sich durchs Haar, um eine widerspenstige Locke zu bändigen. »Er hat mir heute Morgen gerade noch rechtzeitig mitgeteilt, was die UNO in Erfahrung gebracht hat … nämlich, dass politische Gefangene in Peru gefoltert werden. Dann ist er hergekommen und hat mir geholfen zu beweisen, dass das Video eine Filmkulisse und Schauspieler zeigt, nicht Sie im Oval Office. Er hat mich sehr unterstützt.«

Matt Ward trat auf den Präsidenten zu.

»Minister Byer ist mit drei Begleitern auf dem Weg zum Flugzeug, Mr. President.«

»Führen Sie die Herren bitte herein, Matt«, erwiderte Harris und wandte sich an den Kapitän. »Craig? Erinnern Sie sich, dass ich Sie und Ihre Besatzung auf dem Flug nach Rom zum Abendessen eingeladen habe?«

Craig Dayton wirkte erstaunt. »Äh, ich glaube schon, Sir.«

»Gut, dann also heute, vorausgesetzt, Sie bleiben in der Stadt.«

»Danke, Mr. President, aber –«

Der Präsident unterbrach ihn mit einer Handbewegung. »Keine Ausflüchte, Craig. Ich muss einiges für Sie erledigen, und das geht leichter, wenn Sie vor Ort sind und wenn der Chartervertrag weiterhin gilt.«

Craig wechselte einen Blick mit Alastair. »Ich würde mich nicht wundern, wenn man uns nie wieder an Bord einer Maschine von EuroAir lässt, Mr. President, nicht einmal als Passagiere.«

»Geben Sie mir ein paar Stunden«, erwiderte John Harris, »dann sehen wir weiter. Übrigens brauche ich die Liste von Mitarbeitern der EuroAir mit Telefonnummern, von der wir gesprochen haben.«

»Okay«, stieß Craig hervor und bemerkte, dass der Außenminister bereits die Treppe hochstieg.

»Also«, sagte John Harris, »heute werden wir im besten Restaurant von Dublin unsere Informationen austauschen. Außerdem habe ich für alle Zimmer im Hotel Shelbourne reserviert. Keine Widerrede. Sie sind meine Gäste.«

Mit diesen Worten drehte er sich um und hielt Joe Byer, der gerade hereinkam, die Hand hin.

Hotel Shelbourne,
St. Stephen's Green, Dublin

Da Matt Ward und Sherry Lincoln verschiedene Botengänge für ihn erledigten, hatte John Harris die aus zwei Zimmern bestehende Suite für sich allein, und das lag auch ganz in seiner Absicht.

Wie erwartet klopfte es an der Tür, und er begrüßte den Besucher mit einem formellen Händedruck.

»Ich denke, es ist Zeit, das Kriegsbeil zu begraben«, sagte Harris, winkte seinen Gast zum Sofa und ließ sich ihm gegenüber in einem Sessel nieder.

»Ganz Ihrer Ansicht«, erwiderte Stuart Campbell mit unbewegter Miene.

»Wir haben nie über die UNO-Verhandlungen in den achtziger Jahren gesprochen, Stuart, und ich glaube, ich bin Ihnen für das, was geschehen ist, noch eine Erklärung und eine Bitte um Verzeihung schuldig.«

»Richtig«, entgegnete Stuart. »Allerdings hatte ich immer angenommen, dass Sie genau das erreicht hatten, was Sie wollten.«

John Harris schüttelte den Kopf. »Es lag nicht in meiner Absicht, dass Ihre Ergänzungsklausel abgelehnt wurde.«

»Warum haben Sie dann dafür gesorgt? Was führten Sie im Schilde?«

John Harris betrachtete eine Weile den Teppich.

»Sie standen im Rampenlicht und waren die treibende Kraft des Abkommens, Stuart«, antwortete er schließlich. »Bei jedem Ihrer Vorträge kamen Perlen der Weisheit aus Ihrem Mund. Sie hatten eine großartige Leistung vollbracht und die gesamte internationale Gemeinschaft um sich geschart –«

»Und Ihr Mandant«, fiel Stuart ihm ins Wort, »war fest dazu entschlossen, meinen Vorschlag einer Ergänzungsklausel zur Amtsimmunität abzuschmettern – und das, obwohl man sich damit weltweit darauf geeinigt hätte, Schlächtern wie Pinochet keine Chance zu geben, sich hinter dieser Immunität zu verstecken.«

»Ich hatte keinen Mandanten, Stuart«, widersprach John Harris.

»Was?« Stuart Campbell zog die Augenbrauen hoch. »Aber … Sie vertraten doch die Saudis.«

»Ich habe lediglich mich selbst vertreten. Gingen Sie davon aus, dass ich für die Saudis arbeitete, weil ich damals häufig für sie tätig gewesen bin?«

»Aber … warum, John? Sie haben der gesamten Dritten Welt eingeredet, dass ich plante, ihre Staatsoberhäupter zu entführen und vor Gericht zu stellen. Und dabei wollte ich nur verhindern, dass uns die wahren Verbrecher durchs Netz schlüpfen.«

»Ich weiß.«

»Und … Sie persönlich fanden, dass Sie richtig gehandelt haben?«

Harris schüttelte langsam den Kopf. »Ich wünschte, ich könnte mich mit einem edlen Ziel rechtfertigen.«

»Warum nur? Ihretwegen haben wir ein Jahr lang gezittert, während die Briten grübelten, ob sie Pinochet, diesen Schweinehund, wegen eines völlig veralteten Prinzips auf freien Fuß setzen sollten.«

»Hatte es demnach persönliche Gründe, dass Sie im Namen

von Peru diesen Kreuzzug gegen mich eröffnet haben, Stuart?«, fragte Harris unvermittelt.

»Persönlich?«

»Haben Sie den Fall übernommen, weil ich Ihnen in New York einen Strich durch die Rechnung gemacht habe?«

Stuart betrachtete John Harris nachdenklich.

»Ja und nein.«

Harris lachte auf. »Die typische Antwort eines Anwalts. Ich benützte sie selbst zu oft.«

Doch Stuart blieb ernst. »Ich habe die Situation nicht herbeigeführt, John. Präsident Miraflores zeigte mir das Band, und ich hielt es für echt.«

Harris nickte. »Tja, ich bin selbst darauf reingefallen. Nicht der Worte wegen, denn ich wusste, dass sie nicht von mir stammten, sondern wegen der Bilder.«

»Ich habe mir eingeredet, dass es echt ist«, fuhr Stuart fort, »denn ich sah es als Zeichen dafür, dass es doch noch so etwas wie ausgleichende Gerechtigkeit gibt.«

»Gerechtigkeit?«

»Ja! Haben Sie etwa die Forderung vergessen, die mit dieser Ergänzungsklausel verknüpft war?«

»Ich fürchte schon.«

»Es handelte sich um ein Verfahren, John, in dem im Fall eines Interpol-Haftbefehls rasch über die Gültigkeit der Beweise entschieden werden sollte, um ehemalige Präsidenten und Premierminister vor schikanösen Klagen zu schützen. Jedes Land wäre verpflichtet gewesen, sofort eine öffentliche Anhörung abzuhalten und zu ermitteln, ob den Vorwürfen wasserdichte Beweise zu Grunde liegen und ob das klagende Land in der Lage ist, einen Prozess nach rechtsstaatlichen

Grundsätzen zu gewährleisten. In anderen Worten, John, genau das, was Sie in Ihrer Situation gebraucht hätten.«

»Also glaubten Sie …«

»Ich fand, dass es eine ausgezeichnete Gelegenheit war. Der große und mächtige John Harris sollte den Tag bereuen, an dem er dieser Ergänzungsklausel den Garaus gemacht hat.«

»Wussten Sie, dass die Anschuldigungen erlogen waren?«

»Natürlich nicht. Du meine Güte, auch ich habe ethische Prinzipien.«

»Aber Sie waren bereit, mich nach Lima zu schicken?«

»Mir war klar, dass es nie dazu kommen würde. Präsident Cavanaugh hätte das nicht zulassen können. Gewiss hätte er interveniert.«

»Stuart, Sie verschweigen mir etwas. Ganz bestimmt hatten Sie noch einen Trumpf im Ärmel, denn Sie waren sich sicher der Möglichkeit bewusst, dass ein Richter der Auslieferung zustimmen und dass die italienische Regierung keine Einwände erheben könnte.«

Campbell nickte. »Also gut. Wie ich wusste, wären Ihre Anwälte irgendwann dahinter gekommen, dass man Sie wohl kaum nach Peru schicken konnte, da Gefangene dort unmenschlich behandelt werden. Und Reinhart hat es wirklich gemerkt … mit ein bisschen Hilfe vom Außenministerium.«

John Harris blickte zu Boden und holte tief Luft. »Tja, Stuart, der Ehrlichkeit halber muss ich gestehen, dass ich Ihnen ebenfalls aus persönlichen Gründen bei den Vereinten Nationen Knüppel zwischen die Beine geworfen habe. Jemand musste Ihnen die Flügel stutzen.«

Auf Stuart Campbells Gesicht malte sich Erstaunen. »Also nur Neid?«

John Harris nickte. »Wenn man hinter all die Rechtfertigungen und Ausflüchte blickt, ja. Und ich habe es jeden Tag bereut, den sich das Theater um Pinochet länger hinzog. Ich bitte Sie demütig um Verzeihung.

Stuart Campbell nickte langsam. »Ich nehme Ihre Entschuldigung an. Und ich muss mich auch bei Ihnen entschuldigen.«

Schweigend saßen sie eine Weile da, bis John Harris den Kopf schüttelte. »Wir sind schon ein prima Gespann, was, Stuart?«

»Wie bitte?«

»Zwei Staranwälte, die die Welt in ihren privaten Kleinkrieg hineinziehen. Wie zwei Brüder, die sich an der Straßenecke prügeln und überhaupt nicht bemerken, dass sie damit die Nachbarn stören.«

Zum ersten Mal spielte ein Lächeln um Campbells Lippen. »Ja, wahrscheinlich ist da etwas Wahres dran. Edel kann man unsere Beweggründe wirklich nicht nennen.«

Stuart Campbell blickte zum Fenster und betrachtete die länger werdenden, rötlichen Strahlen der Nachmittagssonne. Er musste an seine Kindheit in Schottland denken und erinnerte sich an die heftigen Raufereien unter den Brüdern Campbell. Harris' Vergleich kam der Wahrheit näher, als er sich selbst eingestehen wollte.

»John, haben Sie je auf einer wichtigen internationalen Veranstaltung eine Rede gehalten und dabei das Gefühl gehabt, im Hintergrund zu stehen und sich selbst zu beobachten? Haben Sie sich je gefragt, warum all die wichtigen Leute jemandem wie Ihnen zuhören, weil Sie eigentlich nichts weiter als ein pickeliger Fünfzehnjähriger sind?«

John Harris nickte. »Öfter, als mir lieb ist.« Er beugte sich vor. »Hören Sie, Stuart, wenn wir die ganze Fassade, die hohlen Phrasen, unsere angeblich so hochfliegenden Ziele und unsere gesellschaftliche Stellung außer Acht lassen, sind wir eigentlich nur zwei zu groß geratene Jungs, die ziemlich gut Theater spielen.«

»Und das fasst das Leben im Allgemeinen recht treffend zusammen«, stimmte Stuart zu.

The Commons Restaurant, Dublin

Beim Betreten des Restaurants war Craig Dayton fest entschlossen gewesen, diese Gelegenheit zu nutzen, die sich ihm im Leben sicher kein zweites Mal bieten würde. Wie oft saß man schon in einer illustren Runde bei Tisch und dinierte mit dem dankbaren früheren Staatschef einer Supermacht und einem amtierenden Außenminister, den Harris ebenfalls eingeladen hatte? Das – und auch der Umstand, dass Jillian, die ihm gegenübersaß, in ihrem glänzenden weißen, ihre weiblichen Rundungen betonenden Kleid einfach hinreißend aussah – war doch ein guter Grund, die berufliche Katastrophe zu vergessen, die morgen sicher über ihn hereinbrechen würde.

Das sagte er sich wenigstens.

Doch alle Bemühungen waren vergeblich, und bald konnte er seine Niedergeschlagenheit nicht mehr verbergen. Also erhob sich Präsident Harris, bevor der Hauptgang serviert wurde, und bat Craig und Alastair, ihm zu folgen.

»Es gibt schlechte Nachrichten, was?«, fragte Craig, dem zunehmend flau im Magen wurde.

»Tja, das hängt davon ab«, erwiderte John Harris mit regloser Miene.

Alastair zwang sich zu einem Lächeln. »Ist schon in Ordnung, Sir. Wir haben nicht erwartet, dass Sie es schaffen, eine Horde sturer deutscher Manager zu überreden, uns dieses Theater durchgehen zu lassen.«

»Und was meinen Sie mit ›Theater‹, Alastair?«

»Na ja …«

»Doch nicht etwa das mutige und beherzte Handeln zweier Piloten, deren entschlossenes Eingreifen die geplante Entführung eines ehemaligen amerikanischen Präsidenten verhindert hat?«

»Und die besagten ehemaligen Präsidenten beinahe ins Jenseits befördert hätten, weil sie mit zu wenig Treibstoff losgeflogen sind. Ja, das könnte man als Theater bezeichnen«, entgegnete Alastair mit einem reumütigen Lachen.

»Tja«, fuhr der Präsident fort, »ich glaube, wenn Sie es so betrachten wollen, kriegen wir ein Problem, denn dann müsste ich den Vorstandsvorsitzenden von EuroAir anrufen und ihn bitten, die Parade abzusagen.«

»Verzeihung … die was?«, fragte Craig.

John Harris schmunzelte. »Nur mit der Ruhe. Ihre Fluggesellschaft hat gerade einen neuen Chartervertrag mit dem amerikanischen Militär abgeschlossen. Die Maschinen müssen allerdings noch eine Sicherheitsinspektion auf dem Luftwaffenstützpunkt Scott in Illinois über sich ergehen lassen.

Offenbar ist man bei EuroAir wegen dieses Auftrags ganz aus dem Häuschen. Und nach einem ernsten Gespräch mit dem Verteidigungsminister und dem Außenminister ist man bei EuroAir zu dem Schluss gekommen, dass es nur im eigenen Interesse ist, sehr stolz auf Sie zu sein – und über das hervorragende fliegerische Können, das Sie im Anschluss an den weniger ruhmreichen Zwischenfall mit dem Treibstoff bewiesen haben, Stillschweigen zu bewahren.«

»Mr. President! Das haben Sie geschafft? Ich fasse es nicht! Sie haben es tatsächlich hingekriegt!«, jubelte Alastair.

Craig packte John Harris' Hand und schüttelte sie heftig.

»Danke, Sir! Vielen Dank! Sind Sie wirklich sicher? Ich … ich …«

»Ganz ruhig, meine Herren«, meinte John Harris lächelnd. »Eigentlich bin ich es doch, der Ihnen beiden Dank schuldig ist. Verglichen damit ist das hier eine Kleinigkeit. Und jetzt setzen wir uns wieder zu den anderen und genießen den Abend.«

Es war fast halb zehn, als der Präsident Michael Garrity, Craig Dayton und den Übrigen eine gute Nacht wünschte und mit Joe Byer in die entgegengesetzte Richtung davonging.

»Sie sagten, Sie hätten aus Washington etwas über Reynolds erfahren«, begann John Harris.

»Ja, habe ich, und es ist ziemlich unschön, Mr. President.«

»Schießen Sie los.«

»Ich werde mich kurz fassen. Obwohl man Reynolds versprochen hatte, ihn zu schützen, beschloss er, eine Abmachung mit Miraflores zu treffen. Es ging nicht nur darum, Sie ans Messer zu liefern, sondern auch um Geld. Genau genommen hat er die CIA und seinen Präsidenten für die sprichwörtlichen dreißig Silberlinge verkauft und das Video in Auftrag gegeben, um seine falschen Anschuldigungen gegen Sie zu untermauern. Ich habe gehört, er hätte es in Los Angeles drehen lassen.«

»Wird die CIA rechtliche Schritte gegen Reynolds einleiten?«

»Das weiß ich nicht«, erwiderte Byer. »Die Welt der Spione ist nicht die meine, Mr. President. Ich erzähle Ihnen nur, was die CIA uns mitgeteilt hat.«

Jay und Sherry Lincoln verließen das Restaurant und gingen zu Fuß zum nur wenige Straßen entfernten Hotel.

»Darf ich Sie auf einen Drink einladen, Sir?«, witzelte sie und wies auf die Hotelbar.

Lächelnd sah er auf die Uhr. »Klar, aber nur, wenn ich bezahle.«

»Ich denke, das lässt sich machen«, erwiderte sie und bemerkte seinen Blick auf die Uhr. »Haben Sie noch was vor?«, fragte sie.

»Erst später.«

»Wie heißt sie?«

Lachend schüttelte Jay den Kopf. »Nein, das ist es nicht. Ich muss etwas Berufliches erledigen.«

»Okay. Jetzt vergehe ich erst recht vor Neugier.«

»Was möchten Sie trinken?«

»Nichts Ausgefallenes. Nur ein schlichtes Glas Weißwein, Zinfandel«, antwortete sie. »Und Sie?«

»Zinfandel klingt gut.« Er holte den Wein und setzte sich zu Sherry an einen kleinen Tisch.

»Wann fliegen Sie zurück, Sherry?«, erkundigte er sich dann.

»In die USA? Ich weiß nicht. John hat das noch nicht entschieden. Vermutlich möchte er sich ein paar Tage lang erholen … Schließlich scheinen Sie alle sicher zu sein, dass ihm hier keine Gefahr mehr droht.«

»Zumindest nicht in Irland.«

»Warum haben Sie gefragt?«, meinte sie lächelnd.

Jay spiegelte Arglosigkeit vor. »Ach, nur so.«

»Ich verstehe.«

»Allerdings hätte ich da so eine Idee. Ich würde gern einen Wagen mieten und mir dieses schöne Land ein wenig ansehen.«

»Hier fahren die Leute aber auf der falschen Straßenseite, Jay.«

»Ich weiß. Und deshalb brauche ich einen Kopiloten. Interessiert?«

Als Sherry wieder lächelte, wurde er von einem warmen Gefühl ergriffen. »Sehr sogar, sofern der Zeitplan es zulässt. Doch wenn wir irgendwo übernachten, nehmen wir zwei Einzelzimmer, richtig?«

»Natürlich, Sherry«, versicherte er ihr rasch. »Sie wissen doch, dass ich ein Gentleman bin.«

»Diesen Spruch kenne ich«, meinte sie grinsend. »Okay. Morgen früh spreche ich mit dem Präsidenten, und dann sehen wir weiter. Vielleicht kriege ich ja ein paar Tage frei. Es würde mir Spaß machen, falls Mr. Harris mich entbehren kann.«

»Hoffentlich kann er das«, sagte Jay und sah ihr direkt in die Augen.

Sherry zögerte. Dann wurde ihr Lächeln breiter, und sie erwiderte leise: »Das hoffe ich auch.«

Am Liffey, Dublin

Die Fußgängerbrücke im Westen der berühmten Ha'penny Bridge befand sich nur einen kurzen Fußweg vom Hotel entfernt. Eine halbe Stunde zuvor hatte Jay sich vor Sherrys Zimmertür von ihr verabschiedet. In seinem Kopf wirbelten widersprüchliche Gedanken durcheinander; außerdem musste er unbedingt den von Herzen kommenden Brief an Linda beenden, den er am Nachmittag begonnen hatte.

Jay fühlte sich schuldig, weil er Linda so gekränkt hatte. Zudem plagte ihn das schlechte Gewissen, denn schließlich hatte er ihr ohne Vorwarnung eröffnet, dass er Laramie verlassen wollte. Sie hatte recht. Die Erinnerung an Karen hinderte ihn daran, am Leben teilzunehmen und sich auf einen anderen Menschen einzulassen. Vielleicht lag es ja daran, dass er auf dem Flug nach Denver dem Tod nur knapp entronnen war – jedenfalls schien es ihm endlich gelungen zu sein, sich von der Vergangenheit frei zu machen. Möglicherweise hatte auch nur die Zeit inzwischen dafür gesorgt, dass der Schmerz nachließ. Er empfand zwar noch Trauer, wenn er an Karen dachte, doch die Verzweiflung hatte sich zu seinem Erstaunen gelegt.

Allerdings hatte er sich Linda gegenüber schäbig verhalten. Schon vor zwei Monaten hätte er ihr gestehen müssen, dass er sie einfach nicht liebte. Aber es war bequemer gewesen, Nacht für Nacht ihre Liebe zu genießen und im Augenblick zu leben. Er hoffte, dass sie Freunde bleiben konnten und dass sie ihm verzeihen würde. Die Zeit würde es zeigen.

Ich schreibe den Brief fertig, sobald ich zurück bin, dachte Jay und fragte sich wieder, warum er mit diesem Treffen einverstanden gewesen war.

Als er die Mitte der Metallbrücke erreicht hatte, drehte er sich um und betrachtete die Lichter des nächtlichen Dublin, die sich im dunklen silbrigen Wasser des Flusses spiegelten. Eine angenehme leichte Brise im Rücken, beobachtete er die Passanten und die dahinschlendernden Paare auf der Brücke.

Er bemerkte, dass jemand rechts von ihm am Geländer lehnte, drehte sich um und erkannte den Mann auf Anhieb.

»Danke, dass Sie gekommen sind, Mr. Reinhart«, sagte Stuart Campbell mit volltönender Stimme. Der Anwalt beugte sich vor, holte tief Luft und spähte in die Nacht.

»Sicher ist Ihnen klar, dass ich immer noch John Harris' Rechtsbeistand bin«, entgegnete Jay. Seine Neugier, warum der Anwalt der Gegenseite ihn mitten in der Nacht um ein Gespräch unter vier Augen gebeten hatte, hatte die Oberhand über die Vorsicht gewonnen.

»Aber natürlich. Ich wollte Ihnen nur zu Ihrem ausgezeichneten Auftritt heute vor Gericht gratulieren.«

»Danke, Sir William«, erwiderte Jay zögernd und fragte sich, was wohl als Nächstes kommen würde.

Doch Campbell lehnte wortlos am Geländer und musterte das dunkle Wasser unter sich.

»Darf ich Sie etwas fragen?«, brach Jay schließlich das Schweigen.

»Nur zu.«

»Warum haben Sie es getan?«

Stuart Campbell sah ihn mit regloser Miene an. »Warum ich gegen Ihren Antrag auf eine Unterbrechung der Verhandlung keinen Einspruch erhoben habe?«

»Genau. Wir hatten nichts vorzuweisen als die Aussage, es habe ein Telefonat mit Washington stattgefunden. Sie hätten es mühelos anfechten können.«

»Ja, doch mir blieb nichts anderes übrig«, entgegnete Stuart.

»Ich verstehe nicht ganz.«

»Ich war bereits darüber informiert, dass Gefangene in Peru misshandelt werden. Sie sind auf den springenden Punkt gestoßen und hätten es auf die ein oder andere Weise geschafft, eine Auslieferung zu verhindern, indem Sie Beweise für die Entscheidung der Vereinten Nationen vorlegten. Weshalb das Leiden also verlängern?«

»Ich denke, jetzt ist es mir klar.«

Stuart Campbell betrachtete ihn. »Dieser Trick von Ihnen war einfach genial.«

»Verzeihung?«

»Eine zweite Tonspur aufzunehmen, um zu beweisen, dass das Band gefälscht sein könnte. Unwiderlegbare Logik.«

»Danke.«

»Und was haben Sie jetzt beruflich vor, ehemaliger Bezirksrichter Jay Reinhart? Wie Sie sehen, kenne ich Ihre Vergangenheit.«

Jay schüttelte den Kopf. »Ich weiß nicht so recht. Wahrscheinlich kehre ich nach Wyoming zurück.« Er lächelte zweifelnd und sah Campbell an. »Warum? Wollen Sie mir etwa einen Job anbieten?«

»Um Himmels willen, nein!« Campbell lachte auf und verfiel

dann in Schweigen. »Andererseits soll man niemals nie sagen. Wenn Sie hier eine Kanzlei eröffnen, werde ich Sie beschäftigen müssen, damit Sie mir nicht irgendwann als Gegner gegenüberstehen.«

Jay schnaubte abfällig. »Schon gut. Als ob jemand wie ich eine Bedrohung für Sir William Stuart Campbell bedeuten könnte!«

»Stellen Sie Ihr Licht nicht unter den Scheffel, Mr. Reinhart. Wenn ich Ihr Seniorpartner wäre, würde ich Sie für Ihr Handeln in dieser Sache mit Lob und Belohnungen überhäufen.«

Jay blickte seinen älteren Kollegen an.

»Tja, für Sie mag das alles ein Scherz sein, Sir William, doch für mich ist das Recht eine ernste Angelegenheit – insbesondere dann, wenn ein Menschenleben auf dem Spiel steht. Es bedeutet mir sehr viel. Deshalb bin ich wirklich froh, dass ich nicht Ihr Partner bin. Und jetzt verraten Sie mir bitte den wahren Grund, warum Sie mich sprechen wollten.«

Schmunzelnd griff Stuart Campbell in seine Tasche und holte eine kleine Tonbandkassette heraus.

»Was ist das?«, fragte Jay.

»Der Mitschnitt eines Telefonats zwischen mir und Präsident Miraflores vor ein paar Wochen. Ich dachte, das würde Sie interessieren.«

»Was ist drauf?«, erkundigte sich Jay.

»Präsident Miraflores' erboste Stimme. Er brennt schon darauf, John Harris gefesselt in Lima in Empfang zu nehmen, und schmiedet Pläne, wie man ihn vor Gericht stellen, für schuldig befinden, verurteilen … und bei lebendigem Leibe verbrennen könnte. Wissen Sie, einer von Miraflores' Brüdern war Drogenhändler. Und dass dieser Bruder bei dem

Überfall ums Leben kam, war der eigentliche Grund seines Grolls gegen John Harris. Dass er seine Absichten auf diesem Band offen äußert, hätte eine Auslieferung nötigenfalls sofort verhindert.«

»Und Sie haben es zurückgehalten.«

»Aber natürlich. Ich nahm an, dass es unter das Anwaltsgeheimnis fällt.«

»Gut. Doch das tut es immer noch.«

Lächelnd schüttelte Stuart den Kopf und zog in gespieltem Erstaunen die Augenbrauen hoch. »Offenbar habe ich mich geirrt. Ich habe in meinen Unterlagen nachgesehen und festgestellt, dass dieses Gespräch stattfand, bevor ich den Fall übernahm. Also können Sie das Band verwenden, wie es Ihnen beliebt. Mr. Miraflores ist nicht länger mein Mandant.«

Jay nahm das Band entgegen und wog es in der Hand. »Warum jetzt, Sir William?«

Stuart Campbell lachte leise und schickte sich zum Gehen an. »Weil, Mr. Reinhart, Recht und Gesetz auch mir schon immer eine Menge bedeutet haben.«

Entgeistert blickte Jay dem hoch gewachsenen Anwalt nach. Also hatte Sir William Campbell von Anfang an die Zügel in der Hand, dachte er. Selbst Campbells Niederlage vor Richter O'Connell gehörte zu dem Plan, einen ehemaligen Präsidenten an den Rand des Abgrundes zu stoßen und ihn in letzter Minute zu retten. Er war John Harris' Ankläger und Schutzengel in einem gewesen, der Mann, der wie immer alles eingefädelt hatte.

Jay steckte die Kassette ein und lehnte sich wieder ans Geländer, um über die Frage nachzugrübeln, die Campbell ihm vorhin gestellt hatte.

Wie sieht meine berufliche Zukunft aus? Wo gehöre ich hin?
Er dachte an Sherry und an ihren gemeinsamen Ausflug am nächsten Tag, sofern ihr Zeitplan es zuließ.

Ihm fiel noch etwas ein, das Sir William gesagt hatte, eine Bemerkung über Schlachten vor Gericht mit Jay an vorderster Front.

Vielleicht sollte ich wirklich eine internationale Kanzlei eröffnen, dachte er. Er würde sich näher mit dieser Möglichkeit befassen müssen. Und vielleicht war Irland genau der richtige Ort für einen Neuanfang.

Dank

Da ich in der Welt der Luftfahrt ebenso zu Hause bin wie in der Juristerei, bedeutete *Tödlicher Gegenwind* eine ausgezeichnete Gelegenheit für mich, diese beiden Bereiche miteinander zu verknüpfen. Die daraus entstandene spannende Mischung ist äußerst vielschichtig und wäre ohne die Recherchen von verschiedenen Menschen in Europa und Amerika nicht möglich gewesen. Bei einigen von ihnen möchte ich mich öffentlich und ganz herzlich bedanken.

Wie immer hat meine Frau Bunny Nance durch ihre beständige und geduldige Hilfe eine Menge zur Entwicklung und stilistischen Ausarbeitung dieser Geschichte beigetragen.

Die detailgetreue Schilderung der Funktionsweise des irischen Rechtssystems in einer internationalen Krise wäre mir wohl ohne die fachmännischen Tipps eines ausgezeichneten Prozessanwalts wie Patrick Dillon-Malone aus Dublin nie geglückt. Er hat seine Zeit geopfert, um mich aufzuklären, mir beim Überarbeiten des Manuskripts geholfen und mich zu guter Letzt in das historische Four-Courts-Gebäude und die einschlägigen Pubs begleitet. Mein Dank gilt ebenfalls den Dublinern Mike Rogan von Parc Aviation im Flughafen von Dublin, Feidhlim O'Seasnain und Peter Donnelly (Angehöriger der Geschäftsleitung des Shelbourne Hotel) sowie meiner

Tochter Dawn Nance, die in Irland lebt und mich erst auf den Gedanken gebracht hat, einen Teil der Geschichte dort spielen zu lassen.

In London möchte ich mich für die freundliche Unterstützung der Anwältin Leslie Cuthbert bedanken, die viel zu meinem Verständnis der Abläufe am Gericht in der Bow Street beigetragen hat, außerdem für die Hilfe von Mr. John Coles von Metro Business Aviation in Heathrow.

Zu Hause in Amerika bedanke ich mich herzlich bei Gary und Elizabeth Rhoades, Jim und Kelly Watt, Kirk T. Mosley und Monsignore Jerry Priest sowie bei dem Anwaltskollegen Ross Taylor für die letzten Korrekturen.

Im Jahr 1999 ist viel geschehen, wobei der Tod meines langjährigen Freundes George Wieser wohl das einschneidendste Ereignis war. George hat mich bei meinen ersten Gehversuchen als Autor mit seinem unerschütterlichen Optimismus ermutigt, und sein Stolz, als wir sowohl im Sachbuch- als auch im Belletristikbereich die Bestsellerlisten eroberten, war ansteckend. Er war ein Gentleman, ein Gelehrter und ein Kämpfer und gehörte darüber hinaus zur seltenen Spezies der ehrlichen Menschen. Ich werde ihn in diesem Leben vermissen.

John Nance
Das Medusa-Projekt

Roman

Scott McKay hat eine tödliche Fracht an Bord seiner Boeing 727: eine thermonukleare Bombe, die ein weltweites Chaos auslösen wird. Als der Alarm ertönt, bleiben 3 Stunden und 30 Minuten bis zur Detonation …

Der zweite gnadenlos spannende Flugzeugthriller vom Autor des Bestsellers *Gegen die Uhr.*

»Wenn Sie dieses Buch im Flugzeug lesen,
haben Sie bessere Nerven als ich.«
Harvey Keitel

Knaur Taschenbuch Verlag